公共关系学

肖 立 陈 艳 ◎ 主 编
朱元秀 ◎ 副主编

清华大学出版社
北 京

内 容 简 介

本书根据各类本专科院校的培养要求,立足于学生的实际需要,注重理论与实践的结合,本着内容的系统性和实用性,内容共分为五个部分:第一部分是导论,包括公共关系的概述及其演进;第二部分是公共关系的构成要素,包括公共关系的主体、客体、手段;第三部分是公共关系的一般程序,包括公共关系调查、策划、实施和评估;第四部分是公共关系实务,包括公共关系沟通与礼仪、专题活动;第五部分是公共关系应用,包括组织形象管理、公共关系危机管理。本书体系结构合理,内容通俗易懂,案例新颖丰富,为充分体现网络时代对教材编写的新要求,对教材中相关内容进行二维码化处理,读者可以在学习相关内容时用手机扫描二维码,直接在手机上进行学习。

本书可作为高等院校本专科经济管理专业必修课和公共选修课程的教材,也可作为经济管理从业人员的参考书或公共关系爱好者的读物。

图书在版编目(CIP)数据

公共关系学/肖立,陈艳主编. —北京: 清华大学出版社,2021.8(2024.8重印)
ISBN 978-7-302-57147-6

Ⅰ. ①公… Ⅱ. ①肖… ②陈… Ⅲ. ①公共关系学 Ⅳ. ①C912.31

中国版本图书馆 CIP 数据核字(2020)第 260237 号

责任编辑:杜 星
封面设计:汉风唐韵
责任校对:宋玉莲
责任印制:宋 林

出版发行:清华大学出版社
   网 址:https://www.tup.com.cn,https://www.wqxuetang.com
   地 址:北京清华大学学研大厦 A 座   邮 编:100084
   社 总 机:010-83470000   邮 购:010-62786544
   投稿与读者服务:010-62776969,c-service@tup.tsinghua.edu.cn
   质 量 反 馈:010-62772015,zhiliang@tup.tsinghua.edu.cn
   课 件 下 载:https://www.tup.com.cn,010-83470332
印 装 者:大厂回族自治县彩虹印刷有限公司
经 销:全国新华书店
开 本:185mm×260mm 印 张:23.75 字 数:560 千字
版 次:2021 年 8 月第 1 版 印 次:2024 年 8 月第 4 次印刷
定 价:59.80 元

产品编号:087540-01

前言

　　自 20 世纪 80 年代公共关系传入中国内地以来，公共关系作为一门适应经济全球化发展、倡导新的经营理念和管理艺术的综合性、应用型学科，作为沟通与协调公众关系、塑造组织形象的管理科学，已经在社会实践、经济交往、文化交流等活动中，发挥着越来越重要的作用。当前社会组织之间的联系更加紧密，交往更加频繁，使得公共关系对组织和个人的影响也日益增强。

　　随着公共关系实践的深入发展，公共关系理论也逐步走向科学化和系统化。尤其在当前信息社会的背景下，科技的日益发展也为公共关系作用的发挥提供了更好的契机。公共关系学作为研究组织和公众之间相互传播沟通的行为、规律和方法的一门学科，它以公共关系的客观现象和活动规律为研究对象，并以建立社会组织与公众之间良好的沟通关系、树立在公众心目中良好的社会组织形象为主线贯穿始终。它是高等院校经管类相关专业的主干课程，是涉及管理学、经济学、市场营销学、传播学、心理学、新闻学、社会学等学科相互交叉和融合而产生的一门综合性和应用性学科。相对而言，这门课程的理论难度不大，但实践性却很强，需要学生一方面培养自己的现代公共关系意识；另一方面也要把所学到的公共关系理论运用到工作与社会实践中去。通过本课程的讲解，希望学生了解和掌握公共关系学的基本知识、概念、理论、技能和方法，能够解决公共关系实际工作中的具体问题。

　　本书本着系统性和实用性相结合的原则，由浅入深、循序渐进地让读者领会公共关系的精髓，以便于读者学习和理解。本书理论体系清晰、内容简明扼要；将公共关系学的最新研究成果与特色鲜明、有重大影响的经典案例结合起来作出阐述；同时，为充分体现网络时代数字化教材编写要求，对部分内容进行二维码化处理，读者可以在学习相关内容时用手机扫描二维码，直接在手机上学习知识点的拓展知识或者进行习题、内容的补充学习；设置板块丰富多样，包括教学目标、教学要求、导入案例、资料、本章小结、习题等，其中习题包括选择题、判断题、问答题、案例分析题及实践训练题等多种题型，以便读者系统地学习和巩固每章所学的知识点。

　　在本书编写过程中，编者参考了国内外的相关研究成果，限于篇幅不一一列举，在此一并致以深深的谢意。

　　由于编写时间仓促，编者水平有限，书中疏漏和不足之处在所难免，敬请同行专家和广大读者提出宝贵意见，予以批评指正，以便进一步改进和完善。

编　者

目录

第3部分　公共关系的一般程序

第 4 部分　公共关系实务

第 5 部分　公共关系应用

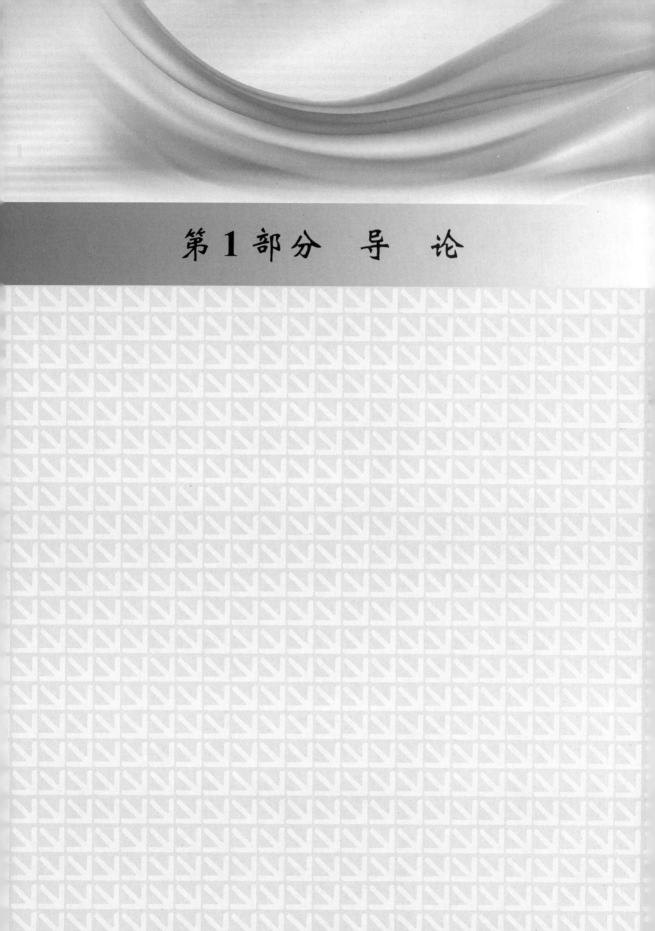

第 1 部分　导　论

第1章

公共关系概述

【教学目标】

通过本章的学习，了解公共关系的概念和基本特征，掌握公共关系的主要职能和基本原则，能将公共关系与庸俗关系、广告、宣传、市场营销等内容作出正确的界定。

【教学要求】

知识要点	能力要求	相关知识
公共关系	（1）准确理解公共关系的内涵 （2）掌握公共关系的基本特征	（1）关系 （2）社会关系
公共关系的学科界定	公共关系与庸俗关系、广告、宣传、市场营销的联系与区别	庸俗关系
公共关系的职能	（1）准确理解公共关系的职能 （2）掌握获取信息的内容和渠道、咨询建议的主要内容、参与决策、协调沟通方式、日常事务管理等内容	（1）信息收集方式与技巧 （2）咨询建议、决策方式 （3）沟通技巧与方式
公共关系的基本原则	（1）了解公共关系的监测作用、调节作用和应变作用 （2）明确公共关系工作中应坚持实事求是原则、平等互惠原则、全员公共关系原则等	（1）各种作用的发挥 （2）公共关系原则理论联系实际的运用

 **导入案例**

景区随身听

在2019年国庆节期间，北京故宫、颐和园等500个热门景区正式启用"景区随身听"服务。到时候，游客可以按照自己的偏好，选择有趣有料的各种真人真声导览。有媒体随即以告别"八股文"讲解，来"欢迎"这款有调性的文旅产品。它应和了游人们对互联网场景化应用的想象，俨然开启了旅途中的小确幸。

"景区随身听"给人第一印象是，"景区随身听"里讲述的角色变了。你听到的可能是高德首席导览官、著名收藏家和古董鉴赏家马未都，也可能是非遗传人、知名主播或知名配音演员，还可能就是身边的民间高手。而且，"景区随身听"里讲述的内容也变了。它能提示你"最佳观赏点"的位置，会拿时下的热播剧撩撩你。特别是"景区随身听"运用了众创的模式，人人都可上传优质语音，与世界上的"知心听众"相连接。

资料来源：杨博. "景区随身听"能带火景区吗？[N]. 广州日报，2019-09-20（有改动）.

通过案例分析可见，公共关系离我们并不遥远，很多公共关系活动就发生在我们身边，甚至我们还是参与者，只不过在参与时没有意识到这就是公共关系活动罢了。

1.1　公共关系的内涵

公共关系学经过百余年的发展，已经成为一门相对独立的学科。学习公共关系，就要先了解其基本概念的内涵。"公共关系"一词是个舶来品，源自英文 public relations，其可以翻译为"公共关系"，也可称为"公众关系"，简称"PR"或"公关"。

1.1.1　公共关系的定义

公共关系作为一门新兴的综合性学科，在理论上涉及不同的学科范畴，在实践上应用于不同的组织和领域，因此对于公共关系的定义众说纷纭。在 20 世纪 70 年代中期，美国著名公共关系专家莱克斯·哈罗博士（Rex Harlow）就收集到 472 种不同的公共关系定义，还有人说公共关系的定义有上千条之多。因此，从某种意义上说："有多少公共关系学者，就有多少条公共关系定义。"这也说明目前还没有形成全世界都公认的、统一的定义。因此，广泛了解有关公共关系具有代表性的成果，将有助于我们更全面、更系统地认识公共关系。我们将众多的公共关系定义概括为以下几种类型。

1. 管理职能说

"管理职能说"这类定义突出公共关系的管理性。如美国著名公共关系学者哈罗博士认为："公共关系是一种独特的管理职能，它帮助一个组织建立并维持与公众之间双向的交流、理解、认可与合作；它参与处理各种问题与事件；它帮助管理者及时了解公众舆论，并对之做出反应；它明确并强调管理部门为公众利益服务的责任；它作为社会变化趋势的监视系统，帮助管理者及时掌握并有效地利用社会变化，保持与社会变动同步；它运用健全的、正当的传播技能和研究方法作为主要的工具。"

国际公共关系协会（International Public Relations Association,IPRA）同样认为公共关系是一种管理职能，其定义为："公共关系是一种管理功能，具有连续性和计划性。"美国著名公共关系专家卡特利普和森特也认为：公共关系是这样一种管理功能，它能建立和维护组织与公众之间的互惠互利关系，而一个组织的成功或失败取决于公众。

2. 传播沟通说

"传播沟通说"这类定义侧重于公共关系的传播和沟通属性。比如，英国著名公共关系学者弗兰克·杰夫金斯认为，公共关系就是一个组织为了达到与它的公众之间相互了解的目标，而有计划地采用一切向内和向外的传播方式的总和。国外一些大型的百科全书或综合词典也从传播或沟通角度来定义公共关系。《美利坚百科全书》中的定义是："公共关系是关于建立一个组织同其既定公众之间相互了解的活动。"《大英百科全书》把公共关系定义为："公共关系是旨在传递有关个人、公司、政府机构或其他组织的信息，并改善公众对其的态度的种种政策或活动。"《韦伯斯特新国际词典》认为："公共关系是通过传播大量有说服力的材料，发展邻里的相互交往和估价公众的反应，从而促进个人、公司或机构同他人、各种公众以及社区之间的亲善友好关系。"当代美国公共关系学术权威，马里兰大学的詹姆斯·格鲁尼格教授认为公共关系是一个组织与其相关公众之间的传播管理。

3. 社会关系说

"社会关系说"这类定义强调公共关系是一种公众性、社会性的关系或活动。英国公共关系协会（IPR）对公共关系的定义为："公共关系的实施是一种积极的、有计划的以及持久的努力，以建立及维护一个机构与其公众之间的相关了解。"美国普林斯顿大学的资深公共关系教师蔡尔兹认为，公共关系是我们从事的各种活动、发生的各种关系的通称，这些活动与关系都是公众性的，并且都有其社会意义。日本电通广告公司也将公共关系定义为："公共关系，就是与社会保持良好关系的技术。从企业经营而言，若不能与外界社会保持良好的关系，就不能继续经营下去。"

我国台湾公共关系专家朱振华根据公共关系与中国传统人际关系的区别，提出："五伦以外的人类关系，谓之公众关系。""公众关系学，是以了解为基础，内求团结，外求发展的管理哲学。"

 资料1-1

人 的 社 会 性

马克思说过：人们在生产中不仅仅影响自然界，而且也互相影响。他们只有以一定方式共同活动和互相交换其活动，才能进行生产。为了进行生产，人们相互之间便发生一定的联系和关系；只有在这些社会联系和社会关系的范围内，才会有他们对自然界的影响，才会有生产。

从这个意义上说，人是名副其实的社会动物，是天生的社会动物，同社会交往及同人们交往是人最基本的需求，因而人类发生社会关系是必然的。有一种说法：世界上有了两个人，就有了"人际关系"；世界上有了两群人，就产生了"公共关系"。

资料来源：管玉梅. 公共关系学[M]. 北京：机械工业出版社，2014.

4. 形象描述说

"形象描述说"这类定义是从塑造形象的角度揭示公共关系的本质属性，强调公共关系的宗旨是为组织塑造良好的形象。持这一类观点的研究者往往倾向于公共关系实务，与社会关系说偏重学术、抽象正好相反，形象描述说则倾向于直观形象和浅显明了，通常抓住公共关系的某个功能或某种现象进行描述，较为具体实在。

美国公共关系协会（PRSA）征询了两千多名公共关系专家的意见，从中选出以下四种公共关系的定义：①公共关系是企业管理机构经过自我检讨与改进后，将其态度公诸社会，借以获得顾客、员工及社会的好感和了解的经常不断的工作。②首先，公共关系是一个人或一个组织为获得大众的信任与好感，借以迎合大众的兴趣而调整其政策与服务方针的一种经常不断的工作。其次，公共关系是对此种已调整的政策与服务方针加以说明，以获得大众了解与欢迎的一种工具。③公共关系是一种技术，此种技术在于激发大众对于任何一个人或一个组织的了解并产生信任。④公共关系是工商管理机构用以测验大众态度、检查本企业的政策与服务方针是否得到大众的了解与欢迎的一种职能。

以上四种公共关系定义比较生动形象，同时还有一些定义更为具体直观，如公共关系就是 90%靠自己做得对，10%靠宣传；公共关系就是争取对你有用的朋友；公共关系就是博取好感的技术；公共关系就是通过良好的人际关系来辅助事业成功；公共关系就是促进善意；公共关系就是讨公众的喜欢。

这类表述对于宣传公共关系是很有用的，它们简洁明了，生动鲜明，便于记忆。不过，它们只是揭示了公共关系的部分含义，从整体上来说不够全面准确。

5. 经营艺术说

持这种观点的学者认为，公共关系还只是一门不精确的学科，许多公共关系问题不存在唯一正确的答案，公共关系在实际运作中要讲究创造性，讲究形象思维，需要从整体上来把握公共关系的实质。因此，公共关系是一门艺术。国际公共关系协会在 1978 年的《墨西哥宣言》中，将公共关系定义为："公共关系是一门艺术和社会科学，公共关系的实施是分析趋势、预测后果、向机构领导人提供意见、履行一连串有计划的行动，以服务于本机构和公众利益。"

上述公共关系定义各有侧重。归纳起来，我们基本上可以从中看出公共关系的本质、任务、职能、目标、基本精神，从而得出一个理想的公共关系全貌。

（1）公共关系在本质上是一个组织借助传播手段开展的一种管理活动。

（2）公共关系的任务是协调一个组织和它的各类公众之间的关系。

（3）公共关系的职能是在收集信息的基础上，评估一个组织实施的政策和行为在公众中产生的影响，进而提出公共关系活动的具体目标和计划，通过传播沟通的实践活动将其目标和计划付诸实施，最后通过收集反馈信息，对下一步新的行动进行设计。

（4）公共关系的目标是为组织树立良好的形象，获得内外公众的信任和支持，创造最佳的社会环境。

（5）公共关系的基本精神是诚实、开放、互惠互利。

 资料 1-2

公共关系精准化

有位女生想去相亲，希望能更快找到心上人，那么为了尽快解决这件事，更多运用的是广告、营销的逻辑，也就是更快地把这位姑娘推荐给对方，精准触达。而这个女生自身条件如何，就是公共关系要描述和解决的问题。通过公共关系的表达，让更多优秀男青年觉得爱上了这个姑娘，引导到这个层面，就是一个简单的公共关系过程。所以说，目前公共关系主要解决的还是认知偏差的问题。在一个信息爆炸的时代，"酒香不怕巷子深"已经成了过去时，个体的品牌不发声、不公共关系，很容易被淹没。过去的消费者靠产品质量就可以征服，今天还要征服他的认知。在这种前提下，销售也会受到很大影响。

与具象化的市场营销相比，公共关系通常给大家一种非常"虚"的感觉。事实上，公共关系行业走到今天，已经逐渐衍化成具备系统化属性的知识体系，有自己的内在逻辑。例如将市场从业者存在的话语权问题、架构问题，放到公共关系领域来讨论，同样适用。

资料来源：张晓枫. 你做不好公关，是你不懂公关也可以精准化[EB/OL]. 砍柴网，2019-04-11（有改动）.

1.1.2 "公共关系"一词多义

"公共关系"一词到底有几层含义，目前还没有一个世界公认的看法，对其含义的理解和定义的表述是多层次的。人们普遍认为它既可以是一种状态，又可以是一种活动，还可以是一种学说，更是一种观念和职业。要准确理解公共关系的内涵，还需要对公共关系的相关概念作出阐述。

1. 公共关系状态

公共关系状态是指一个组织与其公众之间客观存在的社会关系和社会舆论的状态，即这个组织在公众心目中的现实形象。公共关系状态是无形的，却是客观存在的。任何一种公共关系状态都在发挥着积极或消极的作用，对组织的生存与发展产生重大影响。

一般来说，公共关系状态有四种类型（图1-1）：第一种（A）是高知名度、高美誉度，这是组织最理想的状态；第二种（B）是高知名度、低美誉度，这是最不理想的状态，是组织所处的一种危机状态；第三种（C）是低知名度、低美誉度，这是组织的原始状态；第四种（D）是低知名度、高美誉度，这是组织的一种较为稳定和安全的状态，说明组织处于发展阶段，有很好的发展前景。任何组织都会有一种公共关系状态，且属于这四种类型中的一种。

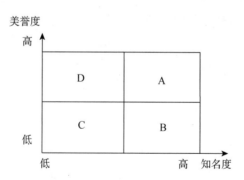

图 1-1 公共关系状态的四种类型

2. 公共关系活动（工作或实务）

公共关系活动（工作或实务）是指一个组织为创造良好的组织形象，争取公众舆论支持而采取的政策、行为和手段，主要包括协调、传播、沟通等活动，是以创造良好的公共关系状态为目的的一种信息沟通活动。这种活动是主观见诸客观的一种社会实践，是一个组织长期进行社会交往、沟通信息、塑造自身良好形象的过程。当一个组织自觉地采取各种公共关系手段去改善原有的公共关系状态时，就是在从事着公共关系活动。

公共关系活动可以分为日常公共关系活动和专题公共关系活动两大类。日常公共关系活动是指为改善公共关系状态，人人都可以做到的那些日常接待等人际交往活动，如热情服务、礼貌待客以及大量的例行性业务工作和临时性琐碎的工作等。专题公共关系活动是指有计划、系统地运用有关技术、手段去达到公共关系目的的专门性活动，如新闻发布会、产品展示会、社会赞助、广告制作与宣传、市场调查、危机公共关系等。对于一个组织来说，日常公共关系活动有赖于组织的全体成员去进行，而专题公共关系活动则应由公共关系部门负责，由专门的公共关系人员去完成。

 资料1-3

品质提升服务先行

为保障 2019 年 11 月进口博览会各项服务工作的成效，作为申城信息基础设施建设的主力军，中国电信上海公司借助深厚的"互联网+"布局、丰富的信息化产品保障支撑体系及优秀的客户服务水平，为进博会的到来做好了充分的准备。

据中国电信上海公司工作人员介绍，中国电信上海公司在国家会展中心设立 5 个国际进口博览会现场服务点，提供卡类销售、终端销售、引导咨询、业务受理、充值缴费、投诉处理、维修接机等服务。同时，组织以十九大党代表邱莉娜带领的服务团队，进驻国际进口博览会现场服务点进行专项服务保障。中国电信上海公司还针对现场服务点制定一系列管理制度及应急预案，最大限度地保证了观展者的服务体验。

工作人员表示，虽然服务网点设置不少，但考虑到场馆面积较大，观众对场馆的位置和路线也不熟悉，所以除了会提前短信推送服务点相关信息外，中国电信上海公司还将在中国电信上海网厅、微信公众号"中国电信上海客服"及"中国电信上海网厅"渠道设立"国际进口博览会电信服务指南"。其主要介绍国际进口博览会电信服务点信息、手机挂失停机及补/换卡的服务场景问答，以及服务网点信息查询、10000 号跨域服务内容等。

资料来源：沈亦兵. 品质提升服务先行[N]. 文汇报，2018-10-17（有改动）.

3. 公共关系观念（意识）

公共关系观念（意识），是一种影响和制约着组织的政策和行为的经营观念和管理哲学，是人们对公共关系活动的一种自觉的认识和理解。它不仅能指导公共关系工作的健康发展，而且可渗透到管理者日常行为的各个方面，成为引导、规范组织行为的一种价值观念和行为准则。当人们自觉地意识到公共关系状态的客观性和公共关系活动的重要性时，便会形成一定的公共关系观念或公共关系意识。公共关系观念主要有以下几种。

（1）形象观念。形象观念表现为在决策和行动中高度重视自身的声誉和形象，自觉地进行形象投资、形象管理、形象塑造，将树立和维护良好的组织形象作为重要的战略目标。

（2）公众观念。公众观念表现为重视公众的利益，将公众的意愿作为决策和行动的根据，将满足公众的要求作为重要的经营方针和管理政策。

（3）传播观念。传播观念表现为强烈的传播欲望，自觉地利用一切传播的机会去影响公众、引导公众和争取公众，并善于运用双向沟通的方法去赢得理解、信任和好感。

（4）协调观念。协调观念表现为善于调节、平衡和统一各种不同的关系、不同的利益、不同的要素，懂得兼顾、统筹、缓冲和必要的调和、折中的意义与价值，努力在矛盾中求平衡、求和谐。

（5）互惠观念。互惠观念表现为在交往与合作中，将平等互利作为处理各种关系的行为准则，将自身的发展与对方的发展联系起来，通过协助对方来争取双方的共同利益。

除此之外，公共关系观念还包括团队观念、创新观念、服务观念、社会观念等。

 资料 1-4

逆风飞扬的"猫"有 36 条命

云南肆只猫咖啡有限公司董事长陈莎，作为一个"85后"女孩，缘何在短短几年内就创出一个咖啡"大牌"，关键在于其牢牢揪住了品质与成本控制这两个要素，近 3 年来，企业建立了包括零库存在内的一整套电商平台运营和降成本的管理体系。

2012 年，她和 3 名合伙人共同出资成立了公司，搭上淘宝、天猫的最后一班"顺风车"，将企业定位为线上企业。4 名合作人中，有人从事生产、有人负责电商、有人做平台服务，按特长，陈莎负责线下销售。"我们把公司和商标取名为'肆只猫'，一是寓意我们 4 个人，二是寓意经得住摔打，耐得住折腾。"陈莎笑称，俗话说猫有九条命，四只猫不是三十六条命吗？

然而这个完美的架构和充满激情的创业梦并不完美。公司从一成立起就亏损，一亏就是 3 年。陈莎说，现在想起来，是成本控制特别差。想到自己看好的品牌就这样凋亡，陈莎不甘心，一狠心腾出所有资金，左借右贷，把 3 名股东的股份全部高价买了过来。

2016 年，陈莎开始在昆明经开区建新厂，通过观摩学习，她已弄清了怎样建一条咖啡生产线。"新厂图纸都是我自己画的。"从设备布局到细节功能改造，从包装设计到物流、平台维护，无一不亲力亲为。从 2017 年起，企业开始实现盈利。

在新厂产品上线销售后，有顾客反映铝箔纸包装条撕口不好撕，还有顾客反映包装口密封不严。"经过仔细调研，问题的确存在。"陈莎说，设备都是国际、国内大厂的产品，使用也正常，但就是有缺陷，怎么办？改！这个女汉子俯下身子，反复琢磨，查图纸，跑市场，通过改动包装切口位置、在封口上方加装乳胶夹杆，两招就解决了顾客在平台上"小有埋怨"的问题。

然而，与早年电商刚兴起时只管"引流-变现"不同，如今品牌的运维需要动用"十八般武艺"，除了平台在逆流中继续引流，还要通过抖音、快手、微信、微博以及自媒体各个端口持续发力，稍微有一天不努力，就可能被消费者抛到脑后。同时，要将所有产品进行IP（知识产权）形象升级，使用目前市面上最先进的包装形态。"别人抄袭不了的，就是自己内在核心的东西。"陈莎还打算在今年推出"咖啡时光"的概念，同时分步骤向市场推出液态咖啡以及各品种咖啡系列，那时"咖啡时光，自由自在"的理念也将深入人心。

资料来源：赵汉斌. 逆风飞扬的"猫"有 36 条命[N]. 科技日报，2019-04-15（有改动）.

4. 公共关系学

公共关系学是研究公共关系活动及其规律的一门综合性的应用学科，是应用管理学、经济学、心理学、传播学等现代科学知识，总结管理经验和方法而形成的一门新兴的、边缘的学科，主要研究组织同其公众之间的关系，这种关系是一种自觉的、有意识的、专门性的公共关系活动，通过有效的公共关系活动，来改善自身的公共关系状态。其主要任务是揭示公共关系活动的规律，并指导公共关系的实践。

公共关系学研究的内容大致有以下三个方面：一是公共关系的产生、发展过程，着重从历史动态角度研究公共关系阐述的社会背景、发展的动力及其演化过程；二是公共关系的本质，着重研究公共关系的本质特征、基本职能等；三是公共关系的活动规律，着重研究公共关系活动的具体形式、方法和技巧、基本原则、操作规则、工作模式及其在各个领域的具体运用。这三个方面分别构成公共关系学中的公共关系史、公共关系原理和公共关系实务，它们共同形成公共关系学的理论体系。

5. 公共关系职业

公共关系职业是指专门提供公共关系方面的劳务而获取报酬的职业，其职能是协调社会组织同公众的关系，塑造组织良好的社会形象，以促进组织不断发展和完善。公共关系职业产生于 1903 年，人们通常把美国的新闻记者艾维·李（Ivy Lee）尊为"现代公共关系之父"，事实上，这里的"公共关系"主要是指公共关系职业。正是艾维·李在 1903 年创办了世界第一家公共关系咨询事务所，并公开对外营业，才在社会上出现了公共关系职业。近年来，公共关系职业得到了快速发展，因为不论是个人还是组织都希望取得更多的信息，创造一个良好的内外部环境，以谋求自身事业的成功。

根据以上分析可以看出，"公共关系"一词在不同的情况下使用往往有不同的含义。因此，我们在使用"公共关系"这一概念时，应尽量区分它的各种含义，在不同的场合使用不同的术语，以避免因语义不同而导致不必要的混乱。

1.1.3　公共关系的本质属性

科学的定义应该反映事物的本质属性。公共关系的定义则应该反映公共关系形象和活动的本质。

1. 确定公共关系本质的依据和方法

首先，需要分析构成公共关系活动的基本要素。将复杂的公共关系过程简化以后可以发现，公共关系活动过程的三个基本要素是："组织""公众"和"传播"。任何公共关系活动都是由这三个要素构成的。

其次，分析公共关系的基本要素之间的相互作用及其本质联系。在公共关系的这三个要素中，"组织"和"公众"是公共关系的承担者，分别是公共关系的"主体"和"客体"，这两者之间的相互作用方式是"传播"；而现代"公共关系传播"的本质即组织与公众之间信息的双向交流，组织与公众沟通交流的"双向性"是现代公共关系传播的本质特征，如图 1-2 所示。

图 1-2　现代公共关系传播三要素联系图

可见，三个要素之间的联系就是组织与公众之间通过传播沟通活动所形成的信息的双向交流。而现代公共关系是组织的一种管理职能，这种管理职能的本质属性就是"组织与公众之间的传播管理"。

最后，还要考虑这一本质属性在公共关系原理中的渗透性以及在公共关系实务中的指导性。总之，"传播沟通"是贯彻整个公共关系的一条基线，是现代公共关系理论的精髓，是公共关系的本质属性。

2. 理解公共关系本质属性的三个角度

抓住公共关系的本质属性，就能够将它与同类事物中的其他不同属性的东西区分开来。我们可以进一步从三个角度来加以说明。

（1）公共关系的"关系"性质。公共关系作为一种社会关系，特指组织与公众之间的传播沟通关系，即组织与公众环境之间的信息交流关系。

（2）公共关系的"职能"性质。公共关系作为一种管理职能，是对组织与社会公众之间传播沟通的目标、资源、对象、手段、过程和效果等基本要素的管理，即传播管理。这种管理是以优化公众环境、树立组织形象为宗旨的。这个管理领域反映了现代信息社会中管理学发展的一个趋势：日益重视信息资源、关系资源、形象资源和传播资源。因此，公共关系与资金、技术和人才并列，被称为现代组织经营管理的"四大支柱"。

（3）公共关系的"学科"性质。公共关系作为一门综合性的应用学科，是以传播学和管理学为主要依托的传播管理学或组织传播学。它既是现代传播学发展的一个应用分支，也是现代管理学的一个构成部分。它是现代传播学在组织行政管理和经营管理中的应用和发展。

从以上三个角度可以了解，公共关系是一种组织的"传播沟通关系"，一种组织的"传播沟通职能"，一门组织的"传播管理学科"，"组织与公众之间的传播沟通"是公共关系的本质属性。

1.1.4　公共关系的特征

公共关系是社会关系的一种表现形态，科学形态的公共关系与其他任何关系都不同，有它自己的特征，了解这些特征有助于加深对公共关系概念的理解。

1. 人情性

公共关系是一种创造美好形象的艺术，它强调的是成功的人和环境、和谐的人事气氛、最佳的社会舆论，以赢得社会各界的了解、信任、好感与合作。我国古代认为事业的成功有赖于"天时、地利、人和"，把"人和"作为事业成功的重要条件。公共关系就是要追求人和的境界，为组织的生存、发展或个人的活动创造最佳的软环境。离开了这一点，任何公共关系都会失去其本身的意义。公共关系期望的是以普通人性、共同情感为基础的人与人关系的新境界；提倡的是广结人缘，甚至视对手为朋友，处处为公共利益着想，以调节主体自身的行为规范，满足公众需要为出发点；强调的是相互理解、相互信任、相互支持与帮助，共同发展。因此，人情性是公共关系最明显的特征之一。

2. 双向性

公共关系是以真实为基础的双向沟通，而不是单向的公众传达或对公众舆论进行调查、监控，它是主体与公众之间的双向信息系统。组织一方面要听取人情民意以调整决策、改善自身；另一方面又要对外传播，使公众认识了解自己，达成有效的双向意见沟通。在公共关系行为过程中，应该首先了解公众喜欢什么，对组织有什么期待或要求，在确定公众的价值观和态度的基础上，再进行自身形象的设计，使自己的方针、政策、产品和服务等更加符合公众的需要，并及时向公众传递有关组织的信息。因此，以双向沟通过程为特征的传播活动是公共关系最实质性的方面。

3. 广泛性

公共关系的广泛性包含两层意思。一是公共关系存在于主体的任何行为和过程中，即公共关系无处不在、无时不有，贯穿于主体的整个生存和发展过程中，因此，它又是持续的不间断过程。只有这样，公共关系的良好状态才能实现。二是其公众的广泛性。因为公共关系的对象可以是任何个人、群体和组织，既可以是已经与主体发生关系的任何公众，也可以是将要或有可能与主体发生关系的任何暂时无关的人们。这就是说，公共关系对自己的客体有一种无限扩展的趋势和倾向，它要广泛地向所有有关或无关的人施加影响。

 资料 1-5

点亮文化旅游"夜经济"

近年来，夜间旅游正成为热门话题，也成为一些城市亮丽的名片。

世界知名的里昂、悉尼灯光节，风靡于巴黎等地的白夜节，让城市成为多彩梦幻的不夜天。与此同时，国内也掀起了夜间旅游发展热潮，夜游东湖成为武汉市民及往来游客享受"世界级慢生活"的新时尚，温州瓯江滨水夜游综合体作为夜间旅游新模式的示范项目获得两项吉尼斯世界纪录。

夜间旅游是一种新的文旅产业发展模式，既让传统旅游资源焕发新活力，也创造出新的旅游吸引点和文化旅游产品；既可以提升城市、景区旅游资源和非传统旅游资源的利用效率以及使用价值，也能够提升游客的时间利用率和旅游体验度。

资料来源：戴斌. 点亮文化旅游"夜经济"[N]. 人民日报，2019-06-04.

4. 整体性

一个企业或个人公共关系的宗旨是使人们全面地了解自己，从而建立起自己的声誉和知名度，它侧重于一个组织机构或个人在社会中的竞争地位和整体形象，使人们对自己产生整体性的认识。它并不是要单纯地传递信息，宣传自己的地位和社会威望，而是要使人们对自己各方面都有所了解。对于一家企业来说，公共关系不仅要宣传产品，还要全方位地介绍企业的服务、员工、机构、管理、历史与现状、设备与工艺水平等各个方面。对于个人来说，公共关系不单单是要宣传自己的成就、财富或社会地位，还要如实地介绍自己的为人、道德水平、对社会活动的关心等诸多情况。通过全面的传播活动，人们对自己形成真实的、内容丰富的整体良好形象。

5. 长期性

公共关系的实践告诉人们，不能把公共关系人员当作"救火队"，而应该当作"常备军"。公共关系的管理职能应该是经常性与计划性的，它是一种长期性的工作，如果组织平时就注重公共关系工作的话，那么，在组织遇到危机时，就会看到其神奇的效果；相反，如果组织平时不注重公共关系工作，那么，当其需要公共关系的帮助时，则不会轻易在短时期内见效。所以任何组织都应在平时的公共关系工作上下功夫，这样做将会使组织在其发展过程中，不论遇到什么样的困难与险阻，都能在公众的支持下渡过难关，这是组织应下功夫去做的一项工作和必须进行的一项长远投资。这一任务应该被列入组织的战略蓝图中，这样，组织就能做到时时有公共关系，处处有公共关系。

6. 创造性

公共关系面对纷繁复杂的社会环境，其对象又是性格各异的公众。只有不断创新，才能满足变化中的环境和公众的要求，公共关系才有生命力。所以公共关系本质上是一种创造性工作，缺乏创造意识的公共关系活动是没有生命力的。公共关系活动的创造性特征体现在公共关系部门及公共关系人员在创新意识支配下标新立异、新颖独特的辛勤劳动之中。因而，要使公共关系活动体现创造性特征，从事公共关系活动的人员就必须具备强烈的创新意识，按照科学精神办事；同时，要善于思考、富有激情、思维高度敏锐、工作作风细致踏实。

7. 全员性

公共关系工作在社会组织中是需要全员参与的，只有如此才会有真正的、实效的公共关系。其理由是：第一，任何组织都是由各个成员组织而成的有机整体。从静态上看，每一个具体的组织成员都代表着组织，公众对个别员工的印象，往往构成其对组织的印象，对个别员工的态度，也往往成为其对组织的态度。公众与员工的关系也会影响到公众与组织的关系。第二，组织与公众的关系、联系与沟通，都是在组织的活动和运行中才得以实现的。而组织的活动和运行，就是全体员工的活动和运行。没有员工的工作，就没有组织的活动和运行，也就没有了组织的公共关系。员工工作努力、积极，组织的活动和运行就正常，就积极有序，就会有好的公共关系；相反，公共关系就难以发挥作用。第三，由于组织内的每一位员工都在从事组织在社会分工中的专业活动，他们在工作中容易体察到组织在公众心目中的地位和引发的感情，体察到组织的公共关系状况，因此，他们也会为组织的公共关系活动提出许多有效的建议。

资料1-6

一身红色的客人

大连某星级大酒店有一个雨天接待了一位外国女客人，这位客人刚进酒店，大厅的服务员就感到来人与众不同：手里拿着一把红雨伞，身上穿着一套红色的西装套裙，更夸张的是，头上还戴着一顶红色的帽子，穿着红色的鞋，挎着红色的包!服务员礼貌相迎，接过客人的雨伞，打开晾着。前台服务小姐从她登记的资料得知，这是一位德国籍女士。看到这一情景，前台服务小姐迅速打电话告诉楼层服务员，尽快将女士登记的1218房间的被单、褥单、枕头换成红色，来得及的话，电话和暖瓶也换成红色。之后，前台小姐礼貌地领着她进了1218房间。看到眼前清一色的红，德国女士突然表情严肃地对服务员们说："叫你们经理来!"服务员惊讶极了，以为出了差错。经理忐忑不安地来到房间后，才知道原来德国女士是要和他谈下一步的合作事宜。德国女士说："你们的布置让我很满意，你们的小姐的服务是一流的，我原打算考察一下大连的所有酒店，拟投100万元租几个写字间搞物流，看来我不用再找了，就租你们这一层楼吧。马上给我订一张返回柏林的飞机票。"原来，这位女士是德国某物流大公司的董事长。半天，经理才缓过神来，连声说道："好的，好的，谢谢!"

资料来源：范黎明. 公共关系实务教程[M]. 北京：电子工业出版社，2014（有改动）.

1.2 公共关系的学科界定

公共关系作为一项综合性和系统性较强的工作，在具体实施过程中涉及面广，经常会与一些外围的、相关的活动范畴产生关联，但它们与公共关系既有联系，也有区别，因而需要对其进一步加以比较和区分，作出相应的学科界定。

1.2.1 公共关系与庸俗关系

庸俗关系是指日常生活和社会交往中，利用金钱和职权为个人谋求好处或不正当、不文明的人际交往活动，如"走后门""套私情"等。从表面上看，庸俗关系的沟通协调和公共关系是一致的，目的都是解决问题或获取利益。因此，社会上常常把庸俗关系和公共关系混为一体，这是对公共关系的极大误解。公共关系与庸俗关系有着本质上的区别。

1. 两者产生的基础不同

公共关系是商品经济高度发达、现代民主制度不断发展、信息手段十分先进的产物；

庸俗关系则是在封闭落后的经济条件下，生产力不发达、市场经济发育不完善、物资供应不充足的产物，带有浓厚的血缘、地缘色彩。

2. 两者的理论依据不同

公共关系以现代科学理论为指导，按照正确的目标、科学的方式、规范的组织形式、严格的工作程序和道德准则来进行；庸俗关系则建立在市侩经验的基础上，其方式是险恶的权术，奉行的是"人不为己，天诛地灭"的信条。

3. 两者活动的方式不同

公共关系是社会组织与公众之间的正当联系，主要通过正式渠道，采用大众传播和人际传播等手段公开地进行社会活动，其活动是正大光明的。公共关系对其公众及时、有效地传播信息，向决策者提供公众的反馈信息，建立双向信息沟通网络，提高管理的有效性。庸俗关系是个人与个人之间的不正当联系，是私人之间互相利用的一种不正当活动。其参与者尽量掩饰其所作所为，进行幕后交易，如内外勾结、营私舞弊、行贿受贿等牟取私利的活动。

4. 两者所要达到的目的不同

公共关系以建立良好的组织形象、提高知名度和美誉度、维护组织与公众的合理利益为目标，恪守公正诚实、信誉至上的原则，从而使组织获得较好的经济利益和社会利益；庸俗关系则是通过各种卑劣手段来达到个人私利的目的，如损人利己、损公肥私等投机钻营的行为。

5. 两者产生的效果不同

公共关系通过一系列有计划的活动，使组织在与社会整体利益一致的前提下不断发展，其结果是社会、组织与公众都受益，为社会创造一种以诚相见、提高声望的良好风气，有利于形成和谐、友善、正常、健康的人际关系；庸俗关系则将人际关系商品化，使人们变得唯利是图，目光短浅，使社会变得充满市侩气，个人中饱私囊，而国家和公众的利益都受到损害。因此庸俗关系严重污染了社会风气，毒化人们的心灵，破坏正常的人际关系，降低社会的文明程度，阻碍了和谐社会的建设与发展，为世人所唾弃。

 资料 1-7

神话被丑闻打回原形 诺奖并非天堂举办

2018 年 5 月 4 日，瑞典学院决定，2018 年不颁发诺贝尔文学奖。此前，瑞典学院因处理法国摄影师尚-克劳德·阿尔诺（Jean-Claude Arnault）的性侵指控而备受抨击，阿尔诺是瑞典学院一名前院士的丈夫。

该学院发表的一项声明称，诺贝尔文学奖的声誉被严重损害，并承诺计划恢复公众信心，搁置今年的奖项是恢复该组织声望的唯一方式。

资料来源：师力斌. 神化被丑闻打回原形[N]. 环球时报，2018-05-05（有改动）.

1.2.2   公共关系与广告

广告即广而告之，是向社会公众传递信息的手段和行为。一般情况下，人们提到的广告多指商业广告，即广告主为了扩大商品或服务的销售并获取利润，以付钱的方式，利用公众传播手段向目标市场传播信息的经济活动。开展公共关系活动无疑要运用广告传播活动，但广告不等于公共关系，两者之间既有联系又有区别。

1. 广告与公共关系的联系

两者都具有依靠传播媒介传播信息的特征，开展公共关系活动常常借助广告宣传来提高传播效果。

2. 广告与公共关系的区别

1）传播的目标不同

公共关系的目标是赢得公众的信赖、好感、合作与支持，树立良好的整体形象，"让别人喜欢你"；广告的目标是提醒消费者关注商品或服务信息，激发公众的购买欲望，对其产生关注，进而"让别人买我"。

2）传播的原则不同

广告传播的原则是引人注目，只有引人注目的广告，才能使企业的产品或服务广为人知，激发公众的购买欲望，最终达到扩大销售和服务的目的。公共关系传播的首要原则是真实可信，传播内容都是真实的，绝不能有任何虚假。当然，公共关系传播也力求引人入胜，其前提是真实可信，否则只能自取其辱、一败涂地。

3）传播方式不同

广告为了引人注目，可以采用各种传播方式，包括新闻的、文学的和艺术的传播方式，可以采用虚构的、夸张的表现手法，以激起人们的购买欲望。只要产品的质量有保证，在广告中允许采用多种表现手法塑造产品的新鲜感、形象感，从而加深人们的印象。但是，公共关系的传播方式，最重要的是用事实说话。其信息传播的手段主要是新闻传播的手段，如新闻稿、新闻发布会、报纸等。这些传播手段的特点是：靠信息的真实性、客观性及其内在的价值说话；不在于当事人运用哗众取宠、耸人听闻的表现手法，而在于善于选择适当的时机，采用合理的形式，通过适当的媒体，把适当的信息及时、准确地传递给目标公众。

4）传播周期不同

通常来说，广告的传播周期不会很长，短则十天半月，长则数月一年。而且一般是一个时期集中宣传一种产品或服务，并有明显的季节性、阶段性。相对来说，公共关系传播的周期则较长，其任务主要是树立整个企业的信誉和形象，这绝非急功近利的方式所能奏效。一个企业良好信誉的建立和完美信息的树立，并不是一件容易的事，它需要公共关系通过有计划、有步骤、长期不断的努力，实事求是地、有效地向外界开展传播活动，它是长期的，甚至是永久性的，只是不同时期的具体内容和重点会有所不同而已。

5）所处地位不同

一般来说，广告在经营管理的全局中所处的地位是局部的，其成败好坏，对全局没有决定性的影响。因此，一项产品广告的成功与失败，通常并不决定整个企业的命运。但是，公共关系工作则不同，它在经营管理中处于全局性的地位，贯穿于经营管理的全过程。公共关系工作的好坏，决定着整个企业的信誉、形象，决定着整个企业的生死存亡。在激烈竞争的环境中，如果一个企业或组织声名狼藉、信誉扫地，那么它必定难以生存。

6）效果不同

一般来说，广告的效果是直接的、可测的，其经济效果是显而易见的，且某项广告的效果又往往是局部的，只影响到某个产品或某项服务的销路，因此，广告的效果又是局部性的、战术性的。而公共关系的效果则是战略性的、全局性的。一个企业一旦确立了正确的公共关系思想，并开展了成功的公共关系工作，不仅能使企业对外界建立良好的信誉和形象，还能使企业自身受益无穷，而且社会各界也会因此受益匪浅。尤其是成功的公共关系所取得的效益，应该是包括政治、经济、社会等各方面效益的整体效益。一般来说，这样的整体效益是难以通过利润的尺度来直接衡量的。

 资料 1-8

欧派创造"中秋团圆"的新仪式感

2019 中秋佳节到来前夕，欧派家居携微电影《狼人的中秋烦恼 3》与大家一起过中秋，告诉大家中秋也要有仪式感。

近三年来，欧派家居持续运营的中秋狼人 IP（知识产权），在解读"中秋团圆"不变的主题下，细腻地洞察家庭中的相处矛盾点，不断创新衍生出"中秋团圆"的新仪式感。狼人三部曲根植于中国社会特有的团圆文化土壤，融合了西方魔幻文化的荒诞，也带泰式广告的脑洞幽默，但更多的是激发大众对家庭、对亲情的关注和反思。从第一部的"特别的人，他的团圆也应该比别人更特别"，到第二部的"两个人住，它就是个洞；你们回来了，它才像个家"，再到第三部的"在一起很难搞，分开了又会很想念，这就是家人吧"。将广告艺术拉回到平民语境，成为名副其实的爆款收割机。

资料来源：欧派家居携微电影《狼人的中秋烦恼 3》与大家见面，提示中秋也要有仪式感[EB/OL].IT 商业新闻网，2019-09-12（有改动）.

1.2.3　公共关系与宣传

宣传是组织有意识地把某种观念、意见、态度和情绪，以及风俗、信仰传播于社会，是一种有意控制社会心理的活动。公共关系与宣传既有联系也有区别。

1. 公共关系与宣传的联系

首先，两者都必须以一定的传播对象（受众）为活动的指向；都需要借助各种新闻媒体作为工具；都必须了解受众的需求和希望。

其次，两者的工作内容有时也是相同的，如每个组织都有团结内部成员，增强群体凝聚力、向心力、荣誉感等方面的任务，这既是组织内部宣传工作的内容，也是组织内部公共关系公众的目标。

2. 公共关系与宣传的区别

1）工作的性质不同

传统的宣传属于思想政治工作范畴，是思想政治工作的手段和工具。宣传的目的主要是改变和强化人们的心理状态和精神状态，获取人们对某种主张或信仰的支持，宣传的主要内容是国家的方针、政策、社会道德、伦理、法制等方面的教育。公共关系作为一种特殊的管理职能，目的是塑造组织形象，建立组织与公众的良好关系，除了宣传鼓动之外，其工作的主要内容是信息交流、协调沟通、决策咨询、危机处理等。

2）工作的方式不同

宣传是单向传播过程，带有灌输性和强制性；其目的有时是隐秘的，并不为公众所知晓；工作重点往往是以组织既定的目标来控制公众的心理；有时为了获取目标公众的支持，容易出现夸张渲染的片面效应。公共关系工作是一种双向传播过程；公共关系必须尊重事实，及时、准确、有效地向公众传递组织信息，以真诚换取公众的理解和信任；公共关系除了向公众解释、说服公众外，很重要的职能在于向组织的决策层提供信息和咨询；其目的、动机是公开的，努力让公众了解、知晓组织的经营状况；公共关系活动是做和说的统一，不仅要求组织自身做得好，而且还要把做得好的事情告诉公众，进而扩大组织的社会影响力。

1.2.4　公共关系与市场营销

市场营销是指企业在市场上的经营活动的总称。它包括市场调查、新产品开发、制定价格、选择销售渠道、选择促销手段以及开展售后服务等一系列活动。公共关系与市场营销既有联系又有区别，两者的关系是密切的。

1. 公共关系与市场营销的联系

1）共同的产生条件——商品市场的高度发展

市场营销的产生，是由于资本主义高度发展使企业外部环境发生了很大变化。一方面，买方市场的形成，消费者对产品的需求变化很大，条件越来越苛刻；另一方面，同行之间的竞争也日趋激烈，企业更加重视"市场"、重视"营销"、重视外部的公众关系。公共关系的产生，是由于在商品经济高度发展的情况下，企业争取消费者时，不仅要在产品质量、品质技术、价格等方面竞争，更重要的是企业整体形象的竞争。企业未来赢得良好的社会舆论，就必须与各方面的公众建立良好的关系，即开展公共关系活动。

2）共同的指导思想——用户第一，社会效益第一

新的市场营销观念要求把顾客的利益放在第一位，把社会效益放在第一位，市场营销的这种指导思想和公共关系的基本原则与要求是相互吻合的。

3）相似的传播媒介——大众传播媒介

在市场营销和公共关系的业务活动中，组织与目标对象的沟通往往要借助于大众传播媒介来实现。现代大众传播媒介可以使社会交往摆脱时空限制，使市场摆脱国家、地区的限制。因此，一个组织无论是扩大影响，还是扩大产品销路，都离不开大众传播媒介。

4）市场营销把公共关系作为组成部分

市场营销在应用非价格竞争的促销策略时，把公共关系作为主要的促销手段之一，并吸收、运用公共关系的手段和方法来实现其销售目的。当代美国著名营销大师菲利普·科特勒提出的"大市场营销观"，在原有产品、价格、渠道和促销手段四个策略基础上，新增了公共关系和政治权利两个策略，这充分说明了公共关系与市场营销的密切关系。

2. 公共关系与市场营销的区别

1）两者的应用范围不同

市场营销仅限于企业的生产、流通领域，最多不过是经济领域内；公共关系所涉及的是社会上任何组织与公众的关系，如政府机构、学校、医院等。公共关系比市场营销有更广泛的社会意义，学科应用范围更广阔。

2）两者活动的目的不同

市场营销的直接目的是销售产品，从而进一步增加利润；公共关系的目的是树立组织形象，产生良好的公众信誉，从而使组织得到长足的发展。

3）两者的手段不同

市场营销所采用的手段是价格、促销、分销、包装、产品设计等，都紧紧围绕着企业产品的销售目的。公共关系所采用的手段是发放宣传资料、举办各种专题活动，如记者招待会、社会赞助、典礼仪式等活动。当然，市场营销也可以运用公共关系的手段开展促销活动，但两者的性质是不同的。

 资料 1-9

牛车网成功举办汽车智能沙龙

2019 年 10 月 11 日，由牛车网主办的以"5G 时代造汽车还是造出行机器人"为主题的汽车智能沙龙（以下简称"沙龙"）在北京三里屯英菲尼迪品牌中心隆重举行。沙龙吸引了来自行业专家、权威专家学者、企业高层、汽车和科技媒体等近百位嘉宾参与讨论，为汽车智能行业方面的创业企业与投资人、主机厂之间搭建一座沟通的桥梁；为重要产业及技术打造了一个有效的交流平台，参与嘉宾共同探讨 5G 时代下，智能与汽车未来发展的可能。

资料来源：牛车网汽车智能沙龙成功举办　共议 5G 时代造汽车还是造出行机器[EB/OL]. IT 商业新闻网，2019-10-12.

1.3　公共关系的主要职能和基本原则

公共关系职能是指公共关系在社会组织运行过程中的工作范畴和应承担的责任，是组织运用各种传播、沟通的手段去影响公众的观点、态度和行为，争取公众舆论的理解和支持，从而为组织的生存和发展创造良好的社会环境。公共关系的基本原则是指社会组织在开展公共关系活动中必须遵循的准则和所要达到的基本要求。

1.3.1　公共关系的主要职能

公共关系职能从其运行所发挥作用的表现形态来看，主要有三大类：一是管理性职能；二是传播性职能；三是决策性职能。

公共关系的管理性职能是社会组织对各类与公共关系相关的要素所实施的教育引导、协调沟通以及规划控制等各项职能。

公共关系的传播性职能是指在公共关系活动中通过传播工作的实施与运行所能发挥出的有利于组织发展的效用。其主要内容包括：采集信息，监测环境；组织宣传，创造气氛；交往沟通，协调关系；教育引导，服务社会。

公共关系的决策性职能是指在公共关系活动中通过对重大活动的策划、管理与实施，对组织决策所能发挥的服务、指导与促进的效用。其主要内容包括：咨询建议，决策参谋；发现问题，加强管理；防患未然，危机管理；创造效益，寻求发展。

公共关系可以在多方面发挥作用，从而决定了公共关系的职能极其广泛而复杂。一般说来，公共关系应该具备以下五方面的基本职能。

1. 收集信息，监测环境

现代社会，随着知识经济的崛起，信息已日益成为经济发展不可或缺的重要战略资源。组织的生存和发展离不开特定的环境，而环境是由一切与组织有关的信息因素所构成。公共关系在组织的经营管理活动中，首先要发挥信息情报的收集、整理、分析、评估的作用，充当组织的耳目，"眼观六路，耳听八方"。作为组织的预警系统，对于与组织有关的社会环境和公众舆论环境保持高度的敏感性，特别是对环境中潜在的问题和危机及时发出预报，以便组织能及时调整自己的政策和行为。

1）收集信息

从公共关系工作的角度来分析，应当收集组织形象信息、产品（服务）信息、组织运行状态及发展趋势信息等。

（1）收集信息的内容。

①组织自身形象信息。即公众对社会组织在运行中所显示的行为特征和精神面貌的反映。组织形象信息的具体内容有：第一，公众对领导机构的评价。第二，公众对组织管理水平的评价。第三，公众对于组织内部一般工作人员的评价。第四，公众对组织环境特征的评价。②组织产品形象信息。产品形象与社会组织生存命运直接相关，所以，公共关系人员要十分注意了解本组织的产品在公众心目中的形象。这方面的信息包括消费公众对产品（服务）的价格、质量、性能、品种款式、商标、包装、用途等方面的反映，以及对围绕产品所进行的服务时间、服务方式和服务质量的反映。③组织运行状态及其发展趋势信息。组织运行状况及发展趋势的信息，对于组织及时调整运行机制极为重要。公共关系的工作内容就是对社会组织运行所要涉及的关系状态及其变化进行专门的信息处理，在此基础上研究社会组织形象及其变化趋势，并做出相应的调整。④各类公众信息，如本组织的职工、股东、消费者、政府、社区、媒介、竞争者、协作者及有关社会团体方面的信息。

⑤社会环境信息，就是与本组织生存发展有关的政治、法律、文化、社会舆论等方面的状况，及其变化、发展趋势的信息。

（2）收集信息的制度。

①建立健全组织的信访制度。信访制度建立的关键是要有一套合理的有关信件来访的接收或接待、问题处理、信息反馈的制度。②建立与有关组织的信息交流制度，如与业务主管部门、新闻媒介、协作对象、竞争对象、社会团体等建立较为稳固的经常性的信息交流关系。③建立对大众传播媒介的监测制度。对于与本组织机构的业务经营活动关系最为密切的几种主要媒介进行定时监测，并对其发布的有关资料进行收集。④建立公共关系的调研制度。要定期对本组织各类公众的利益、产品服务、经营管理、环境保护、政府关系、媒介关系等进行自查或调研，还要为开展公共关系活动、制订公共关系计划的需要，不定期地对本组织的舆论环境、企业形象、产品形象、领导人形象、公共关系活动的效果进行较深入的调研。⑤建立公共关系的预测制度。定期或不定期地对影响本组织生存和发展的政治、经济、文化、科技、时尚等因素的变化及影响进行预测。同时，也要对组织的发展、各类公众态度的变化等进行预测。⑥建立健全科学的公共关系档案制度。建立公共关系档案的关键在于对各类信息资料的科学分类和有一套对资料使用的科学管理程序。

（3）收集信息的原则。

①信息的准确性。信息的准确性主要是看它能否真实客观地反映环境的实际情况，从而使组织及其成员能对其性质、类别有科学的认识。②信息的时效性。信息是有时效的，信息的滞后不仅可能使信息变得一文不值，而且常常会导致组织由于过时的信息而处处被动，甚至造成失误。③信息的可比性。如果信息不可比，其使用就可能受到限制，或根本无法使用。因此，在收集信息时要注意调整其范围、方法和指标体系，尽可能使收集到的各种信息有一定的可转换或统一的标准，这样才能提高信息的效用和使用价值。④信息的适应性。一般来讲，收集信息是为决策服务的。因此，要注意根据组织在各个时期的具体需要，有的放矢地集中力量收集对决策有价值的信息。信息如果能适应这种需要，其价值就高。⑤信息的经济性。对信息的收集是公共关系投资的重要方面，但是，每个社会组织对公共关系的投资是很有限的，如何以最低廉的价格获取高价值的信息是应考虑的问题。除了有特殊目的之外，一般情况下，应在信息收集的代价和信息的价值上有合理的比例。

 资料 1-10

由一张照片引发的……

1964 年，《中国画报》的封面刊出这样一张照片：大庆油田的"铁人"王进喜头戴狗皮帽，身穿厚棉袄，顶着鹅毛大雪，手握钻机刹把，眺望远方。在他背后，远处错落地矗立着星星点点的高大井架。

当时，由于各种原因，大庆油田的具体情况是保密的。然而，这张由官方对外公开发布的极其普通的宣传中国工人阶级伟大精神的照片，在日本三菱重工财团信息专家的手里变成了极为重要的经济信息，揭开了大庆油田的秘密。其一，根据对照片的分析，可以断定大庆油田的大致位置在中国东北的北部。其依据是：唯有中国东北的北部寒冷地区，采油工人才必须戴大狗皮帽和穿厚棉袄。又根据有关"铁人"事迹的介绍，王进喜和工人们靠肩扛将百吨设备运到油田，表明油田离铁路线不远。据此，他们便轻而易举地标出大庆油田的大致方位。其二，根据对照片的分析，可以推断出大庆油田的大致储量和产量。其依据是：从照片中王进喜所站钻台上手柄的架势，可推算出油井的直径是多少；从王进喜所站钻台油井与他背后的油井之间的距离和密度，可基本推算出油田的大致储量和产量。根据新闻报道王进喜出席了第三届全国人民代表大会，可以肯定油田已出油。其三，根据中国当时的技术水准、能力以及中国对石油的需求，中国必定要大量引进采油设备。

于是，三菱重工财团迅即集中有关专家和人员，在对所获信息进行剖析和处理之后，全面设计出适合中国大庆油田的采油设备，做好充分的夺标准备。果然，不久后中国政府向世界市场寻求石油开采设备，三菱重工财团以最快的速度和最符合中国要求的设备获得中国的巨额订单，赚了一笔可观的利润。此时，西方石油工业大国都目瞪口呆，还没回过味来。

公共关系具有信息收集、信息管理的职能，这个案例表明，信息管理已经成为公共关系工作的一项重要职能。

资料来源：代邱红. 铁人王进喜：大庆红旗不倒[N]. 法制晚报，2005-09-21（有改动）.

2）监测环境

组织是社会的有机组成部分，组织的生存与发展要受到各种因素的制约和影响，因此，系统地、长期地、科学地监测各种环境因素的变化，就成为公共关系的一项重要职能。公共关系环境是一个由多因素构成的开放系统，具有明显的不确定性、可变性和复杂性。要对公共关系环境进行监测，必须依靠公共关系的调研活动，准确地把握当前情况下公共关系环境的构成情况、性质特点、包容能力、干扰大小，以便制订出与当前公共关系环境相吻合的公共关系运作方案和行动策略；另一方面，可以监测公共关系环境的变化情况，有效把握公共关系环境变化的内容、变化的方向、变化的速率、变化的特点，以便制订出与未来公共关系环境相适应的公共关系战略规划和行动计划。公共关系监测，就是通过对信息资源的采集、处理和反馈，对公共关系主体和客体的行为态度作出监视和预测，是对信息资源的一种开发管理和利用。这种监测可以分为对内监测和对外监测。

（1）对内监测。对内监测是指公共关系对其主体（即社会组织）的监测作用。公共关系工作人员通过不断采集、处理和反馈社会组织内部与外部的各种变化和最新信息，对社会组织运行状态和组织目标实现的可行性进行监测。公共关系的对内监测运用的是控制论中的反馈原理及其方法。所谓反馈，就是把系统的输出通过一定的通道再返回输入端，从而对系统的输入和再输出施加影响的作用过程。正反馈是使输入对输出的影响增加，而负反馈是使输入对输出的影响减少；正反馈是促使系统解体的因素，负反馈是维持系统稳定的因素。公共关系监测发挥的是社会组织的负反馈作用。公共关系人员把通过采集而掌握的最新信息源源不断地输送到决策层那里，以使组织作出相应的反应，采取必要的措施，让组织的运行与公众的要求一致起来，这样就减少了公众信息的输入对社会组织输出的影响，使社会组织的运行维持在相对平衡稳定的过程中，最终保证组织目标的实现。对社会组织内某一行为的监测，往往通过多次反复才能完成。

（2）对外监测。对外监测是指公共关系对其客体（即公众）对于社会组织的态度的监测作用。它通过各种信息传播媒介，不断地把握有关社会组织的信息及其走向，监视和预测公众的态度及其变化方向，其目的是使社会组织在其运行过程中，能预先采取必要的对策。公共关系对外监测作用，犹如"侦察兵"的作用，能及时而又敏锐地捕捉到社会组织外部环境存在的各种隐患，当公众意向发生变化时，做到心中有数，及时应对。社会组织的监测范围很广，必须重点监测，这个重点主要是大众传播媒介。公共关系要监测大众传播媒介传播的信息，要注意当前与社会组织直接有关的各种信息，更要注意今后可能会对社会组织产生影响的信息。

2. 咨询建议，形象管理

公共关系咨询建议，指公共关系专业人员向组织领导提供有关公众方面的可靠情况说明和意见。公共关系人员从社会公众和整体环境的角度评价决策的社会影响和社会后果，可以使决策更加有效、更加科学化。在组织的决策过程中，公共关系部门以提供咨询建议的方式，成为决策者的"智囊机构"，起到参谋作用。

1）咨询建议

（1）公众的一般情况咨询。这类咨询主要提供社会组织公共关系状态的一般情况说明。如内部员工的归属感，本组织在社会上的认知度、美誉度，消费公众对组织产品的反应，新闻媒介对本组织的社会舆论，同行对本组织的评估等。这类咨询是任何组织公共关系部门经常性的工作。

（2）公众的专门性情况咨询建议。这是指社会组织拟举办某个专题活动，公共关系专业人员提供与该活动直接有关的情况说明和意见，以使专题活动更有效地开展。如社会组织拟举办新闻发布会，公共关系人员应提供新闻媒介的近期宣传动向，新闻记者对本组织的了解程度，以及安排邀请名单、会场的布置等。

（3）公众心理变化和趋势咨询。由于社会环境的变化，公众的心理状态也随之发生变化，这种变化对社会组织的运行影响极大。公众心理变化以及变化趋势的咨询，是公共关系人员在长期观察和积累的基础上形成的。这类咨询常常能富有成效地为社会组织长期战略规划的制订和变更提供可靠的根据。

2）形象管理

与一般的咨询建议不同，公共关系职能在组织管理上所发挥的咨询建议作用，更侧重于组织形象管理政策，制订组织和产品的形象管理计划。社会组织的形象是指它在运行过程中显示的行为特征和精神面貌，包括组织的内在气质和外观形象两个方面。内在气质指社会组织在运行中对现实环境诸因素发生或改变关系时所表现出的基本态度、价值指向及社会公德水平，如服务态度、待人处事的基本行为准则、售后服务水平等，我们把内在气质比喻为社会组织的"软件"。外观形象是社会组织在实现工作目标时所显示的能力识别标记，如产品质量、知名度、市场占有率、技术力量、人员素质等，我们把它比喻为社会组织的"硬件"。

当社会组织的内在气质与外观形象相一致时，社会组织的形象比较平衡，而且这种一致性是高水平的，它所体现的就是良好的组织形象。所以，不仅要注重组织内在气质的修炼，而且要注重外观形象的塑造，要注重"CIS（Corporate Identity System 企业形象识别系统）管理"。这种管理始终是一种动态的，伴随着社会组织的运行，向着良性发展的过程。当社会组织形象发生恶性变化时，要做好危机管理。公共关系在组织机构创建时，是形象的"设计者"；在组织机构运行时，是形象的"维护者"；在组织机构出现危机时，是形象的"矫正者"。

 资料 1-11

脱贫攻坚 青年社会组织在行动

"校门关了，家门没开，放学的孩子该去哪儿？昂贵的托管费用在贫困家庭如何解决？"春雨助学志愿者协会"四点半课堂"项目负责人苗文武把这样一行字，写在了共青团"伙伴计划"项目申报书的显著位置。成功获得团中央资助后，他招募教师、大学生、离退休人员，在放学后的 4 点半到 6 点半，免费为留守儿童、困难家庭孩子提供志愿看护和课业辅导。这样的精准帮扶得到家长和学生的认可。

党的十八大以来，习近平总书记对脱贫攻坚工作作出系列重要要求，明确提出要通过多种形式，积极引导社会力量广泛参与深度贫困地区脱贫攻坚。国务院扶贫开发领导小组对相关工作作出具体部署，要求广泛引导和动员社会组织参与脱贫攻坚。团中央书记处深入学习贯彻习近平总书记关于扶贫工作的重要论述，要求各级团组织充分发挥组织化和社会化动员优势，团结带领广大青年为打赢脱贫攻坚战贡献青春力量。

青年社会组织是社会组织的重要组成部分，是共青团引领青年在打赢脱贫攻坚战中发挥生力军和突击队作用的重要组织载体。2017 年以来，团中央以青年社会组织"伙伴计划"为牵动，聚焦脱贫攻坚领域，投入专项资金近千万元，引导动员广大青年社会组织积极建功新时代。3 年来，全国共有 3 600 多个优秀青年社会组织参与"伙伴计划"，牵动社会资金近 3 亿元，直接带动近 50 万人次青年参与扶贫项目，通过线上线下方式影响覆盖青年近 2 000 万人次。在参与打赢脱贫攻坚战中，广大青年社会组织热情高涨，影响带动青年广泛参与，各级共青团组织在此过程中也直接联系凝聚了一大批优秀青年社会组织，覆盖广泛、充满活力的青年组织体系正在逐步构建。

资料来源：杜沂蒙. 脱贫攻坚 青年社会组织在行动[N]. 中国青年报，2019-10-18.

3. 协调关系，柔性管理

现代社会组织机构的运行机制受到两大制度的制约：社会民主制度和现代企业制度。这两种制度都有明显的强制性，维持组织机构日常运转的是法律基础上的具体的管理制度，这些管理制度具有很强的刚性。这种刚性强化了组织运行中出现的摩擦和冲突，增加了组织秩序出现失衡的可能性。所以，社会组织通过沟通协调、广交朋友、发展关系、减少摩擦、缓和各种社会冲突，使公共关系工作成为组织运转的润滑剂、缓冲剂，为组织生存、发展创造"人和"的环境。

1）协调关系

（1）内部关系的协调。首先，以目标为核心，在管理层与员工关系协调中充当中间人：管理层的目标是否为员工所认同，员工的行为是否与管理层的目标保持一致；通过与员工进行细致的持之以恒的有效沟通，在组织与员工之间搭起相互理解和沟通的桥梁。其次，在部门与部门关系协调中充当管理的接口：在不同部门之间出现"权力真空"的情况下，依靠良好的公共关系补位，这是"全员公共关系"的一个重要组成部分；在"权力重叠"的情况下，则要依靠良好的公共关系去理顺关系、化解矛盾。

（2）外部关系的协调。外部公众类型不一，成分来源复杂，这就使组织不可避免地要与外部公众发生程度不同的利益关联和冲突。一旦发生了冲突和纠纷，就需要积极与各方面进行协调磋商，消除疑虑、缓解矛盾，不断维持和巩固彼此间的合作关系，促进良好的外部环境的形成。

无论是内部关系的协调还是外部关系的协调，公共关系可以通过利益协调、态度协调和行为协调来实现。利益协调是基础，目标协调是利益协调的指标化、具体化，态度协调是行为协调的先导，行为协调是最终目的。

社会组织与相关公众之所以能形成经常的联系，根本原因是存在着利益上的互补。促进互补互利关系的顺利实现，就需要社会组织自觉、经常进行自身和公众利益关系的调整。做好利益协调，首先要认清各自的利益需求；其次要把握相互利益的结合点；最后调整利益目标，促进互助互利。

在公共关系的协调中，态度协调具有重要地位。态度协调是行为协调的先导，态度协调做好了，逆意公众、边缘公众就可以转化为顺意公众，从而形成组织与公众的良好合作。态度协调是公共关系协调的关键。事前的态度协调，往往是公共关系协调的秘诀。

行为协调是公共关系协调的实际步骤和最终归宿。行为协调的主要目的，是使社会组织的潜在公众、知晓公众变为行动公众，使已经建立互助关系的组织与公众的合作行为更加密切和巩固，使已经出现的矛盾和冲突等不协调的行为得以转化，从而最终完成公共关系协调的工作和最终达到公共关系协调的状态。只有做好行为协调，社会组织与公众的互助合作才能得到落实，社会组织与公众的良好关系才能真正形成，公共关系协调的全部努力才能圆满实现，社会组织与公众环境的良性互动才能充分体现。

2）柔性管理

社会组织的整体运行，在现代社会中比以往更复杂、更脆弱，如某一环节出了问题，就将影响整个运行状态，而且，社会各方面都需要缓冲、润滑和协调，公共关系承担了这个社会责任。同时，公共关系又是一种社会组织自我调节、自我保护的有效机制。

社会组织与公众关系的维系，从根本上说是由经济因素决定的，但是其关系的协调又不仅仅取决于经济因素。公共关系不同于行政命令，也不同于经济因素的激励，它是通过信息交流来沟通社会组织成员的心理情感，从而使组织成员团结起来。公共关系在协调内外关系时不是用经济手段、政治手段、法律手段、行政手段，而是通过道德手段、心理手段、礼仪手段进行柔性调节。通过信息传播来调节与公众的关系，以达到关系的协调和平衡。通过积极的措施，使组织机构的生存、发展环境达到最优化。

公共关系是现代社会的一种文化现象。从静态来看，公共关系是一种观念、态度、思想和思潮；从动态来看，公共关系是一种文化管理的实践形式。柔性管理的本质是文化管理。

同时，公共关系作为一种独特的管理职能，它协助建立及维持一个组织与其公众之间的相互传播、了解、接受与合作的渠道；参与问题和纠纷的处理；协助管理部门了解舆论并做出反应；强调管理部门为公众利益服务的责任；协助管理部门顺应并有效地利用变化环境，担任早期预警系统角色，协助预测未来趋势；并以研究工作及健全与合乎逻辑的传播技术作为其主要工具。所以我们说公共关系体现的是一种软管理、一种柔性管理的方式。

 资料 1-12

"95后"正在步入职场，管理者你怕了吗？

在互联网时代，对人的管理工作需要更加深入地了解和洞察人性，基于新生代的文化特质，做出更加有效的管理决策。

互联网的出现，对技术革新、商业模式的重建以及信息传递的高效率而极大降低交易成本带来巨大变化，从而对今天的管理变革提出新的挑战。尤其是随着新生代"90后""95后"，甚至"00后"人群走上社会，对他们的管理需要寻求更多的方式与观点。

德鲁克认为，21世纪，对知识工作者的管理，需要更多的灵活与柔性。

资料来源：王琦琦. "95后"正在步入职场，管理者你怕了吗？[EB/OL]. 36Kr，2017-08-24（有改动）.

4. 宣传引导，传播推广

公共关系在组织管理中的一个主要职能，就是有效地制造舆论、强化舆论和引导舆论，及时地传播推广与组织有关的信息，赢得社会公众对组织的信任与好感，从而不断地提高组织的认知度、美誉度，为组织创造有利于自身生存与发展的环境和时机。

1）宣传引导

组织的生存发展离不开具体的环境，这个环境是指由历史传统、宗教信仰、民族文化、生活习俗、社会心理等人文要素组成的软环境，或称民意环境。民意环境是个变量，它是无形的，有时还是无法感知的，但它的能量是巨大的。要营造某种对组织机构的生存发展有利的民意环境，主要依靠公共关系的宣传引导，引导公众的评价和意见。

（1）培育公众对组织机构的认同感。任何组织的使命和宗旨，运营过程中的方针、政策和行动，只有获得内外公众的认同才会有民意基础，才会产生效果。这些方针、政策和行动的科学性需要检验，检验的标准就离不开公众的认同，离不开民意。但在有些情况下，被实践证明正确的东西，也未必获得公众的广泛认同，这就需要公共关系的加倍努力。例如"白色污染"已经被证明对生态环境会造成严重破坏，但是一项旨在减少城市"白色污染"的菜篮子替换塑料袋的计划却未必获得市民的广泛赞同，毕竟塑料袋为市民提供了比菜篮子更直接的便利。更重要的民意来自组织机构内部。首先，一个企业最重要的使命之一就是培育员工士气。如果员工感到受重视，得到尊重和赏识，那么他们也会同样地对待顾客；如果一个公司赢得了员工的忠诚感，它同样也会赢得顾客的忠诚感。其次，公共关系是全体成员的公共关系。从生产优质产品、提供优质服务到宣传引导公众舆论，离不开组织全体成员共同和持久的努力。要使这种努力变成一种自觉的、主动的甚至习惯的行为，必须增强组织全体成员的公共关系意识，使组织从最高领导到一般办事人员都养成自觉珍惜组织良好形象和声誉的职业素质。即便是一个电话、一封回信，都应考虑到对组织形象和声誉的影响。

（2）引导公众朝着正确的目标行动。"民意不可侮，民意不可违"，这是被历史和现实反复证明了的。公共关系大师伯纳斯"一切投公众所好"的信条已成为公共关系工作的宝典，但是在市场不尽完善的今天，民意是否百分之百正确，这需要探讨，尤其当公众以无数个体的形式向组织提出要求的时候。所以，教育和引导公众将成为公共关系的一项重要职能。

2）传播推广

一个组织要获得公众的理解和信任，取得公众的支持与合作，需要不断地向公众宣传组织的政策，解释组织的行为，增加组织的透明度。随着组织与外界交往日益密切，对外联络和应酬交际的任务越来越重。同时，组织与外部的各种摩擦也随之增加，需要进行协调。传播推广，必然立足于提高传播的效果。为此，公共关系人员应做到以下几点。

（1）根据组织发展的不同阶段、面临的不同问题，确定不同的任务、宣传不同的内容。在组织创建阶段，宣传工作的主要任务是争取建立公众对组织良好的印象，使组织具有吸引力。这时公共关系人员应善于造声势，先声夺人，使其不同凡响。为此，要建立自己特有的风格，选择自己特有的形象进行传播。在组织发展阶段，公共关系传播工作的重点应放在保持和维护组织的形象和声誉，巩固既有的成就上，并且要再接再厉，进一步扩大自己的影响面。

（2）要善于选择适当的媒介作为传播的手段和途径。需要进行广泛宣传的内容，通常主要利用大众传播媒介，如报纸、电台、电视、杂志以及网络等。为此，公共关系人员应和新闻界保持密切的联系，注意各新闻机构的特点，及时提供组织的信息。需要进行选择性宣传的内容，可使用专门的传播渠道，如印发印刷材料、试用样品等。需要个别影响的，可利用个体交往中的口头传播，如亲属交谈、会晤等形式。总之，公共关系传播的方式很多，各有其特点，公共关系人员应根据实际情况，选择适当的传播形式。

（3）研究受众特点是传播推广的重要基础。早期的传播学研究者认为，大众传播像子弹，而受众则像靶子，处在消极被动的地位，只要被某种信息"射中"了，就会接受这种信息。但以后人们发现，大众传播对单个人而言，产生的效果是"有限的"或"适度的"，它取决于受众的个人特征，如文化程度、信仰、职业、性别、年龄、爱好及心理因素等；受众对传播信息并不是简单的接受，而是进行选择和再加工的。据此，在传播推广时，必须研究受众接受信息的心理规律，以达到最佳的传播效果。

（4）公共关系的传播不仅依赖于大众传播媒介，而且还必须依赖各种社会交往的手段。这里的社会交往指的是一个多层的动态结构，包括人际、群际、区际，以及国际交往，通过这种多层次、多角度的社会交往，社会组织可以更好地获取信息，沟通感情，建立与公众的友谊。在交往的过程中，公共关系人员首先应该确立组织交往的目标，不仅是交换信息，主要是改善双方关系；其次，选择统一或相近的编码、译码系统，使得双方对语义有共同的理解；再次，公共关系人员要明确这是角色交往活动，交往者代表着各自的组织，遵循一定的交往规范。

5. 防患未然，危机处理

1）防患未然

公共关系工作要做到洞察一切，见微知著。当组织与客观环境出现某些失调的征兆时，能及时发现，迅速采取对策，予以防止。当组织处于稳定发展的状态时，及早制订出防范措施，达到未雨绸缪的目的。通过不断的信息采集、处理和反馈，对组织运行状态和组织目标实现的可能性进行监测，未雨绸缪，防患于未然。对于一切可能发生的隐患要非常敏感，以便把问题发生的可能性消灭在萌芽状态之中。这就要求组织具有忧患意识，在常规性工作中要注意调查研究，查漏补缺，及早发现或捕捉那些可能引起纠纷的苗头和可能发生事故的隐患，制订多种可供选择的行动方案，以应不测。只有做到对可能发生的问题，早预警、早筹划、早动手，及时发现问题，找出问题的症结和根源，才能把问题解决得更好。防患于未然的方法有：①在组织内部实施有效的管理手段，建立系统、完备的管理思路，形成严谨、有序的管理模式。②在组织外部做好与社会各界的沟通、协调工作，创造一个良好的外部关系环境。

2）危机处理

危机处理包括两方面的含义：一是处理公共关系危机；二是用公共关系的策略和方法来处理危机。危机处理是危机管理的核心内容，它既要求在思想上重视，也强调在行动上妥善处理。所以，它涉及危机处理的基本原则、对策和措施等内容。

组织危机是组织生存发展的大敌，处理不好往往给组织造成重大损失，甚至断送组织的"生命"，因而，组织公共关系将危机处理作为公共关系的主要职能和工作重点之一，我们一般称作危机公共关系。

危机处理的对策包括总对策和具体对策。

总的对策：重视事实，迅速调查，妥善处理，做好善后工作，再造组织形象。

具体对策：根据不同的公众对象分别采取不同的对策。

第一，对上级有关部门。及时请示汇报，及时报告事态的发展，求得上级部门的指导。对外回答敏感问题之前，须向上级部门请示报告，严格按照统一的口径对外发布信息。

第二，对企业内部员工。迅速而准确地把事件的发生和将采取的对策告知员工，使大家齐心协力，共渡难关。

第三，对受害者。认真了解受损情况，实事求是地承担责任，并诚恳道歉。冷静地倾听受害者的意见，对受害者的要求给予重视。给受害人以同情和安慰，避免出现为自我辩护的言行，保持与受害者的联系。

第四，对新闻界。主动与新闻界取得联系，向新闻界提供事实真相和相关信息，表明自己的态度，取得谅解，争取新闻界的合作。公开宣布发布新闻的时间，并按照规定的时间发布新闻，在部分事实结果没有明朗之前，不信口开河，盲目加以评论。充分利用新闻媒介与公众沟通，引导和控制舆论局势。如果有关危机的新闻报道与事实不符，应及时予以指出并要求更正，但应保持冷静和理性的态度。及时对新闻界的合作表示感谢。

危机处理的措施主要有：第一，立即调查情况，制订计划以控制事态的发展；第二，迅速反应、把握主动、积极沟通、有效管理信息的输入与输出；第三，当组织与公众的看法不一致、难以调解时，必须靠权威发表意见；第四，做好善后工作，尽快挽回声誉。

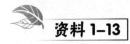 **资料 1-13**

山东枣庄问题核桃乳无核桃

据央视 3·15 晚会曝光，山东省枣庄市多家企业生产大量山寨核桃露、核桃花生饮料等饮品，充斥农村市场。当晚，枣庄市政府新闻办发布消息称，相关部门已对 3 家涉事企业依法查处。另据山东省食药监局消息，其中两家企业已启动产品召回。

央视记者调查发现，枣庄市康源食品有限公司主打的是一款高钙核桃乳，公司负责人坦承，这款产品也是用香精和添加剂调配出来的，里面没有核桃成分。

枣庄金顺源食品有限公司的造假过程也被曝光，该公司消毒池、灌装车间的空气净化设备都成了摆设，调配车间也呈密封状态。为节约成本，该公司将制作核桃花生乳所需的白砂糖换成安赛蜜（添加剂），并添加核桃香精，整个生产过程既没添加核桃，也没添加花生。

被曝光的企业包括枣庄初允食品有限公司、枣庄金顺源食品有限公司、枣庄市溢香园食品科技有限公司、枣庄市旭日食品饮料有限公司。

依据检查发现的违法行为，枣庄市食药监局对 3 家企业进行立案查处，责令 3 家企业对涉事产品予以召回，依法对虚假标注、以假充真和商标侵权等违法行为移送市场监管部门立案处理；对两家涉嫌犯罪行为的企业移送公安部门处理。目前，两家企业的法人代表梁某某、徐某已被公安部门依法控制。此外，枣庄市食药监局还组织开展了食品安全"春雷"专项整治行动。另据山东省食药监局发布消息称，枣庄市康源食品有限公司、枣庄金顺源食品有限公司已启动产品召回。

资料来源：王君. 山东枣庄问题核桃乳无核桃[N]. 新京报，2018-03-16.

1.3.2 公共关系的基本原则

公共关系既是一门科学，又是一门艺术。因此，要成功地开展公共关系活动不仅要掌握一定的公共关系原理、方法和技巧，而且必须遵循一定的基本原则。公共关系的实践证明，社会组织要有效地开展公共关系活动，必须始终坚持和遵循以下基本原则。

1. 实事求是原则

（1）全面掌握事实是关键。掌握客观、真实的情况是组织进行预测、决策的关键，全面掌握有关事实，对公共关系活动的开展具有决定性的作用。这就要求公共关系人员在调查、了解有关事实时，既不能文过饰非，报喜不报忧，也不能偏听偏信，抱有先入之见，必须尊重事实，如实报告，必须杜绝主观随意性，以避免将不准确的信息传递到决策层，导致决策偏差。所以，公共关系人员必须从事实的广度、深度全面把握客观事实。总之，事实不但在本质上决定了公共关系的存在，而且还从掌握它的质与量两方面决定了公共关系的开展水平。因此，全面掌握客观事实是关键。

（2）实事求是地传播是根本。公共关系活动的一项主要工作就是传播信息：一方面将组织的信息向其公众传播，另一方面将公众的信息反馈给组织，从而使双方相互适应、相互了解。传播信息并不难，难就难在如何实事求是地传播信息，因为信息传播的结果对组织与公众都有利害关系。因此，一方面，要实事求是地传播事实；另一方面，是将不利的影响降到最低。我们强调在信息传播时应遵循实事求是的原则，并不是要人们机械、呆板地执行，而是灵活、辩证地掌握它、贯彻它。这就要求公共关系人员不仅要有高尚的职业道德情操，而且要具备相应的传播技术水平。

2. 平等互惠原则

平等互惠原则是指公共关系活动要兼顾组织与公众的双方利益，在平等的地位上使双方互利互惠。平等互利，就是既讲"利己"，又讲"利他"。公共关系是在不违反法律和道德的前提下，让别人先得益，最后对自己也有利。平等互惠原则不能片面地理解为简单对等的原则。平等互惠原则的基点，就是要把公众利益作为首要因素来考虑，把能否满足公众利益作为衡量公共关系效果的重要尺度。任何组织都要对公众与社会负责。成功的公共关系活动应以组织利益与公众利益的统一为宗旨，满足社会效益。

3. 透明公开原则

封闭是公共关系的大敌之一。封锁消息必然引起公众猜疑，猜疑就会产生不信任，缺乏信任自然不会有良好的公共关系。由于缺乏公开的信息渠道，小道消息便会不胫而走，从而可能扭曲组织行为，加剧公众对组织的猜疑或不信任。虽然在某些情况下，保密是必要的。然而，如果不该保密的也保密，就会给人以不良印象，从而破坏公共关系。须知在公众眼里，保密的原因，不是见不得人，便是有缺点或弊端。而如果有缺点或弊端，不讳疾忌医，而是加以公开，示人以坦诚，示人以改正的决心，自然就会赢得公众的好感。

4. 全员公共关系原则

全员公共关系是指组织公共关系工作的开展，不仅要依靠专职公共关系机构和公共关系人员的不懈努力，而且有赖于组织各部门和全体员工的配合，要求组织的全体成员注意树立公共关系观念，都要关注并参与公共关系工作，都要为公共关系工作做贡献。

通过对全体成员的公共关系教育和培训，提高公共关系意识，形成浓厚的公共关系氛围，组织全体成员积极参加公共关系活动，并按照公共关系的要求开展工作。全员公共关系必须体现在组织最高领导层的行为上，在公共关系中流传着一句话："公共关系的动力来自上层"。全员公共关系必须依靠全体组织成员的配合，依靠全体员工的工作和努力，树立组织形象。全员公共关系要求组织的公共关系工作具有整体协调性，要使组织全体成员合力推动公共关系工作，要求在组织内部形成浓厚的公共关系观念。

 资料 1-14

发现最美铁路——五朵"金花"守国门

在满洲里口岸国门，有一个全国铁路唯一的涉外女子检车班，负责给俄方入境车辆检查检验工作，齐齐哈尔车辆段满洲里运用车间国境站技术交接所"金花"女子检车班的 8 名姐妹，就担负着给这些俄罗斯进口车辆的"体检"工作，维护国家利益的神圣职责。

"金花"女子检车班组开创了我国国际联运交接史上女子检车的先河。她们在寒冬酷暑中，认真检查每一列进出境车辆状态，将车辆损坏位置、零件都详细记录在册，大到车门，小到螺栓，都要仔细核对，然后与俄方检车员共同确认，以免引起赔偿纠纷，她们就是国门又一道守卫者，如果少记一笔，少看一眼，都会给国家带来损失。"给车辆体检，为祖国把关"在她们心里是每天都要承担的职责。

2018 年 4 月，有俄方反映说有一列车返回俄罗斯时发现丢失一个螺栓，俄方要求中方赔偿。工长陈佳仔细查找了记录本，上面明确记载着这辆车在进入中国境内时螺栓就已丢失，并且有俄方检车员的签字确认记录，避免了赔偿损失。

资料来源：孟植良. 发现最美铁路——五朵"金花"守国门[EB/OL]. 人民网，2019-10-17（有改动）.

5. 开拓创新原则

以不断创新为灵魂，公共关系工作必须研究公众心理，满足公众求新、求异、求变的心理特征，才能取得预期的效果。如果一味重复经典战略，或者长期运用一种公共关系方法，必然会引起公众的感觉疲劳，事倍功半，甚至会引起公众的反感，产生负效果。因此，公共关系人员在开展公共关系活动时，要具有开拓创新的意识，不断推出新形式、新内容，运用新方法、新手段。思维创新是决定性的创新，思维的创新必须遵循科学的策划规律。

公共关系是一项挑战性极强的事业，有时与各种各样的人打交道，其工作自然也就更重视方法问题，以情感人、以理服人、以利动人，正是工作方法创新的具体表现。内容创新是公共关系活力所在，公共关系工作面临的是多层次、多变化的公众，如何适应多种变化，不断调整或变更有关工作项目内容，也是公共关系的一个重要课题。创新的出发点与归宿点是满足公众的需求。公共关系活动内容必须适应公众需求的变化，反映出社会变化发展的时代特征，公共关系才有活力，才能健康持续地向前发展。

6. 立足长远的原则

开展公共关系工作是一种战略行为，追求的是长远目标，不能急功近利。立足长远要注意以下三个方面。

（1）从长远着眼，追求社会效益。组织为了适应变化着的公众评价标准，必须进行长期、持久、艰苦的公共关系工作。我们既不能把它当成一种权宜之计，也不能把它当成推销产品和服务的一般策略，而是要从长远着眼，追求社会效益，塑造组织的良好形象。

（2）注重公共关系效果的积累。无论是塑造组织形象，还是开展公共关系专题活动，即便是公共关系日常工作，其效果都不是一朝一夕、一时一事所能显现的。

（3）注重公共关系工作的系统性和连续性。这就要求我们在制订公共关系工作规划、策划公共关系专题活动时，必须确立公共关系目标体系。

本 章 小 结

本章主要介绍公共关系的含义、公共关系的构成要素与特点以及公共关系主要职能和基本原则等内容。首先总结了国内外学者有关公共关系的各种定义，虽然到目前还未形成公认的统一的理解，但就其本质而言，公共关系是一种管理功能，它通过执行一连串有计划的行动，在公众众塑造组织的良好形象和声誉，以取得公众的了解、信任和支持，促进组织目标的实现与公众利益的获得，而且要能将公共关系与庸俗关系、广告、宣传、市场营销等内容作出正确的界定。

公共关系包括三个基本构成要素：公共关系的主体，即社会组织；公共关系的客体，即公众；公共关系的手段，即传播。社会组织是指在一定的社会环境中，人们通过相互交往而形成的具有共同心理意识，并为了实现其特定的目标而按一定的方式联合起来的有机整体。公共关系中的公众是指与公共关系主体发生联系及相互作用的组织和个人的总和，或者说是与一个组织机构直接或间接相关的个人群体、组织，是其所有公共关系对象的统称。公众对于社会组织的目标、生存与发展有着至关重要的影响力与利益关系。公众与社会组织相互影响、相互作用。公共关系的实现手段是信息传播。

公共关系的职能是指公共关系在组织活动中所处的位置。公共关系的职能主要包括收集信息、咨询建议、协调关系、宣传推广和危机管理五个方面。公共关系的基本原则，包括实事求是原则、平等互惠原则、透明公开原则、全员公共关系原则、开拓创新原则、立足长远的原则。

客 观 题

自学自测  扫描此码

问 答 题

（1）如何理解公共关系的含义？
（2）试述公共关系与市场营销的关系。
（3）"光说不做是伪公共关系，光做不说是非公共关系"这句话，你同意吗？试说明理由。

案例分析题

顾客争座时，肯德基该怎么办？

一位女顾客用所携带物品占座位后去排队购买套餐时，座位被一位男顾客坐住而发生争执。先是两位顾客因争座发生口角，尽管已引起其他顾客的注意，但都未太在意。由于餐厅的员工未能及时平息两人的争端，两人争吵上升到大喊大叫，店内所有顾客都开始关注事态，邻座的顾客则停止用餐，离座回避，带小孩的家长担心事态危险和小孩受到粗话影响，开始领着小孩离店。最后，二人由争吵上升到斗殴，男顾客大打出手，殴伤女顾客后离店，别的顾客也纷纷离座外逃和远远地看热闹。女顾客非常气愤，当即要求肯德基餐厅对此事负责，并加以赔偿。

到此时，其影响面还局限于人际范围，如果餐厅经理能满足顾客的要求，女顾客就不至于向报社投诉。但餐厅经理表示"这是顾客之间的事情，肯德基不应该负责"，从而拒绝了女顾客的要求。女顾客打电话向《南昌晚报》和《江南都市报》投诉。两报立即派出记者到场采访。女顾客陈述了事件的经过并坚持自己的要求，餐厅经理在接受采访时对女顾客被殴表示同情和遗憾，但是认为餐厅没有责任，不能做出道歉和赔偿。两报很快对此事做了报道，结果引起众多市民的议论和有关法律专家的关注。

事后，根据《消费者权益保护法》，肯德基被认为对此事负有部分责任，向女顾客公开道歉，并赔偿了部分医药费，两报对此也都做了后续报道。

思考：

（1）从公共关系角度来看，顾客争座，肯德基到底该不该管？

（2）通过这一事件，我们应该汲取哪些教训？

实践训练题

实训项目：对近期社会热点焦点事件进行焦点话题讨论。

实训目的：使学生关注社会生活中的热点焦点事件，并通过讨论提高学生的语言表达能力和人际沟通能力。

实训内容：准备若干个近期社会公众关注的焦点话题，以学生分组形式，每组选择出一个或几个组织能力强的同学，组织全班同学对焦点话题进行讨论。组织形式不限，各组同学可以充分发挥自己的想象力进行创新。

公共关系演进

【教学目标】

通过本章的学习，了解公共关系的萌芽，掌握公共关系产生的历史条件，理解公共关系产生的过程，熟悉各历史阶段的公共关系状态、目的、信息传播的性质、代表人物、观点与主张及其贡献。了解公共关系在全球的发展脉络，明确公共关系在中国的发展过程及未来趋势。

【教学要求】

知识要点	能力要求	相关知识
公共关系产生的历史条件及过程	（1）了解公共关系产生的历史条件 （2）掌握公共关系产生各历史阶段状态特征、代表人物、主张及贡献	（1）公共关系萌芽 （2）公共关系产生的历史条件
公共关系的发展及趋势	（1）了解公共关系在全球的发展过程 （2）掌握公共关系在中国的发展过程 （3）了解公共关系的发展趋势	（1）公共关系学在各国的发展 （2）公共关系学在中国的发展及趋势

 **导入案例**

巴纳姆事件

费尼斯·巴纳姆（Phineas T. Barnum）是19世纪美国一家马戏团的团长，因宣传、推动马戏演出闻名于世。他曾在19世纪50年代编造了一个"神话"：马戏团有位名叫海斯的黑人女奴，曾在100年前养育过美国首任总统华盛顿。报纸披露这一消息后，立即引起轩然大波。巴纳姆借机以不同的笔名向报社寄去"读者来信"，人为地开展争论。巴纳姆认为，只要报纸没有把他的名字拼错，随便怎么说也无妨。他的信条是"凡宣传皆是好事"。"神话"给巴纳姆带来的是每周从那些希望一睹海斯风采的纽约人那里获得1 500美元的收入。海斯死后，解剖发现，海斯不过80岁左右，与他吹嘘的160岁相距甚远。对此，巴纳姆厚颜无耻地说"深感震惊"，他还说自己也"受了骗"。其实，这一切都是他刻意策划的。

资料来源：韩宝森. 公共关系理论、实务与技巧[M]. 北京：北京大学出版社，2009（有改动）。

评析：从巴纳姆事件可以看出，在报刊宣传运动时代，每个报刊宣传员在争取顾客的关注时，都是不择手段地制造"神话"，甚至不惜愚弄公众。他们只顾为企业赚钱，完全不顾公众的利益，甚至公开嘲笑、谩骂公众。所以，报刊宣传运动还不是真正意义上的公共关系，从思想实质上来看，这一时期实际上是一个反公众、反公共关系的时期。不过，当时巴纳姆等人运用报刊等大众传播媒介为组织进行宣传，已经具有现代公共关系活动的萌芽。

2.1 公共关系的渊源

公共关系作为一种思想、一种行为，是伴随着人类交往活动的出现而产生的。但它作为一门系统的学科、一种独立的社会职业，是在20世纪初兴起于美国，距今已有100多年的历史。因而，从历史的角度来考察公共关系的起源、发展、现状与趋势，总结公共关系的活动规律，"以史为鉴"，促使公共关系的社会价值得以充分的挖掘和更好的运用。

2.1.1 人类早期的公共关系活动

考古学家发现，公元前1800年，伊拉克就曾在一块石板上面镌刻一份农场报告，内容是告诉农民如何种地、如何灌溉、如何对付田鼠和如何收获庄稼等，类似于现代社会某些农业组织公共关系部的宣传资料。

在古希腊，社会对于沟通技术非常重视，并对从事这门技术的人给予很高的评价和奖酬，杰出的演说家常常被推选为首领。法国卢浮宫的壁画《雅典的思辨》，生动地再现了当时杰出的学者们思辨的场景。古希腊著名的哲学家、曾担任过亚历山大老师的亚里士多德在其《修辞学》中详细地阐述了运用语言影响听众的方法。在他看来，政治家要想获得民众的支持和拥戴，就必须与民众筑起一座宽阔而坚固的桥梁，通过它将自己的思想、观点有效地传递给民众，而这座桥梁是靠修辞来构成的。因此，亚里士多德将修辞视为争取和影响听众思想、行为的艺术，并认为一个人的修辞能力是参与政治活动的重要条件。西方公共关系界的一些学者将《修辞学》视为人类历史上最早的公共关系著作。

在古罗马时期，恺撒大帝在任执政官时设置官方公告牌，将元老院每天的重要活动事项公布在公共场所，成为争取民众支持的重要政治手段。

 资料 2-1

第一流的公共关系著作

在古代，特别是奴隶社会和封建社会时期，近似于公共关系的社会行为和思想不仅在当时人们的政治生活和经济生活中得到了相当程度的发展，而且在人们的日常交往中也得到了较为集中的体现。在古希腊，整个社会都非常推崇沟通技术，一些深谙沟通技巧的演说家往往因此被推选为首领。据记载，古罗马的独裁统治者恺撒大帝就是一位沟通技术的精通者，面对即将来临的战争，他通过散发各种传单来开展大规模的宣传活动，以便获得民众的支持。他为了标榜和宣传自己，甚至还专门写了一本记载他的功绩的纪实性著作《高卢战记》。这本书曾被西方一些著名的公共关系专家称为"第一流的公共关系著作"。

资料来源：刘军，李淑华. 公共关系学[M]. 北京：机械工业出版社，2012（有改动）.

由此可见，很早以前中外很多名人帝王就已经开始使用公共关系策略了。他们已经懂得如何运用诱导、劝说、宣传等手段来影响民众的态度和社会舆论，尽可能地在民众中树立自己良好的形象，以便稳固自己的统治或达到某种特定的政治目的。

而在我国古代时期，带有公共关系意识的思想或事例更是不胜枚举。例如，商代盘庚迁都的故事，故事中的盘庚在三次演说词中都提出"朕及笃敬，恭承民命"，证明他已懂得顺民意、得民心，办事要向民众说明原因，用意才能实现。《左传·襄公三十一年》中记载的郑国"子产不毁乡校"的故事，也是古代公共关系思想的极好表现。乡校是古代养老和比赛射箭的场所，老百姓常在那里议论和批评政府。有人建议毁掉乡校，子产说："其所善者，吾则行之，其所恶者，吾则改之，是吾师也。"在春秋战国时期，各个诸侯国为谋求霸主地位，纷纷豢养大批说客，专门从事游说活动，宣传各自的政治主张。其中最有名的当属苏秦和张仪，苏秦主张"合纵"，促使当时的齐、楚、燕、赵、魏、韩六国结成同盟，共同抗秦；而秦国的张仪则主张"连横"，采取各个击破的政策，四处交游，离间各国，瓦解了六国的政治军事同盟，使秦国终于成就霸业。在三国时期，诸葛亮以其雄辩之才，说服孙权与刘备联合，共同对抗北方的曹操，取得赤壁之战的胜利，奠定了三国鼎立的局面。汉代张骞出使西域，明代郑和下西洋等，这些活动都说明具有公共关系意识的方法、技巧的运用与实际活动的开展在我国由来已久。

2.1.2　人类早期公共关系活动的特点

1. 具有明显的自发性与盲目性

古代社会在各个领域中存在的公共关系思想、认识和活动，都比较零散，大多数是一种个人的行为，并且通过不自觉的方式表现出来，因而具有自发性的特征。由于它不是人们有意识、有组织开展的公共关系活动，因此缺乏现代公共关系明确的目的性，从而呈现出一种盲目性。

2. 具有强烈的政治色彩和伦理色彩

现代公共关系是一种专门的管理职能，而古代公共关系则依附于其他生产活动和社会活动，没有明确的职能。春秋战国时期的"士""门客"充其量只不过是一种"说客"、一种"御用工具"，其存在主要是服从政治上的需要，为统治阶级服务。从其发挥作用的社会领域和范围来看，由于生产力相对低下、经济相对落后，人与人之间的经济关系还相当简单，所以人类早期的公共关系活动主要发生在政治领域，带有强烈的政治色彩和伦理色彩。

3. 传播手段简单

在古代公共关系活动的传播过程中，主要依赖演讲者的演讲才能和智谋来影响与打动他人，传播手段较为单一。

2.2　公共关系的兴起

现代公共关系产生于20世纪初期的美国，它是当时美国及资本主义社会的基本矛盾，以及政治、经济、科学技术、文化等诸多条件综合作用的结果，是社会发展到一定阶段的必然产物，是社会文明进步的必然结果。

2.2.1　公共关系兴起的社会条件

1. 政治条件

民主政治取代专制政治是公共关系产生和发展的社会政治条件。美国是资本主义国家中的后起之秀，其本身就是建立在一种区别于西欧神权主导的三权分立的民主政治制度上的，这种政治有利于公共关系的发展，具体表现为以下三点。

（1）民众社会地位提高，民众队伍形成，民众有了维护自己合法权利的可能。

（2）民主制度的建立，提高了民众的参与意识，而民主政治的每一步都需要公共关系活动的配合。

（3）言论自由、出版自由是民主制度的重要支柱，也是公共关系运行的重要保证。

2. 经济条件

公共关系产生的经济条件主要表现为社会生产分工的加剧和商品经济的高度发展，特别是买方市场的形成。

南北战争后，美国北方的工业经济与南方的种植园经济归属于同一政府管理，社会环境趋于稳定。政府的有效管理促进了国内市场体系的健康发育。19世纪末20世纪初，在工业革命的基础上，商品经济得到迅速发展。商品经济社会以社会化生产、社会化交换为重要特征。任何社会组织都需要得到社会的广泛认可和整体支持，才能生存和发展。

美国进入资本主义的垄断时期后，垄断资本间的竞争深入、广泛影响着整个社会发展，不仅使生产结构和人际关系发生了变化，也对市场体制产生了影响。在经济活动已由以生产为中心转向以市场为中心的情况下，一个企业或部门能否更好地生存或发展，不仅取决于产品和质量，而且也取决于适应市场、开拓市场的能力。越来越多的企业管理人员认识到市场机制的重要性，从而为企业通过开展公共关系活动，建立与社会各界和广大消费者相互信任、相互合作的关系提供了有利条件。

3. 技术条件

传播手段和通信技术的进步是公共关系产生和发展的物质技术条件。在自然经济社会中，经济水平不发达，科技水平落后，交往沟通工具单一。例如，哪怕是叱咤风云的帝王，要传播谕令与信息，充其量也不过是"烽火报信""快马加鞭"。这种极为简陋的传播方式不仅传播速度极慢，传播范围相当狭小，而且信息失真率极高。而在资本主义大工业时代，各种形式的传播技术与理论迅速发展。印刷技术日益普及与提高，报刊媒介遍及千家万户；电子技术不断进步，更带来广播、电视、电影、电话等电子传播媒介的普及；在微型电子计算机、人造通信卫星、互联网全球普及的现代信息社会，具有极高的传播广度、速度、深度和高保真度。这些大众传播手段的迅猛发展，为人们进行大规模的交往提供了可能性，并为公共关系的产生提供了必要的技术与方法。

4. 文化条件

美国是个移民国家，国民思想中具有很强的平等意识与群体观念。美国文化体系中有三个突出的特性：个人主义、英雄主义和理性主义。个人主义使美国人富于自由浪漫的色彩；英雄主义使美国人崇拜巨头伟人，富于竞争的精神；理性主义使美国人注重最严密的法规，崇尚教条、数据和实效。这种尊重人性、尊重个人感情和尊严，人文的、开放的、人性的文化，是公共关系得以产生的精神源泉。著名管理学家泰罗的思想及其制度，就是理性主义的典型代表。

 资料 2-2

泰罗的科学管理思想

泰罗是美国 19 世纪末 20 世纪初盛行的科学管理运动的创始人，人们称他为"科学管理之父"。泰罗的科学管理工作是他在一家钢铁公司当工长时开始的。当时工厂里很多工人工作效率很低，工资制度是多劳不多得，工人尽量少干，只要过得去就行。有些工作虽然实行计件制，但雇主在工人产量上升后就降低计件单价，结果谁也不愿意超过定额。泰罗本人是个技工，深知工人的生产潜力，他们的实际产量只有所能达到产量的 1/3。他认为真正的困难在于没有人知道做多少工作是合理的。当时，雇主往往是靠一般的印象或通过观察来制定一个所谓的合理工作量。泰罗在对其标准进行研究时，雇用了一个年轻人用秒表来测定工人每一项工作（包括许多组成部分）的每一动作所需的时，从而得出完成该项工作所需的总时间，这就是泰罗制的时间研究和动作研究的开始。泰罗制的核心是通过时间和动作的分析、研究，强调一切活动的计量定额，强调严格的操作程序，甚至连手足动作的幅度、次数都要计算限定，"人是机器"是这一时期最典型的口号。它将人看作机器的一部分，颠倒了人与机器的关系，使手段异化为目的。这种机械的唯理性主义的管理虽然在一段时期内取得了显著的高效率，但同时也使劳资矛盾日趋激化。因此，泰罗制理论的特征是把劳动者视为"机器人""经济人"和"完全理性人"，对人性的管理过于简单化，在其管理过程中，基本上找不到开展公共关系的依据。

资料来源：周安华. 公共关系理论、实务与技巧[M]. 北京：中国人民大学出版社，2016（有改动）。

2.2.2 公共关系发展时期的划分

公共关系作为一种全新的观念、科学和一种专门化的社会职业，产生于 19 世纪中期至 20 世纪初期的美国，有学者将此称为"美国现象"。因此，通过追溯美国公共关系的发展历史，以此来把握国际公共关系的发展变革。

1. 巴纳姆时期：单向吹嘘式的公共关系

19 世纪 30 年代，美国出现了内容通俗、以大众读者为对象、发行量巨大的《便士报》。

为了节省广告费用，获得报纸的免费宣传，其雇用专门的人员来制造煽动性新闻，制造关于自己的神话，以此来扩大影响。报纸为了迎合大众读者的阅读心理，也乐于发表。这样两两配合，就出现了美国历史上有名的报刊宣传活动。费尼斯·泰勒·巴纳姆是这一时期最有代表性的报刊宣传代理人，也是新闻代理活动的开创者。他的信条是"凡宣传皆好事"。这一时期的报刊宣传活动基本上都以"制造"的"新闻"吸引读者，以离奇的故事吸引大众读者的好奇和对自己的注意，根本没有职业道德的顾忌。这种行为完全违背了现代公共关系的宗旨，是公共关系史上不光彩的一页，这一时期被称为"公众被愚弄的时期""反公共关系的时期"或"公共关系的黑暗时期"。

2. 艾维·李时期：单向传播式的公共关系

19世纪末期20世纪初期，美国资本主义进入垄断时期。伴随着垄断的形成，经济日益繁荣的美国出现了严重的社会危机。具体表现为，为数不多的垄断资本家集团控制着整个国家的经济命脉，支配着政府的权力。为了攫取最大限度的垄断利润，巩固垄断地位，一些垄断集团全然不顾公众利益，不择手段、巧取豪夺、横行霸道。很多垄断集团甚至以"公众对其运作知道得越少，集团的效率和利润就会提高，其社会作用就会越大"为信条。在这些众多的丑恶现象后面，社会各阶层、集团之间的利益冲突日益尖锐，公众对公司寡头充满敌意。终于在1903年前后爆发了以揭露垄断集团丑行和阴暗面为主题的揭丑运动，史称"扒粪运动"。在美国政府的直接推动下，一些新闻记者和知识分子通过报纸杂志，把焦点对准垄断集团的缺陷，无情地揭露和严厉地谴责资本家不顾公众利益的种种恶劣行径。据统计，1903年至1912年间，揭露和抨击垄断集团的种种不道德行为的文章就有2000多篇。

艾维·李（1877—1934），出生于佐治亚州的一个牧师家庭，就读于普林斯顿大学。毕业后先后受聘于《纽约日报》《纽约时报》《纽约世界报》当记者。5年后，他辞去了记者职务，开始了公共关系活动的生涯。1903年，他为纽约市长组织了一次宣传活动。1904年，总统竞选期间，他被请去协助乔治·帕克为罗斯福竞选组织公共关系活动。之后不久，他与乔治·帕克一起在纽约成立了第一家通过向客户提供劳务而收取佣金的职业公共关系公司。该公司的成立，成为现代公共关系诞生的标志。

1906年，艾维·李被邀请去帮助处理一件煤矿工人罢工事件时，通过报纸发表了著名的具有里程碑性质的《原则宣言》，全面阐明了他的公司的宗旨："我们的计划是代表公司和公共机构坦率地并且公开地向新闻媒介和公众提供迅速和准确的信息，这些信息涉及公众感到值得和有兴趣知晓的有关问题。"这反映了他的信条："公开事实真相"和"维护公众利益"，即"说真话"和"公众必须被告知"。这些思想纠正了巴纳姆新闻代理时代宣传的欺骗性和非道德性，为公共关系的健康发展奠定了坚实基础。艾维·李一方面认为，一个组织要获得良好的声誉，就必须把真相告诉公众；如果真相的披露对组织不利，那么就应该调整组织的行为；组织与其员工和公众关系的紧张与摩擦，主要是由于组织管理者采取保守秘密的做法妨碍了意见和信息的充分沟通。另一方面他积极协助组织管理者改革旧的政策和做法，尤其是改善对待员工和公众的态度，使组织的一言一行迎合公众和新闻媒介的要求。艾维·李在其从事公共关系工作的31年中，将他的工作范围从"纯粹的代理"

转变为担任"我们为之工作的组织智囊团"。他的实践和说教，使得公共关系成为一门职业，使公共关系这门学科从对一些简单问题的探讨，上升为探求带有某些规律性的原则和方法。由于他的杰出贡献，他被人们称为"现代公共关系之父"。但是，由于时代的局限，艾维·李的咨询指导主要是凭借经验和直觉进行的，缺乏对公众舆论严密、大量的科学调查。因此，有人批评他的公共关系咨询只有艺术性而无科学性。但不可否认，艾维·李作为公共关系职业的先驱者是无可争议的。

3. 爱德华·伯纳斯时期：双向沟通式的公共关系

公共关系职业化的发展，促进了公共关系由简单零碎的活动上升为较系统完整的专业活动，并逐渐形成了公共关系的原则与方法。这使公共关系成为一门独立的学科，自立于学科之林。美国学者爱德华·伯纳斯以其杰出的研究，成为公共关系学的创始人，他使公共关系进入学科化阶段。

与艾维·李相比，伯纳斯更注重于对公共关系理论的研究，将研究的重心逐渐转向了教学和研究工作，并于1923年出版了《公众舆论之形成》一书。这是第一部研究公共关系理论的专著，因而被视为公共关系发展史上的又一个里程碑。在这本书中，他对公共关系的实践进行了系统的研究，使之形成一整套理论。他提出了"投公众所好"的根本原则，主张一个组织在做决策之前，首先应了解公众喜好什么、需要什么，在确定公众的价值取向以后，再有目的地从事宣传工作，以便迎合公众的需要。在伯纳斯的理论中，公共关系已经完全超越了新闻代理时代"宣传"和"告知"的单向传播时期，进入组织和公众的双向沟通时期。

伯纳斯的思想比艾维·李前进了一步，他认为不仅是在事情已经发生之后对公众说真话，而且要求组织通过对公众的调查，根据公众的态度开展公共关系工作。同时，他将艾维·李的活动与1897年美国《铁路文献年鉴》中出现的"公共关系"一词结合了起来，使这一词语具有了科学的含义，并在社会上流行开来。从此，公共关系正式从新闻领域分离出来，成为一门独立而又系统的管理科学。1928年，伯纳斯出版了《舆论》一书。1952年，教材《公共关系学》的出版，对公共关系理论进行了更为系统、详尽的阐述和发挥。

在伯纳斯看来，公共关系咨询有两项作用：一是向组织推荐它们应该采纳的政策，这种政策的实施可以保证组织的行为符合社会利益；二是把组织执行的合理政策和采取的有益行为向公众广为宣传，帮助企业赢得公众的好感及信任。

4. 现代时期：双向对称式的公共关系

第二次世界大战后，公共关系的实践和理论发展都进入一个全新的阶段。这一时期，以卡特利普、森特和杰夫金斯为代表的一大批公共关系专家和大师，在理论和实践上把公共关系推向了一个新的历史发展时期。其中，又以卡特利普和森特在《有效的公共关系》一书中提出的"双向对称式"公共关系最具有代表性。

双向对称式的公共关系强调"双向沟通、双向平衡、公众参与"。该模式提出的理论前提有两个：一是把公共关系看作封闭系统还是开放系统；二是把公共关系看作一种"工作"还是一种"职能"。将公共关系看作封闭系统和一种"工作"的做法是将公共关系人员放在沟通技术实施者的位置上，定期进行新闻发布，保持和增进公众对组织的良好印象，而忽视将有关环境的信息传递给组织。将公共关系看作开放系统和一种"职能"的做法是将组织与公众关系的维持和改变建立在产出—反馈—调整诸环节相互作用的基础之上，公众意志可以被吸收到决策之中。公共关系不仅能在决策中发挥参谋与顾问的作用，而且有预警作用，可以阻止潜在危机的发生。

《有效的公共关系》一书中，还提出了"四步工作法"，这成为公共关系工作中最重要的工作流程。至此，现代公共关系学的理论框架基本构成，进入了成熟时期。此后，公共关系的技巧虽然不断发展，但体系已经基本稳定下来。

 资料 2-3

美国公共关系人物语录

巴纳姆："凡宣传皆好事。"

艾维·李："公众必须被告知。"

伯纳斯："投公众所好。"

卡特利普和森特："双向传播与沟通。"

格鲁尼格："组织与公众对信息理解的一致性。"

资料来源：管玉梅. 公共关系学[M]. 北京：机械工业出版社，2014（有改动）.

2.3 公共关系在中国的发展

现代公共关系思想和实践进入中国，应以 20 世纪 60 年代公共关系登录中国香港、台湾地区为发端，而中国内地则到 20 世纪 80 年代初才开始引进。中国的公共关系这些年来可以说发展迅速、成绩斐然，无论是理论研究、公共关系实务，还是公共关系教育，都令世界刮目相看，但也有些不尽如人意之处。

2.3.1 公共关系在我国兴起的原因

1. 发展社会主义市场经济的需要

企业必须面对全方位的竞争。不仅产品的质量要好、价格要合理，而且要面临售后服务、企业与产品的知名度、美誉度、品牌、形象、CIS 战略等一系列无形资产的较量和"软竞争"。没有公共关系，这场竞争就输在了起跑线上。

2. 建设社会主义精神文明的需要

（1）要通过公共关系调整心态，优化社会环境，扭转社会风气，推动社会组织尊重社会整体利益，做到经济效益与社会效益一致，处理好组织内部与外部的关系、组织发展与生态平衡的关系，赞助社会上有关的文化、教育、福利事业，倡导新型的人际关系，遵纪守法，尊重公德。

（2）公共关系还有一个重要的作用，就是要参与遏制腐败的斗争。党和政府正在加强党风建设和廉政建设，反腐倡廉，应通过公共关系功能加强舆论监督、揭丑曝光、惩恶扬善、净化灵魂、净化社会、维护社会发展的正常秩序。

3. 进行国际交流与合作的需要

可以借助公共关系加强国际间的交往，了解国际上的信息，改善我国的投资环境，增强竞争实力，促进我国的发展与繁荣。

2.3.2 中国公共关系的发展历程

综观中国公共关系发展史，可以发现，公共关系作为一种新的经营管理思想传入中国后，呈现出由南向北、由东向西、由服务行业向工业企业、由外资企业向国有企业、由企业组织向政府组织逐步发展的格局，而且发展过程也呈现出明显的阶段性。

1. 引进和开创时期（20 世纪 80 年代初期至 1986 年）

20 世纪 80 年代初期，深圳、珠海、汕头等经济特区相继宣告成立，一批中外合资的酒店、宾馆先后在沿海和内地的一些重要城市落成。这些合资企业由于工作的需要，按照国外同类企业的发展模式在其内部设立了公共关系机构，根据企业的需要开展公共关系业务活动。当时的公共关系从业人员尤其是管理者，大多来自国外或港澳地区，经过专业训练，具有较高的从业素质，为公共关系在全国的普及和发展起到了良好的示范作用。

随后，公共关系活动开始由沿海地区向北京、上海等特大城市延伸，并引起国有大中型企业的重视。1984 年 11 月，广州白云山制药厂设立公共关系部，并每年拨出其产值的 1% 的资金作为"信誉投入"，开创了内地企业公共关系的先河。受其影响，1980 年年中之后，国内许多大企业和部分优秀的小企业都设立了自己的公共关系部，开展公共关系活动。与此同时，一些国外的公共关系机构纷纷抢先登陆中国市场。1984 年，美国伟达公共关系公司率先在北京设立办事处。1986 年，美国博雅公共关系公司进入中国并促成了我国第一家公共关系公司——中国环球公共关系公司的诞生。1990 年中法公共关系公司成立，这是我国第一家合资公共关系公司。随后，营利性的公共关系职业机构和专职人员在各地涌现，一些学术研究机构和教育出版界也积极以文章、书籍、培训和讲座等形式涉足公共关系领域。

 资料 2-4

广州白云山制药厂设立公共关系部

1984 年，广州白云山制药厂设立了公共关系部，是大型国有企业公共关系发展的起步。这是经济体制改革后企业大胆尝试新型管理技术的新举措。对公共关系最初的尝试使得企业取得了经济和社会效益的双赢，也揭开了国有企业开展公共关系活动的帷幕。随后，他们率先赞助中国足球和音乐团出国演出，帮助企业品牌走向国际，开创企业公共关系大型赞助的先河。这在当时为公共关系观念的形成创造了良好的社会氛围。尽管当时的企业内部公共关系部的设置多数还处于初级水平的接待和媒体宣传上，企业公共关系部的职能并没有完全发挥出来，但这已是相当具有创造性的举措了。

资料来源：李泓欣. 公共关系理论与实务[M]. 北京：北京大学出版社，2011（有改动）.

在这一时期，深圳大学首开公共关系专业，中国的公共关系教育由此起步。从此，公共关系教育在一些省市的高校，特别是成人自考、夜大、职大等逐步开展起来，并形成相当规模。此后，中山大学、复旦大学、杭州大学（浙江大学）、兰州大学、北京联合大学、南京大学、清华大学、北京大学、中国科技大学、国际关系学院、厦门大学等上百所大学相继开设公共关系课程，从而使公共关系这种全新的思想观念和理论知识在高等学校得到迅速传播和普及。公共关系专业教育也逐渐明确定位、形成特色，建立了全日制、业余、在线等多种培养模式。此间，中国公共关系协会与北京联合大学共同创办了 8 届高级公共关系培训班，由中外专家授课，培养了一大批一线的公共关系人才。

1986 年 1 月，中山大学公共关系研究会、广州青年经济研究协会、广州经贸管理干部学院共同发起成立了我国内地第一个公共关系民间团体——广东地区公共关系俱乐部。1986 年 11 月，第一家由官方组织的公共关系机构——上海市公共关系协会在上海联谊俱乐部诞生，揭开了我国公共关系行业化发展的序幕。

在中国大地上，经历了艰难起步与成长的公共关系开始崭露头角，像蓓蕾般展示其特有的魅力。

2. 适应和发展时期（1986 年至 1993 年）

20 世纪 80 年代中期至 90 年代初期，曾一度出现"公共关系热"，中国公共关系呈现出百花齐放的局面，在每一领域都有所发展与进步。

1987 年 6 月 22 日，中国第一个全国性的公共关系社会团体——中国公共关系协会，经中华人民共和国体改委批准在北京成立，薄一波任名誉主席，《经济日报》原总编安岗任主席，由公共关系专业机构、新闻媒体、教育、科研机构、政府有关机构和企业界人士等自愿组成。中国公共关系协会的成立，具有里程碑式的意义，标志着公共关系在中国得到了正式的认同，公共关系事业的发展进入一个崭新的时期。

从 1988 年起，全国公共关系组织联席会议相继在杭州、西安、广州等地召开。1988 年 1 月，中国公共关系第一家专业性报纸——《公共关系报》在杭州创刊。1989 年 1 月，中国第一份国内外公开发行的公共关系杂志——《公共关系》在西安创刊。此后，《公共关系世界》杂志在石家庄诞生并一直发展到今天，专业媒体的诞生对公共关系的普及与提高起到了重要的作用。

从 20 世纪 80 年代中期开始，我国政府公共关系发展迅速，如天津市政府开展的一系列政府公共关系活动被奉为当时政府公共关系的典范。1989 年 9 月，中共中央办公厅和国务院办公厅主办的中南海业余大学开设公共关系课，这说明，我国高层领导者开始重视公共关系在政府职能发挥上的作用。

这一时期，企业界对公共关系的运用越来越广泛，许多企业都设立了公共关系部。但由于对公共关系理念不能准确地把握，实践中又缺乏专业公共关系人员，因此，许多企业的公共关系工作处于浅层次的操作状态。例如，在不少企业里，公共关系部仅充当着"接待部"的角色。更有一些企业，公然打着公共关系的招牌大搞"庸俗关系"活动，受到社会各方面的批评。20 世纪 90 年代初期，一些企业里出现了撤销公共关系部的举动，形成"过疲"现象。公共关系在实践中暴露出的这些问题，实质上是我国市场经济体系、法律法规不完善，企业经营竞争压力和动力的不足等深层次体制弊端形成的。尽管公共关系在一些企业的实践中遭到来自各方面的批评，但仍有不少成功企业表现杰出。例如，广东"健力宝"从"运动饮料"的产品定位到"体育公共关系"战略的实施，与中国的体育事业相伴相随，企业知名度不断提升，使这个曾是广东三水县不过百人的"小作坊"，发展成为名声远扬、实力雄厚的大型企业集团。再如，北京"亚都"环境科技公司于 1991 年在天津举办的"亚都加湿器向天津市民有偿请教"的公共活动，不仅大大增强了公众对公司及产品的了解，同时还带来了良好的经济效益。

1991 年，中国国际公共关系协会（CIPRA）成立。1992 年，党的十四大报告正式确立社会主义市场经济体制的改革目标之后，我国公共关系的理论研究更加深入，一大批有识之士结合中国的政治、经济和文化的特点来探索中国公共关系的一些重大理论问题。

3. 竞争和专业化分工时期（1993 年至今）

这一时期，一些企事业单位和社会机构曾设立的公共关系部、公共关系处等纷纷改名换牌，一些规模较小、业务能力较差、服务水平落后的公共关系公司相继改行或倒闭。这体现了市场经济优胜劣汰的竞争法则：一个机构、一个部门或一个人，如果仅仅因为赶时髦而投身于公共关系行业，缺乏对公共关系工作真谛的充分理解，其在行业的市场竞争中被淘汰是必然的结局。与此同时，那些立足于专业基础和专业分工的职业公共关系机构却日趋活跃，呈现出良好的发展态势。自 1992 年结束与美国博雅公共关系公司 6 年的合作期后，中国环球公共关系公司以发展民族公共关系业为己任，独立承担起海内外公共关系市场开拓的重任，并得以迅速发展和壮大。

同时，以公共关系原理为运作基础的策划、咨询和组织形象识别系统设计等职业活动开始活跃。各种公共关系策划专家或专家组在全国有近百个，他们服务于近千家企事业单位，这在一定程度上说明了公共关系职业在专业分工上的进一步细化。

在理论研究上，中国公共关系协会委员会组织国内数十位公共关系学者，每年召开全国公共关系理论研讨会，理论联系实际地探索中国公共关系之路，先后编辑出版了有关公共关系的 10 余部书籍，对我国公共关系理论的研究、普及和提高起到了推动作用。

进入 21 世纪以后，随着经济全球化趋势的发展及我国对外开放政策的深化，公共关系开始在更广泛的社会经济领域发挥积极作用，并且在该领域的重要性日益显现。在越来越多的跨国企业将全球投资发展重心转移到中国的同时，国内企业也陆续跨出国门，走向国际市场参与竞争，在世界经济的融合中得到发展。公共关系作为重要的传播沟通工具，在提升竞争力和促进经济社会协调发展等方面发挥着越来越重要的作用。

 资料 2-5

《公共关系世界》杂志社获"改革开放与公共关系 40 年"影响力公共关系组织

2018 年 12 月 8 日，在中国改革开放四十周年之际，中国公共关系协会主办的"2018

中国公共关系发展大会"在北京举行。本届大会的主题是："新时代、新作为：中国公共关系的全球实践。"

《公共关系世界》首任总编辑汪钦被评为"改革开放与公共关系 40 年影响力公共关系人物"，《公共关系世界》杂志社被评为"改革开放与公共关系 40 年影响力公共关系组织"，《公共关系世界》1993 年 5 月创刊被评为"改革开放与公共关系 40 年影响力公共关系事件。《公共关系世界》创刊于 1993 年，25 年来《公共关系世界》杂志见证了中国公共关系行业的发展，为高校公共关系理论的传播及政府、企业在公共关系层面的实践做了大量宣传和服务工作，是公共关系行业最虔诚、最坚定的践行者和传播者。

资料来源：薛丽、李亚.《公共关系世界》杂志社获"改革开放与公共关系 40 年"影响力公共关系组织[EB/OL]. 搜狐网，2018-12-15.

2.3.3　中国公共关系发展中存在的问题

1. 采取了"拿来主义"

中国公共关系直接照搬西方的公共关系理论，而较少考虑中国国情和大众的思维习惯，尤其是改革开放后，这方面的案例屡见不鲜。例如，雀巢咖啡的广告语，原来"速溶，方便"的诉求，就很难唤起中国消费者的欲望。

2. 公共关系发展不平衡

中国公共关系在沿海城市和中心城市发展较快，而在西部或其他非中心城市发展较慢。另外，公共关系从业人员专业能力参差不齐，相对而言，规模较大、实力较强和年资较长的公共关系公司专业能力较强，反之较弱。公共关系服务主要在技术层面较多，而进入决策层面服务的较少。

3. 公共关系市场亟待培育

中国公共关系虽然在 20 世纪 80 年代中期至 90 年代初期经历了一个大众传播阶段，先后出版了 400 多种公共关系的书籍，但是大众对公共关系的理解仍然肤浅，仍有很多人对公共关系不了解，公共关系市场运作的程序还不够规范。

 资料 2-6

百度：魏则西事件公共关系

魏则西，一名 21 岁的男孩，患有恶性肿瘤病（滑膜肿瘤），奔走于北京、上海、天津、广州各大肿瘤医院，均不得治。魏则西在百度搜索疾病信息时，第一条，就给出了一种"生物免疫疗法"，该信息出自北京武警总队二院，魏则西一家人到医院医治，主治医师告知其父母"保 20 年没问题"。魏则西一家人四处借钱在医院就医，但是病情却迅速恶化，最终，魏则西在 2016 年 4 月 12 日去世。

魏则西去世后，其父亲代笔在知乎发布了魏则西的去世消息，网友在网络上质疑百度并呼声一片，迅速把百度推上了风口浪尖，百度股票大跌。

百度在 2016 年 4 月 28 日首次公开回应此事，主要传递 3 个信息：①立即与泽西爸爸取得了联系。②第一时间进行审查，发现该医院是一家公立三甲医院，资质齐全。③愿意接受监督。

但百度公共关系无论是第一步还是第二步，都出现了致命逻辑错误。

死结一：这则声明很快被则西爸爸回应打脸，则西爸爸称：并未有百度任何人跟其联系。事实究竟是怎样的，农地圈不想深究，如果百度果真联系了则西爸爸，被打脸后应该立即公布通话记录以示清白，原封不动地将巴掌怎么扇过来的，怎么还回去。但是百度没有。则西爸爸回应直接将公众对百度仅存的一丝信任扇个粉碎。

死结二：第二步声明一般都不会说死，留有余地。而百度第二个逻辑，无疑直接回应了自己本身在这件事情上无错。因为根据百度自己审查，对方是一家公立医院，资质齐全。中国是一个讲人情的社会，这个社会里有一个全民遵守的规则就是死者为大。现在就算百度自己恐怕也不能坚称自己在这个事情上无过错了吧，只不过是过错大小而已。受害者尸骨未寒，参与伤害者却立即声明跟自己无关。这踩踏了社会的道德底线，直接将百度推向了公众和社会道德底线的对立面，基本上将百度在该事件上的后续公共关系手段直接报废。

资料来源：农地圈. 魏则西事件百度公共关系犯了哪两个"死结"! [EB/OL]. 搜狐网，2016-05-04（有改动）.

2.3.4　中国公共关系的发展趋势

公共关系自 20 世纪 80 年代引入中国内地后，在蓬勃发展的过程中大致呈现出如下几种趋势。

1. 公共关系意识日益普及化

社会改革和市场经济进程的推进使组织处在更加复杂的环境中，组织经营管理面临更强的约束条件，每一个希望在市场中立足的组织都在寻求所有能帮助其提高管理水平、建立核心能力和竞争优势的途径和办法。通过树立自身形象、提高知名度和美誉度等一系列公共关系活动来获得消费者的青睐，进而达到提高组织的经营效益的目的。除企业外，政府、社会团体，甚至包括个人在内，在与其他国家、民族特别是西方发达国家的合作和交流过程中，树立形象、提高知名度等现代公共关系意识也在不断增强。

2. 公共关系的专业化、职业化程度不断提高

市场经济体制在我国确立后，公共关系作为一种全新而独特的社会职业在我国得到了较快发展，并日益为人们尊重和向往。"公共关系经理"在国人的心目中再也不是"端茶倒水、迎来送往"的角色，而是"高级白领"的象征。今天的公共关系经理已经成为管理层的一分子，能够在董事会上提出建议，并且进行策划及处理复杂的公共关系。公共关系教育进入正规化阶段，在中国高等教育的许多专业中，如经济、管理类专业和新闻传播类专业等，几乎都开设了公共关系课程。此外，一些职业教育机构也从事公共关系方面的理论与实践培训活动。我国公共关系专业人员的队伍正在逐步扩大并且日趋成熟，为公共关系在我国的大力发展发挥着重要作用。

3. 公共关系理论体系日趋系统化和科学化

在公共关系引入我国内地的初期，主要在实务方面发挥作用。虽然也有学者编译了一些海外的资料，介绍海外公共关系的理论与实践，但由于受到体制的制约，这些资料很不全面并且有些也不符合中国国情。1984 年，《经济日报》中"研究社会主义公共关系"社论的发表，掀起了国内公共关系理论研究的热潮，并于 1990 年前后达到了高峰。国内学者在吸收、借鉴国外先进公共关系理念的基础上，结合我国的国情，进行了许多有益的探索，基本上形成了一套独具中国特色的公共关系理论体系。

4. 公共关系行业日趋规范化

在早期，一些人错误地把公共关系理解为"攻关"或"攻官"，将金钱和美色视为组织获取项目和资金支持等的捷径。随着公共关系实践和理论的发展，我国公共关系界越来越多的人士认识到，必须给公共关系行业制定一个标准，在实现自律的同时，也让公众了解公共关系的职业道德，于是《中国公共关系职业道德准则》诞生了。同时，为了提高公共关系从业人员的素质，从 20 世纪 90 年代末期开始，我国实行公共关系从业人员的资格考试制度。所有这些都表明，公共关系行业在我国已经开始走上规范化的道路。

5. 公共关系的技术手段日益现代化

随着现代信息科学技术的迅速发展，电子技术、网络技术、通信卫星技术等现代化传播媒介和信息传播手段都应用到了公共关系领域。公共关系人员利用它们对信息进行分类、储存、分析和加工，以便作出准确的市场和环境预测。实际上，网络传播已经实实在在地成为一种主流媒体支持着公共关系传播的开展，如电子邮件、网上新闻发布、网上展览、网上市场调查、网上新品推广等，使得公共关系传播的平等性、双向性、反馈性得到更大程度的体现，信息传播双方已成为真正意义上的平等交流伙伴，实现了更深层含义上的双向互动。随着高科技的发展，人类传播史上的革命还将继续，因此我们有理由相信，未来的公共关系手段将是一种更加数字化的手段，人们会在高科技的服务支撑下，实现真正意义的人际互动。

 资料 2-7

中石化炒油亏损，市值 5 天减 520 亿！

2018 年 12 月 27 日，国内财经媒体纷纷报道，负责中国石化的石油和石化产品贸易的子公司两名主要负责人被免去职务，原因是在最近石油交易过程中出现较大亏损。作为在上海、香港、纽约和伦敦四地同时上市的大型企业，此时需要中国石化在信息披露上一定要迅速，不能让小道消息漫天飞。好在一直在这方面做得不错的中国石化，迅速发布公告，对公众进行说明，避免市场进一步猜测。

但是根据危机公共关系处理 24 小时黄金处理原则，任何事情最好不要过夜，一定要有官方消息公开。无论有多简短，只要出来，那媒体就会第一时间关注，而且有官方表态，投资者也减少猜测。所以中国石化在晚间 9 点左右，进行了第一次信息披露。第二次披露在一个星期后，时间虽然有点长，字数也不多，但是信息量很大！

在 2019 年 1 月 5 日，中国石化继续发布公告，就此事再次作出信息披露。联合石化为中国石化全资子公司，主要从事原油及石化产品贸易。中国石化在日常监管过程中发现联合石化套期保值业务出现财务指标异常，在某些原油交易过程中因油价下跌产生部分损失，公司正在评估具体影响。目前，本公司年度外部审计师已经开始驻场审计。中国石化强调：公司及联合石化生产经营情况一切正常。损失具体数目，还是以公开信息为主，我们不做推测。

中国石化从承认出现问题，到指出问题是在日常监管过程中发现，主要还是向外界透露出一个重要消息，即中国石化管理上没有问题，日常监管很严格，出现问题就会及时出手，希望避免外界产生对公司管理上混乱的误解。同时，外界显然想知道，中国石化这次事情中到底有多大损失。中国石化就得有进一步动作，不能拖着不管，所以中国石化接着表示，审计师开始驻场审计，而且是公司聘请的外部审计师，所以请大家放心，结果会确保公平。

资料来源：野火财经. 中石化炒油亏损，市值 5 天减 520 亿！危机公共关系处理却堪称教科书[EB/OL]. 百度百家号，2019-01-06（有改动）.

总之，公共关系作为一门管理学科和艺术，从国外进入国内，尽管在发展过程中经历过"过热"和"过疲"现象，但是最后还是走向健康、稳步发展的轨道。随着我国公共关系事业的发展，无论是在理论方面还是在实践方面，或是在培训教育方面，公共关系都取得了长足发展。公共关系在我国社会生活中发挥着越来越大的作用，成为推动我国各行各业发展的动力之一。

本 章 小 结

公共关系作为一种客观存在的社会关系、社会现象和社会活动，在世界各国皆可追溯到远古时期。人类早期公共关系活动具有明显的自发性与盲目性、强烈的政治色彩和伦理色彩、传播手段简单的特点。而作为一种组织的自觉行为，其最早的实践产生于美国。经过巴纳姆的单向吹嘘时期、艾维·李的单向传播时期、爱德华·伯纳斯的双向沟通时期、卡特利普、森特和杰夫金斯的双向对称式的现代时期，公共关系已经作为一门独立的学科和职业获得了长足的发展。

我国在 20 世纪 80 年代初期引入公共关系，经过引进、适应、发展几个阶段，公共关系开始在我国的社会生活中发挥着越来越大的作用，成为推动我国各行各业发展的动力之一。然而，公共关系在我国发展的过程中，也存在采取"拿来主义"、公共关系发展不平衡、公共关系市场亟待培育等问题，但也呈现出以下几方面的发展趋势：公共关系意识日益普及化；公共关系的专业化、职业化程度不断提高；公共关系行业日趋规范化；公共关系理论体系日趋系统化和科学化；公共关系的技术手段日益现代化。

客 观 题

自学自测　扫描此码

问 答 题

（1）公共关系产生的历史条件有哪些？

（2）公共关系产生的各个历史阶段的主要特征、代表人物、主张是什么？

（3）在公共关系发展早期，艾维·李就提出"讲真话"的思想。但直到今天，这一思想在公共关系实际工作中仍然会遭遇尴尬。请做试验，了解人们为什么不愿意说真话？说真话的阻力来自何方？如何克服这种阻力？

案例分析题

《三国演义》中的公共关系

《三国演义》作为古典文学名著，在中国文学史上占有重要的地位，其恢宏的战争场面描写，读来令人荡气回肠；栩栩如生的人物形象，几百年来家喻户晓，妇孺皆知。然而《三国演义》不仅是一部文学名著，也是一部公共关系参考书，它积存着丰厚的公共关系遗产，在今天仍然值得我们认真地学习和研究。

一、重民望，得人心，树立良好形象

在《三国演义》中，曹操、刘备都非常重视自己形象的塑造。可以说曹操事业上的成功，与他注重塑造曹氏集团的形象密不可分。《三国演义》第十六回中，刘备被吕布所逼投往曹操，谋士荀彧、程昱建议杀掉刘备，曹操认为："方今正用英雄之时，不可杀一人而失天下之心。"第二十三回中，祢衡赤身大骂曹操，曹操受辱却没有杀他，原因是"此人素有虚名，远近所闻。今日杀之，天下必谓我不能容物"。

组织形象问题是公共关系理论的核心问题。归根结底是为了塑造组织形象。

二、讲真诚，重信义，处好人际关系

在《三国演义》的描写中，人际关系最好的要数刘备了。按说，论文武之道，临阵决战，刘备不及孙权；论谋略文才，刘备赶不上曹操，但他却能割据称雄一方，究其原因，"桃园精神"是刘备集团生存和发展的基础。所谓的"桃园精神"，也就是以诚为本，讲究信义，同生死、共患难的精诚团结。

第四十二回中，曹刘交兵至新野，刘备的军队被曹兵杀得七零八落，赵云为救两嫂夫人和皇侄阿斗，在曹军中杀进杀出，血染战袍，最后保护阿斗到刘备面前。刘备接过阿斗，掷之于地，"为汝这孺子，几损我一员大将"。感动得赵云忙从地下抱起阿斗，泣拜曰："云虽肝脑涂地，不能报也。"刘备的真诚于此可见一斑。以诚待人、礼贤下士是刘备的一项特长。刘备的以诚为本，换来了关羽、张飞、诸葛亮等人的精诚团结，患难与共。刘备的讲究信义，树立了自己良好的形象，被历代人所称颂。任何一个组织的生存和发展，都应遵守以诚为本、讲究信义的公共关系原则，为自己创造一个良好的内外部环境。

三、审时势，互惠利，注意横向联合

在《三国演义》中，作者描写了许多成功的公共关系策划，仅写诸葛亮的就有三分天下的"隆中对"，赤壁之战的"孙刘联盟，共破曹军"，七擒孟获时的"攻心为上，攻城为下；心战为上，兵战为下"等，这些成功的策划，全是建立在调查研究的基础之上，通过审时度势的分析而得出的。如果说"隆中对"是诸葛亮审时度势的结果，那么"七擒孟获""联吴抗曹"则是互惠互利、横向联合的典型事例。孟获是西南少数民族的首领，在当地夷汉人民中颇有威望。第一次交兵，诸葛亮就活捉了孟获，当孟获表示不服时，诸葛亮就放了他。这样六捉六放，当第七次生擒孟获时，孟获便彻底被感动了，他心悦诚服，垂泪言曰："七擒七纵，自古未尝有也。""丞相天威，南人不复反矣!"自此南中平定。诸葛亮不灭孟获，使南中的夷汉百姓能够躲避刀兵之灾而平安生活，而南中又很快成为蜀汉政权巩固的后方基地，双方各得其所。而当曹操率百万之师南征，刘备、孙权都不足与之抗衡，在双方生存都遭到严重威胁的情况下，诸葛亮实施"联吴抗曹"之计，共同的利益使孙刘结成了联盟。在双方的共同合作下，赤壁之战大败曹兵，使曹操短期内无力再进兵江南，为三国鼎立奠定了基础。

资料来源：高承远. 三国演义中的公共关系[EB/OL]. 全球品牌网，2011-05-05（有改动）.

结合以上案例，请思考：

（1）古代的公共关系活动的特点和局限是什么?

（2）历史和时代的变迁如何体现在公共关系思想和活动之中?

实践训练题

实训项目：收集关于公共关系发展的经典书籍、文章。

实训目的：了解公共关系知名学者的观点。

实训内容：

（1）前往学校图书馆或访问网络收集关于公共关系发展的经典书籍、文章。

（2）讨论公共关系在我国发展的现状和问题。

第 2 部分　公共关系的构成要素

第3章

公共关系主体

【教学目标】

通过本章学习，了解公共关系主体的含义和特征，了解公共关系部和公共关系公司两类公共关系机构，掌握公共关系人员应具备的知识、能力和职业准则。

【教学要求】

知识要点	能力要求	相关知识
公共关系主体	（1）准确理解社会组织的含义 （2）掌握公共关系的基本特征	公共关系的分类
公共关系部	公共关系部的特征、职能作用、设置原则	公共关系部的组织类型
公共关系公司	（1）准确了解公共关系公司的工作原则 （2）公共关系公司的工作程序	（1）公共关系公司的类型 （2）公共关系公司的机构设置
公共关系人员	（1）明确公共关系人员的素质要求 （2）掌握公共关系人员的能力要求 （3）了解公共关系人员的角色	（1）各种素质要求的发挥 （2）公共关系人员能力要求的实际运用

 导入案例

可口可乐的"中国情结"

2002年8月8日，全球品牌管理咨询公司与美国《商业周刊》合作，公布了全球100个最有价值的品牌。可口可乐战胜微软和IBM，又一次登上榜首，成为名副其实的全球第一品牌。在中国，可口可乐公司系列产品在软饮料市场的占有率达33%，81%的中国消费者知道可口可乐品牌。在整个中国地区，可口可乐雇用了大约1.5万名员工，从董事长到工人都是中国人。

2003年2月18日，可口可乐（中国）饮料公司对外界宣布：正式更换包装，启用新标识。这是可口可乐公司自1979年重返中国市场以来首次改用中文新标识，目的是使它更贴近中国消费者的生活。

可口可乐非常重视对社会的回馈，在教育方面做了很多捐赠。截至2003年，可口可乐在中国各地兴建了50所希望小学，为贫困地区的100所农村小学捐赠了一套希望书库。1998年洪灾，可口可乐还捐赠了帐篷希望小学。1998年3月，可口可乐公司前董事长格拉斯·艾华士访华，宣布向"希望工程"捐赠人民币500万元，专门用于资助失学儿童。1999年，在中国青年基金会的发起下，可口可乐（中国）饮料公司设立了"可口可乐第一代乡村大

学生奖学金"，资助包括北京大学、清华大学等 55 所大学在内的近 700 名大学生完成学业。这些大学生都来自偏僻的乡村，并且是第一代在村里考取大学的青年。奖学金金额为 8 000 元，分四年提供。

资料来源：戴世富，徐艳. 可口可乐的"中国情结"[J]. 公共关系世界，2003（6）（有改动）.

3.1　公共关系主体——社会组织

公共关系是由社会组织、公众和传播三种基本要素构成的，社会组织是公共关系的主体，公众是公共关系的客体或对象，传播则是连接社会组织与公众或主体与客体的桥梁。公共关系离不开主体，没有主体就无法确定是谁和为谁的利益而开展的公共关系活动。主体就是活动的发起者、组织者、控制者、实施者和利益相关者，它在公共关系行为过程中处于主动和主导地位。

3.1.1　社会组织的含义及特征

1. 社会组织的含义

公共关系活动主体是社会组织，简称组织，是指执行一定的社会职能，实践特定社会目标，按照一定的组合方式构成的相互独立的社会团体。组织是公共关系的第一构成要素，是公共关系的主导，它决定了公共关系的状态、活动、发展方向。

社会组织有一定的目标，而公共关系的目标便是社会组织目标中的子目标、分目标。公共关系活动必须围绕着社会组织的总体目标来制定。在组织运行的过程中，社会组织必须树立明确的公共关系意识，妥善处理同各个方面的关系，使社会组织获得各方支持。在各种公共关系活动过程中，社会组织总是居于主体地位，策划各种旨在影响和改变组织环境的公共关系活动，使组织处于良性运转之中。

2. 社会组织的特征

从社会组织的含义可以看出社会组织具有以下几个共同特征。

（1）群体性。社会组织是多数人的集合体，是一个团体、群体，而不是哪一个人。尽管有些个人为了某种特殊利益也举办公共关系活动，如竞选中的候选人、国家公务员、社会名流等，但他们往往不是以自然人的身份从事公共关系活动，而是以法人代表的身份从事的。

（2）导向性。社会组织这个多数人的集合体是靠共同目标来维系的，所有的组织成员、组织的所有活动都必须指向这一共同目标，其行为有较强的目标导向。建立社会组织的目的就是达成某个特定的目标，其成员根据目标属性和特定的功能，相互凝聚，结合成群。

（3）系统性。每一个社会组织都是一个结构严密的系统，社会组织内部的各个部门、各个环节、各个成员之间都是按一定的规章制度建立起来的相互依存、相互制约的关系。组织要实现其社会目标，需要各部门之间的良好配合和协调。

（4）协作性。社会组织都有与实现其特定目标相适应的结构形式，通过这种结构纽带，把分散的、没有联系的人、财、物、时间、信息与环境等诸多因素，在一定的范围内联系起来。它要求社会组织成员之间相互协作、相互制约。

（5）变动性。社会组织是社会发展的产物，它的存在受到社会环境的制约，因此，无论是组织的形式还是组织的目标，都不是一成不变的。环境的变化必然带来组织的相应改变，因为组织存在的意义在于完成社会分工任务，这只有通过组织自身的动态运作来实现。

（6）稳定性。尽管社会组织的成员及其领导者都是可变的，在数量和规模上有不断扩展的趋势，但作为一种活动结构，即将组织成员组合在一起的基本框架总是稳定的，不会轻易发生变化。

 资料 3-1

35 次紧急电话

一位名叫基泰丝的美国记者，来到日本东京的奥达克余百货公司。她买了一台"索尼"牌唱机，准备作为见面礼，送给住在东京的婆家。售货员彬彬有礼，特地为她挑了一台未启封包装的机子。

回到住所，基泰丝开机试用时，却发现该机没有装内件，因而根本无法使用。她不由得火冒三丈，准备第二天一早就去奥达克余交涉，并迅速写好了一篇新闻稿，题目是《笑脸背后的真面目》。

第二天一早，基泰丝在动身之前，忽然收到奥达克余打来的道歉电话。50 分钟以后，一辆汽车赶到她的住处。从车上跳下奥达克余的副经理和提着大皮箱的职员。两人一进客厅便俯首鞠躬，表示特来请罪。除了送来一台新的合格的唱机外，又加送蛋糕一盒、毛巾一套和著名唱片一张。接着，副经理又打开记事簿，宣读了一份备忘录。上面记载着公司通宵达旦地纠正这一失误的全部经过。

原来，昨天下午 4 点 30 分清点商品时，售货员发现错将一个空心货样卖给了顾客。她立即报告公司警卫迅速寻找，但为时已迟。此事非同小可。经理接到报告后，马上召集有关人员商议。当时只有两条线索可循，即顾客的名字和她留下的一张"美国快递公司"的名片。据此，奥达克余公司连夜开始了一连串无异于大海捞针的行动：打了 32 次紧急电话，向东京各大宾馆查询，没有结果。再打电话问纽约"美国快递公司"总部，深夜接到回电，得知顾客在美国父母的电话号码。接着又打电话去美国，得知顾客在东京婆家的电话号码。终于弄清了这位顾客在东京期间的住址和电话，这期间的紧急电话，合计 35 次！

这一切使基泰丝深受感动。她立即重写了新闻稿，题目叫作《35 次紧急电话》。

资料来源：张岩松. 公共关系案例精选精析[M]. 北京：经济管理出版社，2003（有改动）.

3.1.2 社会组织的类型

作为公共关系主体的社会组织是多种多样的，根据不同的标准可以将社会组织划分为不同的种类。

1. 根据社会职能分类

根据社会职能，社会组织可以分为经济组织、文化组织和政治组织。

（1）经济组织。经济组织以经济活动为基本内容，为社会提供基本的物质生活资料和生产资料，如生产性企业、商业企业、金融企业等。

（2）文化组织。文化组织以文化教育活动为基本内容，为社会提供各种文化教育服务，如学校、科研机构、图书馆等。

（3）政治组织。政治组织是具有各种政治职能的社会组织，为社会提供一定的政治管理服务，如政府部门、法院、检察院等行政机关。

2. 根据目标特点分类

根据目标特点，社会组织可以分为营利性组织、非营利性组织。

（1）营利性组织。营利性组织是以组织的利益为目标的社会组织。这类组织讲究资本的投入产出，讲究利润的回报。其可以简单地分为制造业、商贸业、旅游业、交通运输业。营利性组织为了获得自身的发展必须同组织内外部的公众建立良好的关系，为组织的生存与发展创造和谐的社会环境。

（2）非营利性组织。非营利性组织是一类不以市场化的营利目的作为自己宗旨的组织。非营利性组织的团体多种多样，大致可分为政府性组织，如政府部门、法院、检察院等行政机关，政府工作的内容是为各类公众、团体进行服务，必须在人民大众心目中树立一个公正、廉洁、高效、开明的社会形象；公益性的团体组织，如基金会、社会志愿者协会、慈善机构等；宗教类团体组织，如宗教协会、教堂、民间宗教机构等；文教类的团体单位，如学校、研究所、教育部门、文艺团体等；环保类团体组织，如绿色组织、动物保护者协会等机构；消费者权益保护类团体组织，如消协、法律援助中心、社区业主管委会等。非营利性组织要运用传播手段将组织的宗旨、目标以及其他相关信息告知社会公众，不断提升社会组织的影响力，获得广泛的知名度和美誉度，为组织的发展创造一个"天时、地利、人和"的良好的社会环境。

这里需要指出的是，有人错误地认为，只有营利性组织才需要开展公共关系，因为这些组织以营利为目的。其实并非如此，公共关系并不是对某一类组织有用，对其他组织没有用，任何组织都需要公共关系。其理由有：一是每一种组织都需要树立良好的形象，公共关系的主要职能之一就是形象管理和自我调控，只有那些不希望树立良好形象的组织才不需要公共关系；二是任何组织都要与各类公众发生关系，需要一定的公众支持，公共关系的重要任务就是创造良好的生存和发展环境，特别是争取公众舆论的支持；三是事实上许多组织尽管没有专职的公共关系人员或公共关系组织机构，但它们都在自觉或不自觉地开展着公共关系工作。

3.1.3　社会组织与环境的适应与影响

1. 社会组织必须适应环境的变化

任何组织都不是孤立地存在于社会之中的，它们的生存和发展要受到与之相联系的环境变化的影响，这种影响贯穿于组织发展的始终。每个组织都是环境的产物，一定的环境提供的物质资源、人力资源乃至信息资源在很大程度上规定了组织的活动性质和范围，组织必须适应环境才能生存与发展。作为组织来讲，要认清影响组织的各种环境因素及其变化情况，才能使自身更好地适应环境的变化，在变化的环境中始终保持对环境的适应性和主动性。

2. 社会组织要能动地影响环境

组织并非消极被动地由环境摆布，它可以反过来对环境施加影响、发挥作用，只要这种反作用建立在组织对环境状况的准确把握上。由于环境在本质上是动态系统，它的一个显著特征是具有较大的不确定性。这样，在组织与环境之间就始终存在一个矛盾，即组织目标的确定性与环境的不确定性之间的矛盾。一方面，每个组织都必须确立自己的奋斗目标；另一方面，每个组织又必须在实现既定目标的过程中，使既定目标与不断变化的环境条件相适应。正是由于这个矛盾，才产生了组织对公共关系的需求。公共关系活动为组织创造良好的公共关系，就可以视为营造环境的行为，这是组织对环境的能动作用的具体表现。

3.2　公共关系机构

公共关系机构是专业从事公共关系工作的组织机构，代理着特定组织的公共关系工作，其实质是公共关系的实施主体。随着社会的发展，公共关系的职业化特点越来越明显，现代社会需要有专门的组织机构来从事公共关系工作。在现有的公共关系机构中，主要分为两类：一类是社会组织设立的公共关系部门；另一类是专门承接公共关系委托业务，代理其他社会组织公共关系业务的服务性机构，即公共关系公司。

3.2.1　公共关系部

公共关系部指组织内部针对一定的目标、为开展公共关系工作而设立的专业职能机构。随着社会的发展，各组织越来越重视公共关系部的作用，公共关系部担任着大量的工作，具体概括起来有：举办或参加专题活动，包括举办新闻发布会、展览会，参加经销会，筹划和组织纪念活动等；对外联络协调工作，包括与新闻界和社会各界人士的联系，组织安排本组织参与外界有关活动等；编辑出版工作，包括编写月底、年度报告和各种宣传资料，出版内部刊物，制作新闻图片、录像带、幻灯片和企业标志等；调研工作，包括民意调查、报刊检索、市场分析、资料整理等；礼宾接待工作，包括定期接待、日常接待等；参与社会组织的决策，如表明对新产品开发与宣传的意见；对内协调工作，如加强供、产、销各部门间的信息沟通与合作。

 资料 3-2

上海锦江集团公共关系部

上海锦江集团的前身锦江饭店，是一家闻名遐迩的高级宾馆。随着商品经济的发展、国际交往的增多和旅游事业的兴起，成员众多、辐射范围大、知名度高的锦江集团，越来越成为社会交际、信息集散、贸易洽谈、学术交流乃至高级外交活动的场所。社会的需要、公众的关注、企业本身的发展向锦江集团提出了一些重要的课题：如何塑造锦江集团的形象？如何提高锦江集团的声誉？如何协调内外关系？这些课题不仅与饭店已有的各职能部门有关，而且需要一个专门的机构来协调处理。1987年，因上述需要，锦江集团成立了直属集团经理领导的锦江集团公共关系部，主要任务是为集团拓展业务，提高知名度和美誉度。

这个公共关系部现有的工作人员，学历均在大专以上，其中一半以上受过公共关系培训，年龄在20~35岁。1988年6月，锦江集团公共关系部与《经济日报》上海国际经济信息中心联合创办了上海锦江公共关系公司，同年10月正式开业。

锦江集团在公共关系部的配合下，不断加强和提高自我发展和竞争的能力，正在改变单一的以饭店业为主的经营范围，扩展为集旅游、宾馆、设备生产与安装、服装生产与经营等为一体的综合性企业。

资料来源：上海锦江公共关系部[EB/OL]. 豆丁网，2011-10-13（有改动）.

1. 公共关系部的职能地位

1）信息采集存储中心

公共关系部的首要职能就是采集存储信息，任何关系到组织生存、发展的信息都是公共关系部收集的对象。其主要工作有：了解内部公众对组织的意见和建议；了解社会政治、经济、文化的现状及变化；了解外部公众的舆论、态度、需求等。公共关系部着重建立广泛的社会联系和通畅的信息网络系统，发挥着组织"耳目"的作用。它要收集、处理、存储与组织有关的内、外部各类信息、资料，便于随时调用。例如，有些企业公共关系部熟知每一个职工的家庭状况、爱好及生日，每到职工生日那天，就会以企业名义送上一份小小礼物，礼轻情意重，会让职工体会到企业对他的关心，从而增加了对企业的归属感，更加努力地为其工作。

2）对外宣传中心

一个组织要获得公众的了解、理解和信任，取得公众的支持与合作，需要不断地向公众宣传组织的政策，解释组织的行为，增加组织的透明度。随着组织与外界交往日益密切，对外联络和应酬交际的任务越来越重。同时，组织与外部的各种摩擦和纠纷也随之增多，需要进行协调，公共关系部作为一个组织的对外机构就担负着这些工作。在一定意义上说，公共关系部是组织的"喉舌""外交官"，向组织内外部公众发布各种信息，类似于一个组织的新闻发言人。

3）环境监测中心

公共关系部类似于组织的"侦察兵"，随时观察组织内外部环境的变动，社会环境包括政治环境、法律环境、经济环境、文化环境和技术环境等。公共关系部要掌握这些环境具体变化的状况，并提供给决策人员有参考价值的东西。

4）趋势预测中心

公共关系部将收集的信息加以整理分析后，发现和预测某种趋势，为组织赢得一些宝贵的发展机遇。所以有人称公共关系部是组织的"智囊团""思想库"，其协助决策层进行决策，提供可供选择的决策方案。

 资料 3-3

苹果是中国经济风向标？

美国苹果公司下调 2018 年第四季度销售额预期后，当天股票开盘价比前一天收盘时下跌了 8.8%左右。作为最具代表性的美国企业之一，苹果的"滑铁卢"不仅拖累了其他数百只股票，更令接下来几天的美国乃至世界媒体陷入集体喧嚣。

彭博社指出，导致苹果销售额不佳的最主要原因是"中国市场的需求出现了超出预期的放缓"。在致投资者的一封信中，苹果公司首席执行官蒂姆·库克说，该公司没有想到新兴市场的增长会大幅放缓，尤其是在中国。而对于中国市场需求为何放缓，《纽约时报》等媒体将其归咎于"中国经济增速放缓导致中国消费者购买力下降"，也就是说，中国人没有钱买苹果手机了。美国 CNN 更是在 2019 年 1 月 3 日的报道中宣称，是中美贸易战造成中国经济放缓，进而导致苹果销量下滑，"苹果为中国未来敲响警钟"。

而商务部研究院国际市场研究所副所长白明却指出，中国经济增速确实正在放缓，但这并不明显影响电子产品的消费。在他看来，苹果之所以在中国销量下滑，主要原因是其自身竞争力下降，而最明显的反例就是华为等国产手机在中国的市场越来越大。

资料来源：资据. 苹果是中国经济风向标？它没那么重要[EB/OL]. 参考消息网，2019-01-07（有改动）.

5）公众接待中心

公共关系部是组织与公众间的桥梁，是联系两者的纽带。随着组织与公众之间的关系日益密切，交际活动越来越多，组织与公众之间的各种摩擦、纠纷也随之增多，公共关系部将接待组织内外部各类公众的来访、来信、投诉，以及组织各种展览、参观、访问、交流会、谈判及各项专题活动等。

6）全员公共关系意识培训中心

对任何企业而言，职工素质是最重要的，因为人是企业决定性的因素。职工素质的提高主要靠教育，公共关系部行使着教育职能，包括公共关系意识教育和日常公共关系能力的教育。公共关系意识的教育，就是教育引导企业内部的全体成员建立公共关系意识，使全体员工将公共关系意识融入日常的一言一行中，成为一种习惯的行为规范。

 资料 3-4

把脚印留在街头巷尾 做最接近居民的医生

他们是最接近居民的医生，他们把脚印留在了街头巷尾。昨天，为深化医改，推进家庭医生制度建设，引导激励更多医学生投身基层卫生事业，上海市家庭医生先进事迹报告团走进上海中医药大学，400 多名师生聆听了报告。

90 多岁的王老太孤零零的，老伴与大儿子先后去世，唯一剩下的小儿子因精神疾病长期住院。与刘玮医生相遇后，这个家庭医生就与老人正式结对，不仅定期为她送医、配药，隔三岔五还登门探望，一袋大米、一桶香油、一包红枣……一送就是 7 年。老人感慨，在遇到小刘医生前，她很久没有开心地笑过了。

闵行区卫生计生委党委委员宋琪动情讲述，台下听者动容。在上海，这样的老人有很多。家庭医生制度不仅让一群医生走进家庭，也走进了老百姓的心里。

上海开展社区卫生服务改革已有 21 年，在全国率先启动家庭医生制服务试点改革也已有 7 年。目前，本市共有 7 000 多名家庭医生，家庭医生制度已覆盖上海所有社区。统计显示，去年，本市所有社区卫生服务中心承担 8 364.99 万人次的诊疗任务，接诊量超过了全市门急诊总量的 1/3，与全市三级医院诊疗总量相当，家庭医生承载起不可或缺的基石作用。

资料来源：唐闻佳. 把脚印留在街头巷尾做最接近居民的医生[N]. 文汇报，2017-11-23（ 有改动 ）.

2. 公共关系部的特点

从公共关系操作的角度来看，公共关系部具有以下几个主要特点。

（1）熟悉组织内部环境。一个组织自己设立的公共关系部对本组织的业务和人事比较熟悉，对本组织的历史、现状和面临的问题比较了解，开展的工作更能切合实际。

（2）便于协调。公共关系部直接受管理层领导，有的是直接和组织最高领导人对话，据有关专家对美国 356 家企业公共关系部的抽样调查表明，有 56% 的公共关系部向企业最高领导人汇报工作，另有 16% 的公共关系部向企业最高领导成员汇报工作，这两项占了总数的 2/3。同时公共关系部日常与组织内部各部门联系广泛，工作比较容易协调。

（3）效率高，成本低。公共关系部作为组织常设机构，发生突发事件时，能及时投入危机公共关系策划中，效率较高。比较容易控制预算和投入，通常聘请公共关系公司的成本比自己处理公共关系事务要高。

（4）公共关系部的工作易受到组织内部复杂的各种因素制约，缺乏客观公正。

3. 公共关系部的设置原则

1）精简原则

所谓精简原则即要求能完成该机构所担负的任务，有最精干的成员配置，最简单的工作程序和组织机构。精简的关键是精，即工作效率要高、应变能力要强，能够在较短的时间里，用最少的人力去完成任务。精简的主要标志是配备的人员数量与所承担的任务相适应，它体现在两个方面：一是人员不多，精干高效；二是机构内部的层次不多，因事设职，因职设人，不搞小而全，将人员减少到最低限度。机构内部分工粗细适当，职责明确并有足够的工作量。

2）适度原则

适度是指坚持有效的管理幅度和适当的管理层次。所谓管理幅度，就是指一个上级管理人员能够直接管理下级人员的数量，每一个管理者受知识、能力、经验和精力等条件的限制，能够有效地领导的下级人数是有限的，这是一个"横"的概念；所谓管理层次，就是指从最高层领导到基层工作人员分几级管理，这是一个"纵"的概念。管理幅度与管理层次是呈反比例的，即管理幅度越大，管理层次越少。公共关系部作为组织的一个内部管理部门，其设置也必须讲究合理的管理幅度和管理层次。

3）协调性原则

在实现公共关系目标时，公共关系部要依靠其他部门的配合。公共关系部主要起沟通、协调、组织的作用。通过公共关系部协调多方面、多层次错综复杂的关系，对外起到主动沟通的作用，对内能够维系组织各方面关系的平衡。

4）针对性原则

针对性原则是指在组建公共关系部门时，不能只采用某一固定的模式，要根据不同的工作性质和所面对的不同公众来设置机构、安排人员。例如，经济组织中的商店，它要考虑的公众是顾客；文化组织中的艺术团体，它要考虑的公众是观众。即使是相同类型的两个社会组织，尽管有一部分公众是共同的，也要进一步考虑到自己所面向的社会公众的特殊性。

5）专业性原则

公共关系部是专门开展公共关系工作的机构，在组织上和工作内容上都要保证其正规性，同时还应做到队伍的专业化，即公共关系部的全体人员应具有强烈的公共关系意识，受过一定的专业训练，具有一定的专业水准和能力，具有开拓创新精神等。

6）独立性原则

社会组织在设立公共关系部时应坚持独立性原则，这样才能更好地发挥公共关系部对组织内部各部门、组织与外界环境的协调沟通作用。独立性原则的含义是社会组织内部的公共关系机构在组织中具有独立的职责，公共关系机构无权指挥本组织的任何其他部门。其他部门也无权对公共关系机构下达命令，干扰其工作。与此同时公共关系机构又要和组织中的各层次、各部门保持密切接触，及时了解内外意见，并将各种意见及时反馈到最高领导和其他部门。

 资料 3-5

没想到明日城——公共关系活动

"没想到明日城"是36氪"没想到"IP下的首届地产造物节，活动联合40+会玩的优质品牌公司，共同打造流浪码头、睡不醒空间站、明日天阶、白·悦·光·LIVE、宇宙中心广场、没烦恼一条街六大区域，带来覆盖衣食住行、吃喝玩乐的全新炫酷体验。

活动还邀请了房产领域大V"京房字""佳爷看房"现场为购房者解答买房难题，马条、万晓利、清华合唱团现场倾情表演，让明日城里充满了青春气息。

为了刺激大家的参与度，活动现场还设置了参与游戏集"房本"的游戏互动，获得两个房本即可参与抽奖。房本并不只是游戏道具，内页还植入了各地产开发商的相关项目信息，进一步推动了购房信息的准确触达。

资料来源：没想到明日城——公共关系活动[EB/OL]. 梅花网，2019-08-06（有改动）.

4. 公共关系部类型和结构模式

1）公共关系部类型

公共关系部大致可以分为三种类型，即直接隶属型、部门并列型和部门隶属型。

（1）直接隶属型公共关系部。直接隶属型公共关系部直接隶属组织最高领导层的管辖，由总经理或副总经理担任公共关系部的负责人，公共关系部的一切工作都要汇报到组织的最高决策机构讨论、批准。采用这种类型的优点是公共关系工作与经营管理的最高层直接联系，公共关系部能够着眼于企业的各个经营环节，便于全面地、有针对性地开展公共关系工作。在开展企业内部的公共关系工作时，可以使公共关系思想从上至下融会贯通，并具有权威性，因此，在公共关系部的三种类型中，这种类型最为理想。有许多企业的公共关系部采用的都是这种类型，如图 3-1 所示。

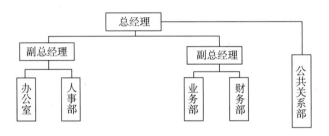

图 3-1　直接隶属型公共关系部

（2）部门并列型公共关系部。公共关系部与企业内部的其他职能部门平行，公共关系部的负责人与其他职能部门的负责人处于平等地位，如图 3-2 所示。

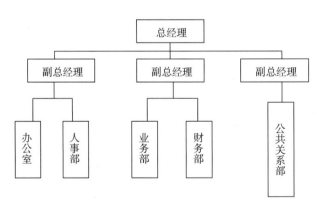

图 3-2　部门并列型公共关系部

（3）部门隶属型公共关系部。部门隶属型公共关系部是指公共关系部隶属组织内的其他职能部门，如隶属经营管理部门、销售部门、广告部门、外事接待部门等。这种类型的公共关系部较其他职能部门低一个层次，因为它受某一具体职能部门的管辖，如图 3-3 所示。

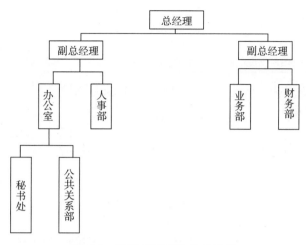

图 3-3　部门隶属型公共关系部

2）公共关系部的结构模式

（1）根据公共关系工作的区域来设置公共关系部。这种模式较适合于大中型的企业或公众分布面比较广的社会组织。一般来说，从大的方面考虑，可以分为国内部和国外部，国内部又可以具体分为华东组、华北组、西南组、东北组等，国外部也可以具体分为亚洲组、欧洲组等。这种结构模式的最大优点是能够针对不同区域的公众的不同需求开展有针对性的公共关系工作，如图 3-4 所示。

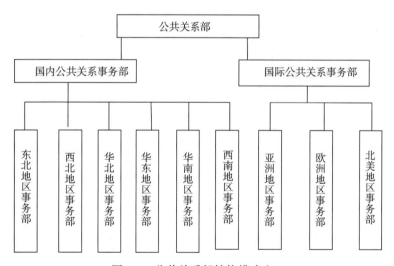

图 3-4　公共关系部结构模式之一

（2）根据公众对象来设置公共关系部。任何社会组织的公众都是由内部公众和外部公众组成的。对企业来说，内部公众主要有职工、股东等，外部公众主要有顾客公众、社区公众和新闻界公众等。相应地，公共关系部可以以此为据设置职工关系组、股东关系组、顾客关系组、社区关系组、新闻界关系组等。这种模式既有利于组织与公众的联系，也有助于培养公众对组织的好感，如图 3-5 所示。

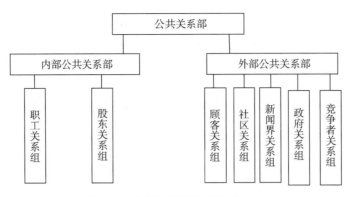

图 3-5   公共关系部结构模式之二

（3）根据公共关系工作所借助的手段来设置公共关系部。从事公共关系工作总要借助一定的手段，依手段的不同，可以设新闻通讯小组、美术制作组、编辑出版组、声像组、专项活动组和调查组等。这种模式的优点是很明显的，由于每一个公共关系人员的职责明确，所以便于指挥和管理，如图 3-6 所示。

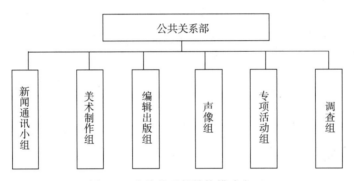

图 3-6   公共关系部结构模式之三

以上三种形式并不是完全独立的，企业还可能根据自身的实际情况同时选择两种或三种形式，如花旗银行就采用了第二种形式和第三种形式。公共关系部结构模式好坏的唯一标准就是看它是否有利于公共关系工作的顺利进行。

3.2.2   公共关系公司

公共关系公司是指由公共关系专家和专业人员组成，专门从事公共关系咨询或受理委托为客户开展公共关系活动的商业机构。公共关系公司以现代的高科技为手段，广泛运用现代化的办公设备和通信工具为其客户提供高质量、高效率的服务。它以信息咨询、中介服务为主要经营范围，是具有营利性的经济组织。公共关系公司与一个特定组织的公共关系部不同，前者对所有征求公共关系咨询的客户负责，后者只是为实现本组织的目标而工作。

公共关系公司是随着公共关系作为一种职业的出现而产生和发展起来的。它诞生于 20 世纪初的美国。被誉为"现代公共关系之父"的艾维·李于 1903 年首创了具有公共关系公司性质的事务所。1920 年，N.W.艾尔正式开办了公共关系公司。由于公共关系公司在克服美国 20 世纪 30 年代经济危机中发挥的巨大作用，它在社会上的地位得以确立。到 20 世纪 40 年代，美国的公共关系公司已经有相当的发展规模。第二次世界大战后，公共关系公司逐渐从美国扩展到全世界。目前我国有各类公共关系公司 15 000 多家。

 资料 3-6

2018 年中国最具影响力十大公共关系公司

　　2018 年 11 月 17 日，中国公共关系联合会发布了 2018 年中国公共关系传播行业十强排行榜单，以深入反映中国公共关系传播行业的发展现况和未来趋势。其中，我们欣喜地发现，虽然榜首被国际著名公共关系企业夺得，但本土公共关系公司发展势头也非常强劲，特别是在全球公共关系行业增长率仅有 5%、增长趋势整体放缓的态势下，公共关系界黑马索象以 32.5% 的惊人年增长率，交出了一份漂亮的"成绩单"。

　　这十大公共关系公司分别是：奥美公共关系、蓝色光标、索象、爱德曼、万博宣伟、罗德、博雅公共关系、宣亚国际、明思力、伟达。

排名	企业名称	资源调动力	媒介执行力	公关业务效果	社会影响力
1	Ogilvy	86	90	90	96
2	BlueFocus 蓝色光标传播集团	88	91	80	94
3	索象营销市场集团 MARKET LEADER	91	86	82	93
4	Edelman	83	84	81	80
5	WEBER SHANDWICK	82	85	78	81
6	ruder·finn	85	84	77	83
7	罗德	87	79	77	81
8	shūnya 宣亚国际	85	81	75	86
9	MSL 明思力	83	81	74	79
10	H+K	82	84	73	77

> 2018 中国最具影响力十大公关公司获奖名单
> Top 10 public relations companies
> CHINA TOP 10

信息来源说明：2018中国最具影响力十大公关公司排名对比评析（资源调动力、媒介执行力、公关业务效果、社会影响力），主要基于各公司的年报信息数据整理、公司年报、公司官网信息以及中国公共关系联合会的整理分析等渠道。

资料来源：重磅！2018 年中国最具影响力十大公共关系公司获奖名单公布[EB/OL]. 凤凰网，2018-11-16（有改动）.

1. 公共关系公司的基本特征

1）社会性

公共关系公司是一个职业化的机构，不同于松散的公共关系社团，是一个经济实体。它要求有明确的组织目标、严格的组织机构、受过专业训练的专门人才，有共同遵守的规章制度，有周密的发展规划。

2）服务性

公共关系公司是服务性行业，它通过从业人员掌握的广泛的信息、丰富的知识和经验、现代化的技术手段，为客户提供市场、形势、信誉等多功能的服务。

3）营利性

公共关系公司作为商业性机构，按照一定的标准，提供有偿服务，通过经营、服务活动，取得利润。

2. 公共关系公司的经营范围

1）公共关系咨询

公共关系公司可根据客户的要求，凭借现代化的通信、办公技术，众多的专门人才，为客户提供社会政治、经济、文化、教育、科技等方面的情报，提供市场信息、公众态度、社会心理倾向及社区文化习俗的分析资料；为客户进行公共关系问题的分析与诊断；为客户的形象设计、形象评价及公共关系政策或决策提供咨询等。

2）传播信息

为客户进行各种信息传播，包括为客户撰写新闻稿件、选择新闻媒体、建立媒体关系、举行记者招待会（或新闻发布会）；为客户设计、印制宣传资料和纪念物品及统一的标识制品；为客户制作宣传影片、录像带或光盘等视听资料；为客户制订广告投资计划，设计制作产品广告及公共关系广告；协助客户推广产品信息，制造有利的市场气氛等。

3）组织活动

协助客户与相关公众进行有效的联络沟通，帮助客户与政府、社区、媒体等公众建立并维持良好的关系；为客户安排、组织重要的交往活动，如贵宾和社会政要的参观访问等；为客户策划组织各种专题活动，如剪彩仪式、庆典、联谊以及各种社会赞助活动等；组织各种会议，如信息交流会、产品展销会及洽谈、谈判会；针对企业、产品、名人等形象受损时产生的各种危机，提供专业的危机公共关系服务，使其快速摆脱困境，维护和提升公众形象；针对企业的各类产品做出行之有效的市场营销策划方案，协同企业开拓广阔的市场及增创更高的效益。

4）人员培训

公共关系公司可代为客户进行各类人员的知识或技能培训，使其具有足够的公共关系理论知识和实际操作技能，以适应岗位的需要。

 资料 3-7

蓝标获奖案例

蓝色光标数字营销机构，在持续为客户创造价值的同时，也获得了业内权威机构及同行从业者的认同和赞赏。

获奖的案例有百度—唤醒城市的记忆、百度—全景尼泊尔古迹复原计划、京东×孩之宝变形金刚品牌联合营销、英菲尼迪车主忠诚度平台、联想—助力载人航天等。

资料来源：蓝标获奖案例[EB/OL]. 蓝色光标企业官站，2020-03-10（有改动）.

3. 公共关系公司的类型和组织机构

1）公共关系公司的类型

从国外和国内公共关系公司的现有情况看，不同的公共关系公司在规模、结构及范围方面有很大差别。从规模上看，有跨国度、跨地区经营的公司，有局限于一个地区、一定范围内经营的中小公司。从业务范围上看，有综合型公司和专业公司。归纳起来，大体分为三种类型的公司：综合服务型、专项服务型及顾问型。

（1）综合服务型公共关系公司。它提供多种公共关系服务，公司拥有先进的信息收集系统和信息储存与分析系统，通过各种渠道收集世界各国政治、经济、法律、社会政策、风俗习惯及市场动态等多方信息。公司拥有一大批经验丰富的专家。

（2）专项服务型公共关系公司。这类公司仅为客户提供特定项目的服务，其服务项目限于一种，或专为客户进行市场调查，或专为客户组织某种公共关系活动。人员通常是某一领域的专家，规模小。

（3）顾问型公共关系公司。公共关系顾问公司也是一种专项服务型公司。它所开展的服务一般仅限于为客户提供咨询，作为客户的"参谋"，对其公共关系事务提出意见或建议。

2）公共关系公司的组织机构

公共关系公司的组织机构没有固定模式，从规模大小来看，有局限于一个地方的小公司，也有跨地区、跨国度的大公司；从业务范围来看，有只提供专项业务的，也有提供多项业务的。小型公司机构设置一般比较简单，大中型公司一般由行政部门和专业技术部门等组成。

4. 公共关系公司的专业优势

1）观察分析问题的客观性

由于公共关系公司与委托的组织没有直接的利益关系，公共关系公司的人员不是组织的员工，因而可以从旁冷静地观察问题，实事求是地分析问题，客观地对问题作出评价，以专业的眼光，从外部公众的角度去处理客户的公共关系问题，不容易受客户内部因素的干扰，容易做到客观公正。公正是公共关系公司和公共关系人员的必备条件。

2）提出建议和方案的权威性

公共关系公司的人员由各具专长的专家组成，客户请公共关系公司代理业务正是出于对公司的信任。公共关系专家有丰富经验，所以他们提出的建议和方案更具说服力，容易受到决策者的高度重视。"外来的和尚会念经"，公共关系公司提出的建议和方案更具权威性。

3）信息来源的及时性和渠道的网络性

由于公共关系公司长期从事公共关系业务，已经建立起一套较为完善的信息网络，同政府部门、社会团体、新闻媒介有密切的联系，信息来源广泛，渠道通畅，客户可充分利用有关信息，作为决策的依据。现代化的公共关系公司用电脑储存和处理信息，能以最快的速度和最高的质量满足客户的需要。

4）公共关系活动整体规划的经济性

对于规模较小的组织，单独设置公共关系机构，必然要增加人员，从经济的角度来考虑，并非最佳选择。针对组织的目标，如果开展专项公共关系活动，经过整体规划，委托公共关系公司代理，效果会好，经济上也合算。

5）适应性强

公共关系公司可以根据客户的需要随时提供不同的公共关系服务，具有时间和空间的机动性和适应性。

6）趋势判断的准确性

公共关系公司在大量占有信息的基础上，凭借经验和科学的分析方法，以及与社会各界广泛的联系网，可以对宏观发展趋势和微观发展趋势作出较为准确的判断，可以帮助组织合理制订一些长远计划和公共关系策划方案。

 资料 3-8

蓝标"裁员门"

2018 年 3 月 15 日，朋友圈被一篇名为《蓝色光标，所谓亚洲最大公共关系公司，如此坑害老员工，良心真的不会痛吗？》的文章刷屏，该文章作者（公众号"有点自我"）声称自己作为蓝标员工，被 HR 和领导威胁劝退，无法获得员工离职的补偿权益。很快，事件引起热议。

当天晚上 6 时许，当事人删文致歉，蓝标疑似"公共关系"成功，紧接着蓝标发布声明，不过声明内容却疑似暗讽当事人。

3 月 22 日晚，事件当事人再发声明《我删了文章发了声明，却换来了蓝色光标对我的诋毁和无偿开除》，致使已经平息的事件波澜再起，很快蓝标不甘示弱再发《后续声明》。

至此，蓝标的两则声明也被多方诟病，不少网友评论道，"声明毫无温度可言""表现了大公司的傲慢，却没有上市公司的大气"。

资料来源：315"裁员门"有结果了：106 天后蓝标选择道歉和赔偿！[EB/OL]. 市场营销智库，2018-06-29（有改动）.

5. 公共关系公司的选择标准

公共关系策划对于组织非常重要，尤其是危机事件的处理更是关键，处理好可以使组织重新树立良好形象，处理不好可能会成为灭顶之灾，所以在选择公共关系公司代理业务时要依据一定的标准，谨慎行事。

1）公司的信誉情况

面对诸多的专业公共关系公司，可比较一下公司成立的时间、现有规模、所提供的服务项目和专长、公司以往的业绩、曾有哪些客户、客户的情况及对公司评价如何、公司推出的影响较大的公共关系活动有哪些，以及社会公众对公司的评价等。

2）公共关系人员素质

公共关系人员素质会决定该公司的服务水准，选择公共关系公司要考虑该公司的工作人员是否经过专门的训练、专业技术水平如何、能否胜任客户委托的公共关系工作等。

3）收费方式和收费标准情况

公共关系公司收费方式有多种，具体如下。

（1）项目收费，主要包括项目劳务费、行政管理费、项目活动经费、咨询服务费等，这种收费的好处是专款专用，有利于保证公共关系项目的质量，便于考核和管理。

（2）计时收费，按参加工作人员的工资水平、服务项目的难易程度，定出收费标准。

（3）综合收费，公共关系公司与客户根据业务需要，协商确定收取费用的总金额，它有利于根据有限的资金统筹安排，合理使用。

（4）按项目需要分项收费。

（5）项目成果分成，即公共关系公司和项目委托人共同承担风险，共同受益，项目最终取得收益时，按一定比例分成。各公共关系公司收费标准也有很大差别，组织要结合实际充分考虑收费方式和收费标准的不同，选择合适的公共关系公司为组织服务。

3.3 公共关系人员

公共关系人员指专门从事公共关系工作的人员。公共关系人员在公共关系活动中具有双重身份：既是公共关系活动的主体核心，又是公共关系传播媒介之一。社会组织与公众通过媒介构成公共关系，社会组织的公共关系工作由专门的公共关系组织承担，而一切公共关系活动最终都落实在公共关系人员身上，由公共关系人员策划和操办，公共关系人员在公共关系活动中起着决定性作用。因此，公共关系人员需要具备一定的素质、能力和职业道德，才具备起码的从业资格。

3.3.1 公共关系人员的基本素质

公共关系人员的素质，是以公共关系意识为核心，以自信、热情、开放的职业心理为基础，配以公共关系专业知识结构和能力结构的一种整体职业素质。

1. 公共关系意识

公共关系意识属于一种现代经营管理思想、理念和原则，是公共关系实践在人们思维中的反映，且由感性认识上升为理性认识。公共关系意识作为一种深层次的思想，引导着一切公共关系行为。公共关系意识是一种综合性的职业意识，它大致由以下几个方面的内容构成。

1）形象塑造意识

塑造形象的意识是公共关系意识的核心。良好的企业形象是一个企业的无形资产和无价之宝，因此，公共关系人员必须具有极强的形象塑造意识。公共关系人员要对社会组织形象的知名度、美誉度、忠诚度进行分析评价，成为组织形象的设计大师。他们会时时刻刻像保护眼睛一样维护自身的形象，甚至视其为自己组织的生命。

2）尊重公众意识

尊重公众意识是公共关系意识中最重要和最基本的意识，公共关系人员要有公众优先的意识、投公众所好的意识、服务公众的意识，能处处为公众着想，利用条件、创造条件为公众服务，真正做到"公众就是上帝""顾客至上"。尤其是当组织利益与公众利益发生冲突时，满足公众利益更要摆在第一位。现代公共关系教育的先驱、美国著名公共关系学者爱德华·伯纳斯早在 1923 年就指出：公共关系工作是为了"赢得公众的赞同"，"公共关系应首先服务于公众利益"。

资料 3-9

"星巴克咖啡致癌"谣言刷屏

2018 年 3 月 30 日，星巴克迎来了一场躺枪的"危机公共关系"。原因是一篇名为《震惊！星巴克最大丑闻曝光！我们喝进嘴里的咖啡，竟然都是这种东西……》刷屏文章，为增加"星巴克致癌"的可信度，文章还引用了美国一家法院的判决，要求星巴克必须在所售咖啡的外包装上标注"有毒"提醒。很快，整个舆论沸腾了，网上陆续出现"据说星巴克致癌"的消息。

值得一提的是，短短两天的时间内，星巴克公共关系就巧妙地将此危机化解，成功打了一场漂亮的自卫反击战。

首先，举报造谣的微信账号，邀请权威账号"丁香医生"进行了辟谣；其次，积极回应媒体，针对刷屏文章提到的"法院判决"，附上了全美咖啡行业协会相关公告的图，显然也顺水推舟地给公众做了一次咖啡到底健康不健康的常识普及。

除了顺势而为，显然这次星巴克的危机公共关系离不开往日品牌美誉的经营，于是，大家很快就"原谅"了星巴克！

资料来源：秦楚乔."咖啡致癌风波"是这样形成的！星巴克回应：微信已做辟谣处理[N]. 南方都市报，2018-04-02(有改动).

3）双向沟通意识

公共关系人员要确切地意识到自己除了是本组织形象的维护人以外，还是组织与内外部社会公众、社会环境进行信息交流的中间人，因而负有收集和整理组织的外部事件与内部员工信息情况，并将其同组织的信息传播活动双向沟通的任务。

4）信息宣传意识

公共关系人员的工作性质决定了其必须具有极强的公共关系宣传意识，必须认识到公共关系活动的本质特征，就是主动、系统、长期地向组织内外部公众传播信息。公共关系人员必须精通信息处理、信息传播、信息宣传的娴熟技巧，有极强的战略性与战术性公共关系宣传素养和能力。

5）真诚互惠的意识

真诚互惠的意识指公共关系活动不应建立在"你死我活""尔虞我诈"的基础上，而应建立在竞争又合作，共同发展的基础上。虚情假意、欺骗他人、坑害公众的行为终将导致组织的声名狼藉。

6）创新审美的意识

组织良好形象塑造过程中的每一个公共关系活动，其策划与设计都需要有创新。我们说公共关系是一门科学，指的是它有客观规律可循，有相对稳定的操作程序，而我们说公共关系是一门艺术，指的是它有突破固定程式、追求无重复的创造的特点，它要超越对手，超越自我，超越昨天，每一次公共关系活动都是一种创新。唯有创新，才能塑造具有个性的组织形象；唯有创新，才能使组织的良好形象在竞争的社会中永远立于不败之地；唯有创新，才能使组织的良好形象不断螺旋式上升。

 资料 3-10

高中生用"黑科技"打造理想校园

学生身体素质即时监测，课余时间可看皮影戏……这些都能用手机 App "一键实现"。刚过去的这个暑假，武汉市钢城四中学生设计制作的多个高科技"神器"全方位打造出他们理想中的校园。

"海绵校园"是学校创客社团的 3 名成员共同设计完成的，他们都是高二学生。桂胡祥负责规划、设计，胡炜凡编写主控板程序，张俊杰完成 App 制作。顶层的雨滴传感器可以监控实时降雨；水位传感器可以在超过警戒水位时，让蜂鸣器报警；地下的储水装置将多余的雨水储存起来，过滤后净化成生活用水，再通过水泵抽出，可以用来洗车、浇灌植物。

"校园环境监测站"则运用了先进的北斗导航技术，随时监测校园的温湿度和 PM2.5 指数；"体育健康素质监测器"可以自动记录规定时间内，学生走路、跳绳、玩呼啦圈、做仰卧起坐、颠球和踢毽子的数量；"钢城四中皮影戏台"以屈原《九歌》为蓝本打造了一台皮影戏，通过蓝牙和红外线装置控制人物的动作，将荆楚文化用前沿的电子技术呈现出来。

"高中新课改更注重对学生创新能力的培养，这与我们学校的培养理念不谋而合。"钢城四中信息技术老师谢梦全表示，该校目前有创客、北斗创玩等多个科技社团，旨在锻炼学生的创新思维，提升他们的核心素养。

资料来源：郭丽霞. 高中生用"黑科技"打造理想校园[N]. 武汉晨报，2019-09-03.

7）立足长远的意识

塑造组织良好形象，不是一朝一夕、立竿见影的事，而是需要通过长期努力不断积累。这要求公共关系人员具有立足长远的意识，不能朝三暮四，要正确处理眼前利益和长远利益、组织利益与社会利益的关系。

2. 公共关系人员的心理素质

心理素质是指人在心理方面的特点与品质，它包括人的感知能力、思维能力、反应能力、记忆能力、运动能力，以及个人的性格、气质、兴趣、意志等方面的特征。公共关系人员的良好心理素质应该体现在以下几个方面。

1）自信进取的心理

自信和进取是对公共关系人员职业心理的最基本要求。一个人有了自信心和进取心，才会激发出极大的勇气和毅力，最终创造出奇迹。

公共关系是一项创造性的劳动，充满自信心和进取心的公共关系人员，敢于坚持用实践去检验真理，凭借智慧、毅力最终将灵感变为现实的方案，而缺乏自信心和进取心的公共关系人员最终将被经验和习惯做法束缚，成为平庸、缺乏创造力的人，最终被公共关系队伍淘汰。正如法国哲学家卢梭所说的，"自信心对于事业简直是奇迹，有了它你的才智可以取之不尽，用之不竭。一个没有自信心的人，无论他有多大才能，也不会有成功的机会"。

2）开放乐观的心理

公共关系工作是一种开放型的工作，从事这种工作的人需要有一种开放的心理，公共关系工作要不断接受新的事物、新的知识、新的观念，敢于大胆创新，作出突出的贡献。

具有开放心理的人，能宽容、接受各种各样与自己性格不同、风格不同的人，并能"异中求同"，与各种类型的人建立良好的关系，这是公共关系工作十分需要的。

公共关系人员有开放乐观的心理，在困难和挫折面前，才能从容面对，始终把微笑带给公众。正如美国心理学家戴尔·卡内基所说："说话的人表现了高度的热忱，即便是最单调乏味的课题也能变得有趣。否则，连最有趣的话也会令人生厌。"

3）宽容豁达的心理

公共关系人员需要与不同的人打交道，在与人交往过程中，难免会遇到与自己意见不同的人。对此，公共关系人员必须具有宽宏大量的气量。俗话说"金无足赤，人无完人"，说明任何人都是有缺点的，所以人际交往中，能容忍他人的弱点和不足。在处理问题时应着眼于大局，善于求大同，存小异，避免因一些小问题产生矛盾。

4）广泛的兴趣爱好

优秀的公共关系人员还应该有广泛的兴趣爱好。在社交过程中，广泛的兴趣爱好可以帮助公共关系人员与交流对象找到共同的话题，消除陌生感。与木讷、呆板的人相比，人们更喜欢与健谈、风趣幽默、兴趣广泛的人交往。

3. 公共关系人员的道德素质

公共关系人员不仅要具备广博的知识和多方面的能力，更重要的是必须具备良好的思想道德素质。

1）恪尽职守，诚信守诺

衡量一个公共关系人员是否具有职业道德，最重要的是看他对公共关系事业是否尽心尽责及恪尽职守。尽心尽责及恪尽职守要求公共关系人员热爱本职工作，对工作极端负责任，有强烈的责任感。玩忽职守、无组织无纪律的思想和行为，都是不尽心尽责的表现。

在公共关系行动中要有技巧，要讲艺术。但是，良好、稳固的公共关系却来自公共关系人员的诚实和守信。诚实指对公众真诚、诚挚、实在、不图虚名，不以任何花架子去替代真心实意地交流；守信，即讲话做事，守信用、讲信誉，言行一致，表里如一。公共关系人员的信誉和信用表现在约定会晤、安排会谈、组织会议、履行合同等都要守时、守约，接受任务必须竭尽全力，按期完成，说到做到。公共关系人员只有在诚信守诺的基础上，方能取信于人，方能使自己传播的信息、宣传的形象和推广的品牌为公众所接受。

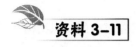

资料 3-11

某宾馆诚信守诺公共关系项目案例

上海有一家宾馆的公共关系人员十分重视"守信",这是一家以"饭菜质量好、服务质量更好"而闻名的宾馆。一天深夜,宾馆里来了3位德国人,但是宾馆早已客满,于是宾馆的总服务台就与其他宾馆联系,终于为他们找到了一个离市区较远的宾馆。他们派车把客人送去,当听到这3个客人说是经朋友介绍才慕名而来时,他们当即对客人说:"明天上午我们就来接你们回我们宾馆住。"第二天,由于接班人员的疏忽,直至傍晚才发觉这事没办,当公共关系部李小姐驱车赶到那家宾馆时,3位客人早已不知去向。李小姐想,如果今晚不把这3位客人找到,无疑会严重影响宾馆的信誉。于是,她就开车挨个宾馆地找,直到晚上10时,才把这3位客人找到。李小姐当面向客人检讨,并说明房间已安排好了,请他们去住。此时,客人倒为难了,因为他们的房间已订,并且当晚还有朋友来访。李小姐当机立断:"这里的房费由我们承担,你们的朋友来访,由我们负责接到我们宾馆去。"这件事使客人很受感动。

资料来源:熊超群. 公共关系策划实务[M]. 广州:广东经济出版社,2003(有改动).

2)勤奋努力,有效工作

公共关系工作看上去轻松、潇洒,但实际上却十分辛苦。公共关系人员应该具有吃苦耐劳、勤奋努力、不怕挫折、不断进取的精神。当然,勤奋努力不仅仅是指多干苦干,更重要的是勤于动脑,勇于进行创造性思维,敢于创新,要树立一种勇于开拓、不断进取的精神。同时,随着互联网的出现,信息的传播速度与公开性大大提高,公众的欣赏水平和品位越来越高,网络使公众真正意识到"不看不知道,世界真奇妙"。公共关系策划要有创意,要有新颖性,要求公共关系人员要有较强的学习能力、信息捕捉能力、丰富的想象力和创造力。

3)廉洁奉公,光明磊落

公共关系人员工作的目标是树立组织良好的形象,增加组织的信誉。这个目的是在为公众和社会的服务过程中体现出来的,所采取的手段也必须是光明正大、顾全大局的。廉洁奉公,不谋私利,对公共关系人员来说十分重要。公共关系人员必须始终把国家利益、公众利益、组织利益放在首位。

4)知法守法,依法维权

公共关系人员与任何公民一样,受法律的约束。要知法、守法,还要懂得运用法律来保护组织的权益。具有法律意识,还应该在遇到有违法乱纪的行为时,能勇敢地站出来予以揭露、控告或制止,绝不能听之任之,更不能同流合污、知法犯法。公共关系人员应认真学习和掌握宪法、刑法、民法、经济法、公司法、合同法等。对从事涉外公共关系活动的公共关系人员,还要懂得中外合资合作企业经营法,以及关于进出口的外汇管理条例等。要坚决反对行贿受贿、贪污腐败行为。

4. 公共关系人员的文化素质

公共关系工作是一项综合性的创造活动，它需要公共关系人员具备复合的知识结构和较高层次的文化修养。

1）公共关系专业知识

公共关系专业的学科知识包括：公共关系理论知识，如公共关系的基本概念、公共关系的由来、公共关系的职能、公共关系活动的基本原则，以及公共关系的三大要素——社会组织、公众和传播的概念与类型，不同类型公共关系工作机构的构建原则和工作内容，公共关系工作的基本程序等。

2）背景学科知识

背景学科知识包括：管理学类学科，如管理学、行为科学、市场学、营销学等；传播学类学科，如传播学、新闻学、广告学等；社会学和心理学类学科，如社会学、心理学、社会心理学等。

3）操作性学科知识

操作性学科知识对提高公共关系人员的实际工作能力有直接的帮助，如广告学、写作学、演讲学、社会调查学、计算机应用与社交礼仪知识等。

4）方针政策知识

公共关系人员应熟知党和政府的有关政策、法令、法规，了解社会的政治、经济、文化诸方面的现状及未来的发展趋势。

另外，公共关系人员有时会根据特定的需要，开展某些特定的公共关系工作，例如，企业的产品由内销转为外销，组织需要开展国际公共关系工作，这时，公共关系人员就有必要了解国际关系、国际市场营销、国际公共关系等方面的专业知识和有关国家的政治、经济情况。

公共关系人员的知识结构应该是一种动态、开放的结构，它能够随时吸收新的知识，不断丰富和发展自己。静态、封闭的知识结构是没有发展前途的，它会因跟不上时代前进的步伐而被淘汰。

5. 公共关系从业人员的能力结构

公共关系人员最终的工作业绩是要靠能力去创造的，公共关系人员应在实践中从多方面去培养自己的能力。

1）信息处理能力

公共关系人员要眼观六路耳听八方，善于发现和挖掘与本组织有关的一切信息，加以处理后提供给领导做决策依据，还要善于用最有效的传播手段把组织的信息告诉有关的公众，并收集反馈信息。这时的公共关系人员应该是一个机敏的"情报员"。

2）文字写作和语言表达能力

能写会说是公共关系工作对公共关系人员的最基本要求。公共关系人员要编写宣传材料、撰写新闻稿件、编写组织刊物、为领导撰写演讲稿、起草活动计划方案、写年度报告或工作总结等。这些工作都要求公共关系人员有扎实的笔墨功夫、较强的文字表达能力。

公共关系人员更多的是直接接触公众，采取面对面的方式进行传播，如交谈、讲座、演讲、发言等。这就要求公共关系人员会讲标准、流利的普通话；讲话要吐字清楚、简明扼要、抑扬顿挫、有节奏感；交谈态度应诚恳、坦率、热情、大方；不可态度冷漠、虚情假意，或言不由衷、哗众取宠、搞外交辞令。要讲究讲话艺术技巧，思维敏捷，反应灵活，遇到突然提问或特别情况能用准确、生动、幽默的口语表达自己的看法，反映组织的情况。同时也通过口头表达，把组织的思想、宗旨、产品、服务以至组织形象传达给内外公众，以得到他们的认可、理解和赞赏。

3）组织协调能力

公共关系计划、方案的实施，工作千头万绪、具体繁杂，没有良好的组织能力是很难顺利做好工作的。组织能力是公共关系人员从事公共关系活动的重要保证。在筹划一项公共关系活动时要深思熟虑，精心准备，制订详细周密的计划、措施，设想可能发生的种种情况；在活动开展过程中，要穿针引线、烘托气氛，左右逢源、应付自如；在活动结束后更要认真总结，仔细归纳得失利弊，任何经验教训都是下一次活动的基础和依据。协调能力是指公共关系人员要随时并善于发现组织内外，组织与公众之间的矛盾和不平衡；善于发现各类公众对组织产生的误解或不信任，及时加以沟通、协调；或通过上级领导部门，或通过新闻媒介，或通过自己的劝导、游说，进行调解，以维护组织的声誉。

4）随机应变能力

公共关系工作包括繁重的日常事务和各种重大事件的处理，工作量很大。公共关系人员要想干好这些工作，必须有耐心、有毅力、有很好的自制自控能力。自我控制是要求公共关系人员在处理各种冲突或投诉时，能保持清醒的头脑，能忍住心头的怒气。公共关系人员要临危不乱，有遇急不慌、沉着冷静的应变能力，对各种情况能够迅速加以分析、判断，运用逻辑思维，决定何去何从。一名成熟的公共关系人员，越是面临困难，越应具有高度的自信心，善于在困境中调动客观和主观的一切有利因素，变被动为主动，使之逐步摆脱困境，化险为夷，求得问题的圆满解决。

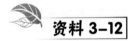

资料 3-12

考察你的应变能力

（1）假如你进入新的单位后，组织了一次向灾区的募捐活动，但当你最后清点时却发现少了一包衣物和 5 000 元现金。你会采取什么措施？

（2）一次你的朋友病了，你买了礼物去看他，在楼道里碰见你单位领导的爱人，她以为你是来她家的，顺手接过礼物，并说谢谢，你如何说明你的真实来意并不使对方尴尬？

资料来源：应变能力面试题及答案[EB/OL]. 百度文库，2018-06-26（有改动）.

5）人际交往能力

衡量一个公共关系人员能否适应现代社会需求的标准之一，是看他是否具备善于与他人交往的能力。公共关系人员必须懂得各种场合的礼仪、礼节，善于待人接物，善于处理各类复杂的人际关系。公共关系人员在平时要注意培养自己的良好性格、儒雅风度、学识修养，在社交活动中要热情、自信，注意仪表、举止，面带微笑，运用温和、幽默的语言处理公共关系事务。在社交活动中应对领导、同事、合作者和其他公众表示关心与尊重。注意交往的技巧、方法，并努力使自己留给对方良好的印象。公共关系人员只有具备迅速与他人交往沟通，"打成一片"的能力，才能及时地了解公众的心理，知晓组织形象的缺陷，完成双向沟通和实施公共关系宣传的任务。

6）开拓创新能力

公共关系工作是一项富于挑战和创新的工作。无论开展哪一种类型的公共关系活动，都要求公共关系人员具备丰富的想象力和创造力。有强烈的主体意识和主观能动性，才能引起公众的兴趣和好感，激发公众的合作意识，把公共关系工作做得别具一格，卓有成效，把组织的形象和声誉更深入地输送到公众心目中。为此，公共关系人员应具有广博的知识、多样的爱好，耳聪目明、勤于思索、精于构思。只有博采众长、融会贯通，立志刻意求新，才能独创一家。

 资料 3-13

600 岁故宫成超级网红

近年来，随着 IP 价值的深度挖掘和一系列爆款文创产品的推出，故宫俨然成为"萌萌哒"的老顽童，不断带来惊喜。在 2019 年 2 月 17 日的亚布力论坛上，故宫博物院院长单霁翔首次晒出故宫的账本，2017 年文创收入已达 15 亿元，1 500 多家 A 股上市公司的营收水平。

故宫打造的"现代消费+传统文化"发展模式是个不错的尝试。例如，故宫将清朝传统朝珠和数码产品耳机相结合推出的朝珠耳机产品，以及"十二美人图"挂历、清代宫廷娃娃、故宫国宝色口红、故宫美人面膜等爆款文创产品，全都是一上市就被疯抢。此外，故宫还与互联网公司合作，打造了故宫陶瓷馆等 App 平台及故宫定制游戏等，找到一个聪明的创收途径，值得点赞。

资料来源：盘和林. 600 岁故宫成超级网红，文创产品需回归文化本质[N]. 新京报，2019-02-21（有改动）.

3.3.2　公共关系人员的角色

公共关系工作需要一大批人去做，这些人由于其工作性质、范围、职能的不同，因而在公共关系工作中充当不同的角色，承担不同的义务，享受不同的权利与待遇。公共关系人员角色大体上可以分为四种类型：专家型、领导型、技术型和事务型。

1. 专家型角色

专家型角色是研究和解决公共关系理论与实践问题的权威，他们有渊博的知识、丰富的经验，有较高的理论水平与宣传推广能力。他们是公共关系队伍中的中坚和精华。专家型角色主要包括以下人员。

1）公共关系顾问

公共关系顾问是公共关系的专职高级工作者，是处理和解决公共关系方面问题的社会技术专家，为专业的公共关系咨询公司工作。

2）公共关系学者和公共关系教育家

公共关系学者和公共关系教育家是公共关系研究与教育方面的专家。他们从事社会调查，进行公共关系理论研究，总结公共关系策略与经验，从事不同层次的正规教育与业余培训。这些人主要包括权威的新闻记者与编辑、专栏评论家、大学教师和研究员等。

2. 领导型角色

领导型角色是指在各公共关系组织或相关单位中担任领导职务者，主要包括经理、部长、主任、兼职领导等。

1）经理、部长、主任

他们是公共关系机构的直接领导者，是一个部门进行公共关系工作的总设计师，他们的工作对整个组织举足轻重。由于公共关系工作横向牵涉面广，又与国家设置的行政业务机构不可分割，因此公共关系部门的领导通常由组织或企业的行政负责人兼任，一般以副职出任为多。有的部门公共关系机构大、任务重，可以设置专门的领导人员，主持日常公共关系工作。

2）兼职领导

各地区、各部门的公共关系工作的开展，不同程度地得到了各级党政领导的关怀与支持。他们出于对事业的关心，积极参与各地区、各组织系统的公共关系活动，并进行宏观指导。他们利用自己的社会地位与工作条件，为公共关系大造舆论，解决难题，扩大影响，把公共关系工作作为一种社会工作予以重视。而公共关系组织也利用他们的特有条件，求得政府和党团的支持与配合。他们虽然不是专职人员，但作为兼职或业余的成员对公共关系的发展起着重要的作用。

3. 技术型角色

技术型角色是公共关系部门从事专项技术的业务工作人员。主要包括一般的记者、编辑、摄影师、广告师、设计师及其他技术人员，他们以各自的技术专长进入公共关系角色。他们可以是专职固定人员，也可以是根据需要聘请的专门人才。

4. 事务型角色

事务型角色是组织中从事一般日常公共关系工作的人员，他们是最普通也是最基层的公共关系人员，主要包括秘书、办事员、服务员、招待员、翻译、助理员、导游、消费引导员等。

3.3.3　公共关系人员的选拔与培养

选拔和培养公共关系人员，是我国当前开展公共关系工作和发展公共关系事业的一项迫切任务。其重要意义在于：公共关系是一项社会工作，为了组织的兴旺发达，必须要求这项工作的从业人员有较高的业务技能和文化修养。对公共关系人员进行严格的挑选和职业培养，直接影响建立良好的社会关系和创造顺利的工作环境。没有大批训练有素的骨干人才，公共关系工作是难以完成自己的职责和使命的。

1. 选拔公共关系人员的原则

目前我国专门培养公共关系人才的专业学校还不多，虽然一些学校已经设立了这样的专业或已经培养出了一些学生，但解决不了现在公共关系人才短缺的问题。因此，公共关系人员的基本来源是从各行各业中选拔。选拔时一般应遵循以下原则。

1）因人施任，任人唯贤

在安排某个公共关系工作职务之前，用人部门应该对所用之人的情况有所考虑，坚决改变"任人唯亲"的用人习惯，要确实根据所用之人的特点、能力、条件来安排他做最合适的工作，并使其超出自己的能力，使其竭尽全力做好工作，发展自身。

2）广选博择，正视能力

组织在选择公共关系人才时，眼界应该放宽一些，不要局限在自己的组织范围内，更不要把眼光盯在某几个人身上。应该面向整个社会公共关系人才，把那些有志从事公共关系工作、德才兼备的人招聘进来，这不失为一种广选博择的好办法。

3）用人之长，避人之短

在实际工作中，优点突出的人，往往缺点也很突出。世界上没有完美无缺的人，问题是看他在哪方面强一些。用人之长，避人之短，既符合人的特性，也符合公共关系工作的特点。如果一个人善于写文章、绘画，那么就应该安排他在组织的公共关系活动中负责书面的宣传工作。

2. 公共关系人员的培养目标

根据公共关系工作的需要，对不同的公共关系人员应该有不同的培养目标。一般认为，公共关系人才培养应该朝两个方向努力：一是培养通才式的公共关系人才，二是培养专才式的公共关系人才。

通才式的公共关系人才，要求知识面广、头脑灵活、思路开阔、考虑问题周全，并有较全面的知识结构、能力结构和完整的性格结构，在工作中能够独当一面，担任公共关系工作的组织者和指挥者。

专才式的公共关系人才，要精通某一方面的公共关系技术，如新闻写作、广告、美工制作、摄影、书法、绘画、市场分析、资料编辑等。组织中许多具体的公共关系工作都需要这些人亲自动手。这样的人，在组织中宜有不宜无、宜多不宜少，他们是一个健全的公共关系组织不可缺少的人才。

3. 公共关系人员的培养途径

从公共关系教育的角度看，公共关系人员的培养途径主要有以下几种形式。

1）大学本科教育

大学公共关系专业一般为四年制本科或毕业后再接受 1~2 年的研究生教育，它通常有系统和严格的教学计划、教学大纲、专业师资和专业教材，有明确的培养方法和目标，教学要求很高。公共关系人员进入正规大学学习，可以获得系统的科学知识，有利于培养具有独立的工作能力和各种才能的公共关系人才。这些人将成为各大公司公共关系部经理及公共关系咨询公司顾问等高级公共关系人才。这种形式是比较正规、有效地培养合格人才的途径。

2）大专培训班

大专培训班由综合大学的公共关系专业或相关专业举办，也可由教育单位与用人单位联合举办，学制一般为两年。学生通过学习可以获得比较广泛的知识，有较全面的智力结构、能力结构和完整的性格结构，能成为通才式的公共关系人才，将来可以从事公共关系部门的各类日常工作。这种形式比较适合我国现阶段的状况，可以缩短周期，早出人才。

3）函授教育

采取函授教育的方式培养公共关系人员，这是一种应急办法。函授教育的时间比院校教育的时间短，通常为一年。这种培养公共关系人员的形式既有广播电视教育，又有网络教育。它使学习这方面知识的人可以不受时间、地点等条件的限制，利用业余时间学习有关知识，是"无院墙的大学"，很受求学者的欢迎。它的对象主要是已经从事公共关系工作和立志从事这一工作的人员。

4）公共关系培训班

公共关系培训班，有的长达数月，有的短至几天，时间上没有统一规定，伸缩性很强。由于培训时间长短不同，讲课者和学员的情况差别很大，所以各种培训班的教学内容不尽相同。培训班的主攻目标往往以掌握各种业务技能为主，培养专才式的公共关系人才。由于学员本身具有一定的社会工作经历，他们通过在培训班的学习，可以具备公共关系某种专业技能或精通某一方面公共关系技术，如广告设计、新闻采写、情报调查、美工摄影等。这类人才在我国目前比较缺乏，需要大量培养。因此，公共关系培训班对于社会在职人员了解公共关系的基本内容，获知公共关系研究和实践的最新成果，提高公共关系工作水平，有"短、平、快"的效果。

3.3.4 公共关系人员的职业准则

争取公众的支持是企业公共关系工作追求的价值目标，在争取公众的过程中，公共关系人员必须自觉地遵守一定的行为准则和道德规范。在众多公共关系组织制定的职业准则中，要数《国际公共关系道德准则》影响最大。正如英国公共关系协会前主席赫伯特·劳埃德所说的，很多国家的公共关系组织都采用该准则，或以此作为规范稍做变动，以适应自己国家的需要。除了《国际公共关系道德准则》外，《英国公共关系协会职业行为准则》和《美国公共关系协会职业标准准则》也影响很大。

1. 国际公共关系道德准则

1955 年国际公共关系协会成立于伦敦，它是世界各地从事公共关系研究和实践的专业人员的组织，每 3 年召开一次世界公共关系大会。第二届大会在维也纳举行，制定并通过了《国际公共关系协会职业行为准则》。以下是具体条文内容，供公共关系人员参考。

（1）国际公共关系协会成员必须竭诚做到

第一条 为建设应有的道德、文化条件，保证人类得以享受《联合国人权宣言》所规定的诸种不可剥夺的权利做贡献。

第二条 建立各种传播网络和渠道，以促进基本信息的自由流通，使社会的每一成员都有被告知感，从而产生归属感、责任感与社会合一感。

第三条　牢记由于职业与公众的密切联系，个人的行为（即使是私人方面的）也会对事业的声誉产生影响。

第四条　在自己的职业生活中尊重《联合国人权宣言》的道德原则与规定。

第五条　尊重并维护人类的尊严，确认各人均有自己做判断的权利。

第六条　促成为真正进行思想交流所必需的道德、心理、智能条件，确认参与的各方都有申述情况与表达意见的权利。

（2）所有成员都应保证

第七条　在任何时候任何场合，自己的行为都应赢得有关方面的信赖。

第八条　在任何场合，自己均应在行动中表现出对自己所服务的机构和公众双方的正当权益的尊重。

第九条　忠于职守，避免使用含糊或可能引起误解的语言，对目前及以往的客户或雇主都始终忠诚如一。

（3）所有成员都应力戒

第十条　因某种需要而违背真理。

第十一条　传播没有确凿依据的消息。

第十二条　参与任何冒险行动或承揽不道德、不忠实、有损于人类尊严与诚实的业务。

第十三条　不使用任何操纵性方法与技术来引发对方无法以其意志控制因而也无法对之负责的潜意识动机。

2. 英国公共关系协会制定的职业行为准则

第一条　职业行为标准

各会员在其职业活动中，应尊重公众利益和个人尊严。在任何时候都应忠诚、公正地对待他目前及以往的客户或雇主、其他会员、传播媒介与公众。

第二条　信息传播

各会员不得有意不顾后果地散布虚假信息，而且应注意避免不慎犯错误。应以保证真实与准确为己任。

第三条　传播媒介

各会员不得参与任何意在败坏传播媒介诚实性的活动。

第四条　秘密利益

各会员不得参与任何不可告人的利益服务但又掩盖其真实目的的欺骗性活动，应保证他所参与的任何组织都公开其真正利益。

第五条　信息保密

各会员在未征得对方同意之前，不得因个人目的而公开（除非因法庭裁判）或利用从他目前及以往的雇主或客户获悉的信息。

第六条　利益冲突

各会员在公开事实并征得各方同意之前，不得为互相利益冲突了各方工作。

第七条　报酬来源

各会员在为其雇主或客户服务时，在未征得他们同意之前，不得因此项服务与他人有关而接受他人付给的报酬（包括现钞、实物）。

第八条　公开财政利益

各会员如在某机构有财政利益，在未公开此关系之前，不得代表客户或雇主推荐使用这个组织的成员或采用其服务。

第九条　因成绩定报酬

各会员不得在与某预期雇主或客户签订协议或合同时，订立因公共关系工作成绩特殊而特殊收费的条款。

第十条　给在公职者报酬

各会员不得有悖公众利益而为其私人利益（或其客户、雇主的利益）给在公职者以报酬。

第十一条　雇用议员

会员中如有雇用国会议员、上下议院议员作为顾问或理事者，均应向本协会总书记报此情况并说明目的，请他代为登记注册。协会会员如果本人是国会议员，应亲自向总书记报告有关本人的确切情况。

（在协会办公室的办公时间内，此类注册材料应公开接受公众检查）

第十二条　中伤他人

各会员不得恶意中伤其他会员的职业声誉或其活动。

第十三条　影响他人

如有会员有意影响或允许他人或其他组织采取违背此准则的行为，或他本人也参与，都应视为该会员对准则的破坏。

第十四条　职业声誉

各会员的行为不得在任何方面有损于本协会或公共关系职业的声誉。

第十五条　维护准则

各会员均应维护准则，并团结其他会员在实际中加以贯彻。如某会员发现另一会员参与破坏准则的行为，应向协会报告。全体会员都应自觉支持协会推行此准则，协会亦应支持它的会员。

第十六条　其他职业

各会员在为其他职业的客户和雇主服务时，应该尊重职业的行为准则，不应有意参与破坏该准则的活动。

3. 美国公共关系协会制定的职业行为准则

第一，会员都应对其目前及以往的客户、雇主、其他会员和公众持公正态度。

第二，各会员的职业行为都应符合公众利益。

第三，各会员都应坚守社会公认的准确、真实和品味高尚的标准。

第四，除非在充分说明真相后取得有关各方面同意，各会员不得为互相冲突或竞争的利益工作。

第五，各会员应维护目前及以往所有客户和雇主的信赖，不接受任何利用此种信赖或含有泄密因素因而可能危及这些客户或雇主的业务。

第六，各会员不能参与有意破坏公众传播渠道诚实性的活动。

第七，各会员不得故意散播虚假或欺骗性信息，并有责任努力防止这种信息的传播。

第八，各会员不得利用任何组织，声称为某已知的事业服务而实际上却为某不可告人的目的或某会员、客户、雇主的私人利益服务。

第九，各会员不得故意损害其他会员的职业信誉和活动。但如果某会员掌握其他会员不道德的、不法的或不公正的，包括违背本准则的行为的证据，应据本章程前言第二条向本会提供情况。

第十，各会员不得使用任何损害其他会员的客户、雇主或其产品、事业、服务声誉的伎俩。

第十一，在向客户和雇主提供服务时，各会员在未充分说明情况取得有关各方同意的情况下，不得因这种服务与其他方面有关而接受任何其他人给予的服务费、佣金和其他报酬。

第十二，各成员不得向预期的客户或雇主提出按特殊情况收费或支付报酬；也不能签订这种性质的收费合同。

第十三，各成员不得侵夺任何其他成员的受雇机会，除非双方都认为两人同时受雇而不存在冲突，而且都考虑过双方的协约。

第十四，如果发现继续受雇于某组织会造成违背此准则的行为，会员应尽快与该组织脱离关系。

第十五，除非经法院同意，否则如因实行本准则需某会员出庭作证时，必须出庭。

第十六，各会员应通力合作以维护实行本准则。

4.《中国国际公共关系协会会员行为准则》

《中国国际公共关系协会会员行为准则》于2002年12月6日经中国国际公共关系协会第三次会员代表大会审议通过，决定于2003年1月1日实施执行。

《中国国际公共关系协会会员行为准则》全文如下：

公共关系是组织机构进行信息传播、关系协调和形象管理的一门艺术和科学，它通过一系列有计划、有目的、有步骤的调查、策划、实施、评估以及咨询等手段来实现。公共关系职业在我国是国家正式认可的一个职业，中国公共关系业服务于社会主义市场经济建设和改革开放，促进物质文明和精神文明的建设，推动社会的进步和发展。

鉴于公共关系业是一个严肃的职业，每个公共关系专业公司和从业人员应该追求崇高的职业道德并遵循职业的行为准则。为此，CIPRA所有会员（单位会员和个人会员）均同意遵守本准则。

第一章　总则

第一条　教育、引导原则。为组织机构提供有效的、负责任的公共关系服务，教育社会公众并正确引导公众舆论，以服务公众利益。

第二条　公平、公开原则。以公平、公开的态度对待组织机构、社会公众乃至竞争对手，争取良好的商业环境，促进社会进步。

第三条　诚实、信誉原则。以诚实的态度服务组织机构和公众，准确、真实地传播信息；讲求商业信誉，将公众利益放在首位。

第四条　专业、独立原则。运用专业技术和经验服务组织机构和公众，为组织机构提供客观、独立的建议和服务；通过持续的专业开发、研究与教育来推动本职业的发展。

第二章　行为准则

第一条　信息传播是公共关系服务的基础，唯有准确、真实的信息传播才能更好地沟通组织机构与新闻媒体、政府、公众之间的关系，真正服务组织机构和公众利益。CIPRA 会员：

（1）确保信息传播手段和信息内容符合国家法律的有关规定；

（2）应该确保信息传播的完整性、真实性、准确性；

（3）应该兼顾公众利益和组织机构利益；

（4）不应该隐瞒事实真相或欺骗公众，有责任迅速纠正错误的传播信息；

（5）不应该向媒体赠送"红包"或其他形式的报酬，媒体必须的版面费、车马费除外。

第二条　以组织机构利益为导向是本行业赖以生存的基础，应该通过不断完善的专业技术和经验来满足组织机构的需求，帮助组织机构实现既定的目标。CIPRA 会员：

（1）应该诚实地告知组织机构自己的专业能力，说明代理业务的规范流程，提交标准文案，明示收费标准；

（2）代表组织机构与公众沟通时，应该明示组织机构的名称；

（3）服务组织机构时，不应该在媒体上宣传自己和自己的组织；

（4）不应该承诺自己不能直接控制的结果；

（5）不应同时服务两个利益冲突的组织机构，除非在详细陈述事实之后得到组织机构同意。

第三条　专业服务涉及组织机构众多秘密，因此严格保守组织机构秘密和个人信息是获取组织机构信任、保持商誉的根本。CIPRA 会员：

（1）应该保守组织机构过去、现在以及将来的秘密；

（2）应该保护组织机构及其雇员的隐私；

（3）如发现组织机构秘密外泄，有义务向组织机构提示；

（4）严禁利用他人秘密获取商业利益。

第四条　避免现在、潜在的利益冲突可以建立组织机构和公众的广泛信任，是本行业健康发展的基础。CIPRA 会员：

（1）应该做到个人利益服从组织机构利益，组织机构利益服从公众利益；

（2）应该避免因外界因素而引起个人利益与行业利益的冲突；

（3）有责任向组织机构提示可能影响组织机构的利益冲突；

（4）有义务帮助本行业解决可能存在的利益冲突。

第五条　优胜劣汰，惟有保持公平、公开的竞争，才能不断完善健康、繁荣的行业大环境。CIPRA 会员：

（1）应该尊重平等的竞争，避免因竞争而损害竞争对手的行为发生；

（2）应该通过提高专业技术水平和服务品质来增强竞争能力；

（3）严禁采取欺骗组织机构、诋毁竞争对手等手段来取得竞争优势；

（4）有责任保护知识产权，不应将他人的劳动成果据为己有。

第六条　人才资源是行业发展和繁荣的基本条件，只有不断培养和吸收优秀人才进入本行业，才能不断壮大行业队伍，提升本行业在社会的地位。CIPRA会员：

（1）有义务对其员工进行专业培训，同时将自己的经验和成果与行业分享；

（2）应该允许人才流动，但不得通过猎取人才来争取相关客户；

（3）流动人员应保守原公司的秘密和知识产权（如客户资料等）；

（4）流动人员不得主动争取原公司的客户资源。

第七条　没有行业的繁荣，也就没有个体的利益。每个成员应以不懈努力，创造一个不断发展、繁荣的行业为己任。CIPRA会员：

（1）应该积极宣传和传播公共关系知识；

（2）应该不断追求专业技术水平的提高；

（3）应该正确诠释成功的公共关系案例或经验；

（4）应该维护和巩固本行业的职业地位；

（5）应该要求下属及相关人士同样遵守本《准则》的有关规定。

第三章　附则

第一条　如果CIPRA有足够证据证明某会员在履行其职业义务过程中有违反本准则的行为，该会员将受到CIPRA的劝诫、警告、通报以及开除等处罚。

第二条　本《准则》中所指的"组织机构"，即通常所指的"客户"，包括政府机构、企事业单位以及非营利机构。

第三条　本《准则》最终解释权归中国国际公共关系协会。

本 章 小 结

公共关系活动主体是社会组织，它是建立在共同目标基础上，按照特定结构及运行方式，履行一定的社会职能，具有相对独立性的一种共同活动群体。

公共关系中的组织，是指按照共同目标和系统方式结合起来与公众发生相互联系的社会团体，它是公共关系的基本构成要素，是公共关系活动的行为主体，在公共关系中起着主导作用，决定着公共关系活动目标的实现、功能的发挥、活动的状态及发展的方向。社会组织也是公共关系活动的出发点和归宿，在公共关系活动中，始终起着决定性作用。社会组织具有群体性、导向性、系统性、协作性、变动性和稳定性特征。据不同的标准，可以把社会组织划分为不同的类型。一定的社会组织会对其成员乃至社会有目的地施加影响。

公共关系的组织机构是从事公共关系工作，开展公共关系活动，达到预定公共关系目标的专业部门或组织，主要包括公共关系部和各类公共关系公司。公共关系部是组织内部设立的公共关系职能部门，具有专业性、服务性和协调性等特性以及包括采集信息、监测环境、咨询建议和参谋决策等多项职能，按照不同的分类标准可划分为不同的类型。公共关系公司是指由具有一定专业特长的公共关系专家及专业人员所组成，专门从事公共关系咨询或接受客户委托为其提供公共关系设计方案、决策参考，以盈利为目的的社会服务性机构。

公共关系人员是对从事公共关系工作的职业人员的称呼。一切公共关系工作的成败得失，在很大程度上取决于公共关系人员的素质条件。公共关系人员需要具备一定的素质和相关的能力，公共关系人员可以通过学习、培训、实践形成和提高相关的能力，能力素质和配置能使得公共关系人员在公共关系工作中发挥重要作用。公共关系人员的能力结构包括：信息处理能力、文字写作和语言表达能力、组织协调能力、随机应变能力、人际交往能力、开拓创新能力等。

客 观 题

自学自测　扫描此码

问 答 题

（1）社会组织的特点是什么？有哪些类型？
（2）简述公共关系部的设置原则。
（3）如何选择公共关系公司？
（4）公共关系人员应具备哪些最基本的素质？

案例分析题

"荷兰宫"公共关系策划

"荷兰宫"受到致命打击，因为新闻媒介在广泛传播一些权威的食品评论家对烹调酒的"攻击性言论"。

"请注意，"食品评论家指出，"烹调食品时，用上等酒代替烹调专用酒做调料，做出来的菜味道会更好。"

有一位食品评论家还干脆地说："烹调酒只会让食品变质。""荷兰宫"正是专门生产烹调酒的企业。面对舆论界的强大攻击，该公司决定求助于公共关系公司。公共关系专家们认为最有效的办法是让权威说话。于是他们邀请了一些名牌大学酒店管理专业的教授进行品味研究，对烹调酒作出了公正的评价。接下来是如何把权威说的话传播开去，他们特地到美国纽约的劳伦特大饭店，举行了一次别开生面的味道品尝新闻招待会。会上同时提供两份同样的菜肴，一份用上等好酒做调料，一份用烹调酒做调料，让记者们自己做"味道对比"。在记者们品尝时，专家教授们又当场宣读他们的研究成果以提供"理论指导"，使品尝者们真正品尝出"门道"来。在此基础上，他们还安排专家教授与公众对话，直接解答公众的疑问。很快，《烹调酒做菜，味道最佳》《教授们证明烹调酒做菜味道好》等一系列报道出现在全国各大报刊上，公共关系活动使舆论出现了一百八十度的大转弯，使"荷兰宫"生产的烹调酒家喻户晓。

（1）"荷兰宫"烹调酒厂为什么要求助于公共关系公司？

（2）公共关系公司策划公共关系活动的思路和原理是什么？

实践训练题

实训项目：走访学校所在地的商业零售企业。

实训目的：通过访问学校所在地的商业零售企业，了解企业的经营目标，以及商业零售企业与其顾客之间关系维系的方法。

实训内容：

（1）观察记录商业零售企业的经营方式和特点。

（2）撰写一份处理商业零售企业与顾客关系的建议书。

公共关系客体

【教学目标】

通过本章的学习，了解公众的内涵及其特点，理解常见的几种公众分类方法，掌握如何正确认识及处理与几种重要目标公众的关系。

【教学要求】

知识要点	能力要求	相关知识
公众的内涵	（1）准确理解公众的概念 （2）掌握公众的特征	（1）公众、大众与受众的区别 （2）社会组织与公众的关系
公众的分类	了解公众的不同分类标准	非公众、潜在公众、知晓公众、行动公众等概念的理解
公众的心理分析	（1）影响公众心理的因素 （2）各种心理对公众行为的作用	（1）态度、性格、气质的区别 （2）从众、逆反心理的体现
公众关系处理	（1）明确公众主要的工作对象 （2）掌握各类公众关系的处理方法	（1）内部和外部公众处理方法 （2）目标公众分析

 导入案例

鸿茅药酒事件

事情起源于一篇点击量不到 3 000 的吐槽文章，广东省医生谭秦东发表了一篇质疑鸿茅药酒功效的文章《中国神酒"鸿毛药酒"，来自天堂的毒药》，一个月后，酒企业所在地内蒙古凉城的警方对谭秦东进行了跨省抓捕。

因为一篇点击量不到 3 000 的文章被抓，网友们顺便对事件"背后的能量"展开了大量的讨论。其实事件一开始，鸿茅药酒公司本可以与谭秦东取得联系，争取让其删掉或修改文章并向鸿茅药酒道歉，也可以通过法律手段向谭秦东致律师函，申请民事诉讼。然而鸿茅药酒却选择一种"秀肌肉"的方式让警察跨省抓捕谭秦东，其目的恐怕是"杀一儆百"。

此次事件，鸿茅药酒公司除了要与广大接受过无数舆情事件洗礼的网友（而非中老年人）打交道，还要面对在法律、医学、新闻媒体等领域有专业知识的专家学者。所以我们能看到，当公司回应称"豹骨"合法时，周筱赟会搬出法律、数据质疑它的"合法"。当公司回应称"鸿茅药酒是国家中药保护品种，临床数据需要保密"，春雨医生会找出鸿茅药酒的中药保护在 2005 年就到期，并且没有查到国家中药保护品种实验结果和数据需要保密的相关规定。当公司回应称"鸿茅药酒的不良反应中，很多原因都可以导致这些症状，

不一定是饮用鸿茅药酒所致"，网友们会反馈鸿茅药酒很多好的功效也不一定是饮用鸿茅药酒所致。

当一个公司在一个负面事件中，不知道自己要争取的公共关系对象是什么样的，不清楚质疑者的专业水平，在一个不知"敌"不知"题"的情况下，一场年度最糟糕的公共关系案例由此产生。

最后，鸿茅药酒事件带给我们最大的启迪可能是，不管你销售的产品是何物，不管你的顾客是什么群体，当你被卷入一场舆情事件中，你很可能会遇到最大的媒体冲击和最专业的专家质疑，而你需要提前建立好一个完善的危机处理方案，保持高度警觉并始终在第一线进行监控。

资料来源：李旭. 鸿茅药酒事件公共关系失败的四点原因[EB/OL]. 梅花网，2018-05-14（有改动）.

任何一个社会组织的生存和发展，都离不开公众的支持和信任。因此，了解和研究公众，既是公共关系工作的前提，也是公共关系学的重要内容之一。因此，要做好公共关系工作，就必须了解和研究公众。

4.1　公共关系客体——公众

公众是组织赖以生存和发展的基础，也是组织公共关系的唯一工作对象。为实现优化公众环境、与公众形成和谐关系的组织目标，正确理解公共关系客体——公众，是组织实现公共关系活动目标的第一步。

4.1.1　公众的内涵

1. 古代对"众"的解释

在人类社会早期，就已存在"众"这样的称谓。汉字释义中，"众"为三人交叠，意为人数多。在我国商周时代，将农业生产者称为"众"或"众人"。在那时，"众"也指从事战争、防守和狩猎的人。在佛教经典里，梵文的"众"意指众多有生命的物体。由此可见，在古代社会里，"众"一词已经被赋予了丰富的内涵。

但是，古代"众"的概念与现代社会所说的"公众"，存在着三点区别：第一，古代之众，是具有多数人意义的特定称谓，被包括在某些特定的含义之中；公众则是泛义，泛指不同社会地位、不同职业或不同组织身份的人。第二，古代之众，具有与其特定意义相联系的身份，即地位，在整个社会中，不具有平衡性；而公众，则具有广泛的平等意义，在公众的角色范围里，不同地位、职业的人却拥有着同一个角色——公众。第三，古代之众，较之公众有更多具体性，它的交往情形是直接的和有情感的；而公众则比较抽象，它的交往情形则是间接的和理性的。

2. 对公众含义的辨析

"公众"一词，英文（public）原意是指"社会群体"，在汉语中其含义是"社会上大多数的人"。从严格意义上来说，公众仅仅用来描述那些积极地参与公共议题讨论的人群。杜威（John Dewey）就把公众定义为这样一群人：他们面对同样的问题，都认识到问题的存在，并且组织起来对问题采取某种行为。布鲁默（Blumer）也提出了类似的定义，他认为公众是指这样一群人，他们面临一个议题，在如何应对这个议题上存在分歧，于是他们参与有关这个议题的讨论。

公共关系中的公众是指任何因面临某个共同问题而形成的，有着某种共同利益，并为某一特定组织的工作产生互动效应的个人、群体和组织，他们对该组织的目标和发展具有实际或潜在的利益关系与影响力。

在公共关系中所使用的"公众"这个概念，具有其特定的含义，正确理解公共关系中"公众"的含义，除了明确其基本概念外，必须理清"大众"（mass）、"群众"、"受众"（audience）等几个容易混淆的概念。

1）大众

"大众"是伴随着大众社会理论的形成而出现的一个特定概念。这种理论认为，19世纪末20世纪初是人类进入大众社会的一个分界点。在这个时代，作为工业革命、资产阶级革命以及大众传播发展的结果，过去的那种传统社会结构、等级秩序和统一的价值体系已被打破，社会成员失去了统一的行为参照系，变成了孤立的、分散的、均质的、原子式的存在，即所谓的"大众"。大众是一种新的未组织化的社会群体——大众规模巨大，在人数上超过其他社会群体；大众广泛分散于各个社会阶层，且成员具有不同的社会属性；大众的成员因问题的不同互相流动；大众成员之间互不相识，彼此匿名；大众缺乏明确的自我约束和自我意识，不能作为一个主体而自主行动。公众虽然范围很大且分布广泛，但其因为一个共同问题或公共事务而产生互动效应组成，他们有着某种共同利益，因而与大众相比，公众的行为更具有理性。

2）群众

"群众"按现代汉语的字面理解，有两层含义：一是指"人民大众"或"居民的大多数"，即与"人民"一词同义；二是指"未加入党团的人"，表示"党员"与"群众"的区别，"干部"与"群众"的区别。人民和群众是一种通用和泛指，并且带有强烈的政治色彩，主要是一个政治概念。卢梭曾把公众作为民主政治的基础，认为公众的意志——"公意"代表了共同体的最高意志，它是"不可摧毁的"，公众曾主要是一个政治概念，但随着现代公共关系活动的开展，公共关系中公众的内涵和外延逐渐跳出政治领域，延伸至包括经济领域、文化领域在内的社会生活的方方面面。与群众的泛指和政治色彩不同，公众则是具体的、特指的，特指与公共关系主体即社会组织有相关利益关系的社会群体。

3）受众

"受众"指的是一对多的传播活动的对象或受传者，会场的听众、戏剧表演、体育比赛的观众都属于受众的范围。随着大众传播时代的到来和普及，大众传播的受众（mass audience）成为最引人注目的受众，包括报刊和书籍的读者、广播的听众、电影电视的观众，以第四媒体网络为代表的新媒体的兴起使得受众的范围越来越大，受众也日益成为新闻传播学科的核心概念之一。受众是一个集合概念，与公众相比，受众最直观地体现为作为大众传媒信息接收者的社会人群，而公众接收的信息、参与的传播活动并不仅仅局限于大传媒，传媒是公共关系活动的主体之一，但开展公共关系活动的主体更涉及一切领域的任何组织。

3. 公众的含义

公众至少包含以下几项基本含义。

（1）公众是公共关系主体传播沟通的对象的总称，它与人民、群众、人群、大众、受众等概念是有区别的。

（2）公众是相对特定组织而存在的，一个组织诞生了，就意味着与之息息相关的内外部公众形成了，一个组织消失了，也意味着与特定组织相关的公众将消失，当然，这种消失对公众而言是指其所承担的特定组织公众关系身份的消失，并不是指公众人身的消失，实际上个人、群体或组织必然同时具有多重的公众身份。

（3）公众是因共同的利益、问题等而联结起来并与特定组织发生联系或相互作用的个人、群体或组织的总和，组织在具体的公共关系活动中面对的既可能是分散的个人，也可能是由个人构成的群体或组织，但这些个人、群体或组织只有因共同的问题或利益而联系起来，并与特定组织发生了关系或相互作用时，才可以称之为公众，公众既是个集合性概念，又是具有指向性的概念。

（4）公众是客观存在的，公众作为主体的作用对象与主体存在着客观的、不以主体的主观意志为转移的关系。

4.1.2　公众的基本特点

公众在公共关系学中的含义及应用有着特殊的规定和意义，也有着自身的特点，具体体现在以下五个方面。

1. 群体性

从组织的角度来说，公众在很大程度上具有群体的特征。常见的群体可划分为三个层次。

（1）法人群体，即依法成立的社会实体，如工厂、机关、学校、医院等，它们都拥有一定的财产和生存空间，依法行使权利和承担义务。

（2）任务群体，即在一定的时间内暂时汇集到一定地点，从事类似活动，在一定程度上达成共同目标的社会成员集合体，如图书馆里的读者、商店的顾客、风景区的游客等。

（3）角色群体，即指某一共同身份或从事某一共同职业的社会成员集合体，如学生、工人、干部、教师、医生等。角色群体的种类很多，社会生活中有多少种角色，就有多少个角色群体。

了解公众的群体特点，对于组织根据目标与环境确定选择公共关系对象非常重要，因为任何组织的公众都是由各种群体相互交织、相互渗透而构成的。

2. 同质性

公众的形成是由一个组织的性质来确定的。一般来说，具有相似目标和性质的组织往往拥有相似的公众。作为特定组织公共关系对象的某一社会阶层、某一群人，由于存在着共同的目标、共同的需求、共同的兴趣、共同的意识、共同的问题、共同的意见等，而具有合群性。所以说，公众不是一盘散沙，而是具有某种内在同质性的群体。这种同质性将一群人联结成为一类公众，构成了组织所必须面对的一类公共关系对象。如一家商店进进出出的顾客本来没有直接联系，由于他们都去购买商品而成为商店的公众，再如某家海运公司的油轮原油泄漏，造成方圆几百海里海面的水域污染，对该地区居民的身体健康和经济发展构成严重威胁，那么方圆几百海里沿岸以及岛屿的居民就成了该海运公司需立即应对处理的公众。

 资料 4-1

携程亲子园虐童事件

2017 年 11 月 1 日早上和 11 月 3 日中午，携程托管亲子园教师打孩子的视频在网上流传，视频显示，教师除了殴打孩子，还强喂幼儿疑似芥末物。携程表示个别教师严重失职，涉事人员已被解雇，并已经报警。

2017 年 11 月 8 日，开除了包括园长在内的 4 位相关人员；积极与家长沟通、道歉。9 日，携程公布"亲子园事件"调查结果：和家长共同追究园方法律责任。15 日，上海市妇女儿童工作委员会公布了对"携程亲子园事件"的调查情况，认定这是一起严重伤害儿童的恶劣事件，向受害儿童、家长和社会诚挚道歉。

2017 年 12 月 13 日，上海市长宁区人民检察院依法对携程亲子园 5 名工作人员以涉嫌虐待被看护人罪批准逮捕。2018 年 3 月 26 日，以涉嫌虐待被看护人罪对携程亲子园工作人员郑某等 8 名被告人提起公诉。9 月 26 日，携程亲子园虐童案一审开庭，8 名被告人当庭认罪悔罪。11 月 27 日，该案在上海市长宁区人民法院一审宣判。8 名被告人均因犯虐待被看护人罪被判处刑罚。

资料来源：携程亲子园虐童事件始末[EB/OL]. 新浪科技，2017-11-09（有改动）.

3. 变化性

公众不是封闭僵化、一成不变的对象，而是一个开放的系统，处于不断发展变化的过程之中。任何组织面临的公众，其性质、形成、数量、范围等均会随着主体条件、客观环境的变化而变化。明确公众的变化，组织才能随时修改计划，采取公共关系的有效措施，让公众向有利于组织的方面变化。

（1）公众的形成取决于共同问题的出现，一旦这个问题解决了，那么作为公共关系意义上特定问题的公众就不存在了。例如，某航空公司的一次空难事件形成的受难者家属公众，会因问题的解决而消失。

（2）随着主体条件、客体环境的变化，组织面临的公众在性质、形式、数量、范围等方面都会发生相应的变化。如竞争关系的公众变成协作关系的公众，敌对的公众变成关系友好的公众，等等。这都说明了公众是处在不断的发展变化之中的。

4. 相关性

公共关系所指的公众是指与特定社会组织相关联的个人、群体和组织。这种关联性是由组织与公众间的相互利益关系决定的。一群人之所以成为某一组织的公众对象，是因为他们与该组织具有一定的相关性、互动性。组织的公众对象对组织的目标和发展具有实际或潜在的影响力、制约力，甚至可以决定组织的成败。同样，组织的决策和行为对这些公众群体也具有实际或潜在的影响力、作用力，制约着公众利益的实现、问题的解决、需求的满足等。这种相关性是组织与公众形成公共关系的关键。因此，寻找公众、确定公众，很重要的就是寻找和确定这种相关性，把它们具体揭示出来，并分析清楚，从而确定自己的工作目标。

 资料 4-2

山西和顺矿难事件

2017 年 8 月 11 日，山西晋中和顺县吕鑫煤业 A6 区发生大面积滑坡。13 日，和顺县政府网发布消息称，该起滑坡中并无人员伤亡和机具损失。但 15 日，政府网再次发布消息称，经初步调查，事故造成 4 人死亡，5 人失踪。

此次事故发生后，有人在网上发帖称事故造成了人员伤亡，为此和顺县公安部门曾行拘该发帖者。和顺县公安局副局长马志武称，滑坡事故发生后，由于相关部门前期调查不够深入，导致公安机关作出了错误裁定，随后已撤销案件，对发帖者也解除了行政拘留。

对此，安全生产专家刘铁民表示，当一种重大的突发事件，尤其矿难发生时，我们最应该关心的是可能受伤或死亡的工人，而不是社会上所谓的"谣言"。而且在这个时候，如果这样的传言多了一点，那么对于政府早期发现问题，实际上是有利的。所以当事故发生时，更应该欢迎公众对一些社会突发事件进行举报和披露。

资料来源：王忠会. 山西和顺矿难通报反转　媒体：瞒报事件为何屡次发生？[EB/OL]. 中国新闻网，2017-08-17（有改动）.

5. 多维性

（1）公众的多维性体现在它具有多层次的立体结构。公众由个人、群体和社会组织三个部分构成，因此具体的公众形式可以是个人，可以是群体，也可以是某些社会团体或者是某些社会单位和部门。从微观来看，任何个人在不同的情况下属于不同范畴的公众。对于商店来说，你是顾客公众的一员；对于学校来说，你是家长公众的一员；如果你在工厂工作，你又是职工公众的一员；你还可以是商人、足球爱好者、选民、病人等，具有多重角色，而分属于许多个公众群体。在许多情况下，一个人所扮演的角色以及相应的利益关系往往是相互冲突的。这种公众的多层次和多元化，就决定了公共关系是一种多维的社会关系。

（2）多维性还表现在不同的公众具有不同的需求和目的。虽然作为特定组织的公众，他们都面临着一个共同的问题，但在解决这一问题的过程中，他们所表现出来的利益追求和价值取向存在一定的差异。

（3）公众的多维性还表现在公众与公共关系主体之间的利益关系上。有的利益一致或基本相同，就易形成和谐关系，如企业和其股东，它们的目的是追求利润最大化，因而根本利益一致。有的利益互为补充，因而关系紧密，有的各自利益间彼此背离，因而相互关系表现为紧张和排斥。

（4）公众的多维性还表现为它有多种类型。有的公众与组织发生直接关系，如员工；有的公众与组织发生间接关系，如员工家属。即使是同一类公众，也可以有不同的存在形式。比如消费者公众，可以是松散的个体，也可以是特殊的利益团体（如消费者协会），还可以是一个严密的组织（如使用产品的某家公司乃至政府）等。了解公众形式的多维性，才能按照每一公众的特殊性进行分析，制定相应的公共关系措施。

 资料 4-3

NIKE"售后门"

近日，《扬子晚报》连续报道了 NIKE 气垫鞋遭遇"质量门"及售后服务傲慢的情况。这两天，又有不少读者联系本报消费评审团栏目，讲述自己亲历的遭遇。消费者仲先生告诉记者，自己在中美两国同时购买 NIKE 鞋后，发现售后服务完全不一样。在美国不问理由异地换鞋，而在中国"不退不换不修"。

NIKE 中国售后针对出现问题鞋做出的"不退不换不修"处理方案，显现出了这个国际大牌对待消费者的傲慢。

记者了解到，截至昨天，NIKE 方面仍然没有给消费者任何说法，其售后依旧秉承自己的售后处理惯例：对在三包期内消费者需要维修的 NIKE 产品，依旧不提供任何维修服务。

资料来源：陈郁. 都是 NIKE，中美售后差距咋这么大？[N]. 扬子晚报，2018-05-10（有改动）.

4.2　公众的分类

公众虽然是一个复杂多变的体系，但可以按照不同的标准对其进行分类，以便组织有效地开展公共关系工作。

4.2.1　根据公众与组织的所属关系分类

公共关系的政策需要内外有别。公共关系传播的信息是经过选择整理的、有序的信息资料，有些在内部传播，有些在外部传播。同样，内部传播和外部传播在形式、尺度、时间等方面都有区别。组织内部的情况不能毫无控制和调节地宣扬出去，必要的保密也是一种重要的传播政策。在对外传播之前，内部传播必须统一口径，否则就会造成整体形象的混乱。

1. 内部公众

内部公众是指特定社会组织内部的成员，如企业的内部员工和股东。这类公众与组织有着最直接最密切的关系，因而是一个组织公共关系最重要的一个环节。内部公众构成组织的内部环境，一个组织的内部环境与外部环境一样，同样会与组织发展不断地交往互动。内部公共关系是外部公共关系的基础。只有内部公共关系和谐发展，才有可能建立良好的外部公共关系。

2. 外部公众

外部公众是指除了内部公众之外，与组织发生直接或间接联系的组织或个人，如政府部门、舆论传播界、社会团体、协作者和竞争者等。外部公众构成组织生存和发展的外部环境。协调组织与外部公众之间的关系，塑造组织的良好形象，不断提高组织的知名度和美誉度是组织公共关系工作的主要任务。虽然组织与这类公众的关系不像与内部公众那样密切，但这类公众对该组织机构的目标、生存和发展具有实际或潜在利益关系和影响力，并且他们的数量比内部公众要多得多。

4.2.2　根据公众与组织发生关系的时序特征分类

公众的发展有一个过程，根据公众与组织发生关系的时间顺序特征分类，其意义就是把公众理解为一个连续的发展过程。依循这一过程，可以把公众分为非公众、潜在公众、知晓公众和行动公众。

1. 非公众

非公众，指在一定的时空条件下，既不受组织的影响，也不对组织发生任何实际影响的公众，即组织与这类公众相互不产生"后果"。如一家五金加工厂可以看成是另外一家服装厂的非公众。把这些非公众排除在组织的公共关系范围之外，有利于减少公共关系工作的盲目性，增强针对性，避免浪费。在公共关系工作中，如何避免在非公众问题上陷入迷途，是一个十分重要的议题。

2. 潜在公众

潜在公众，由于某个潜在的问题，而与组织发生潜在的关系，因为该问题尚未充分显露，所以公众尚未明确意识到自己与组织的利益关系，而这类公众迟早会成为组织的现实公众。这就需要公共关系人员关注事态的发展，尽可能将问题解决在萌芽状态。例如，在发生空难事故后的一段时间内，遇难者家属还不知道他们的亲人遇难，对航空部门来说，遇难者家属就是潜在公众。在公共关系工作中，能否发现潜在公众，关系到公共关系工作的预见性。

3. 知晓公众

知晓公众是从潜在公众发展而来的，即已经明确意识到因自己面临的某个问题而要与组织发生关系，但还没有付诸实际行动的公众。知晓公众一旦形成，公共关系部门应积极地开展公共关系活动，主动与他们进行沟通，尽力做到相互合作。如购买了问题产品的顾客发现质量不好，有可能会去找该产品的企业要求退货或者向媒体机构曝光，但尚未付诸行动，这些公众就是知晓公众。知晓公众一旦形成，就会急切地想知道问题的真相、原因及解决办法。公共关系工作的重要任务之一就是面对事实，必须向知晓公众讲真话，以争取得到知晓公众的理解、谅解、合作，防止事态的激化，使知晓公众的态度和行为向着有利于问题解决的方向转变。

4. 行动公众

行动公众，由知晓公众发展而来，即指那些由于问题的全面揭示，公众和组织关系的明朗化，准备或已经采取实际行动同组织发生关系的公众。行动公众的形成，对组织的生存发展具有极大的影响，不利于组织的行动公众还会对组织的生存与发展构成直接威胁。面对行动公众，公共关系人员应积极采取补救措施，变不利因素为有利因素，变危机为契机。但对他们开展公共关系工作，比对潜在公众和知晓公众开展公共关系工作的难度更大。因此，在公共关系工作中，能否通过努力改变行动公众的态度，使他们与组织相互适应，是检验公共关系工作效果好坏的依据。

综上，从非公众到行动公众是一个连续发展的过程。一般认为，知晓公众和行动公众是公共关系人员的重点工作对象。因为知晓公众已经意识到问题的存在，因此他们急切地想了解问题的缘由以及解决的方法，这使他们对任何与问题有关的信息都会感兴趣。所以，此时是公共关系工作的良机。行动公众不仅意识到问题的存在，而且已经采取某种行动，行动公众的形成对组织产生了直接的影响，公共关系人员应加倍努力地开展工作，使问题得到妥善解决。

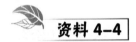

资料 4-4

"空姐乘坐滴滴顺风车遇害"事件

2018 年滴滴发生了两次恶性乘客遇害事件，引起了公众关于滴滴顺风车产品设计、法律、道德、广告宣传方式等全方位的质疑，据此滴滴经历了有史以来最大危机公共关系的考验。

2018 年 5 月 10 日，一名空姐在郑州乘坐滴滴顺风车遇害，8 月 24 日，仅仅时隔 4 个月，滴滴顺风车再次出现恶性案件，一名浙江温州乐清的女孩乘坐滴滴顺风车遇害，从互联网公开的相关信息显示，事发前遇害人好友还曾向滴滴求助，当时的滴滴不仅无为，而且还推诿敷衍。

在风口浪尖的滴滴公共关系也暴露出众多问题，其中最让人诟病的是滴滴一则"悬赏百万"的声明，悬赏一百万元，却依旧对大家最关心的平台审核机制避而不谈。滴滴公司的这条微博被网友批为做秀行为，很快滴滴对此进行了删除处理。

最终 2018 年 8 月 26 日，滴滴出行创始人程维与柳青发表道歉信：在安全保护措施没有获得用户认可之前，滴滴无限期下线顺风车业务。

资料来源：客观看待空姐乘滴滴顺风车遇害事件[EB/OL]. 创业邦，2018-05-12（有改动）.

4.2.3 根据公众对组织的重要性程度分类

不同的公众对组织生存发展的影响力不同，即使是相同的公众，对条件不同、需求不同的组织的影响力也不相同。因此，根据公众对组织的重要程度，即依据公众对组织影响作用的大小，把公众分为首要公众、次要公众和边缘公众。

1. 首要公众

首要公众指那些关系到组织生存和发展，决定组织成败的公众，如商店的顾客、工厂的用户等，是对一个组织的生存发展具有重要影响力和决定性作用，而且还影响和制约其他公众的公众。

首要公众是组织生存发展的"生命线"，是公共关系对象中最关键的公众。因此，组织的公共关系部门应该投入最多的人力、财力和物力来维持和改善同这类公众的关系。

首要公众包括两部分：一是组织的工作人员即内部员工，没有这些公众，也就没有组织本身；二是决定组织生存和发展的公众，如顾客、股东、供应商等，此类公众是关系组织兴衰的最基本因素。

2. 次要公众

次要公众指那些对组织的生存和发展有一定影响，但没有决定性意义的公众对象。在保证处理好与首要公众关系的前提下也应兼顾次要公众，因为次要公众在某些时期或某些条件下也可能转化为首要公众。

3. 边缘公众

边缘公众指对企业的生存发展影响甚微，甚至不发生影响的团体或个人。对边缘公众，不需要花费专门的力量去研究分析。但要注意到这些公众可能会向次要公众甚至首要公众转化，以便不失时机地开展工作，争取良好的公共关系效果。

就一个组织来说，它的首要公众、次要公众和边缘公众的区分有着较大的相对性，它们在不同的时期可以互相转化。今天的首要公众可以变成明天的次要公众或边缘公众，今天的次要公众或边缘公众可以变成明天的首要公众。这种变化主要由组织的目标所决定，同时也取决于组织的环境条件。把握这一点，就要求组织的公共关系部门应根据组织的需要和形势的变化来确定公共关系的主要对象——首要公众，并努力处理好与他们的关系。

如某建在市郊的水泥厂，筹建期间，社区内的公众并未有任何异议。此时，社区公众就是次要公众。可是，当水泥厂投产后，废水对附近的农田造成了严重污染，农民的利益极大地受损，他们强烈要求该厂要么采取措施治理废水，要么搬迁到别处，否则就会对该厂的设备采取行动，这时，本来属于次要公众的社区就成了水泥厂能否在此处生存发展下去的首要公众。同时，某科研所对于这家水泥厂而言是边缘公众，但当科研所开发了一项新技术，而这项技术对水泥厂改进生产流程、提高效率非常有用，水泥厂积极想从科研所引进这项技术时，科研所就由过去的边缘公众变成了今天的首要公众。

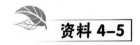

资料 4-5

万豪酒店事件

2018年1月9日上午，微博网友@仲举扫地发布了一组图片，在万豪酒店发布的一份问卷调查中，选择"国家"的列表里，竟赫然出现香港、澳门、台湾以及西藏的选项。很快，这家在华拥有124家酒店的万豪集团被推向风口浪尖。

当天下午，万豪公共关系回应称只是"系统错误"，然而网友并不买账，随后网友扒出，万豪集团旗下"万豪礼赏"推特账号还给藏独账号"西藏之友"的一篇帖文点赞。至此，万豪彻底陷入信任危机。

终于，在舆论的谴责之下，万豪结束了不痛不痒的"挤牙膏"式道歉。万豪国际集团总裁兼首席执行官苏安励12日凌晨发表致歉信。

资料来源：姜赟. 万豪. 再"豪"也不能挑战中国"红线" [N]. 人民日报，2018-01-12（有改动）.

4.2.4 根据公众对组织的态度分类

公众是一个复杂的集合体，因为他们各自所处的地位不同、环境不同，扮演的社会角色不同及个人的修养和能力不同，所以对组织的态度也就不同。根据公众对组织态度的不同，可以把公众分为顺意公众、逆意公众和独立公众。

1. 顺意公众

顺意公众又称为支持公众，是指那些对组织的政策、行为和产品持有赞赏、支持和认同态度的公众。他们既可能在组织之中，也可能在组织之外。他们对组织的方针、政策、行动持有赞同和支持的态度，并在行动上予以热情宣传和主动配合。

顺意公众是推动组织发展的基本工作对象，其队伍越壮大，对组织的发展越有利。他们不仅可以在行动上支持组织的发展，而且还可以通过他们的传播来扩大组织的知名度和美誉度。

组织公共关系工作的首要目标就是要保持和扩大顺意公众的队伍，经常与他们沟通联系。应该把这类公众作为组织宝贵的财富，悉心维护，不使他们的态度和行为逆转，不让他们被竞争对手争取过去。

2. 逆意公众

逆意公众是对社会组织奉行的政策和采取的行动持有反感、反对和不合作态度的公众。

逆意公众的成因通常有两种：一是组织的政策、行为不当危害了公众利益，或者组织和公众之间价值取向有差异致使组织和公众利益上存在冲突；二是由于沟通不畅而导致公众对社会组织的政策和行为产生了误解。

公共关系人员要全面调查逆意公众产生的背景条件，主动进行适时有效的沟通，澄清事实、说明情况，争取谅解、理解和合作，促其改变敌对态度，由逆意向顺意转化，以达到"多交友、少树敌"的目的。

3. 独立公众

独立公众又称为中立公众或不确定公众，是指对社会组织奉行的政策、采取的行动持中立态度或尚未表态或态度还不明确的公众。

独立公众往往是组织公共关系工作的竞争之地。做好这部分公众的沟通工作，争取他们对社会组织的了解、支持和合作，是公共关系工作的重点。

独立公众的态度具有极大的可塑性，既可向顺意公众转化，也可向逆意公众转化，宜采取说服、争取的工作方式，争取他们向组织有利的方向转化，而绝不可以掉以轻心。当条件成熟时，尽可能将之转化为顺意公众。

4.2.5　公众的其他分类方法

公众的分类还有其他一些方法如下。

根据公众的功能划分为生存性公众、功能性公众、协作性公众、扩散性公众。

根据公众的稳定程度划分为稳定性公众、临时性公众。

根据公众的性质划分为内部员工、业务单位、政府部门、新闻媒介、社区等公众。

根据组织对公众的看法划分为受欢迎公众、被追求公众、不受欢迎公众。

这里不再一一介绍，总体而言，公众的划分都不是单一型的，公众的分类方法完全由组织的实际工作需要而定，几种方法可以单独使用，也可以交叉使用。对公共关系的对象做多方面综合分析，可以更好地掌握公众的基本特征，为进一步调查研究、制订计划、开展活动、解决问题，提供重要依据。

4.3　公众心理分析

公众心理是公众根据自己的需要和爱好，选择和评价组织的心理过程，它支配着公众的行为。在现实生活中，对于同一件事情，不同的人就会有不同的反应，会采取不同的行为，这些反应和行为是公众心理作用的结果。

4.3.1　知觉与公众行为

知觉是当前的客观事物直接作用于感觉器官，并在人脑中产生对这个事物各个部分和属性的整体反映。知觉是思维的"窗口"，为思维提供感觉到的信息，而思维对感觉到的信息进行加工处理，把知觉组织起来，使其获得一定的意义。从事公共关系工作就需要根据公众的知觉状态来调整或设计公共关系传播的内容、渠道和方法，对公众的知觉过程施加影响。

人的知觉受主观看法的影响，对客观事实的知觉经常会出现程度不同的变形或歪曲现象，造成这种现象的主要原因在于以下几点。

1. 知觉的选择性

知觉的选择性是指个体根据自己的需要与兴趣，有目的地把某些刺激信息或刺激的某些方面作为知觉对象，而把其他事物作为背景进行组织加工的过程。

由于人每时每刻所接触到的客观事物众多，因此不会也不可能对同时作用于感觉器官的所有刺激信息进行反应，而是主动地挑选某些刺激信息进行加工处理，从而排除其他信息的干扰，以形成清晰的知觉，并迅速而有效地感知客观事物来适应环境。

知觉的选择性受客观因素和主观因素所制约。客观因素包括：知觉对象本身的特征，对象和背景的差别和对象的组合；主观因素包括：需要、动机、兴趣、性格、气质、知识和经验等。

2. 知觉偏见

知觉偏见，是指个人对某一群体或该群体成员所持有的，缺乏以充分事实为根据的态度。偏见可成为最具破坏性的社会态度，它影响了人们对其他人群或其他种族的认知及理解，甚至影响到他们的态度或行为，因而一般来说是非常有害的。

 资料 4-6

如何让青年创业不再"九死一生"

廖传锦现在在团重庆市委分管青年创业工作，对部分创业青年的过度执拗深有感触："对自己的项目过度自信，就像热恋中的青年，听不进不同意见，九匹马都拉不回来，家人的规劝也被理解为'你不懂我'的代沟。最初感觉自己的想法很独特，最后却在现实面前败得体无完肤。"

"当代青年缺乏的不是创业的意识，缺乏的是能力。"他告诫创业青年，商界有光芒耀眼的企业和企业家，也有更多"死在沙滩上"的人，"青年在投身创业之前，一定要看清楚自己的项目，充分了解市场"。

在廖传锦看来，让青年创业不再"九死一生"，除了青年自身因素外，也需要全社会的关爱和帮助。除此而外，针对创业青年往往在法律、财务知识等方面相对欠缺，专业人士也最好能"扶上马再送一程"，让他们能更容易地活下来。

资料来源：田文生. 如何让青年创业不再"九死一生"[N]. 中国青年报，2019-01-31（有改动）.

知觉偏见是人们在感知事物的时候，由于特殊的主观动机或外界刺激，对事物产生的一种片面或歪曲印象的心理过程。常见的产生原因主要有：首因效应、近因效应、晕轮效应和定型作用等。

1）首因效应

首因效应指第一印象的强烈影响。首因效应在公共关系中的应用表现在：第一印象一旦形成就比较难以消除。因此，在公共关系工作中要十分注意传播中的首因效应，无论是人、产品、环境，还是组织行为，都要尽可能给公众留下良好的第一印象，避免因为不良的第一印象而造成知觉的片面性。

2）近因效应

近因效应是指最近或最后印象的强烈影响。近因效应在公共关系中的应用表现在：最近或最新的信息会对认识和看法产生新的影响，甚至会改变原来的第一印象。公共关系传播工作要注意用新信息去巩固、刷新公众心目中原有的良好印象或尽力改变原来的不良印象。

3）晕轮效应

晕轮效应是指一种片面的知觉。人们在认识事物或人的时候，往往会从对象的某些突出的特征或品质推广为对象的整体印象和看法，从而掩盖了对象的其他特征或品质形成某种幻化的知觉。这种幻化的知觉会产生美化或者丑化对象的作用。晕轮效应在公共关系中的应用表现在：公共关系活动可以适当利用这种晕轮效应来扩大组织或产品的影响，美化组织产品的形象，如"名人广告""名流公共关系"；同时要避免因为滥用晕轮效应，使公众反感甚至讨厌，更要反对利用晕轮效应来蒙骗公众。

4）定型作用

定型作用是指固定的僵化印象对人知觉的影响，也称"刻板印象"。人们往往自觉或不自觉地凭借自己以往形成的固有经验和固定的看法去判断评价某类人或事物的特征，并对该类人或事物中的个体加以类推。定型作用在公共关系中的应用表现在：公共关系工作一方面要研究和顺应公众的某些刻板印象，使自己的形象与公众的经验相吻合；另一方面，要努力传播新观点、新知识、新经验，以改变公众某些狭隘的成见和偏见以及由此形成的误解。

4.3.2 需要与公众行为

美国心理学家马斯洛在 1944 年所著的《人的动机理论》一书中，首先提出了需要层次理论。需要层次理论主要有如下三个方面的观点。

首先，人有五种基本需要，即生理需要、安全需要、社交需要、尊重需要和自我实现的需要。

其次，需要是有层次的。马斯洛认为，上述五种需要由低到高依次排列成一个阶梯，当低层次的需要获得相对的满足后，下一个需要就占据了主导地位，称为驱动行为的主要动力。

最后，行为是由优势需要所决定的。

1. 需要的五个层次

马斯洛把人的需要归纳为五大类，由低到高分成五个层次，像金字塔一样排列。

1）生理需要

生理需要是人类本能的和最基本的需要，位于多层次需要构成的"金字塔"的底部。这种需要包括衣、食、住、行及延续种族的需要等。

2）安全需要

安全需要实质上是生理需要的保障。这种需要包括生命安全、财产安全、职业安全、劳动安全、环境安全和心理安全等。

3）社交需要

社交需要也可称为归属和爱的需要。这种需要包括社会交往，从属于某个组织或某种团体，并在其中发挥作用，得到承认；希望同伴之间保持友谊和融洽的关系，希望得到亲友的爱等。

4）尊重需要

尊重需要即自尊、自重，或要求被他人所尊重。这种需要包括自尊心、信心，希望有地位、有威望，受到别人的尊重、信赖以及高度评价等。

5）自我实现的需要

自我实现的需要是人生追求的最高目标，位于"金字塔"的顶端。这种需要包括能充分发挥自己的潜力，表现自己的才能，成为有成就的人物。马斯洛说："音乐家必须演奏音乐，画家必须绘画，诗人必须写诗，这样才会使他们感到最大的快乐，是什么样的角色就应该干什么样的事。我们把这种需要叫作自我实现。"

 资料 4-7

2018 十大食品安全谣言公布

11 月 20 日，由新华网主办的"2018 年中国食品发展大会"暨"寻找中国味道"行动计划启动仪式在京举行。大会聚焦食品行业"痛点"，探寻食品业发展新趋势。政府官员、国内食品行业顶尖专家、学者、企业家、媒体约 200 人出席了会议。

会议期间发布的食品舆情热点事件报告显示：食品安全领域已成为自媒体传谣言"重灾区"，谣言内容跨学科、多领域，传播速度更快、范围更广。

报告指出，2018 年传播热度较广的十大食品安全谣言包括：央视曝光 17 种剧毒食品名单；少年吃 15 袋辣条中毒昏迷；食物相克说；星巴克咖啡致癌；吃小龙虾得"哈夫病"；味精加热后有毒；水泡馒头发现添加卫生纸；食盐添加亚铁氰化钾有剧毒；酸奶含糖比可乐高；碱性食品更安全，酸碱体质说流行。

资料来源：胡说有理. 2018 十大食品安全谣言公布[EB/OL]. 新浪网，2018-11-20（有改动）.

2. 优势需要决定行为

在同一条件下，人存在多种需要，其中有一种占优势地位的需要决定着人们的行为，被称为优势需要。但是任何一种需要并不因为高层次的需求获得满足而自行消失，只是对行为的影响比重减轻。因此要争取公众、处理好与公众的关系，就必须满足公众的特定优势需要。

4.3.3 态度与公众行为

态度是人们在认识和行为上相对固定的倾向，是个人对某一对象所持有的评价与行为倾向。包括人对事物和社会认知的倾向、情感的倾向和意图的倾向。态度是心理向行为过渡的临界点，是行为的准备状态。

1. 态度的结构

态度是由认知、情感、意图三个因素构成的。

（1）认知。认知是指主体对态度对象的认知，包括感知、思维、理解、看法等，是主体对态度对象的整体了解和评价，是态度形成的基础。

（2）情感。情感是指主体对态度对象的情感体验，是整体对态度对象的情绪反应，以认知为基础，具有调节作用。

（3）意图。意图是指主体作用于态度对象的行为反应倾向，是态度外显因素。

2. 态度对公众行为的影响

公众态度对自己的行为起调节作用。公众已形成的态度在很大程度上决定他对外界的选择和他的行为方向。

态度对公众的行为有以下几个方面的影响。

（1）态度通过影响公众知觉的选择性和判断性而影响公众的行为。人的行为是由一定的外部或内部刺激引起的，但人不是消极地接受这种刺激，而是要经过心理上的加工才能接受。人的态度一经形成，会使人对特定事物持有一套或强或弱的固定看法，这种看法往往会影响他对人或事的感知与判断。

（2）态度预示着公众的行为方式。态度潜在地决定了人会按照某一方式来行动。

（3）态度决定人的行为效果的差异。人存在着态度差异，态度差异又影响着人的行为。一般来说，积极的工作态度的结果是高效率，消极的工作态度会导致低效率。

公共关系工作一方面要求引导公众的态度朝有利于组织的方向发展；另一方面又要求改变不利于组织的公众态度。公共关系工作要透过现象看本质，找到公众真实的动机、真实的想法，推断出真实的态度，从而制定正确的公共关系策略和措施。

 资料 4-8

王卫携去年被打快递小哥为顺丰上市敲钟

2017 年 2 月 24 日，快递业一大巨头——顺丰借壳鼎泰新材在深交所完成上市，股票更名为顺丰控股。刚开盘，顺丰股价便一路上涨，未到上午收盘便已涨停，报 55.21 元/股。

顺丰自 2016 年 5 月正式进入借壳上市流程以来，仅 9 个多月就完成上市流程。在敲钟仪式现场，此前一向低调神秘的总裁王卫终于现身，上身着顺丰员工服，下身牛仔裤，脚踏运动鞋，一贯平凡随意装扮。而现场站在王卫身边的，除了美美的客服妹子，还有一名身着工作服的快递小哥。据多家媒体向顺丰证实，后者正是去年在"北京汽车剐蹭事件"中被打的快递员。

在 2016 年 4 月 17 日，一段"快递小哥被扇耳光"的视频引发网友热议。在北京市东城区富贵园一区内，一名骑三轮送货车的顺丰快递员，在派送过程中与一辆黑色京 B 牌照小轿车发生剐蹭。小轿车驾驶员下车后连抽快递小哥耳光，并破口大骂。这位小哥被打后，王卫在朋友圈表态："如果这事不追究到底，我不再配做顺丰总裁！"最终打人者因涉嫌寻衅滋事被依法处以行政拘留 10 天处理。

在现场，王卫还庄严承诺："对员工的关爱永远不会变，没有员工血汗付出，没有一线、二线、三线员工披星戴月的工作就没有顺丰。顺丰不是我王卫做出来的，而是所有员工做出来。不会因为上市改变对员工的关爱，而是绝对不会变。"

除了不变，王卫还谈到了顺丰上市的原因和变化，"服务更多的人是顺丰上市的目的。提升服务水平需要资金提升，而上市能够融到更多资金。顺丰的变只会是服务质量越变越好。"

资料来源：王卫携去年被打快递小哥为顺丰上市敲钟 顺手发了 14 亿红包[EB/OL]. 观察者网，2017-02-25（有改动）.

4.3.4 性格、气质与公众行为

1. 性格与公众行为

性格是指人对现实的一种稳定的态度体系和行为方式，性格是表现人的态度和行为方面较稳定的心理特征，如果断、耐心等。

性格包含许多具体内容，是多侧面的复合体。

（1）性格的态度特征。表现在对社会、对集体、对他人的态度方面，或者热情正直、诚实可信、礼貌友善；或者冷漠虚伪、阿谀奉承、傲慢孤僻等。表现在对自己的态度方面，则有谦虚或傲慢、自信或自卑、严于律己或放任自由、大方或羞怯等。

（2）性格的意志特征。意志表现为一个人的性格往往有果断或犹豫不决、勇敢或懦弱、坚定或动摇、严谨或散漫、沉着冷静或鲁莽行事等。

（3）性格的情绪特征。情绪表现为人的性格主要有心情舒畅或抑郁低沉、宁静或易于激动等。

（4）性格的理智特征。理智表现为主观性与客观性、粗略性与精细性、严谨性与轻率性等。

此外，性格根据不同的标准可分不同的类型。有的按理智、情绪、意志在性格结构中占优势的情况，把人的性格分为理智型、情绪型、意志型；有的按心理倾向，把性格分为外向型和内向型；也有人按一个人独立性的程度，把性格分为顺从型和独立型等。

总之，性格对于动机、行为的影响是十分深刻的，因为人的性格和他的思想观点、理想信念以及世界观有着密切的关系，思想观点制约着一个人的性格，影响着一个人的行为举止、习惯和意向。组织不能仅仅满足于了解和掌握公众的性格，而应该积极创造条件，让他们的性格向健康方向发展。

2. 气质与公众行为

气质是人的典型而稳定的心理特点，是人的心理活动的动力学特点。

它主要表现为一个人的情绪体验的反应速度（快慢）、强度（强弱）和表露的隐显程度以及心理活动的指向性和动作的灵敏或迟钝等方面。比如，有的人情绪活动速度快且强烈，

外部表现明显；有的人相反，外部表现不显著，表情冷淡，似乎无动于衷。

心理学家根据人的心理活动在动力方面表现出的特点（感受性、耐受性、反应灵敏性、情绪兴奋性、内向或外向性、可塑性等）的不同程度的结合，把人的气质分为胆汁质（兴奋型）、多血质（活泼型）、黏液质（安静型）和抑郁质（抑制型）四种类型。

值得注意的是，气质并无好坏之分，任何气质都有其积极的一面，也有其消极的一面。气质是人生而具有的，它体现在一个人的一切心理活动过程中，而不以活动的动机、目的、内容为转移。气质的特点一般通过人与人之间的相互交往显示出来，气质对于人的实践行为有一定的影响，了解人的气质对于增强交往的针对性与灵活性，具有十分重要的意义。

总之，个性与行为有着密切的关系。在组织管理和公共关系活动中，对人的个性的了解，不仅可以说明他现实的行为，也有助于预测他未来的行为指向。

4.3.5 公众心理的其他方面

1. 价值观与公众行为

1）价值观的内涵

价值观是公众对于是非、善恶、好坏的评价标准，是对自由、幸福、荣辱、平等这些观念的理解，是影响个体行为的重要因素。

一个人的价值观是从出生开始，在家庭和社会的影响下，逐步形成的。一个人所处的社会的生产方式及其所处的经济地位，对其价值观的形成有决定性的影响。另外，报刊、电视、广播等宣传活动，以及父母、老师、朋友和英雄人物等的行为，对于一个人的价值观的形成与发展，也有着不可忽视的影响作用。

在特定的时间、地点、条件下，人的价值观念是相对稳定和持久的。比如，对某种人、物、事的好坏，总有个评价和看法。在条件不变的情况下，这种评价和看法不会改变。但是，随着人们经济地位的改变，以及人生观和世界观的改变，这种价值观也会随之而改变。

价值观是人生观的核心。不同的国家、民族和组织，不同的社会生活和文化传统，会形成不同的价值观，进而导致公众态度和行为上的差异。公共关系工作应该认真研究公众的价值观，根据公众的价值观来设计和传播沟通的方针、政策和形式。

2）影响公众价值观的因素

（1）个人的成就感、事业心。成就感很强的人，在工作、目标的追求上，"求成功"的心理超过"怕失败"的心理。相反，成就感弱的人，"怕失败"的心理超过"求成功"的心理。

（2）过去的成功或失败的经历。一个能够不断实现自己目标的人，他的向往水平就高；一个追求某种目标经常遭受挫折的人，他对这一目标的向往水平就会降低。

（3）周围环境、生活条件的影响。家庭、亲朋、同事、社会风气、团体气氛都对人的向往水平产生影响。一个充满生气的集体，其成员的向往水平就较高。

（4）对目标的接受程度。距离目标越近，越容易提高人的向往水平。

在公众关系实际活动中，价值观是影响人们动机和行为的一个主要因素，不同国家和民族，因社会制度、民族传统、社会风尚、风俗习惯等的不同，往往价值观也不同，从而导致人们的行为不同。因此，需要了解人们的价值观，才能解释他们的行为，以此作为开展公共关系工作的依据。而在组织内部，公共关系工作需要根据这些因素去创造条件和气氛，促使组织的成员形成积极、向上的价值观，以增加组织的活力和动力。因此，认识和分析人们的价值取向类型对于选择公众对象、确定公共关系活动的目标、调整或协调组织与公众对象之间的关系都具有一定的意义。

 资料 4-9

综艺节目　沉下心方有惊喜

在"爆款"频出的综艺市场，一档热门综艺可以成为一股潮流、一种风向，对观众尤其是青少年群体产生价值观的引领。因此，综艺节目需要打磨顶层设计、思考主旨理念，既要给人温度又要示人方向，以深挖立意带领观众走向光明、走向未来。"小小的追球"在线上与线下的设计中，将引领全民投入环保事业作为重要任务，从嘉宾到观众不断进行环保接力，让环保成为潮流，以公益基金的模式将环保落到实处；从认知到行为层层递进，将"绿水青山就是金山银山""推动构建人类命运共同体"的理念不断深化到观众的脑海中，不论是嘉宾，还是观众，不同国家与种族的人们，都应该共同守护地球的未来。近年来热播的"中央广播电视总台主持人大赛"，则是以简单的流程设计传递着专业、专注的力量，参赛选手几乎完美的表现与表达展现出扎实的功底。这档被观众戏称为"神仙打架"的节目向年轻群体传达了一个信号：深耕专业、追求极致依旧是这个时代难得的品质和不败的竞争力。由此可见，我们对综艺的评价可以被置于更广阔的维度、更长远的时间线当中，节目的好坏不取决于当下能够给观众带来多少笑点，而在于影像过后能留下多少深入思考与正能量的传递。综艺不仅是一面镜子，更是一盏明灯，在此基础上，观众可以预见的不仅是更加健康的综艺市场前景，还有更加光明的社会发展方向。

资料来源：甘露. 综艺节目 沉下心方有惊喜[N]. 光明日报，2019-12-19（有改动）.

2. 从众心理与公众行为

1）从众心理的内涵

从众心理是指在社会团体的压力下，个人不愿意因为与众不同而感到孤立，从而放弃自己的意见，采取与团体中多数人相一致的行为，以获得安全感、认同感和归属感。从众心理也被称为团体压力下的顺从现象，俗称"随大流"。产生从众心理的主观原因是不愿意被孤立，客观原因是外来的影响和压力。

2）从众的影响因素

（1）群体因素。一般地说，群体规模大、凝聚力强、群体意见一致等，都易于使个人产生从众行为。

（2）情境因素。其主要有信息的模糊性与权威人士的影响力两个方面，即一个人处在这两种情况下，易于产生从众心理。

（3）个人因素。这主要反映在人格特征、性别差异与文化差异三个方面。一般地说，智力低下、自信心不足、性格软弱者，较易从众；妇女比男子容易从众；不同文化背景的人，其从众表现也有一定差别。就个人从众的起因看，从众可能是盲目的，也可能是自觉的；可能是表面的顺从，也可能是内心的接受。而就其意义说，从众可能是消极的，也可能是积极的。

组织了解公众的从众心理，并恰当地处理其行为，是很有实际意义的。从众行为具有两重性：消极的一面是抑制个性发展，束缚思维，扼杀创造力，使人变得无主见和墨守成规；但积极的一面是有助于学习他人的智慧经验，开阔视野，克服固执己见、盲目自信，修正自己的思维方式、减少不必要的烦恼等。

组织对公众的从众行为也要具体分析。一般有这样几种表现形式：一是表面服从，内心也接受，所谓口服心服；二是口服心不服，出于无奈只得表面服从，违心从众；三是完全随大流，谈不上服不服的问题。对"从众"这一社会心理和行为，要具体问题具体分析。

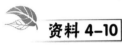 **资料 4-10**

黄金周家电消费"升级共需"

"十一"黄金周历来是家电业营销旺季。2019年国庆假期，在消费升级趋势下，城乡消费者对家电有着不同的"差异化需求"，却在同一时间节点爆发"升级共需"，凸显我国经济发展的现实潜力和巨大空间。

苏宁易购销售数据显示，国庆期间，健康空调的销量在苏宁渠道同比增长258%，销售份额占比达到72%。苏宁家电集团空调公司总裁王振伟表示，在国家促进绿色消费政策鼓励下，节能环保概念逐渐深入人心，绿色空调市场份额再创新高，以旧换新也为广大用户带来切实的品质生活升级。同时，随着大众对生活品质要求提高，舒适风、自清洁等健康概念成为消费者选购空调时的重要影响因素。

人工智能和5G技术的飞速发展，正为家电市场带来新的增长活力。在上海国美浦建店内，全面实现了5G信号覆盖，使消费者在"尝鲜"5G畅快网络的同时，更让智能电器的联动变得更加轻松快捷。据上海国美相关负责人介绍，"十一"黄金周期间，国美渠道8 000元以上中高端商品销量同比大幅提升，激光电视销量已同比增长358%，人工智能电视、大屏彩电受到用户欢迎；对开门或多门冰箱、洗护烘干一体化洗衣机、空气洗洗衣机等传统家电的"升级款"成为一些家庭新的消费主角；洗碗机销量增长了130%；小家电方面，水处理设备销量同比增长110%以上，网红戴森系列中高端商品都吸引了众多用户选购。

除注重品质、品牌外，消费者也更愿意尝试各类家电新品，为新品买单。根据国美销售数据，像华为智慧屏、华为新品Mate30系列以及Mate20X 5G手机等，在国庆期间受到用户垂青；而在iPhone 11系列手机带动下，苹果手机上海渠道整体销量也突破1万台；除新机热销外，智能音箱、手环、指纹锁等智能产品销量均显著增长，同比涨幅都在350%以上。

资料来源：高少华、何丰伦. 国庆假期家电消费扫描：城乡"差异需求"集中爆发 [EB/OL]. 新华网，2019-10-06（有改动）.

3. 逆反心理与公众行为

1）逆反心理的概念

逆反心理指作用于个体的同类事物，超过了个体感官所能接受的限度而产生的一种相反的体验，使个体有意识地脱离习惯的思维轨道，向相反的思维方向发展。

逆反心理会造成逆反行为和抵触行为。公共关系工作需要注意防止公众对象产生逆反心理和抗拒行为。

2）产生逆反心理的原因

逆反心理的形成往往出于以下三种情况。

（1）强烈的好奇心被禁止时。尤其是在只作出禁止而又不加以任何解释的情况下。

（2）企图通过标新立异、否定权威在心理上求得自我肯定的满足感。往往表现得偏执、好表现自己、有意采取与其他人不同的态度和行为，以引起别人的注意。

（3）特异生活经历，使其性情大异，经常左右其一举一动，成为言行举止的一个基本特征。

逆反心理是一种单值、单向、单元、固执、偏激的思维习惯，它使人无法客观地认识事物的本来面目，而采取错误的方法和途径去解决所面临的问题。公共关系工作需要注意防止公众对象产生逆反心理和行为。

公众对于某些表现过分的东西，往往会产生厌烦的感觉，形成抵触的情绪。组织要防止公众出现逆反心理，就要注意信息量的把控和信息刺激的适度。

4.4　公众关系处理

每个组织都有特定的目标公众对象。组织的性质、类型不同，具体的目标公众对象也不完全相同，对各类公众对象的关系处理方法也必然有所差异。

4.4.1　内部公众关系的处理

内部公众是与组织关系最密切、最重要的公众。内部公众的心理状态、工作状态和协调合作状态，直接关系到组织效能的发挥，也直接关系到组织的生存与发展。因此，"内求团结"是公共关系的起点。

1. 了解员工心理，把握员工需求

对员工的状况、问题和想法有清楚的了解是建立良好员工关系的先决条件。大量事实说明，员工关系不佳往往不是由于利害关系，而是社会组织与员工之间没有充分的了解和沟通，一旦员工认清了自己的工作与整个组织的经营运作的关系，乃至个人对产品或服务品质的贡献时，他对工作的责任感和积极性就会提高，员工的归属感才会增强，组织的内聚力才能真正形成。

而员工需求总体上可分为物质需求与精神需求两方面：一是物质需求，包括工资、奖金、福利及工作环境和休假；二是精神需求，包括赞扬、尊重、情感交流、晋升及参与决策管理等。

资料 4-11

天津大学开设减肥课"甩肉"拿学分，这课得抢

近日，天津大学开设"减肥课"引发关注。课程共 21 天，由学校多部门联合开设，内容有瑜伽、篮球等。校学工部负责人称，首期招 20 人，有一个条件：胖。报名条件中包括了体脂率男性超标 25%、女性超标 35% 等要求。课程设置分三种：体适能、瑜伽、篮球、跆拳道等项目的练习，合理膳食和心理辅导。此外，老师很专业，都是讲师、副教授等；教学很严格，必须全勤，必须严格完成作业；结课考核奖励则很丰厚，不仅会给第二课堂 2 个学分，还奖励自行车、游泳卡等。

该课程 12 小时内已有 46 人报名。还有同学留言表示："最遗憾的一次是嫌自己不够胖。""希望帮助学生开开心心把肉'甩'下去，从而保持健康的生活方式和良好的心态。"天津大学体育部副主任王鑫介绍说，该课程会抓住学生身、心健康两条主线，帮助学生养成锻炼的好习惯。

资料来源：刘晓艳. 天津大学开设减肥课"甩肉"拿学分，这课得抢[N]. 扬子晚报，2018-12-11（有改动）.

2. 建立基本价值观念，实现目标一致性

在内部公共关系工作中，培养员工的价值观念对于塑造组织良好形象，促进组织的发展具有重要作用。

首先，价值观念赋予广大员工的日常工作以崇高的意义。人们总是希望自己在从事的工作岗位上建立个人与组织及社会的认同关系，获得归属感和荣誉感，并且希望在特定的工作环境中，以自己的才干实绩赢得他人和社会的承认与尊敬。因此，在内部公共关系活动中充分地发挥每个员工的自身价值，把他们的日常工作与高层次的价值目标联系起来，使员工超脱低层次的狭隘眼界，获得精神动力，团结一致地为共同的目标任务而精诚合作。

其次，员工的价值观念赋予组织以重大的社会责任。一个正确择定的价值观念和人生价值目标，同时要求组织从社会责任出发，来指导和校正自己的行为，不仅强调组织自身的局部利益，而且能自觉认识到肩负的社会义务，并且以此作为组织的价值规范和行为准则。

最后，价值观念为广大员工提供了日常工作的指南。在激烈的竞争环境面前，组织要图生存求发展，必然要求上至领导下到普通员工，共同拥有一个积极上进的价值观念体系，将组织内部全体公众在目标一致、利益一致的基础上紧密地结合为一个有机整体，自觉地调节个人利益与集体利益、眼前利益与长远利益之间的关系，保持员工们思想言行的正确方向和组织运行的健康协调。

3. 培养组织内部融洽的"家庭式气氛"

组织内部的公共关系工作应包括对员工在业务运作和日常活动等各个方面给予积极的

关心，使员工感到在组织中犹如身处自己家庭之中。每一个员工都有经济的、社会的、心理的、精神的不同方面、不同层次的内在需求，只有他们的各种需求在组织内部得到基本满足，才能促使他们努力劳动、勤奋工作。因此，照顾好每个员工的工作和生活是内部公共关系工作应尽的责任。那些获得卓越成就的组织，都十分重视员工工作之外的生活，在组织内部培养和谐融洽的人事环境和"家庭式气氛"，他们总是把组织看成是一个扩大了的家庭。

4. 健全合理化建议制度

管理学界公认的一条原则是，全体员工参与的管理才能算是好的管理，换句话说，培养员工的参政、议政意识是决定管理水平高低及组织效益的关键，而员工参政议政的主要形式之一就是提出合理化建议。因此，健全合理化建议制度是良好员工关系的一个重要体现。

有的经济学家认为，第二次世界大战后日本经济之所以能以惊人的速度发展，在很大程度上与日本的组织管理人员注意激发员工潜能，鼓励参与组织管理是分不开的。在现代社会，合理化建议制度已成为许多社会组织密切员工关系、增强员工参与意识、降低组织内部耗费的法宝。如日本汽车业巨子丰田公司，美国通用汽车公司和韩国的现代、三星公司都有自己的一套合理化建议制度。通过这个制度，很多提出合理化建议的员工得到了公司嘉奖，而公司都无一例外地收获了可观的有形收益与无形效益。

5. 妥善处理与非正式群体的关系

1）非正式群体的内涵

行为科学研究表明，社会组织中存在着两种组织形式：一种是以正式组织的结构、权力、任务、职能组合的关系，称"正式组织""正式团体"；另一种则是以感情、观念或利益关系的一致而构成的关系，称"非正式组织"或"非正式群体"，这种非正式群体往往是出于自愿自发的人际关系，团体意识感很强。从非正式群体的构成看，可分为：感情型、兴趣型和利益型。

非正式群体的内部沟通具有三大特点：一是沟通效果好，沟通大多不拘形式，并且只借助于亲身传播，是面对面进行的，效果自然显著；二是沟通程度深，都有浓厚的人情味，以人际关系沟通为主，往往能达到意识上、行动上的一致；三是沟通内容广，不仅有工作内容，还有生活的、社会的乃至一切人际关系的内容都能进行沟通。

2）与非正式团体沟通时应注意的问题

（1）注意与"意见领袖"搞好关系。所有的非正式组织都是以意见领袖为核心的，他并不一定比同伴更有社会地位，却因消息灵通、足智多谋或有超人的胆识与品质，或因具有非凡的经历、技术能力、年龄、个性赢得员工的信任，逐渐形成一定的影响力和权威性。

与他们交往一定要注意：一是要尊重他们，对于他们所反映的任何情况都要表示重视和信任。如果对一个"意见领袖"流露了不信任，就等于是在一部分甚至是相当一部分员工中传达了敌意，在平时应多与"意见领袖"通气，遇到有新规定、新政策需要向下传递时，也应先向"意见领袖"作出解释，注意吸收他们的反馈，并争取他们的理解和支持；二是在工作安排上，应尽可能让这些意见领袖担负一些比较重要的职务，这样就把正式沟通活动和非正式沟通活动有机结合起来了；三是注意千万不要使用任何行政压力，使"意见领袖"变成组织管理层的单方"传声筒"，这样很可能使他们的威望和作用都荡然无存，甚至会有别的人取代他成为新的"意见领袖"，造成与非正式组织沟通的新困难。

（2）管理层应多参与非正式群体的活动。非正式群体的活动一般带有较强的人情味，组织的管理者应主动积极地参与，这样就能缩短与员工在感情上的距离，甚至会成为他们中的一员。这样，非正式群体与正式组织的隔阂就会随之缩小，也可在一定程度压缩"意见领袖"的权力。如多参与文体活动就易获得员工中文体爱好者的好感，使这些员工因与领导者爱好相同、志趣相投而产生满足感，进而对组织产生好感。当然，在参与时管理者也不能以上司的身份居高临下。

（3）对非正式群体的消极作用注意引导。非正式群体活动在为组织带来某些好处的同时，往往也带有一定障碍。

①阻碍变革。它具有一种使团体过分维持现在生活方式和在变革面前采取僵化态度的倾向。比如工作定额变动、组织机构变动，在开始时都易遭反对。

②角色冲突。为了满足其团体成员需求，有可能使员工偏离正式组织目标，这在小团体与正式组织两方面需求相冲突时，会显得很明显。如：组织员工义务加班清洁卫生，如果小团体中有其他成员反对，则有的员工很可能自己想参加，但又不敢参加。

③谣传。非正式团体拥有各种沟通系统和沟通渠道，错误信息流传很快。

④疏远。它对于迫使人们服从非正式群体具有强大的压力，由于人们日常大部分时间是在非正式组织影响下度过，因此这种无形压力会很明显，如在一个非常随意、不拘小节的团体里，衣着端庄的人就可能成为被取笑和疏远的对象。

4.4.2　外部公众关系的处理

外部公众是组织生存与发展的重要外部环境，每一个社会组织都应当有针对性地采取各种手段和措施，建立与顾客、政府、媒介、社区等外部公众的良好关系，是实现组织"外求发展"的保证。

1. 顾客公众关系的处理

协调顾客关系，是社会组织尤其是企业面临的头等重要的课题。组织的公共关系目标就是促使顾客公众形成对组织及其产品或服务的良好印象，建立组织信誉、提高组织形象，实现组织和顾客公众的双赢。

1）顾客关系的含义

顾客关系又称消费者关系，是社会组织与其产品（物质产品和精神产品）的购买者和消费者之间的关系。顾客是与组织具有直接利益关系的外部公众，是组织传播与沟通的重要目标对象。

2）建立良好顾客关系的意义

建立良好的顾客关系，可以促使顾客形成对组织及其产品的良好印象和评价，提高组织及其产品的知名度和美誉度，增加组织对市场的影响力和吸引力，实现组织和顾客公众的共同利益。对顾客公众做好公共关系协调的意义在于如下几个方面。

（1）良好的顾客关系能够为组织带来直接的利益。一个组织的存在价值，很大程度上在于其产品或服务能够得到顾客的接受和欢迎。组织的经济效益需要在市场上实现，而顾客就是市场，有了顾客才有市场。虽然与顾客的沟通并不等同于市场经营中的销售关系和直接的买卖关系，但良好的顾客关系的确有利于企业组织的市场销售，能够给企业带来直接的利益。因此，顾客公众是企业市场经营的生命线。正如美国公共关系专家加瑞特所说："无论大小企业都必须永远按照下述信念来计划自己的方向，这个信念就是：企业要为消费者所有，为消费者所治，为消费者所享。"

（2）良好的顾客关系可以体现组织正确的经营观念和行为。顾客公共关系工作要求企业将顾客的利益和需求摆在首位，通过满足顾客的需求和权利来换取组织的利益。企业的性质决定了它必然要通过经济活动去赢取利润；而公共关系的经营思想则认为，利润不应该是企业贪婪的追求，而应该是顾客接受、赞赏和欢迎企业的产品和服务所投的信任票。只有赢得顾客的心，获得顾客的信任与好感的企业，才可能较好地获得自己的利润。因此，企业的一切政策和行为都必须以顾客的利益和需求为导向，在经营观念和行为上自觉地为消费者服务。而这种经营观念和行为必然表现为企业良好的顾客关系，即企业在市场公众心目中具有良好的声誉和形象。

（3）良好的顾客关系有助于培育成熟的消费者群体和市场。没有成熟的消费者就没有成熟的市场，没有成熟的市场就没有成熟的企业。成熟的现代消费者，是指那些具有合理的消费需求、健康的消费心理、自觉的消费行为、掌握一定的商品信息和知识，能够选购自己所需要而且质量好的商品，明确自己作为顾客所享有的权利，并且能够用合法手段有效维护自身权益的现代人。只有这样的消费者日渐增多，市场环境和企业竞争才可能变得更加有序。因此，做好顾客公共关系工作的另一层意义在于：促进成熟的消费心理和消费意识，形成科学的消费行为，帮助顾客认识、熟悉产品的性能以及使用、维修、保养的基本知识，以提高工作和生活的质量，增加生活的情趣。对消费者进行教育和引导，已是目前国内外许多企业公共关系活动的主要内容。

3）处理顾客公共关系的原则

（1）为顾客提供满意的产品。顾客关系的形成是由于顾客对产品的消费欲望和消费行为而产生的，没有适应顾客需要的优质商品就不可能有稳固的顾客关系。因此，为顾客提供满意的产品，是建立良好的顾客关系的物质基础。这就要求企业在技术、产品上不断推陈出新，满足顾客不断变化的需要，以优质的产品来赢得顾客的信任与好感。如果企业没有顾客满意的产品，无论企业花多大代价去做广告、搞促销，最终都不会赢得顾客。

凡是成功的社会组织，都是十分重视其产品的优异品质。例如海尔集团在企业的生产过程中实行严格管理，切实把"质量是企业的生命"这一价值观落实到每一个员工身上和每一个生产环节中。经过长期的努力和积累，海尔终于荣获中国家电行业"第一品牌"的称号。

（2）为顾客提供优质的服务。所谓服务，就是指不以实物形式而是以提供劳动的形式满足顾客的某种需要，为顾客带来更多的便利。以企业为例，任何企业在生产和组织商品销售的过程中，向顾客提供各种优质服务，都是塑造良好形象的重要途径，也是企业与顾客建立良好关系的重要前提。不同的企业应根据所生产和经营的商品种类和特点，根据企业的规模、类型、地点和经营条件，为顾客提供多种多样的服务，如进货服务、安装服务、维修服务、加工服务、包装服务、信用服务、租赁服务、退换服务，推行服务承诺，努力实现服务的系列化、规范化、制度化，以优质服务增强企业对顾客的吸引力。

（3）与顾客保持畅通的信息沟通。在企业与顾客的市场供求关系之中，存在着大量的信息交流关系和情感沟通关系。没有充分的信息传播，没有融洽的感情沟通，市场的商品交换关系就难以建立，更难以稳定和持久。在争取顾客的注意力、影响顾客的消费选择和消费行为的市场信息传播的竞争中，公共关系日益成为企业青睐的市场传播手段。它运用多元化的传播沟通方法去疏通渠道、理顺关系、清除障碍、联络感情，吸引公众和争取人心，为产品的销售营造一个良好的气氛与和谐的环境。

（4）迅速处理顾客的投诉。企业在生产经营过程中，由于各种原因造成失误或与顾客之间发生矛盾，引起顾客投诉在所难免，关键是怎样处理好这些投诉。顾客投诉的种类很多，有电话投诉、信件投诉、当面投诉，有的甚至借助媒介或法律。不管怎样，问题一出现，企业组织都应本着"顾客是正确的"原则，尊重和维护顾客的合法权益，淡化矛盾、妥善处理，使顾客满意，让因顾客投诉造成的公众对企业的信任危机降到最低程度，因势利导，变坏事为好事。及时处理顾客的投诉，是对消费者合法权益的积极维护，只有切实地处理好顾客的投诉，才能使顾客消除心中不平，化干戈为玉帛。只有充分尊重并维护顾客的合法权益，才能真正地建立融洽的顾客关系，在竞争中立于不败之地。那种坑蒙拐骗、以假充真、以次充好、敷衍搪塞等无视顾客利益的做法，终究会被消费者鄙弃，会受到社会和市场的惩罚。

资料 4-12

家用医疗器械小常识

随着生活水平的提高，人们的健康意识逐渐提升，家用医疗器械愈加普遍，血压器、血糖仪、理疗仪……几乎家家户户都备有几件。2018 年 3 月 1 日《医疗器械网络销售监督管理办法》施行，对医疗器械的网络销售做出了明确的规定以保护消费者的合法权益及身体健康。

家用医疗器械小常识：

（1）购买使用家用医疗器械时要查看产品是否包装完好，标识是否清楚，产品是否过期。包装上标明是"无菌医疗器械"的，最小包装应无破损，如果发现最小包装破损的不能再使用。

（2）电子体温计的一般工作温度为 10 ℃～40 ℃，相对湿度为 30%~80%RH，为使测温数据尽可能准确，请注意始终紧贴测温部位。

（3）电子血压计因测量原理所限，脉搏很弱者、血压过低者、恶性高血压者不能用其测量血压，另外在大出血等紧急情况下，也不可使用。

（4）长期使用的医疗仪器要注意养护，保持仪器外部(探头)清洁、润滑，存放应保持通风、干燥。注意易耗件、电池更换，注意操作性能测试、调试和电器安全。

资料来源：王春霞. 家用医疗器械安全你了解多少？ [N]. 金陵晚报，2018-11-29（有改动）.

2. 政府（职能部门）公众关系的处理

任何社会组织都必须接受政府的管理和制约，因此需要与政府的有关职能机构和管理部门打交道，这是所有传播沟通对象中最具社会权威性的对象。

1）政府（职能部门）公众关系的含义

政府公众指政府的各行政机构及其工作人员，即组织与政府沟通的具体对象。组织必须与政府各职能部门建立和保持良好的沟通，这是组织生存、发展的重要保障和条件。组织与政府保持良好沟通的目的，是争取政府及各职能部门对本组织的了解、信任和支持，从而为组织的发展争取良好的政策环境、法律保障、行政支持和社会政治条件。

2）建立良好政府公众关系的意义

（1）政府的支持是对组织最具权威影响力的认可和支持。政府掌握着制定政策、执行法律、管理社会的权力职能，具有强大的宏观调控力量，能代表公众的意志来协调各种社会关系。一个组织的政策、行为和产品如果能够得到政府的认可和支持，无疑将对社会各个方面产生重大影响，甚至使组织的各种沟通渠道畅通无阻。为此，应该把握一切有利时机扩大本组织在政府部门中的信誉和影响，使政府了解本组织对社会、对国家的贡献和成就。

（2）与政府建立良好关系能够为组织提供有利的政策、法律和社会管理环境。政府的政策、法律和管理条例是一个组织决策和活动的依据和基本规范，组织的一切行为都必须保持在政策法规许可的范围之内。通过良好的政府关系，组织能够及时了解到有关政策的变动，能够较方便地争取到政策性优惠或支持，能够对有关本组织的问题在进入法律程序或管理程序之前表述意见，使之对组织的发展有利。为此，组织应该主动建立和加强与政府有关部门之间的双向沟通。

 资料 4-13

<h3 align="center">假如我是广州市长</h3>

广州市委、市政府先后举办过直接为市长做参谋的"假如我是广州市长"的征文活动（后定名为"市长参谋活动"），为政府职能部门出谋献策的"房改方案千家谈""菜篮子工程千家谈"等"千家谈"系列活动，讨论广州市风和广州人精神的"羊城新风传万家"和"羊城居委新形象"等大型公众活动。运用报纸、杂志、广播、电视等媒介，动员了成千上万的市民参政议政，各抒己见，都收到了良好的社会效果，提高了政府对市民的凝聚力。

广州市委、市政府通过举办"假如我是广州市长"征文活动，动员成千上万的市民参政议政，收到了良好的社会效果，这充分说明了政府与公众双向沟通的重要性，说明了公众议政活动在政府公共关系活动中的作用。因此，在开展政府公共关系活动时，应积极开拓公众参与性强的社会沟通渠道，让公众的意见能够充分地表达出来，为政府制定政策提供依据。开拓公众参与性强的社会沟通渠道，还有利于形成生动活泼、稳定和谐的政治局面与社会秩序。由此可见，政府公共关系工作就应该发展一系列公众议政参政的社会渠道。

资料来源：公共关系学案例点评"假如我是广州市长"[EB/OL]. 柠檬公共关系网，2018-10-11（有改动）.

3）处理政府公众关系的原则

（1）组织的公共关系部门应该详尽地分析和研究政府的方针、政策、法规，提供给本组织领导及各部门参考，使组织的一切活动都保持在政策法规许可的范围内，并随时按照政策法规的变动来修正本组织的政策和活动。

（2）组织的公共关系部门应随时将实际工作部门的具体情况上传至政府有关部门，并根据本地区、本行业、本部门的特殊情况，主动地提出新的政策设想和方案，并通过适当的渠道进行说服性工作，协助发现及纠正政策执行中出现的偏差或失误。

（3）处理与政府公众的关系，还需要熟悉政府机构的内部层次、工作范围和办理程序，并与各主管部门的具体工作人员保持良好关系，以免因为办事未循正规的程序或越出固定的工作范围而走弯路，减少人为的拖延和干扰，提高沟通效率。

3. 媒介公众关系的处理

争取新闻媒介对组织的理解和支持，是组织与媒介公众建立良好关系的目的。通过新闻媒介形成对组织有利的舆论氛围，增强组织对整个社会的影响。

1）媒介公众关系的含义

媒介公众是指新闻传播机构及其工作人员，它是组织的重要公众，也是一种特殊的公众，具有双重性质。一方面，它是组织必须努力争取的重要公众；另一方面，它是组织赖以实现公共关系目标的重要手段，负有将组织的有关信息扩散、传播到社会上去的责任。

2）建立良好媒介公众关系的意义

由于新闻媒介具有的信息传播功能直接关系到组织的信息扩散及组织在公众舆论中的形象，所以新闻媒介关系在组织公共关系中占有很重要的地位。加强媒介公众的意义在于：

（1）良好的媒介关系有利于形成良好的公众舆论。公共关系的一项重要工作就是为组织创造良好的公众舆论环境，争取社会舆论的理解和支持。媒介公众决定着各种社会信息的取舍、流量和流向，决定着公众舆论的中心议题，能够赋予被传播者特殊的、重要的社会形象。建立良好的媒介公共关系，有利于组织信息顺利地传播出去，形成良好的社会公众舆论环境。

（2）良好的媒介关系是运用大众传播手段的前提。大众传播是现代公共关系倚重的重要手段之一，公共关系对大众传播媒介的使用必须通过媒介专业人士才能实现。组织要实现大范围、远距离的沟通，就必须借助于各种大众传播媒介。因此，对于组织来讲，良好的媒介关系的重要性就在于此。

3）处理媒介公众关系的原则

媒介公共关系要求组织必须同新闻界保持和发展良好关系。具体而言应从以下方面着手。

（1）要保持与新闻界的经常性联络。要熟悉、了解新闻传播活动的特点、规律以及新闻媒介机构的工作方式。考虑新闻媒介的需求，提供有价值的新闻线索，并不失时机地召开记者招待会或新闻发布会，对新闻媒介尊重并主动配合，以争取他们对组织的了解与支持。在设计、刊登广告时，也应虚心听取新闻媒介的意见，以便合理地设计广告的内容与形式、以及选择最佳传播载体，从而获得较好的时效与实效。

（2）要尊重记者和采编采访、选稿的权利。正确对待新闻媒介关于本组织信息的传播。正确态度应该是主动提供客观、公正、全面的事实，实事求是地说明情况。对有利的传播应该冷静、谦虚，忌头脑发热，忘乎所以；对不利的传播应持"有则改之、无则加勉"态度，正视舆论，尊重新闻媒介，并及时、主动地将自己对传播的积极反应提供给新闻媒介。

 资料 4-14

罗一笑事件

2016年11月30日上午，一篇《罗一笑，你给我站住!》的文章刷爆朋友圈，文中称深圳本土作家罗尔5岁女儿罗一笑，被查出患有白血病，每天需要高额的医疗费。心急如焚的父亲没有选择公益捐款，而是选择"卖文"，如果多转发一次这篇文章，便会为笑笑的治疗筹款多增一元钱。随即，有网友称此事为营销炒作，罗一笑的治疗花费并不像文中所说的那般高额，而且罗尔在东莞与深圳均有房产，善款也早已筹齐。

2016年11月30日当日全天文章所有的赞赏资金原路退回，经核算，共计2 525 808.99元。

资料来源：人民日报微信号评罗一笑事件：真相，你也给我站住[EB/OL]. 观察者网，2016-11-30.（有改动）

4. 社区公众关系的处理

组织的许多活动都有赖于社区公众的支持与协助。同时，组织对社区公众也有着不可推卸的责任和义务。

1）社区公众关系的含义

社区是社会学上的一个概念，意为具有社会功能的一定地理区域，如乡区、集镇、街道等，是人们共同生存和活动的空间。任何一个社会组织的存在都离不开一个具体的社区，也必然要与社区发生这样或那样的关系，如当地社区主管机构、居民及其他组织等都是某组织必须与之发生关系的对象。这一类关系处理的好坏，直接影响到组织的生存与发展。

2）处理社区公众关系的原则

在一个社区内，组织一般是最具人力、物力和财力的社会成员。因此，组织的社区公众关系重点应着眼于尽可能满足该社区对它的基本需求。

（1）组织应尽可能避免或减少自身活动对社区其他公众正常活动的影响。例如做好"三废"（废水、废烟、废气）的控制与治理、减少噪声、安全生产等，为社区成为一个良好的活动区域负起应尽之责。

（2）组织的一切经济、文化、科研等活动一般都应先立足本社区，然后再扩及外地。应该视当地公众为最基本、最及时、最直接的顾客，了解其动向与需求变化，尽可能地予以及时的满足。

（3）尽可能将组织内部非生产性、专业性的文化、福利设施向社区开放，使社区公众都能分享。适当安排社区内公众参观本组织，以使他们对组织的性质、活动有更深了解，便于维护长期和谐的关系。

（4）积极承担社区内的公共事务或公益活动。比如捐助或修建公共设施、维护社区治安、出资组织或赞助文艺表演或体育竞赛、提供义务性的专业服务、兴办第三产业等。这不但有惠于当地，而且更有助于提高本组织在社区公众心目中的形象。

5. 竞争对手公众关系的处理

这主要是指工商企业与自己的竞争对手之间的关系。竞争者之间需要在公平的机会和条件下实现良性竞争，遵守一定的商业道德规范，并在竞争中保持一定的协作关系，争取在竞争中共同发展。

1）竞争对手公众关系的含义

竞争对手关系实际上也是同行关系。一般说来，同一种行业所面临的原料、市场、技术、设备和信息等情况基本是一致的，彼此间有着密切相关的利害关系，相互间很自然地会产生一种竞争关系，"同行是冤家"就很典型地说明了这种关系。

与自然界的竞争法则一样，社会上同行间的竞争法则也是"优胜劣汰""适者生存"。这就使得同行关系显得比其他对象的公共关系更为复杂一些。在旧的竞争规则下，同行关系在很大程度上表现为你死我活的竞争，有时为了压住对手或击垮对手，同行间不惜采取尔虞我诈、钩心斗角的不当手段。这方面的事例可谓不胜枚举，如当年美国"柯达"与日本"富士"彩色胶卷间的竞争。其实，同行间并没有根本的利害冲突，其利益是相通的，故同行间首先应看作伙伴关系，其次才是对手关系。

2）处理竞争对手公众关系的原则

（1）应切实把握正确的竞争目的。同行间竞争的最终目的应该是谋求相互促进、共同发展。尽管彼此间竞争都是为了提高各自的经济效益，但基本目的仍是为社会多做贡献。因此，应在竞争中牢牢把握正确的竞争目的，而不能单从本位主义或小集团的利益出发，倾轧对手，搞垮同行。

（2）竞争的手段应光明正大。同行组织间的竞争决不能违背社会公德，采取尔虞我诈、互挖墙脚、损人利己的伎俩，这种竞争即使取胜也是不光彩的。应该提倡以科学经营管理、改进技术和设备、提高产品或服务质量等正当方式展开竞争，从而能使胜者心地坦然地成为表率，败者心悦诚服地奋起直追。

（3）竞争不忘协作交流。同行间虽是竞争对手，但由于彼此根本利益一致、最终目的一致，因此，竞争对手同时又是伙伴关系。双方完全可以在共同目的的基础上，既竞争，又合作，如相互交流技术成果与经验、提供人力与物力支援、共同研究解决专业难点等。这一点从表面看来与竞争不相干，其实这是另一种意义的竞争，或者可说是提高了竞争的层次，因为能主动协作交流的一方最起码在形象、精神竞争上占了上风。

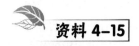

<h3 align="center">瑞幸咖啡的碰瓷式公共关系</h3>

2018 年上半年，一款叫作 Luckin Coffee 的小蓝杯咖啡突然爆火，朋友圈和楼宇广告无处不在。Luckin Coffee 的创始人扬言："要用十亿人民币教育市场。"据公开资料，从 2017 年 11 月公司创立，Luckin Coffee（瑞幸咖啡）已经在国内快速落地 500 多家店。扩张速度令人咋舌。

2018 年 5 月 15 日，瑞幸突然发布了一封"公开信"，谴责星巴克不正当竞争，主要总结起来就两点。

第一，星巴克联合物业排斥瑞幸开店。

第二，星巴克联合供应商拒绝对瑞幸供货。

瑞幸这封公开信很快引发多发关注，然而却也引来质疑，很多专业人士认为这只是瑞幸的营销手段——"碰瓷公共关系"。针对瑞幸的"骚扰"和"碰瓷"，星巴克也并未对外回应过任何问题。有专业人士指出，星巴克和物业签署的排他协议，是一种比较常规的签约模式；而这封公开信所突出供应商必须做的二选一抉择，并非要表现其断供的危险处境，而是想说他们和星巴克是一个供应商，所以，他们的咖啡和星巴克一样好喝。

最后问题来了，你怎么看待瑞幸的"碰瓷公共关系"？

资料来源：炫天津. 碰瓷星巴克，Luckin Coffee 的公共关系赢了！[EB/OL]. 搜狐网，2018-05-18（有改动）.

本 章 小 结

公众是公共关系的客体，它既形成组织赖以生存与发展的社会环境，又是公共关系主体开展公共关系工作的对象。公众是与公共关系主体利益相关并相互影响和相互作用的个人、群体或组织，这是与公共关系主体利益相关并相互影响和相互作用的个人、群体或组织，公共关系对象的总称。它具有群体性、同质性、变化性、相关性和多维性等特征。按照不同的分类标准，可以将公众分为不同的类型。按组织的内外对象不同将公众分为：内部公众和外部公众；按关系的重要程度分为：首要公众、次要公众和边缘公众；根据公众与组织发生关系的时序特征分为非公众、潜在公众、知晓公众和行动公众；按公众对组织的态度将公众分为：顺意公众、逆意公众和中立公众。

公共关系是影响和获得公众的艺术，没有公众的支持和信任，任何一个社会组织都不可能生存和发展。社会组织在运行中必须面对的公众类型、特点、对社会组织的反应都与社会组织的形象能否按预期设想建立起来有直接关系。因此，协调好各种公众关系，得到公众的广泛支持，赢得良好的社会舆论，是公共关系活动的重要内容。想要获得公众的广泛支持，必须要了解公众的心理特征并且能够分析公众心理形成的机制。最重要的是要了解几种主要的公众心理定式，主要包括首因效应、近因效应、晕轮效应、定型作用等个体心理定式。分析、把握公众心理意义重大，它们在实际公共关系活动中的作用是双重的，既可以是沟通的障碍，导致消极影响，又可以成为公共关系的契机、手段，发挥出积极的作用。

组织与公众关系的处理也很关键。内部公众是组织与外部公众交往、交流的触角，代表组织的形象，因此组织必须处理好与内部公众的关系，增强内部公众的凝聚力和向心力，提高组织的生命活力和综合竞争力。要优先处理的外部公众关系主要包括：顾客公众关系、政府公众关系、媒体工作关系、社区公众关系等。

客 观 题

自学自测　扫描此码

问 答 题

（1）公众的概念及其特征是什么？

（2）请根据不同的标准对公众进行分类。

（3）请对公众的从众心理进行分析。

（4）组织的外部公众关系有哪些，应该怎样处理才合适？

案例分析题

艾科卡售汽车"不满意就可退钱换货"

美国克莱斯勒汽车公司总裁艾科卡是世界著名的大企业家。在几年前，这位企业家向全国宣布："如果你对我们的汽车买后感到不满意，可在30天内或1 000英里（1英里≈1.609 344千米）行驶里程内退车还钱，也可另换一辆新车。"

不满意就可退钱或换货的做法，为汽车有史以来最大胆的行销攻势开创了前景，它使买车者感到没有风险。艾科卡的公司当年4月到8月这段时间，卖出去约300辆汽车，要求退车的顾客只有14人，而且没有一辆是因为质量不佳而退的。因此，艾科卡的汽车获得了良好的声誉，销路稳步上升。

思考：

艾科卡销售汽车成功的原因是什么？

实践训练题

实训项目：走访你所在学校的内部公众（提示：学校各类内部公众包括：学校和校领导、老师、行政人员、学生、后勤人员等）。

实训目的：通过访问学校的内部公众，了解学校各类公众对公共关系的看法和认识，纠正他们对公共关系的片面误解或错误认识，向他们传播正确的、科学的公共关系概念和认识。

实训内容：

（1）观察你所在学校的内部公众的行为和活动哪些是属于公共关系行为和活动。

（2）写一份如何向学校各类公众普及和传播正确的、科学的公共关系认识的建议书。

第5章

公共关系手段

【教学目标】

通过本章的学习，了解传播的基本理论、公共关系传播的含义和种类、理解公共关系传播媒介等内容。

【教学要求】

知识要点	能力要求	相关知识
传播的基本理论	了解传播的要素和模式	传播在现实中的应用
公共关系传播的概念和特征	（1）了解公共关系传播的概念 （2）明确公共关系传播的特征	公共关系传播的特征内容
公共关系传播的作用、和类型	（1）掌握公共关系传播的作用 （2）了解公共关系传播的类型	公共关系传播的层次
公共关系传播媒体	掌握公共关系传播媒介的种类	公共关系传播媒介的运用技巧

 导入案例

热播剧"地图门"

2019 年暑假期间，热播剧《亲爱的，热爱的》中出现的一幅地图上，中国领土的区域中缺少了台湾岛、海南岛、藏南地区以及阿克赛钦地区。对此，《人民日报》官方微博 8 月 1 日发布微评：不容在中国地图上做文章。

热播剧《亲爱的，热爱的》中国地图残缺，究竟是无心之失还是有意为之？谜底终会揭晓。事关大是大非，不可不谨慎，不可夹带私货，更不可以演戏之名行演绎之实。谁在原则问题上试探和耍小聪明，谁就会翻车无疑，因为：中国一点都不能少！

资料来源：赵欣. 热播剧《亲爱的，热爱的》中国地图残缺 人民日报评：不容在中国地图上做文章[N]. 重庆晨报，2019-08-01（有改动）

传播与组织、公众并称为公共关系的三大要素，是联系社会组织和公众的纽带与桥梁，是组织开展公共关系活动的手段和过程。

公共关系是组织与目标公众之间的一种传播沟通行为，它所使用的原理是信息传播的基本原理，其产生的技术条件是现代信息高度发达时代社会所提供各种信息传播与沟通媒介，以及运用这些媒介所形成的各种信息传播与沟通方式。

5.1　公共关系手段——传播

为了提高、保证信息传播、沟通的效果，公共关系人员必须了解有关传播的基本理论、基本模式等相关内容。

5.1.1　传播的含义

"传播"一词，其英文为 communication，起源于拉丁语的 communis，意为"共享""共同性"；在英文中，它的意思较多，如交流、交往、沟通、参与等。

1. 对传播基本概念的学科解释

在传播学研究中，对"传播"这一基本概念的解释不胜枚举。1976 年，美国学者法兰克·谭斯（Frank Dance）在《人类传播功能》一书中对传播的定义做过统计，共有 126 种之多。而最近 30 多年以来，更是有许多新的定义问世。

不同的学者从不同的角度给传播下了定义。如符号学家皮尔士（Peirce）认为"传播的唯一手段是像的集合"。与他同样从传播手段、符号入手的还有 J.B.霍本（J.B.Hogben）、贝雷尔森（Berelson）和塞纳（Senna）等人。霍本认为"传播就是用言语交流思想"。贝雷尔森和塞纳认为："运用符号——词语、画片、数字、图表等传送信息、思想、感情、技术等。这种传递的行动或过程通常被称作传播。"这种"符号说"的特点是强调语言、图画等载体在传播中的重要作用。

社会学家威尔伯·施拉姆（Wilbur Schramn）从社会学角度对"传播"进行定义："我们在传播的时候，是努力想同他人确立'共同'的东西，即我们努力想'共享'的信息、思想或态度"；"我们可以给传播下一个简单的定义，即它是对一组告知性符号采取同一意向"。这种定义源自对 communication 一词原意——"分享、共享"的理解。它强调了传播的结局是传播的客体被传播者和接受者分享。持这种"共享说"的还有亚历山大·戈德（Alexander Gode）。戈德认为传播"就是使原为一个人或数人所有的化为两个或更多人所共有的过程"。

心理学家卡尔·霍夫兰（Carl Hovland）从他的"劝服说"出发，强调了一种心理上的"有意图的影响"，认为传播就是"某个人（传播者）传递刺激（通常是语言的）以影响另一些人（接受者）行为的过程"。另外，C.E.奥斯古德（C.E.Osgood）、沃伦·韦弗（Warren Weaver）、米勒（Miller）等人的定义也属于这种强调传播目的性的"影响说"。奥斯古德等人认为："传播就是一个系统（信源），通过操纵可选择的符号去影响另一个系统（信宿）。"沃伦·韦弗认为，传播是"一个心灵影响另一个心灵的全部程序"。

2. 传播的含义

我们认为，所谓传播，是人与人之间传递、交流和分享社会信息的行动或过程。通俗地讲，就是人们之间的思想、观念和消息的双向传递、交流和分享的过程。这一表述包括以下含义。

（1）传播是信息在人与人之间进行传递和交流，达到信息的分享，从而建立起相互关系，使人类社会成为一个整体。

（2）传播行为的内容是社会信息。任何人类行为均有一定的内容，传播活动的内容是社会信息，即人们的思想、观念、消息等带有社会特征的信息。

（3）传播行为表现为传播者、传播渠道和传播对象之间的一系列关系，是一种双向的社会互动行为。

（4）传播成立的前提是传、受双方必须有共通的意义空间。信息的传播要经过符号的中介，传播是一个符号化和符号解读的过程。符号化即人们在进行传播之际，将自己要表达的意思转换成语言、声音、文字或其他形式的符号；而符号解读指的是信息接收者对传来的符号加以阐释、理解的活动。反馈是包含在符号解读基础上的再次符号化的活动。共通的意义空间意味着传、受双方必须对符号意义拥有共同的理解，否则传播过程本身就不能成立，或传而不通，或导致误解。从广义上，共通的意义空间还包括人们大体一致或接近的生活经验和文化背景。

（5）传播是一种社会行为，它在一定的社会关系中进行并反映着社会关系。因此，研究传播，首先要研究人与人之间的关系，同样，研究了人与人之间的关系的建立，也就清楚了传播过程。

 资料 5-1

《我和我的祖国》海报宣传

2019 年国庆档，《我和我的祖国》这部电影集齐了 7 位神仙级导演——陈凯歌、张一白、管虎、薛晓璐、徐峥、宁浩、文牧野，为"中国龙"庆祝 70 周年。

7 位导演联合执导，这在国产电影史上也是空前的一次；50 余位优秀演员共同出演，其中影帝影后就超过了十几个，这样的阵容不愧被称为"集聚了半个华语电影圈"的大制作。关键是在这部电影中，不管是国际影帝，还是人气明星，全都是零片酬出演！

至于其中的原因，看看电影简介你就明白了：用 7 个历史瞬间映射新中国成立 70 周年的发展历程，聚焦大时代大事件背景下，无数小人物和国家之间，看似遥远、实则密切的关联，以此唤醒每个中国人的时代回忆，献礼新中国成立 70 周年。

有泪点有燃点，只能说，用观看《我和我的祖国》这种方式为祖国庆生，已成为影片和观众不谋而合的约定，光看着这些代入感十足的宣传海报，都能勾起大家在特定事件背景下的深刻记忆。

资料来源：口碑刷屏、预售破亿，《我和我的祖国》连海报都这么燃！[EB/OL]. 梅花网，2019-09-30（有改动）。

5.1.2 传播的要素

传播作为信息交流活动，有其内在的结构，它是主要由以下要素有机组成的动态过程。

1. 信源

信源也称传播者、传者或信息发送者，即信息的制造者。在公共关系传播活动中、传播者与公共关系的主体是同一的、它既可以是个人，也可以是群体或机构。另外，在传播活动中，传播者作为传播主体承担着对信息进行筛选、制作、发送的责任。

2. 信宿

信宿也称传播对象、受者或信息接收者，指的是传播者的作用对象，即传播内容的接收者和反应者，这里一般是指公众。在传播活动中，信宿同样既可以是个人，也可以是群体或机构，他们接收信息符号并对信息符号的内容作出反应。公共关系传播的受者是其全部或某一特定部分公众。公众成为受者的数量和范围取决于传播的具体需要，即由公共关系具体目标来决定。

3. 信息符号

在传播活动中，任何信息内容都是以一定的符号形式传播出去的，符号是信息的外在形式或物质载体。公共关系信息是组织传达给公众的具体意见、观点等，也包括公众向组织反馈的各种意见、建议等。人类拥有的最完整的符号体系就是语言符号和非语言符号，因此，符号作为信息的载体，是现代社会运用最广泛的一类传播媒介。

4. 信息通道

信息通道指的是信息在传播过程中必须经过的传播途径。传播者和传播对象之间通过信息符号进行的交流和沟通，还要借助一定的传播媒介形成的具体信息通道，如文字需要写成文章、书籍，通过纸张印刷才能广为流传。传播媒介是建立在传播双方之间传送信息符号的媒介，它们能在空间定向运动，能被发送和接收，能负载信息并减少失真的程度。传播媒介的种类繁多，如书籍、报刊、广播、电视、光盘、人际交流、联谊活动等，它们形成了各种各样的信息通道。

5.1.3 传播的模式

传播活动就是信息发送者将需要交流的内容转换成各种信息符号，并利用一定的信息通道传送给信息接收者，再由信息接收者解读信息符号并了解其中含义的过程。

在传播学的研究中，有以下几种传播过程的活动模式。

1. 拉斯韦尔的 5W 模式

从传播学的发展角度看，首先比较完整地提出传播过程理论的是美国政治学家拉斯韦尔（Lasswell）。他在 1948 年提出的传播模式如图 5-1 所示。他提出的"5W"模式中，包含的要素有：

（1）谁——Who。

（2）说什么——Say what。

（3）通过什么渠道——Throught which channel。

（4）对谁说——To whom。

（5）反应如何——With what effect。

图 5-1　拉斯韦尔的 5W 模式

拉斯韦尔试图用这个模式反映人类传播的一般基本过程，有些学者觉得拉斯韦尔模式虽然很有用（最主要的用途是用于组织和构造关于传播的理论），但毕竟太简单了，因此，他们进一步发展了这个模式。例如，布雷多克（Braddock）在 1958 年增加了传递信息的具体环境和传播者发送信息的意图这两方面的内容。这样，拉斯韦尔的模式就改变为如图 5-2 所示的布雷多克-拉斯韦尔模式。

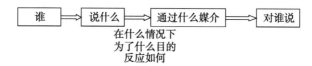

图 5-2　布雷多克-拉斯韦尔模式

拉斯韦尔模式显示了早期传播模式的典型特性。它或多或少想当然地认为传播者具有某种打算影响接收者的意图，因此应该把传播看作一种说服性过程。这一模式还假定任何信息传播总是有效果的。

2. 香农-韦弗模式

1949 年，数学家香农（Shannon）及其合作者韦弗（Weaver）从信息理论的角度提出的图解模式，最初是用于描述电子通信过程的，后来许多研究社会传播现象的学者也从中受到很多启发，认为该模式在许多情况下有广泛的适应性。在这个模式中，传播被描述为一个直线性的单向过程，具有五个要完成的正功能因素和一个负功能因素（即噪声），如图 5-3 所示。

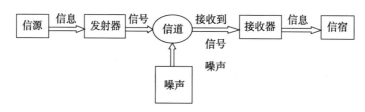

图 5-3　香农-韦弗模式

上述过程的第一个环节是信源，它发出一个或一组信息，由发射器转换为信号，信号经过适当的信道通向接收器，再由接收器将信号还原为信息，最后抵达信宿。在这个传播过程中，信号可能受到噪声干扰，从而使传递的信息产生某些衰减或者失真。也就是说，由信源发出的信息与由接收器还原并送达信宿的信息含义可能不一样。这对所有的信息传播过程来说，都是一个不可忽视的重要因素。信息发送者要增强自己的传播效果，必须关注排除传播活动中可能产生的各种干扰信息正常传递的因素。不过，香农-韦弗模式存在两个明显的缺陷：一是缺乏信息反馈；二是忽视了影响社会信息传播过程中的两个重要因素，即客观上社会环境的制约因素和主观上传受双方的能动因素。

3. 奥斯古德-施拉姆循环模式

这个模式由心理学家奥斯古德首创，并由传播学者施拉姆于 1954 年在《传播是怎样进行的》一文中提出。在这个模式中，一方将信息进行编码，然后发出信息，另一方收到信息后进行译码，再经过解释理解而接收了信息；同时他又将自己的信息经过编码发给对方，对方同样经过译码、释码而接收信息，如图 5-4 所示。

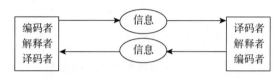

图 5-4　奥斯古德-施拉姆循环模式

这样，传播双方不再机械地划分为发送者和接收者。双方都是发送者，同时又都是接收者，他们的传播行为是主动的和对等的，行使着相同的功能，都在从事编码、译码和释码。编码功能类似于发射，译码功能类似于接收。信息在两个传播主体之间循环流动、传播。

如果把香农-韦弗模式说成直线性模式，那么可以说奥斯古德-施拉姆模式是一个高度循环形的模式。这两者之间的另一个区别是：香农和韦弗的兴趣主要在于发送者和接收者之间的传送渠道，而奥斯古德和施拉姆则主要讨论传播过程中各主要行动者的行为。

4. 德弗勒的双向环形模式

1966 年，传播学者德弗勒（Defleur）在论述发出信息的含义和接收信息的含义之间的一致性时，又发展了香农-韦弗模式，如图 5-5 所示。

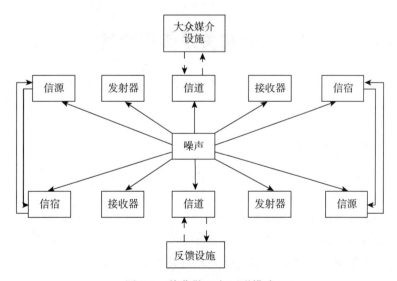

图 5-5　德弗勒双向环形模式

德弗勒在香农-韦弗模式中又增加了另一组要素，以显示信息是如何获得反馈的，而反馈有可能较自己的传播方式更有效地适应信宿。这样发出信息的含义和接收信息的含义之间达到一致的可能性就会有所增加。此模式突出双向性，被认为是描绘公共关系传播过程的一个比较完整的模式。但应该指出的是，在大众传播中，信源只能从受众处获得有限的或间接的反馈。同样，信宿也很难获得信源的反馈。

 资料 5-2

中国馆：向世界讲述中国生态之美

走进北京世园会园区，首先映入眼帘的便是一座半环形的标志性建筑——中国馆。青山绿水间、梯田花海旁，这座建筑宛如一柄温润的"如意"，金色的屋顶勾勒出蜿蜒柔和的曲线。中国馆汇聚了中华园艺精华，向人们讲述中国园艺的传统文化和历史故事。

中国省区市园艺产业成就展区综合运用实物展陈与场景再现相结合、传统展陈和数字技术相结合的形式，让各地园艺历史文化、园艺产业发展、园艺科技创新以及生态文明建设等方面的特色内容得到充分展示。中国园艺高新科技成果展区则主要面向与园艺相关的国内高校、科研院所，汇集代表国际领先水平的、中国原创的园艺产业科技成果，展示与百姓生活紧密相关的绿色发展技术成果。中国非物质文化遗产插花艺术展区通过花材花器、古籍书画和配合品花观花的定制装置，向公众展现中国非物质文化遗产——传统插花艺术的魅力。

一座中国馆，将中国古典生态哲学智慧与现代生态文明理念融合起来，成为一扇向世界展示中国生态之美、讲述中国园艺历史文化的绿色窗口。

资料来源：鲁元珍.中国馆：向世界讲述中国生态之美[N]. 光明日报，2019-04-29（有改动）.

5.2 公共关系传播原理

在公共关系中，传播是社会组织利用各种媒介，将信息或观点有计划地与公众进行交流的沟通活动。

5.2.1 公共关系传播的含义

公共关系传播，是社会组织即传播者，有组织、有目的地针对特定公众进行的信息交流和共享活动。其目的是通过沟通社会组织和公众之间的信息，树立组织在公众中的良好社会形象，扩大组织的社会知名度和美誉度。

公共关系传播的概念包括以下几个方面的含义。

1. 公共关系传播的作用是沟通社会组织与公众的桥梁

（1）社会组织可以通过传播媒介的报道向公众传递组织的信息。社会组织要巧妙地运用传播媒介的传播作用，使传播媒介对组织内部发生的事情感兴趣，并加以报道，为组织和组织的产品进行宣传,帮助组织把信息输送给公众。

(2)社会组织可以通过传播媒介收集到各种信息,尤其是关于公众对组织的印象恶化、对产品的意见方面的信息。这有利于组织了解公众的意向、要求,有的放矢地开展公共关系工作。

(3)社会组织可以通过传播媒介的宣传,扩大公共关系工作的影响。特别是大众传播媒介,包括网络媒介,能同时影响众多的公众。

2. 公共关系传播的内容是信息或观点

传播的内容是社会组织要向公众进行传递与交流的信息与观点。公共关系传播就是把社会组织的观点,所制定的政策、方针,向公众进行交流。要求传播媒介能生动、全面、客观、准确地向公众传递各种观点与信息;传播的内容是沟通的信息,信息沟通的目的是更好地认识公众、说服公众、影响公众、赢得公众,同时也是为社会组织决策和行动提供依据。

3. 公共关系传播的手段是运用各种媒介形式

公共关系传播主要是运用大众传播媒介包括网络媒介手段进行信息或观点的传递与交流。大众传播媒介是公共关系中沟通的最重要的工具,它的影响范围最为广泛,传播速度最为迅速,是其他任何传播媒介形式所不能比拟的。

5.2.2 公共关系传播的特点

公共关系传播有其自身的特点,具体表现在以下几个方面。

1. 传播行为的受制性

公共关系传播是一种重要的组织行为,是为实现组织目标服务的,因而要受到组织特性的制约。从时间和空间上、内容和形式上,都要受到组织目标、组织制度、组织规范等的制约。

2. 传播内容的求实性

公共关系传播是组织的一种公共关系行为,其目的是沟通公众、服务公众,在社会公众心目中树立良好的社会形象,进而求得公众的理解与支持。因此,公共关系传播首先必须讲求其内容的真实性和态度的诚实性,要使公众感觉到组织的公共关系传播是客观的、实在的和公正的。

3. 传播渠道的多样性

公共关系传播的对象是公众,公众是一个类型复杂、层次多样的社会群体。他们当中有个人、有群体,也有组织;他们的年龄、性别、阅历、个性等都不尽相同,各自喜欢的信息渠道也就不同。因此,公共关系传播必须针对目标公众,采取多种传播渠道进行信息传播,保证公共关系传播的针对性和影响面。

4. 传播方式的策略性

公共关系是一门科学,也是一门艺术,公共关系传播在遵循传播规律和原则、确保传播内容真实和客观的前提下,还要掌握传播的技巧和谋略,创造性地运用各种传播的技术与方法，巧妙地向公众传播公共关系信息，从而有效地影响公众、服务公众、沟通公众、赢得公众，取得最佳的公共关系传播效果。

5. 传播活动的高效性

在公共关系传播中，可根据不同情况采取普遍性目标公众策略、选择性目标公众策略、集中性目标公众策略，确保公共关系传播的指向性和针对性。注重传播时机的选择，按组织发展的不同时期的特点来进行公共关系传播，注重选择传输通道，确保公共关系传播的高效性。公共关系传播要受到人们追求最佳效益的欲望所驱动，并以传播的最佳效益为原则。

 资料 5-3

万科"郑大门"

2018 年 3 月 28 日，万科在郑州地铁上投放了一组广告。"春风十里醉，不如树下学生妹"的广告词被网友谴责低俗。"母校旁，郑大里，操场上，樱花下"等词汇也让人浮想联翩，引起大家反感。

公开信息显示，该项目位于郑州市高新区科学大道与西四环交会处，距郑州大学新校区直线距离不足 3 公里。郑州大学学生告诉看看新闻记者，"这个广告实在是低俗，可以说就是为了博眼球。"

目前，郑州万科已经发布声明致歉，表示会全部下线处理，对该项目广告的不当言辞给郑州大学及郑大同学和郑大校友造成的困扰诚恳致歉。郑州万科负责人和事件相关责任人分别予以通报批评、降薪、降职、解除劳动合同的处理。

资料来源：地产情报站. 从万科"郑大门"看房企危机公共关系的姿势[EB/OL]. 网易号，2018-04-15（有改动）.

5.2.3　公共关系传播的作用

组织借助公共关系传播的主要目的是获取组织的内外信息、加工信息、传播信息，从而确立、巩固组织形象等，在特定条件下，公共关系还必须借助传播达到矫正形象的目的。具体说，信息传播对社会组织的作用与功能体现在以下几方面。

1. 积极作用

1）使公共关系主体准确把握内外环境的真正情况

公共关系中信息传播的首要任务就是收集信息，以作为社会组织了解自己、了解公众的前提条件，只有这样，才能准确地确立组织形象。对于营利性社会组织，这样可以很好地为经营服务活动定位，同时掌握社会组织在公众中的形象等反馈信息，以便及时调整相关策略，特别是在社会组织出现意外情况时，信息可以使主体及时矫正形象。

2）使公共关系主体增强选择能力从而提高决策的可行性

对于社会组织而言，其目标实现程度往往取决于对信息的把握程度，但把握信息的过程，不是对信息的简单叠加，而是岂须加以选择、整理。应该说，一个只能获取信息而不能加工信息的公共关系机构或人员，是不合格的，因为无序的信息太多，反而不利于决策。合格的公共关系活动，应是准备把握信息、整理信息和根据信息进行归纳建议的过程。

3）使公共关系主体的预定目标易于实现

通过各种传播媒介向内、外公众宣传信息，以达到"内求团结，外求发展"的目的应是公共关系信息传播的主题，也应是公共关系的主要内容。

 资料 5-4

精雕细琢，亮出"南京气派"

2018 年是南京城建城管工作的丰收年和突破年。800 多亿元的城建投资既为城市发展奠定了坚实基础，也为经济发展稳中有进、稳中提质提供了强劲支撑。通过深化精细化建设管理专项行动改善城市面貌，城市功能和品质得到持续提升。精雕细琢之下，城市辨识度、美誉度持续提升，"南京气派"越来越足。

统筹发展，地铁运营里程全国第四。即便放眼整个南京，这也是一条具有里程碑意义的线路：南京的地铁运营里程至此由 348 公里增至 378 公里，运营总里程位居全国第四。

精雕细琢，匠心彰显城市特色。四通八达的轨道交通是南京城的现代化名片，美丽古都的历史底蕴则是南京的文化名片。城市建设中巧打"文化牌"，让南京有了更加鲜明的城市标识。

见缝插绿，林木覆盖率全省第一。"绿"是南京给很多外地人留下的第一印象。参天的林荫大道、街头创意十足的绿雕、居民区里精致的"口袋公园"，见缝插绿，处处见绿，让南京的"绿色指数"持续提升。截至 2018 年底，全市林木覆盖率达 31.15%，跃居全省第一。

资料来源：葛妍，何钢，马金. 精雕细琢，亮出"南京气派"[N]. 南京日报，2019-03-02（有改动）.

2. 消极作用

（1）各种媒介所创造的氛围使人们的积极性、主动性受到抑制，自身的判断能力受到削弱。

（2）"大众文化"越来越占有重要位置，从社会文化角度看，有可能造成人们整体审美水平的下降。

（3）公共关系传播"受众面广"这一特点被"别有用心"的人加以利用，有时出现流言传播。

（4）在进行文化交流过程中，有些不健康的事物乘虚而入，对人们思想有所腐蚀。美国布热津斯基博士提出媒介失控论：电视"刺激了全球群众在物质上的攀比"，电视引发了"全球范围内的精神危机"，"大众媒介（尤其是电视）所传播的价值观念……可被称为道德败坏和文化堕落。"他认为制止媒介失控的"处方"是对一味追求个人满足的欲望进行自我控制，强化教育，保持传统的价值观念，在全世界建立道德共识。

5.2.4　公共关系传播的类型

传播的类型多种多样，在实施公共关系的活动中，公共关系的传播主要是展开在群体环境，即组织之间的传播，因此公共关系的传播主要依赖人际传播、群体传播、组织传播、大众传播和网络传播。

1. 人际传播

人际传播又称人际沟通，它是个人与个人之间的信息沟通。这是最常见、最普遍、渗透人类生活一切方面的一种最基本的传播方式。公共关系人员利用人际传播方式，并不意味着是一种私人性质的交往活动，而是作为一个社会角色和组织的代表来从事人际传播活动。人际传播具有一些明显的特征。

1）随机性

人际传播通常是面对面的信息交流，传播者可以随时得到受传者的反应，及时调整传播的内容、态度和方式，并且随时明确自己的传播效果和直接影响。

2）灵活性

人际传播是一种随时随地的传播，无论在时间或空间上，都有很大的自由度，具有及时调整、见机行事等灵活选择的余地。

3）针对性

人际传播因为是针对具体对象的，所以往往目标明确，可以根据具体个人和具体环境展开传播。

4）情感性

这是就面对面的人际传播而言的。在这种情况下，人与人的传播可以察其言、观其行，而且表现形式灵活多样，加之表情和动作往往富有人情味，因此对受传者而言，有亲切自然的感受。双方容易形成共鸣，产生共识。

5）快速性

这是就人际传播的反馈而言的，在这种传播中，每一个个体既是传播者又是受传者，一方发出信息的同时也接收对方的反馈，反馈本身就是一种传播与反馈出现后，紧接着再形成下一轮传播与反馈，每一次互为传播与反馈的传递是双方的、及时的、连续而紧密的。

6）局限性

人际传播具有个体性，人为因素很强，虽然个性突出了，但传播内容的容量变小，传播面十分有限，因而传播的影响力也很有限。

另外，人际传播还具有参与的双向性（传播者和受传者互相传播）、传播符号的多样性（可使用口语、体语、服饰语等）、主观的制约性（个人之间进行传播受个体信息量少的制约）。

2. 群体传播

群体传播是发生在自然社会群体中一种自发的传播活动。它主要包括小团体传播和公共传播两种基本类型。

1）小团体传播

小团体传播也称小组传播，这种沟通主要是介于人际传播和组织传播之间的一种传播形式，即群体内的人际沟通活动。例如，小组讨论、小组座谈、小组谈天、总结等，这种传播一般采用民主的方式，没有约束和强制性质。小团体传播具有明确的特点：

（1）沟通总是在特定的群体内进行。小团体的沟通活动是很有限的，范围也很具体。往往活动的性质、内容、方式与团体本身的性质特点相一致，有与其他团体的明确界定。

（2）沟通的意见个性化。小团体的传播本质上是以人际传播为基础的。它方式灵活、手段多样、反馈迅速，相互比较容易交流，同时每一个传播者都传达着最原始、最本质的个人意见。公共关系人员常常要用这种小范围的传播形式，可以说这种小团体的传播是公共关系无法回避、必须依赖的基本传播形式。

2）公共传播

公共传播也称公众传播，一般是指一个人对多数人的传播，也称为公开传播。这种传播通常是一方发出信息、多方接收信息的传播过程，传播对象是一个相对大的有限传播范围，传播的内容一般是一些需要及时公布和公开的公共信息。这一形式的信息传播速度快、范围广。

当相对集中的、较大的公众群体进行传播时，公共传播主体总是利用公众广泛参与的某种活动形式，与公众进行多媒体的现场沟通。例如，组织大型集会，进行公众演讲，组织大型演出活动、竞赛活动、展览活动、开放参观活动、各种专题和节日庆典活动等。公共传播的特点如下：

（1）面对的是相对集中、参与规模较大的公众群体。公共传播的范围远远超出一般人际传播和小团体传播，涉及比较广泛的公众层，但各部分公众又因参与同一活动而相对集中。

（2）传播者与公众的大规模现场参与。传播对象多是此种传播的最大特点，同时它还是双方直接的参与和沟通，其场面宏大、气氛热烈、有声有势，常常会产生轰动效应。

（3）可以多种媒体综合使用，有立体感。在大型传播场合，往往是既有口号，又有文字、图片、音响、模型、幻灯、电影、音像和实物展示、模拟表演等媒介形式。

一方面公共传播具有范围较广、速度较快、反馈较直接的特点；另一方面在公共关系活动中，公共传播无论对宣传组织或产品的良好形象，还是扩大组织的知名度等，其使用频率都极高，同时也很有效。

 资料 5-5

久其数字传播

伴随着 8 月逐渐远去的脚步，长达两个月的暑期将一并画上句号。但可以预见的是，紧跟着又一波旅游小高峰也即将到来。正在上海举行的 2019 环球旅讯峰会&数字旅游展，便汇聚了来自旅游业各细分领域的大咖，就行业趋势进行激烈的观点交锋，分享更深度的洞察，探讨今时今日的全球旅行消费者的需求，寻找更精准的切入机会。在 28 日下午，久其数字传播总经理邓晨先生也在会场做了演讲，与参会嘉宾分享他关于旅游行业在数字时代的所思所想。

越来越多的外国游客并不仅仅希望观赏自然风光，而是需要更深度的体验游，如果不能就此提供完善的解决方案，势必难以吸引到越来越年轻个性化的游客。而顺应数字时代的发展，利用技术的手段赋能旅游，将有效提升对外国游客的吸引力。因而，如何让旅游品牌与海外用户完成亲密的对话，并随着对话、互动行为的丰富，让用户画像越来越立体，将数据沉淀到私域流量池，进一步帮助旅游品牌提升服务品质，这也是久其智能客服 JoinChat 的使命。针对旅游行业的核心痛点，它可以为用户提供全面的旅行资讯，提升游客服务体验，并帮助品牌沉淀精准用户数据，构建中国企业自己的海外用户私域流量池。

对于接下来在旅游行业的发力点，邓晨表示希望通过我们不断完善的服务能力，和国内更多旅游品牌一起，真正实现口碑营销的落地。让每一位旅游从业者成为中国旅游的代言人，让每一个来过中国的外国游客，自发地成为中国文化的代言人、传播者。大家共同构建旅游营销生态，推动入境游的持续深化发展。

资料来源：久其数字传播：构建旅游营销生态，实现品牌与海外游客的深度对话[EB/OL]. 艾瑞网，2019-09-02（有改动）.

3. 组织传播

组织传播是通过组织所控制的媒介与公众进行的信息传播活动。它是具体组织或社会固定机构所展开的信息活动。组织传播的对象也是群体或组织，它主要运用组织的媒介进行固定传播。公共关系中的组织传播，往往采用展览、庆典、广告、义体活动和具体宣传等形式。

公共关系概念与组织传播概念是基本一致的，公共关系是一种特殊的组织传播行为。组织传播具有以下特点。

1）传播主体的组织化

组织传播的行为者、实施者、承担者是组织机构而非个人。传播活动受组织目标和计划的制约，受组织的控制，为组织的利益服务，是组织经营管理的一种手段。组织传播的内容也是体现组织意志的信息。

2）传播对象的具体化和大众化

组织传播的对象比人际传播更为复杂和庞大。既有内部的沟通对象，又有外部的公众环境；既有近距离的沟通，又有远距离的沟通。无论哪一种沟通，无论规模有多大，都是在具体目标制约下有选择地作用于对象。组织传播活动总是涉及特定范围内的公众，当然也包括大范围的公众，并对其产生舆论影响。

3）组织内部的传播活动具有双重性

组织在内部信息传播活动中，同时存在着正式的组织传播和非正式的人际沟通形式，正式沟通以正式方式达到主要目标，非正式沟通辅助正式沟通，以感情、兴趣为润滑剂，形成富有弹性的人际沟通，从而为达到组织目的服务。

4）组织外部的传播方法具有综合性

组织面对外部公众对象的多样性，在传播活动中必须综合运用人际传播、小团体传播、公众传播和大众传播等方式，集中各种媒介的优势，广泛开展传播。

4. 大众传播

大众传播有广义和狭义两种。广义的大众传播专指使用大众传播媒介（书籍、报纸、杂志、广播、电影、电视）所进行的传播。狭义的大众传播是职业传播者通过现代传播媒介，向社会大众提供信息的传播形式。

大众传播是随着科学技术的发展而实现的远程通信与大批复制信息的技术。它使信息传递的规模和速度空前发展，其一经产生就成为社会发展的强大动力。大众传播具有以下特点。

1）广泛性

大众传播的广泛性是指大众传播对象的高度大众化和传播内容的大众化。大众传播拥有大量的受众，涉及不同的地域和不同的阶层。由于面对整个大众，大众传播的内容一般要符合广大对象的各种要求，引起他们广泛的兴趣，所以信息量大是可想而知的。

2）间接性

大众传播的间接性是指这种传播的信息反馈困难。分散的、匿名的受众对大众传播者来说，他们之间是互相分离、无法谋面的。因此，大众传播的信息反馈迟钝。这种传播双方的互不联系，使大众传播的反馈渠道不畅，过程长、速度慢、成本高、不准确。

3）专业性

大众传播的专业性特征是指传播机构的高度专业化和传播手段的技术化。现代大众传播是个专业化很强的行业。它由专业机构和专门人员来从事，如报社、杂志社、电台、电视台和其中的记者编辑们。同时大众传播借助现代印刷、摄影、电话、电传、无线电、激光等技术手段，机器复杂，操作难度和技术含量很高。

4）高效化

大众传播的高效化是指大众传播使用现代传媒，大量高速地复制和传递信息。网络和其他电子媒介同步传播已使所有信息瞬间即至，具有强大的公众舆论影响力，所以大众传播成为公共关系工作最有效的手段。

5. 网络传播

网络传播是一种以多媒体为终端，以光纤为通道，把所有的个人和组织都联结在一起的，并能与"个人化"受众进行互动沟通的现代先进的信息交流形式。随着现代科技革命的突飞猛进，特别是信息技术的快速发展，互联网已成为世界上规模最大、覆盖面最广、信息资源最丰富、运用最便捷的信息传播网络。这一新兴传播方式的出现及其巨大潜力的不断发掘，在日益改变着人们的生活方式、工作方式和思维方式的同时，也为公共关系的发展提出了新的课题，展现了新的发展领域。建立在公共关系与因特网相结合的最新成果基础之上的网络公共关系，为现代公共关系提供了新的思维方式、策划思路和传播工具。网络传播的特点有以下几个。

1）信息数字化使传播的时效性更强

数字化技术的应用，使传播告别了传统的媒介形式的传递工作，信息的储存、传递、处理变得简易、快捷。传统媒介复杂烦琐的信息采集、处理、传递工作，运用专业软件可直接操作，使公共关系传播的时效性大大增强。

2）时空无限，沟通无限

网络传播打破了传统的时空概念，为人们提供了充分的时空选择自由。从空间上看，近在咫尺和远在天涯，在互联网上几乎没有差别；从时间上看，只要需要，公众或组织可以在任何时候从网上寻找信息，也可以在任何时候在网上发布信息。

3）实现了平等参与

在传统的大众传播中，作为信息"把关人"的传播机构和传播职业人员处于传播的垄断和支配地位，而在互联网上，任何用户都可以发布自己的信息，都可以自由地选择并分享网上丰富、广泛的信息资源，使传播权利在人类历史上第一次实现了真正的普及。在信息的高速公路上，用户人人平等，传播主体与客体的界限变得非常模糊，参与传播活动的每个人不受种族、性别、职业、地位、年龄甚至容貌的限制，真正成为平等交流信息的伙伴。

4）真正的双向互动

由于交换技术和高速度、高容量的光纤通信技术的应用，通过特定的装置和程序，使网络成为一个畅通的信息反馈渠道，公众能够及时地将反馈信息传送给组织，而组织可以及时收到所有反馈信息，并进行汇总、统计、处理和回复。由此形成组织与公众之间的双向互动传播。

5）个性化、个人化的传播

传统的大众传播是"点"对"面"的无具体对象的传播；受传者接受信息也是"点"对"面"的接收，受传者要在无数信息源中有意无意地进行选择接收，而要寻找、汇集关于某一问题的全部有效信息几乎是不可能的。虽然网络并不是针对某个具体的"我"，但"我"却可以任意点播，订购自己需要的信息，它们会自动送达个人接收终端，使信息的采集汇总在网上成为一件轻而易举的事。

6）多媒体传播

由于多媒体技术的普遍应用，网络传播将文字信息、图像信息、音响信息融为一体，使信息更加丰富、生动、形象，从而赋予组织形象更为丰富的时代特征，有利于组织良好形象的塑造和传播。

 资料 5-6

乡村文化传播

乡村是传统文化积聚和流传的场所，也是"文化自信"的渊源和根基。在国家实施乡村振兴战略的背景下，文化振兴是乡村发展的"根"和"魂"。在此背景下，主流媒体、商业媒体和农民自媒体也有了共生融合的可能，拓宽新思路，打破单向的传播关系，不同角色之间可以形成互动循环的有机关系。例如，快手号"浪漫侗家七仙女"是贵州驻村扶贫干部的创意，七位村姑展示黔东南乡村生活和农产品，通过快手拓展销售渠道，成为快手宣传的短视频扶贫范本。

沿着黄河，在甘肃，兰州民间灶火习俗中的太平鼓，在视频中铿锵震动；在河南，"中国画虎第一村"王公庄村，300多人通过短视频直播销售画作；在山东，20年"艺龄"淄博农民李先鹏，在1 400 ℃炉前制琉璃的视频走红，并"在线收徒"。

顺着长江，四川藏家姑娘迷藏卓玛，带女儿挖虫草采松茸，成为"农民网红"登上央视；江西农民蒋金春扮成"鲁智深"，展示乡村原生态文化，带领村民销售农产品；在江苏海头镇的"海鲜村"，村民们上传出海捕捞等日常视频，在快手收获一年165亿次的点击量。

资料来源：刘楠. 农民自媒体"浮世绘"：乡村文化传播的空间转场与话语建构[EB/OL]. 虎嗅网，2019-09-24（有改动）.

5.2.5 公共关系传播的效果

传播效果是指通过传播媒介把信息传递给公众而产生的结果，这种结果包括情感、态度和行为等方面的反应。如果达到了组织的预期目标，就是最终的传播活动，否则就是不理想的或失败的传播活动。

1. 知晓层次

这是最低层次的传播。对于公共关系来说，知晓层次的传播主要对象是潜在公众和一部分将可能与社会组织发生关系的非公众。这种传播主要是通过把社会组织的运行情况和发展趋势、特点和专长等信息用各种传播媒介公之于众，尽量扩大组织的知名度。其目的主要是让公众了解组织，在公众心目中初步建立起对社会组织的深刻印象。在这一层次的传播过程中，由于公众原来对组织缺乏了解，因而对有关组织的信息不一定会感兴趣。所以这一层次的传播要想取得效果，必须注意传播信息的强度、对比度、重复率和新鲜度等因素。

 资料 5-7

"绿色智造"让山水名城更夺目

素有"山水甲天下"美誉的桂林，是一座著名的风景旅游城市和国家历史文化名城，因其秀丽的景色而广为大众熟知。但鲜有人知道，桂林同时还是国家老工业基地、国家级"两化"融合试验区、国家新型工业化（电子信息）产业示范基地。中国第一台海用雷达、第一套光纤室外试验系统、第一台（套）特高压电力电容装置等在这里诞生，电子工业、橡胶工业产值曾一度占据广西的2/3以上。

长期以来，桂林这座山水名城面临着保护漓江和发展工业存在矛盾的难题。不发展工业，经济增长没有持久动力；但如何发展工业、发展什么样的工业，又需要周密规划和布局，一旦污染了环境则功不抵过。

经过艰难的探索，桂林尝试在全力保护好青山绿水的同时实施工业发展战略，着力打造桂林工业"绿色智造"品牌，走出了一条工业转型升级与科学保护漓江和谐共赢的新型工业化道路。

资料来源：周明阳. "绿色智造"让山水名城更夺目[N]. 经济日报，2018-12-02（有改动）.

2. 情感层次

情感层次传播是指让知晓公众进一步密切与组织的关系，加深组织与公众的关系，加深组织与公众的感情，这是公众在感情上与传播内容接近，产生认同感，它是传播达到的较为理想的效果。但是需要注意的是，情感有正负之分，只有正面情感才是传播者所需要的，负面情感如反感、厌恶等，应予以避免。

3. 态度层次

态度是人对事物或现象认识的程度、情感表达和行为倾向的总和。它已从感性层次上升到了理性层次，是在感性认识基础上经过分析判断、理性思维而产生的，一经形成就非常难以改变。公共关系传播如能达到这一层次，对公众的影响就非常深入了。

一般来说，社会组织要转变公众的态度有以下三种情况：第一，公众原有的态度随着社会组织运行变化而需要转变，这叫作"转轨转变"；第二，公众在与社会组织的关系过程中抱有不同程度的负态趋向态度，因而需要改变这种态度，这叫作"逆向型转变"；第三，公众在与社会组织的关系过程中抱有不同程度的正态趋向态度，这需要维持和发展，这叫作"顺向型转变"。

4. 行为层次

这是最高层次的传播活动，它的对象就是对组织有良好印象的公众。这一层次的传播目的不仅是进一步建立组织的良好形象，更主要的是要求公众有实际的行为表现，如购买某种产品或认购某种股票等。

态度是行为的先导，人们总是先有某种态度，然后才会有相应的行为。因此，公共关系传播在这个层次上的工作必须以态度层次的工作为基础。只有做好态度层次的传播工作，行为层次的传播才能顺利展开。但这并不等于说，只要态度层次的传播工作做好了，行为层次的传播工作就一定能取得效果。因为公众虽然有采取行动的可能性，但不一定必然采取行动。要使公众尽快采取行动，就需要行为层次的传播活动做进一步的努力。公共关系传播在行为层次的传播活动中要尽量做到以下两点。

1）传播的信息必须提出明确的目标。行为层次的传播是为了促成公众与组织的合作行为，因此，要使传播的信息确立起一个能够打动公众的目标。例如，顾客发现一种洗衣机的烘干功能很符合他的愿望，他就会采取购买行动。因此，行为层次的公共关系传播必须努力挖掘到一个能够足以打动公众的闪光点，把公众心中的某种愿望点燃，促使他们采取行动。

2）在传播中要提供方便公众采取行动的信息。人们接受某种信息并采取相应的行动，必然会考虑实现这一行动的途径及后果等条件，因此，公共关系传播要尽量打消公众的种种后顾之忧，以促使他们完成某种行为。比如，大件商品都有送货上门、负责安装和维修及指导使用这类服务，并把销售网点和维修网点公之于众等服务措施，目的就是方便公众，促使他们采取购买行动。再如，一份产品说明书，不仅要说明产品的性能和使用方法，还要说明它的保养、维修等措施。这些信息的传播都有助于促销产品。

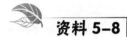

资料 5-8

腾讯回应差评事件

2018 年 5 月 23 日，自媒体账号"差评"宣布完成由腾讯 TOPIC 基金（腾讯兴趣内容基金）领投，云启资本等跟投的 A 轮融资，本轮融资金额 3 000 万。

万万没想到，事情很快在业界引起争议，有多家自媒体发文质疑差评缺乏原创能力，"三表龙门阵"甚至发文《腾讯大如藏獒，说到底还是狗》直言，"差评"是一家以"洗稿"起家的自媒体，毫无原创力可言。

迫于舆论重压，腾讯公共关系总监迅速在朋友圈对此事发表声明。表示"差评"不会在微信公众号平台获得特殊照顾。

随后，腾讯官方也发出声明，态度相当明确，称公司将重启更加严格的尽职调查程序，如与腾讯保护知识产权的原则不符，他们将协商退股。几乎同时马化腾也在朋友圈作出了回应，表示会负责任解决好。

从公共关系总监张军到官方账号声明再到马化腾的亲自回应，腾讯一连串的及时的认错回应，迅速扭转了舆论对于对腾讯态度。

资料来源：还原始末：腾讯投资差评事件[EB/OL]. 搜狐，2018-05-25（有改动）.

总之，公共关系学把传播活动分为四个层次，只是为了更细致、全面地认识传播行为，以便于实际工作中具体应用，从而切实提高公共关系传播的效果，增强组织对公众的影响力。

5.3　公共关系传播媒介

传播媒介是信息进行传递的渠道与手段，是传播内容的载体，离开了媒介，传播的作用就无法实现。因此，在公共关系传播中，除了要求公共关系人员掌握公共关系传播的基本原理以外，还必须熟悉各种传播媒介的性质、特点和用途，以便恰当地选择传播媒介，达到最好的传播效果。

5.3.1　公共关系传播媒介的含义

"媒介"一词，最早出现于《旧唐书·张行成传》："观古今用人，必因媒介。"在这里，"媒介"是指使双方发生关系的人或事物，其中，"媒"字，在先秦时期是指媒人，后引申为事物发生的诱因；而"介"字，则一直是指居于两者之间的中介体或工具。在英语中，媒介"media"系"medium"的复数形式，它大约出现于 19 世纪末 20 世纪初，其意是指使事物之间发生关系的介质或工具。

广义的媒介指能使人与人、人与事物或事物与事物之间产生联系或信息流通的物质载体。公共关系活动中使用的传播媒介，称之为公共关系传播媒介。有的学者指出：媒介即万物，万物皆媒介，而且所有媒介都能与人体发生联系。

狭义的媒介专指大众传播媒介（报纸、广播、电视等）。与之密切相关的另一个同义语，为"新闻媒介"，其确切含义是：开展新闻报道活动的大众传播媒介，如报纸、杂志、广播、电视等，在实践中，人们往往从宽泛意义上将"媒介""新闻媒介""大众传播媒介""媒体""传播形式""传播渠道"这些概念等量齐观，混合使用。但是研究的领域不同，所阐述的媒介概念也不同，容易产生混淆的有以下三个方面。

1. 媒介不同于媒体

媒体指信息的技术载体，如图像、影音、文字等，把三者集合在一起叫作多媒体；现在一般也把信息的传播单位称为媒体或媒介组织，如报社、电台、电视台、出版社、杂志社、电影制片厂等。

2. 传播媒介不同于传播形式

传播形式表明的只是传播活动的状态、方式和结构，是指传播者进行传播活动时所采用的作用于受众的具体方式，如口头传播形式、文字传播形式、图像传播形式和综合传播形式等，而传播媒介显示的却是实实在在的物体。在政治传播形式中，过去人们常采用文艺形式、音乐形式、忆苦思甜形式、参观访问形式等。在文字传播形式中，人们可以运用书籍、报纸、杂志、传单、小册子等媒介进行信息传播。一种传播形式可以动用不同的媒介（如文字传播形式，可以将文字刻在木头上或者石头上，也可以写在纸上、印在纸上或者显示在屏幕上），而一种媒介也可以服务于不同的形式（如电视中的语言、文字、图像、音乐等）。

3. 传播媒介不同于传播渠道

在传播学中，渠道是指传播过程中传、受双方沟通和交流信息的各种通道，如人际传播渠道、组织传播渠道、大众传播渠道。不同的传播渠道需用不同的传播媒介相配合，而不同的传播媒介又对不同的传播渠道进行定型。例如，人际传播渠道是人与人面对面的交流，决定了只能使用人体器官媒介（如发射媒介——嘴，接收媒介——耳）和空气媒介。但是，信息一旦通过广播、电视传播，就又是大众传播渠道了，可见，传播媒介并不等于传播渠道。

5.3.2 公共关系传播媒介的种类

公共关系信息传播的媒介种类繁多，从其物质形式的角度，大致可以分成五大类，即符号媒介、印刷媒介、电子媒介、实物媒介和人体媒介。

1. 符号媒介

符号是信息传递过程中的一种有意义的并能引发互动关系的信息载体。符号媒介是现代社会中运用非常广泛的传播媒介，也是公共关系传播中常用的媒介。它包括语言符号媒介和非语言符号媒介两大类。语言符号是信息传播的主要载体，分为口头语言和书面语言。

除语言之外的其他所有传播信息符号称为非语言符号。

1）语言符号媒介

语言是人类交往最基本和最重要的工具，在公共关系传播中，经常运用语言媒介进行信息传播。语言符号媒介，也称言语媒介，包括口头语言和书面语言两种。

（1）口头语言

口语传播专指传播者通过口腔发声并运用特定的语词和语法结构及各种辅助手段向受传者进行的一种信息交流。口语符号是人类最基本、最实用的符号系统，人类大部分的日常交流都要借助口语完成，它具有直接性、综合性、双向性、情感性和反馈性特点。运用口头语言媒介进行的传播，基本上属于人际传播，表现形式基本上是面对面的交流，因此信息反馈迅速、形式灵活多样、感情色彩强烈、传播效果明显。缺点是范围小，影响面不大。

（2）书面语言

书面语言是指以书面符号为信息传递工具的各种载体，它是一种无声语言。在公共关系传播中，书面语言是通过印刷文字来进行信息传递的。它的特点是语言表达便于保存和斟酌，可以超越时空界限，但其信息反馈不如口头语言媒介迅速，其方式有社交书信、调查报告、电文、谈判决议、会议记录等。

2）非语言符号媒介

非语言符号媒介是指以人的动作、表情、服饰等伴随语言为信息载体的传播媒介。在公共关系传播中，非语言媒介是一种广泛运用的沟通方式，通常情况下用来表现情感，加强或减弱语言传播的效果。非语言符号媒介分为有声非语言符号媒介和无声非语言符号媒介。

（1）有声非语言符号媒介。如说话时的语调、笑声和掌声。

（2）无声非语言符号媒介。主要指以动作、姿势、体态、表情、服饰等来传递信息的一种无声非语言。它分为体态语言和情态语言。体态语言指人们身体部位表现某种含义的动作符号，情态语言指人脸上各部位动作构成的语言，主要是"眼语"。

2. 印刷媒介

印刷媒介是指以印刷作为物质基础，以平面视觉符号作为信息载体的传播媒介。印刷媒介主要有报纸、杂志、书籍以及招贴、海报、传单、函件、合页等印刷品。印刷媒介是当今公共关系传播中运用最频繁和最多的媒介。它具有以下主要特点。

（1）它借助机器设备可以迅速大量地印制生产，如报纸可以每日一期，每一期少则 4 版或 8 版，多则 200 多版甚至 500 版。

（2）它容纳的信息多、内容广。

（3）读者可以自由地决定阅读的时间、地点、速度和方式。

（4）它可以长期保存，随时取阅，反复研读。

（5）它能适应不同读者的不同兴趣和要求，报纸、杂志、书籍也在日益向"小众化"的方向发展。

（6）印刷媒介的威望较高，专业性较强。

因编辑方法、内容特点、表现形式、对象范围等方面的差别，不同的印刷媒介有各自的特点。现分别介绍如下。

1）报纸

报纸是以刊登新闻为主的、通过版面的空间组合刊出的、面向广大公众发行的定期出版物，有纸质和电子之分。报纸的种类繁多，有全国性的，也有地方性的；有综合性的，也有专业性的；有官方报纸，也有民间报纸。报纸具有固定名称，通常以散页形式（即不加装订）发行。在印刷媒介中，它的传播速度最快，发行量最大，与社会生活的关系最为密切，具有很强的政治性和权威性。与其他印刷出版物相比，报纸的文章内容通常较为浅显。

总的来讲，报纸作为传媒的优势在于：传播面广、传播迅速、具有新闻性、阅读率高、文字表现力强、便于保存和查找、费用较低等。其弱点在于：时效短、传播信息易使读者忽略、理解能力受限、解释较差、缺乏动感等。

2）杂志

杂志是报纸向深度和广度发展的印刷品媒介。当人们以报纸所发布的信息力求做更深、更广的了解，或者是对某类信息有浓厚兴趣时，杂志便应运而生了。杂志是以成册装订的形式刊出、以目录为引导、将各种内容分类顺序编排的大众传播媒介。按发行周期，杂志可分为周刊、半月刊、月刊、双月刊、季刊；按性质，杂志可分为专业性杂志和非专业性杂志。

杂志具有以下优点：针对性强；印刷精美，表现力强；保存性好，重复阅读率高。杂志的局限性表现在：与报纸相比，受众的文化水平要求更高，还要求有一定的专业知识；出版周期更长，传播速度慢，发行量和发行区域受到更大的限制；同时，时效性差，成本也较高。

3）书籍

书籍是指不定期、不连续、无固定名称并且装订成册的印刷出版物，一般由正式出版社出版发行。书籍的容量大，内容有深度；便于长期保存和使用，适宜于传播理论性和系统性较强的信息。但是，书籍由于出版印刷周期较长，信息往往不具有时效性，传播速度不如报纸、杂志快，对受众的素质要求较高，读者面也更为集中，信息普及率低。

4）其他印刷媒介

公共关系人员常用的印刷媒介还有招贴、海报、传单、名片、函件、小册子、手册、插页等，这些印刷媒介都是公共关系人员可直接控制的，因而具有目标指向明确、传播的针对性强，信息传播快、反馈迅速直接，形式灵活多样、费用低廉等特点。但是，这些印刷媒介大多由社会组织自行控制，公众容易对此类传播媒介怀有戒心，从而影响传播效果。

3. 电子媒介

电子媒介是指以电波的形式来传播声音、文字、图像等符号，并需要运用专门的电子设备来发送和接收信息的传播媒介。电子媒介主要有广播、电视、电影、录音、录像等。电子媒介在传播领域发展较快，特别是电视媒介在大众传媒上的影响力已居首位。从总体上说，电子媒介时效性强、传播速度快、覆盖面广，音响和图像给人以现场感和亲切感，受众较少受文化水平、理解能力的影响，单位受众成本低廉。但是，电子媒介所传播的信息重复使用率差，受众对传播内容的选择性也较差。下面对这些电子媒介分别介绍如下。

1）广播

广播是指通过无线电波或导线传送声音符号，供公众收听的传播媒介。广播纯粹借助听觉，信息制作简便，传播速度快于其他任何媒介，便于报道突发性事件。广播可以利用各种音响手段（现场声响、播音员声调的抑扬顿挫、间奏音乐等）来感染听众，具有生动性。广播分为有线广播和无线广播，它们在传播范围和传播设备上有较大差异。有线广播受线路导引的限制，一般只在某一公共场所或一定地域范围内传播；而无线广播则借助于电波信号，只要发射机功率足够，就可将信号传到地球上的每个角落。在我国，无线收音机和有线广播喇叭的普及率都很高。

广播传媒的优势表现在：传播及时、覆盖面广；机动性强；普及率高；感染力强。广播也有局限性，主要表现在：稍纵即逝，不便检索、保存；只有声音，没有文字、图像、色彩。因此，形象性不如电视，深刻性不如报纸；公众只能按一定的顺序收听节目，选择性差；公众的收听时间不稳定，收听率难以准确估算。

2）电视

电视以图像为主，声像兼备，还可以辅以文字说明，是最生动形象、感染力最强的大众传播媒介，因而也是受众人数最多的大众传播媒介。电视信息的制作过程要动用较多的人力和昂贵复杂的设备，这使它的传播速度通常慢于广播，制作成本很高。在内容的深度上，电视远不及印刷媒介。

电视的优势在于：视听传达效果好，纪实性强，传播迅速，影响面大，功能多样，娱乐性强；其弱点在于：传播效果稍纵即逝，观众信息的储存性差等。

 资料 5-9

呷哺呷哺火锅"鸭血门"事件

2015 年 3 月 15 日，中央电视台新闻频道《共同关注》栏目重磅报道"北京鸭血九成是假的"。据央视报道，有观众举报，北京市场九成的鸭血都是假鸭血，甚至是含有甲醛的有毒鸭血。街边麻辣烫的老板直接告诉记者，他这里的鸭血是猪血做的。记者到呷哺呷哺和小肥羊，分别打包了一份鸭血，随后，到附近的一个连锁餐馆打包了一份风味鸭血。检测报告显现，三份鸭血样品均检出猪源性成分。此外，麻辣烫所用的猪血检出了高浓度甲醛。

在 3·15，这所有商家都敏感的时间节点，呷哺呷哺在很短的时间内给出回应，表明态度。

3 月 15 日 20 点 40 分，呷哺呷哺微博发布第一篇回应："各位好，就今晚央视共同关注栏目播出《北京鸭血九成是假的》新闻中提到，取自呷哺呷哺一家门店所售卖的鸭血含有猪源性成分，我公司对此事件高度重视。坚持品质、对消费者负责是呷哺呷哺经营的根本。我们将联合新闻媒体、政府部门和第三方检测机构立刻展开调查。有进一步消息我们会及时发布。谢谢。"

25 分钟后，呷哺呷哺微博发布第二篇回应："各位好，本着为消费者负责的态度，我们目前已经全部停售所有门店的鸭血产品，留待检验和确认。同时，为了及时沟通，公布我公司的媒体联络方式，13801189595，张先生。谢谢。"

3 月 16 日凌晨 4 点 34 分，呷哺呷哺微博发布第三篇回应："3 月 15 日晚，我公司积极配合政府相关部门的检查和取样，提供产品供应商的资质证明和检测报告，并按照要求把已经下架停售的所有鸭血及时运回总部封存。我们将尽快落实事实，并及时通报。我们就本次事件给消费者带来的担忧和不便致以最诚挚的歉意。"

资料来源: 盘点近年来优秀危机公共关系案例（上）[EB/OL]. 梅花网，2019-10-09（有改动）.

3）录音、录像

录音、录像分别是广播、电视的延伸，它们是用电子技术将声音、画面记录下来，向有限的公众进行传播的电子媒介。公共关系人员在具体工作中也经常使用这两种新型的电子媒介。如企业在接待来访的中外客户时，就经常播放介绍公司的历史与现状的录像片，不知不觉就会加深宾客们对公司的了解，取得良好的传播效果。

4）电影、幻灯

电影、幻灯是利用强光和透镜将画面和文字映射在白幕上进行信息传播的电子媒介。尽管电影、幻灯同电视一样是利用带音响的移动图像来传递信息，但两者有明显的不同。电影、幻灯有专门的电影院、宽大的银幕、没有广告干扰。电影、幻灯媒介如果运用得恰当，可以获得良好的传播效果。当然，电影、幻灯媒介也有不足之处，如制作成本高、制作手续复杂、制作周期长、不便普及等。

5）社会化媒体

社会化媒体主要包括博客、微博、社交工具、社会化书签、共享论坛等，它通过互联网链接，跨越时间和空间让地球成为村落，人与人之间就是地球村里"清晰的陌生人关系"。事实上，互联网的链接革命，正在重构一种新的社会秩序。互联时代就是共生共享共赢的时代，这不仅是一个理念，更是一场前所未有的实践。由此，人类社会化生存进入一个知行合一的新阶段。互联网具有许多服务功能如：远程登录（Telnet）、网客新闻组（Usenet News）、文件传送（FTP）、万维网（WWW）、网络论坛（BBS）、网络即时通信（ICQ）、短信、博客、社交网络等。

社会化媒介传播具有的优点：具有传播方式双向互动性、监督性、自由性、多元性、传播速度快、传播功能多、传播技术强等优点；但也有其自身的不足，如网络的各种信息真假难辨，良莠不齐，容易被不法分析利用等。

 资料 5-10

网络教学"学霸 1 对 1"突然掉线了

2018 年 10 月 8 日下午，记者在位于江场三路 288 号"学霸 1 对 1"公司采访时看到，公司里所有的电脑都搬到了前台，前来讨要学费的家长在那里进进出出，而该公司 382 名员工基本上也都被欠薪两个月。据家长们自行统计，目前受害学员有 1 000 多名，涉及金额 2 000 多万元。一名家长说，销售人员曾表示，从幼儿园到高中，均可以选择"学霸 1 对 1"在网上补习语、数、外等各科课程，且都是名师"一对一"教学。出事后，他们才发现，所谓的"名师"基本都是刚毕业的大学生。

在家长们提供给记者的所有合同和发票上，"学霸 1 对 1"的经营公司名字都是"上海叉子信息科技有限公司"。静安区市场监督管理局提供的公司资料显示，这家公司是 2015 年成立的。"经营范围"一栏内，没有任何文字显示该公司可以经营教育培训事项。然而，在该公司的广告上，却毫不隐瞒他们超范围经营的违法事实。

而与"学霸 1 对 1"合作的富盛资融（中国）商业保理有限公司（以下简称"富盛公司"）给记者发来情况说明，告知该公司对"学霸 1 对 1"事件的应对措施。

"今年 10 月初，我们得知学霸（指"学霸 1 对 1"）运营停滞，导致学员可能面临无法继续上课的情况，因此以保护消费者利益为前提，富盛于 10 月 4 日向涉及的 614 位学员告知即刻暂停学费代扣；节后富盛根据学员反馈，为避免学员更多忧虑，10 月 8 日发送通知终止学费代扣，以等待事件解决方案，消费者若重新授权我司代扣学费的，再按照消费者授权执行代扣服务。"

资料来源：叶松丽. 网络教学"学霸 1 对 1"突然掉线了[N]. 新闻晨报，2018-10-09（有改动）.

4. 实物媒介

实物媒介指的是能够传递信息的实物，实物媒介在公共关系活动中被大量使用。常见的实物媒介有产品、赠品、象征物、公共关系礼品，以及一切能够传播企业形象的物质实体。

实物媒介具有以下两大显著的特点：信息直观可靠，通过实物传播。在直观可靠方面是言语传播和文字传播所无法比拟的，具有"事实胜于雄辩"的功效。反馈真实快捷，由于实物传播为公众提供了具体可感的实物信息，因此来自公众方面的反馈显得快捷、直接，而且更为真实。言语传播虽然也具有反馈迅速的特点，但是其反馈一般只是口头上的或者态度上的，在真实性和可靠性方面不如实物传播。实物传播作为检验产品销路的直接手段，更是言语传播和文字传播所不能替代的。

5. 人体媒介

人体媒介是借助人的行为、服饰、素质和社会影响等来作为传递信息的载体，它包括组织成员的形象、社会名流、新闻人物以及能够影响社会舆论的其他公众等。人体媒介的特点是能够与公众直接接触，双方比较容易进行情感交流，信息反馈的周期较短，但是人员媒介的作用不如符号媒介那样应用广泛，它往往有特定的运用场合或者限制条件。比如，车模就是在特定的汽车展示场合的人体媒介。

5.3.3　公共关系信息传播媒介的选择原则

在公共关系信息传播中，常用的传播媒介是以上五种。公共关系人员在进行信息传播时，要针对具体的信息内容和具体的传播对象，根据各种传播媒介的具体特性，选用恰当的媒介或者综合运用,只有这样才能大大增强公共关系传播的效果。一般来说,应该遵循以下四个原则。

1. 联系目标原则

根据公共关系的具体目标和工作要求选择并使用传播媒介。特定的媒介有其特定的功能和特定的覆盖面,要借助各种媒介为公共关系目标服务,就要根据工作目标的具体要求进行媒介选择。通俗地说,就是我要达到什么样的目标和效果,就去选择什么类型的媒体。

2. 适应对象原则

不同的公众对象接收信息媒介的习惯各不相同,应根据公共关系对象的特征去选择和使用传播媒介。在进行媒介选择时,应对传播对象的职业特点、文化程度、分布地区的生活习惯等有所了解,再根据这些情况去选择适当的传播工具。例如,对于文化程度不高的公众宜采用广播、电视;对于喜欢阅读思考的知识分子应多采用报纸、杂志;对于经常加班加点、行踪不定的出租车司机最好用电台广播;对于儿童最好把信息制作成电视卡通节目,等等。

3. 区别内容原则

根据传播的内容特点来选择传播媒介。公共关系因目标和工作要求的不同,需要传递的信息内容也不同。各传播媒介在传递不同的信息内容时,各自有着特定的优势和劣势。一般地讲,传播形象性很强的信息应该考虑优先选用电视;传播音乐性强、时间性强的信息应该优先运用广播;传播内容比较深刻、需要保存检索的信息,应该考虑优先运用报纸;传播专业性、针对性强的信息,可以优先考虑杂志;传播塑造组织形象方面的信息,可以优先选用实物;传播感情色彩浓厚又不需要大范围传播的信息可以优先选用语言媒介或非语言媒介。

4. 合乎经济原则

根据具体的经济能力和经济条件选择和使用传播媒介,即根据组织的公共关系预算和传播投资能力,量力而行、精打细算,争取在最经济的条件下获得最大的传播效果。

 资料 5-11

VR 看房

最近半年,贝壳找房横空出世,这家从链家网升级而来的"线上找房大平台"在传统房地产服务"突破战"中,将 VR 技术应用在行业的看房实践中,取得了显著的成效。

VR 看房促使人均线上浏览房源量提升了 1.8 倍,线上停留时间增长 3.8 倍,同时,7 日内看房效率提升了 1.4 倍。VR 技术的使用让看房率不降反升,原因是"很多买房人受限于时间长、路途远等因素,很多人缺少看房动力,但有了 VR 之后,对房子有了更深理解,很多原来不想去的人反而想实地看一下"。

VR 看房让贝壳打开一条光明路,根本原因是,它直接解决了传统地产中介行业的几个痛点。

首先，VR 给房源增加了信息和服务的价值。住房租赁服务行业的服务触达其实有门槛，消费者总是担心一旦去看过房、看过装修就会被持续打扰，此外，消费者天然对实地看房有一个心理门槛。VR 能够有效消除这个门槛，由于逼真的 VR 效果，消费者在线上就有沉浸式体验，再加上配套的 VR 讲房、VR 带看等功能，消费者能在很低的门槛掌握更多的深度信息。

其次，VR 看房的深度信息其实比实地看房体验更精确。实地看房看的是环境、整体感受、空间感，说白了就是"理解空间"，成熟的 VR 技术都能够实现，而 VR 看房还能带来实地看房不能实现的好处。比如，多数人实地看房时很匆忙，没办法精确了解长度、宽度、高度等具体信息，一个空间能不能放下柜子、梳妆台，其实不能很准确判断，VR 一方面呈现了真实空间，一方面标准了非常详细的数据信息，同时，还能反复来回看，体验其实更好。

另外，部分经纪公司和信息平台最让人痛恨的行为之一是发布虚假房源，线上看的图片和实际看的房子，不是同一套，VR 看房很大程度上解决了这个问题。VR 看房不仅解决了消费者的问题，也解放了经纪人，他们不必把时间和精力完全耗费在东奔西跑上，可以集中精力于服务，提高效率。

资料来源：钱德虎. VR 看房改变了什么？[EB/OL]. 虎嗅网，2018-07-23（有改动）.

本 章 小 结

传播是指社会信息的传递或社会信息系统的运行，是人与人之间、人与社会之间，通过有意义的符号进行信息传递、信息接受或信息反馈活动的总称。公共关系传播，就是组织在一定的社会环境里，围绕建立和维护社会公众的公共关系而通过媒介进行的一系列信息传递和信息交流，以实现信息共享的活动。它具有传播行为的受制性、传播内容的求实性、传播渠道的多样性、传播方式的策略性、传播活动的高效性等特点。

根据公共关系的性质和特点，公共关系传播活动可以分为人际传播、群体传播、组织传播、大众传播和网络传播。人际传播即个体与个体之间的传播与沟通，它是最常见、最广泛的一种传播方式，也是人类社会赖以生存和发展的最基本的形式；群体传播是发生在自然社会群体中一种自发的传播活动；组织传播即组织与其成员、组织与其所处环境之间的传播与沟通，它是疏通组织的内外沟通渠道、密切组织内外关系的一种重要的传播方式；大众传播即传播者通过大众传播媒介（报纸、杂志、广播和电视等），将大量复制的信息传递给分散的公众的一种传播活动；网络传播是一种以多媒体为终端，以光纤为通道，把所有的个人和组织都联结在一起的，并能与"个人化"受众进行互动沟通的现代先进的信息交流形式，它是当今公共关系传播一种极为重要的手段。

公共关系活动成败与否，关键在于传播。传播媒介是公共关系的中介，制造舆论、强化舆论离不开传播媒介的作用，其主要包括符号传播媒介、印刷传播媒介、电子传播媒介以及其他传播媒介。我们需要遵循公共关系传播的基本原则来确定我们的最佳传播媒介。

客 观 题

自学自测　扫描此码

问 答 题

（1）奥斯古德-施拉姆循环模式和香农-韦弗模式的区别是什么？

（2）简述网络媒介传播的优势和发展方向。

（3）简述公共关系传播的类型。

（4）如果你是一个食品企业的经理，你将如何考虑运用公共关系传播提升你所在企业的声誉和形象？

案例分析题

"华南虎"诈骗案

2007年10月12日，陕西省林业厅对外称陕西省镇坪县城关镇文彩村农民周正龙拍到了野生华南虎照片，照片多达70余张，陕西省林业厅经"鉴定"认为照片真实，并奖励了周正龙2万元人民币。随即陕西林业厅公布了猎人周正龙用数码相机和胶片相机拍摄的华南虎照片，照片最初在专业网站上发表，一些好事者将此照片转发至"天涯""凯迪"等网站，随后，照片真实性受到来自部分网友、华南虎专家和中科院专家等方面质疑，网友称虎照原形系年画，并将年画传到网上。紧接着，四川、广东等地相继发现相同年画。与此同时，年画生产商展示了2002年制作的存档底版图，受年画影响，"挺虎派"官员态度开始动摇，并暗示照片有假。地方性的主流媒体也开始推波助澜，并引发全国性关注。11月25日，网易独家曝光全套"华南虎"数码照片，将该事件最核心的证物呈现在公众面前。最后经专家鉴定华南虎照为假照片。记者从陕西省新闻发布会现场了解到：陕西镇坪县农民周正龙拍摄的"华南虎"照片是一个用老虎画拍摄的假虎照，陕西警方在新闻发布会上展示了两幅老虎年画和一个木质虎爪模具。周正龙之所以拍摄假虎照，目的是骗取钱财，其行为已涉嫌诈骗犯罪。目前，公安机关以涉嫌诈骗罪提请检察机关批准，已将犯罪嫌疑人周正龙依法逮捕。13名相关责任人受到处理，陕西省林业厅副厅长朱巨龙、孙承骞受行政记过处分并被免去副厅长职务，陕西省林业厅信息宣传中心主任关克受行政撤职处分，林业厅厅长张社年受行政警告处分。

资料来源：潘军. 网络与传统媒体的议程互动——以华南虎事件报道为例[J]. 青年记者，2007，（12）（有改动）.

思考：结合案例分析网络传播的优缺点。

实践训练题

实训项目：访问你熟悉的媒体。

实训目的：通过访问你熟悉的媒体，了解公共关系传播媒介的优缺点，以及如何有效利用这些媒介进行传播。

实训内容：

（1）走访你熟悉的媒体。

（2）写一份如何有效利用这些媒介进行传播的建议书。

第 3 部分　公共关系的一般程序

公共关系调查

【教学目标】

通过本章的学习，了解公共关系调查的概念及其原则，熟悉公共关系调查的内容，理解公共关系调查的基本程序，掌握常见的公共关系调查的方法。

【教学要求】

知识要点	能力要求	相关知识
公共关系调查的内容	（1）明确公共关系调查的原则 （2）掌握公共关系调查的内容	（1）公共关系调查与市场调查的区别 （2）公共关系调查原则的现实运用
公共关系调查的程序	理解并掌握公共关系调查的程序	公共关系调查程序的使用规范
公共关系调查的方法	理解公共关系调查的方法	公共关系调查方法的应用

女总统的笑

马耳他女总统芭芭拉访问上海期间曾下榻锦江饭店。锦江饭店公共关系部的工作人员在接到任务后查阅了大量的资料，进行了周密的准备。当芭芭拉走进总统套房时，意外地发现化妆台上放置着她喜欢用的全套的"露美化妆品"、烘发吹风机和珠花拖鞋，房内还放置了一架昂贵的钢琴，弹钢琴是她最大的业余爱好。几天后临行时，芭芭拉亲笔留言："在上海逗留期间，感谢你们给予我第一流的服务，并祝你们幸福，前途美好。"

可见，锦江饭店通过调查，收集了大量资料，为接待总统做好了周密的准备，赢得女总统的好评。因此，必要的公共关系调查是公共关系工作顺利开展的重要依据。

资料来源：郭斌.《公共关系学》教学辅导4 [EB/OL]. 百度文库，2011-08-01.

在现代社会中，人们要有效地开展公共关系工作，就必须准确地把握社会组织的公共关系状态，而要准确地把握这种状态，就必须有效地掌握与之相关的信息，而这自然少不了开展公共关系调查工作。

6.1 公共关系调查的内容

公共关系调查是社会组织公共关系工作的基础性工作，在公共关系工作中处于首要环节，也是公共关系人员需要掌握和运用的公共关系基本方法和专业技能之一。作为全部公共关系工作的起始点，公共关系调查为公共关系目标的确立和公共关系计划的制订提供了基本依据，也为公共关系方案的实施提供了根本保证。

 资料 6-1

先搞清这些问题

有一家宾馆新设了一个公共关系部，开办伊始，该部就配备了豪华的办公室，漂亮迷人的公共关系小姐，现代化的通信设备……但该部部长却发现无事可做。后来，这个部长请来了一位公共关系顾问，向他请教"怎么办"，于是这位顾问一连问了以下几个问题：

"本地共有多少宾馆？总铺位有多少？"

"旅游旺季时，本地的外国游客每月有多少，港澳游客有多少？国内的外地游客有多少？"

"贵宾馆的'知名度'如何？在过去三年中，花在宣传上的经费共多少？"

"贵宾馆最大的竞争对手是谁？贵宾馆潜在的竞争对手将是谁？"

"去年一年中因服务不周引起房客不满的事件有多少起，服务不周的症结何在？"

对这样一些极其普通而又极为重要的问题，这位公共关系部部长竟张口结舌，无以对答。于是，那位被请来的公共关系顾问这样说道："先搞清这些问题，然后开始你们的公共关系工作。"

资料来源：刘崇林，邢淑清. 公共关系学[M]. 北京：北京大学出版社，2012（有改动）.

6.1.1 公共关系调查的基本概念

要想成功地开展公共关系工作，并且取得预期的最佳效果，调查是极为重要的基础和前提。调查是一种获取必要信息的方式，是公共关系学四步工作法——调查、策划、实施、评估中的第一个阶段。在操作任何公共关系项目之前，都必须通过各种调查方法采集有关资料、数据和事实依据。这对于做好公共关系工作非常重要而且是必要。

1. 公共关系调查的含义

公共关系调查，是指通过运用定性和定量的研究方法，准确地了解社会公众对组织的意见、态度和反应，发现影响公众舆论的因素，并从中分析和确定社会环境状况、组织的公共关系状态及其存在的问题，为组织制订切实可行的公共关系策划方案提供客观的依据，并寻求建立组织良好形象的各种活动的总称。

关于公共关系调查这一概念的基本含义，我们还可以做如下认识。

（1）公共关系调查本质上是一种对社会组织的公共关系现象进行考察的科学认识活动。公共关系调查作为一种认识活动，它与其他对公共关系现象的认识活动有着明显的不同。

首先，它不同于对公共关系现象的直觉感悟。直觉感悟是凭人的感觉和悟性来认识社会组织的公共关系现象，而公共关系调查则要靠深入实际，通过对社会组织公共关系现象的具体考察、了解和分析、研究来认识社会组织的公共关系现象。

其次，它不同于对公共关系现象的日常观察。日常观察通常是一些无意识或潜意识的活动和一些无组织、无系统的活动，而公共关系调查则是在一定科学理论的指导下，有目的、有计划、系统地了解社会组织公共关系现象的实际状况，并对所观察到的现象作出科学解释的活动，它必须以经验事实和逻辑法则为依据，必须以科学程序和科学方法为保证。

（2）公共关系调查的目的是把握社会组织公共关系及其影响因素实际状况。任何社会组织都存在着公共关系，任何社会组织的公共关系都要受到各种因素直接和间接的影响。在不同的情况下，社会组织的公共关系及其影响因素都有着不同的具体内容和结构形式，表现出不同的实际状况。这种实际状况制约着社会组织的生存与发展，同时也决定着社会组织公共关系工作的任务和方式。正由于这样，有效地把握社会组织公共关系及其影响因素的实际状况，既是社会组织评估其公共关系状态优劣的依据，也是社会组织开展公共关系科学运作的基础。

（3）公共关系调查的方法是一套完整的科学认识方法。公共关系调查要有效地把握社会组织公共关系及其影响因素的实际状况，首先必须深入社会、深入组织、深入公众，到社会组织、公众中去收集反映社会组织公共关系及其影响因素实际状况的各种事实资料和数据资料，获得对社会组织公共关系现象的感性认识，因而它应该采用感性认识的方法。但是，公共关系调查要有效地把握社会组织公共关系及其影响因素的实际状况，仅有感性认识的方法是不够的，还必须采用理性认识的方法。公共关系调查不能仅仅停留于一般的感性认识层次，罗列各种再现社会组织公共关系现象的事实资料和数据资料，而是要上升到理性认识层次，通过对各种公共关系现象的事实资料和数据资料的整理、加工、分析、研究，形成对社会组织公共关系及其影响因素实际状况的准确描述、科学解释和可靠预测的观点和结论。

6.1.2　公共关系调查的特点

根据公共关系调查概念的内涵，公共关系调查具有下述特点。

1. 广泛性

公共关系状态涉及的调查对象不仅包含了主体社会组织和客体社会公众，而且随着经济全球化的发展趋势，组织对外界认识观念的转变，公共关系调查研究的内容和应用的范围也在逐步扩大，涉及社会经济、政治和文化生活的各个领域。

2. 明确性

调查本身不是目的，而是一种认识公共关系状态和社会组织现状与变化的手段，调查目的是根据实际情况和面临的问题，为组织开展公共关系活动提供条件和基础，为组织制订公共关系计划提供科学依据。

 资料 6-2

"90""00"后攒钱是花钱的 4.5 倍

都说"90 后"是"宝呗青年"，其实"90 后"每月在余额宝攒的钱，平均是其花呗账单的 4.5 倍。

据中国经济研究院联合支付宝发布的 2019《"90 后"攒钱报告》显示，92% 的 90 后每个月都会有结余，80% 的人会将结余进行理财；对比他们的余额宝和花呗则发现，90 后每月在余额宝攒的钱，平均是其花呗账单的 4.5 倍。

资料来源：攒钱是花钱的 4.5 倍?! 41 个数据看透这届 90/00 后[EB/OL]. 梅花网，2019-09-23（有改动）.

3. 系统性

公共关系调查是认识和研究公共关系状态的一个实践过程，它不是一个单纯的收集公共关系信息的活动，它还包括了确定调查题目、进行调查方案设计、实施收集资料、统计整理资料、分析研究资料、撰写和提交报告的完整过程。

4. 科学性

公共关系调查要想取得客观、真实的调查结果，必须依靠一定的科学方法和技术手段，而不是主观猜测。各种调查对象的选定方法、资料的收集方法、数据的统计方法、资料整理方法和分析方法及其所有具体操作的方法、技巧，都是在一定的科学原理指导下形成的，这些科学方法和技术手段被无数实践证明是行之有效的，因此说，公共关系调查方法具有科学性。也只有使用科学的公共关系调查方法，才能真正达到公共关系调查目的，为社会组织进行较为准确的预测与诊断，为组织的科学决策提供可靠的依据。

5. 不确定性

公共关系调查并不能确保社会组织的决策就一定会成功，因为有准确的调查结果，并不等于有正确的策划。况且，社会环境和组织状态是受众多综合因素影响的变量，公共关系调查有可能只掌握部分信息，其他的信息或许被忽视，或许某些信息资料在当时就根本无法得到，即使收集到的资料是相对完整的，公共关系调查也会受到一些无法预测因素的影响而带有某种不确定性。从这个意义上讲，调查结论的准确性只能是相对的。

随着公共关系活动的广泛开展，公共关系调查的实践越来越多。当前有许多社会组织为了提高公共关系活动的水平和质量，越来越普遍地借助科学的公共关系调查方法，进行活动预测、行为诊断和为决策提供依据。因此，公共关系调查出现了许多新的特点，如公共关系调查的理论研究更加广泛和深入、公共关系调查研究中定量调查的成分有了显著增加、公共关系调查研究的手段和方法更趋多样化等。

6.1.3　公共关系调查的基本原则

公共关系调查要为组织提供策划依据，因此调查活动和调查过程应有很强的科学性。为了保证公共关系调查的科学性，调查人员必须遵循以下几项原则。

1. 客观公正原则

公共关系调查的客观公正原则是调查人员所必须遵循的最重要的原则。所谓客观公正原则，是指公共关系调查的工作人员在实施调查的过程中，必须从客观实际出发，注意区分公众的客观态度和主观臆想，因为公共关系调查在进行中不仅面临着调查对象的选取问题，同时由于调查往往由一个调查群体共同实施，因而不同调查人员的专业水平和业务能力、对调查问题的理解能力以及熟悉程度等诸多因素都会对调查结果产生影响。因此，具体调查过程中必须有统一的标准尺度，要有自身相对的独立性，以保证客观公正。

2. 全面系统原则

公共关系调查的全面系统原则是指调查要全面系统，不能以偏概全。一是调查对象必须代表公众；二是调查所得的资料必须全面，既要有调查对象的正面意见，也要有调查对象的反面意见。因为公共关系调查的对象是社会公众，公众的性别、年龄、职业、教育程度、宗教信仰、家庭模式和居住环境等条件因素的不同，他们的态度及行为千差万别，公共关系调查要把握的不是公众中个别成员的态度及行为，而是总体现象的全面情况。

根据"大数定律"，公共关系调查应做到大量观察，必须使观察的量所代表的样本与总体数所表现的平均值接近。为了在更大程度上符合全面原则，还必须对公众进行典型选取，系统分析。因为调查数量巨大，分布广泛，内容复杂，对调查得来的信息进行重点选取、系统分析和处理尤为重要。

3. 科学准确原则

公共关系调查的科学准确原则是指公共关系调查所要确立的问题要在科学理论的指导下，用科学的方法确立具有科学性的选题，把握住对社会组织最重要、最准确的选题。

首先，要有正确的哲学观点和思维方法，这是保证调查选题科学准确的基础。

其次，要有专门的应用科学理论和方法。没有科学的思想方法和使用技术，就不可能确立科学性、准确性的选题。

再次，科学准确原则还要求公共关系调查的课题要有很强的使用价值，要有针对性，能够对具体的公共关系实践产生指导作用，这也是由公共关系调查本身的作用决定的。

最后，科学准确原则还要求公共关系调查的选题在操作层面上是可行的。

4. 定量化原则

公共关系调查的定量化原则是防止出现误差的强有力的措施。对客观事物从定性分析进入到定量分析，标志着人的认识从笼统、模糊的低级阶段走向了精确、清晰的高级阶段。从某种意义上来说，运用数学也就是运用定量方法来分析和显示认识结果。在公共关系调查中，定量化原则包含以下几层意思：一是运用统计学的原理对调查做规划；二是运用某种数学模型来收集和分析调查资料；三是用数学关系显示和表达调查的结论。正如马克思曾经指出的："一种科学只有成功地运用数学时，才算达到真正完善的地步。"

5. 时效性原则

公共关系调查的时效性原则是指公共关系调查人员在调查过程中，不仅要注意调查信息的准确性，更要注意调查信息传递的快捷性。因为公共关系调查是了解调查对象在某一确定的时间内对组织形象的评价，调查的结果具有很强的时效性。此外，客观事物总是处在不断的运动和变化之中，公共关系的任何一次调查，反映的只是某一具体时段内公众的态度和评价，因此，公共关系调查的时效性原则同时隐含了调查的长期性和反复性。

资料 6-3

抖音回应"天价烤虾"事件

"抖音天价烤虾"事件最开始由《我在抖音买烤虾被骗了》一文曝光，该文章由一家自媒体发布，作者"min"在文中讲述了一位买家在抖音看到烤虾广告后消费，却对收到货的产品十分失望的事情前后。

对于自媒体曝光的天价烤虾事件，抖音方面表示：已展开相关调查，第一时间下架问题广告，并暂停烤虾类商品广告上线；已对违规广告主进行清退处理，并启动消费者权益保障机制，与用户积极沟通解决问题。

资料来源：行者鉴涛. 抖音回应"天价烤虾"事件：已经在调查违规广告主[EB/OL]. 艾瑞网，2019-05-31.

6.1.4　公共关系调查的内容

公共关系调查的内容是十分广泛的，大致可以分为以下四个基本方面。

1. 组织的基本情况调查

组织的基本情况调查是指对组织内部的各种因素的分析，主要是分析组织的政策、活动程序及行为是怎样促成问题的产生和环境的变化的，还包括对组织关键人物的观点和行为的分析，对与问题相关的组织内各部门活动过程的分析及组织历史等问题的分析。其主要包括两方面。

（1）组织经营状况。组织经营状况包括组织创立的时间、组织发展历史上的重大事件及其影响；组织的经营目标和经营宗旨；组织对社会的贡献；组织的目标市场分布状况、市场占有率及市场竞争情况；组织产品、商标、包装、服务和价格的特点；组织的名称、标志和外观环境的特点等。

（2）员工队伍情况。员工队伍情况包括员工的人事资料，如年龄、文化程度、家庭状况、专业特长和兴趣爱好等；明星人物如技术标兵、革新能手、劳动模范的主要成就和经历；组织高层领导的有关情况，如功绩、知名度和威望等。

关于组织内部环境分析的基本内容和材料，是一种组织档案资料或组织年鉴。这种资料不仅是组织在处理与解决某些特定问题时的基本依据，而且是演讲、印制宣传组织的小册子、展览以及回答新闻媒介时所必需的素材。由于大多数组织都没有资料馆或档案馆，所以公共关系部门便应该回答和解决其他部门所无法解答的问题。公共关系部门必须具备提供关于组织的历史、行为及管理人员等各方面的完整、准确的信息资料的职能。

2. 组织的员工关系调查

员工关系是组织内部成员之间在组织活动过程中形成的人际关系的总称，如分工协作关系、集权与分权关系、亲友关系等。员工不仅是社会组织一切物质财富和精神财富的创造者，而且其本身就是社会组织最宝贵的财富，因而员工是社会组织赖以存在的细胞，是社会组织内求团结的首要对象。员工关系调查的重点是分析影响组织人际关系的主要因素，探讨组织如何利用这些因素的积极作用，遵循正确的原则，科学而灵活地处理好内部员工关系，互相支持、互相信任，为组织发展创设一个良好的人文环境。员工关系调查包括下列内容。

（1）员工的经济利益。员工的物质利益是否协调一致，是影响组织人际关系的决定因素。因此，组织要建立和谐、团结、互助的人际关系，首先要处理好人们之间的利益关系问题。抓住了它，就抓住了人际关系的关键。

（2）员工的人际结构。员工的人际结构是指组织内部为了更好地完成各级管理工作和生产任务，对不同特点的员工进行合理配置，形成有机组合，一般包括年龄结构、知识结构、心理结构等内容。合理的人际结构促使人们互相配合、取长补短、互相吸引，形成一种合力；不合理的结构会使人们互相排挤、互相推诿、各行其是，产生摩擦和内耗，形成工作阻力。

（3）员工的心理气氛。群体社会心理气氛是制约和形成人们在劳动群体中相互关系的环境总和。其好坏主要体现在群体成员的工作态度和他们在工作过程中的相互关系之中，具体表现为：群体成员是否在工作中形成了协调和融洽的相互关系，群体的情绪和意见是否能得到重视；群体中是否有共同的行为规范并自觉遵守，组织领导是否有良好的品格；群体内部的情绪、态度以及生活是否健康、积极、有序。

（4）员工的人际交往。密切的人际交往是公共关系的桥梁。如果组织各级人员能保持经常性的交往，加强面对面的沟通，就能及时消除误解，增进相互之间的团结。

3. 组织的公众舆论调查

公众舆论调查是对公众态度倾向进行了解、统计、测算和分析，用数据显示公众的整体意见。对公众舆论进行测量分析，把握其变化的态势，必须依赖对舆论指标体系的考察，并用具体的图表模式加以说明。公众舆论调查的主要内容有以下几点。

（1）组织形象调查。组织形象的概念有广义和狭义之分，广义的组织形象包括组织自我期望形象和组织实际形象；狭义的组织形象则特指组织实际形象。

组织的自我期望形象是指一个组织自己所期望建立的形象。自我期望形象的调查主要包括两个方面。

①组织领导层的经营目标和经营策略调查。组织的决策者和领导者对自身组织形象的期望水平、组织目标形成、组织形象的选择和建立，具有决定性的意义。公共关系人员须详尽研究领导者所拟定的各项目标和政策，领会领导者的决心和意图，研究他们的言行和经营管理手段，测定他们对组织的期望水平和具体要求，以此作为设计组织形象的重要依据。

②组织员工的期望和要求调查。一个组织的目标和政策须得到广大成员的认同和支持，才有可能转化为该组织的实际行动。这需要通过调查，了解广大员工对组织的要求和建议，了解员工对领导层提出的总目标的理解、接受程度以及实现目标的信心，征求员工对组织薄弱环节的建议和意见。

组织实际形象是社会公众（包括组织内部和外部公众）对一个组织的总体评价和看法。其调查内容包括两个方面。

①形象地位测定。形象地位测定主要根据知名度和美誉度两项指标，其中，知名度表

示社会公众对一个组织知晓和了解的程度，是评价组织名气大小的客观尺度，侧重于"量"的评价，即组织对社会公众影响的宽度或广度。美誉度表示社会公众对一个组织好感和赞许的程度，是评价组织声誉好坏的社会指标，侧重于"质"的评价，即组织社会影响的美丑、好坏。

　　良好的组织形象是由知名度和美誉度构成的，两者相互依赖、缺一不可。但实际上知名度和美誉度并不一定能够同步形成和发展，有知名度不一定有美誉度，没有知名度也不意味着没有美誉度；反过来也一样，美誉度高不一定知名度高，美誉度低也不意味着知名度低。总的来说，知名度需要以美誉度为客观基础，才能产生正面的积极的社会效果；美誉度需要以一定的知名度为前提条件，才能充分显示其社会价值。

　　根据知名度和美誉度在现实状况中的不同构成，可以将组织的实际形象区分为四种状态（图6-1）。

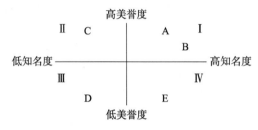

图 6-1　组织形象地位四象限图

　　高知名度/高美誉度（见象限 I 中的 A、B）。组织处于这种形象地位，属于最佳的组织形象管理状态。但同时要注意，知名度越高，美誉度的压力就越大。因为在公众高度注目的情况下，公众对组织美誉度的要求会变得更加严格和苛刻，美誉度方面即使发生微小失误，也有可能造成较大的负面影响。因此，组织处于这种组织形象管理状态绝不是高枕无忧、万事大吉。如果知名度超过了美誉度，就更应该警觉，以防美誉度跟不上而造成知名度方面的负面压力，如图中的 B。

　　高美誉度/低知名度（见象限 II 中的 C）。组织处于这种形象地位，属于较为稳定、安全的一种组织形象管理状态。由于美誉度是形象的客观基础，因此这种状态具有良好的形象推广基础。其缺陷是知名度偏低，美誉度的社会价值得不到应有的体现，因此组织形象管理工作的重点是在维持美誉度的基础上提高知名度，扩大其美誉度的社会影响面。

　　低知名度/低美誉度（见象限 III 中的 D）。处在这种形象地位，组织的形象管理处于不良状态，既没有名气，公众评价也不好。但因为其知名度低，公众不良印象和评价的影响面也比较窄，负面作用相对比较小。在这种情况下，组织形象管理传播工作应该保持低姿态，甚至从零开始，首先努力完善自己的素质和信誉，争取改善组织的美誉度，然后再考虑提高知名度的问题；或者通过良好的传播控制，使组织的知名度和美誉度协调发展。如果在这种情况下片面地扩大知名度，便会使组织的形象地位滑至象限 IV 的恶劣状态。

　　低美誉度/高知名度（见象限 IV 中的 E）。处在这种形象地位，组织的形象管理处于"臭名远扬"的恶劣状态：不仅信誉差，而且知之者甚众。在这种情况下，首先应该设法降低已经享有的负面知名度，向象限 III 转移；再努力挽救信誉，为重塑形象打基础。或者在特殊的情况下，利用已享有的公众知名度，大刀阔斧地改善信誉，将坏名声迅速转变为好名声，直接向象限Ⅰ跳跃。这样的成功例子也不是没有的。

可见，测量组织的形象地位，不仅可以确定组织形象管理的实际状态，初步诊断组织形象管理的问题，而且为制定组织形象管理的方针、策略提供依据，是组织形象管理决策的必要步骤。

②形象要素分析。组织形象涉及的内容极其丰富，处于某一形象地位，总是由多种因素造成的。要正确评价组织的实际形象，就需要调查分析形成某种形象的具体原因，以便有的放矢地制订改善公共关系状况的具体措施。这就需要将组织形象分解为公众对组织的各类具体评价，通过统计分析各种具体评价，确定组织形象的要点和特征，勾画出组织形象的细节。

在具体操作上，可根据语意差别分析法制作组织形象要素调查表，作为分析形象要素的工具。其方法是，将事关组织形象的重要项目，如经营方针、办事效率、服务态度、业务水平等，分别以正反相对的形容词表示评价的两个极端，比如好与坏、高与低、大与小等，在这两个极端之间设置若干有所差别的中间档次，以便公众可以根据自己的感觉对每一个调查项目作出评价。比如，对经营方针可以用正直和不正直表示两种截然相反的评价，而中间则可以设置相当正直、稍微正直、一般、稍微不正直、相当不正直等不同程度的评价档次。以图 6-1 中的 D 组织为例，假定这是一家管理顾问组织，我们列出影响其形象的六项要素制成形象要素调查表，选择 100 个受访者进行调查，见表 6-1。

表 6-1　形象要素调查表

评价 / 调查项目	非常	相当	稍微	一般	稍微	相当	非常	评价 / 调查项目
经营方针正直		65	25	10				经营方针不正直
办事效率高			25	65	10			办事效率低
服务态度良好				15	20	65		服务态度恶劣
业务水平高					20	70	10	业务水平低
管理顾问有名气						10	90	管理顾问没有名气
组织规模大					25	55	20	组织规模小

调查时，请受访者（被调查者）就自己的看法给出评价。组织形象管理人员对所有调查表格进行统计，计算每一个调查项目中各种不同程度的评价所占的百分比。分析这份调查结果，可以勾画出 D 组织的形象要素如下：经营方针比较正直，办事效率平平，服务态度较差，业务缺乏创新，管理顾问知名度甚低，组织规模较小。这就是 D 组织处于象限Ⅲ的形象地位的具体原因。组织的形象管理人员必须针对这些具体原因去研究和制订组织形象管理的计划和措施。

（2）公众动机调查。公众动机是直接推动公众采取某些行动的内部动力，是形成态度和意见的直接原因。公众动机一般表现为世界观（信念、理想）、兴趣和意图等形式。对于组织的各项活动，社会公众往往是仁者见仁，智者见智，评价自然会有差异。组织的公众动机调查，就是要看形成公众印象与评价的主观原因。例如，公众对组织表示不信任，那么就要探明出现问题、产生不信任感的原因，从而研究改变这种状况的对策。

 资料 6-4

钱包之战：改变消费者维权行动的格局

2018 年 3 月 6 日，全球领先整合传播公司万博宣伟发布《钱包之战：改变消费者维权行动的格局》全新调查报告，该项调研由万博宣伟与 KRC 联合开展。报告显示，在美国和英国地区市场范围内消费者维权行动和倡导活动的转变，因为消费者越来越倾向于用他们的钱包进行投票表决，以表示对公司和品牌的支持。83% 的消费者维权活动积极分子认为，同以往相比，通过购买产品的方式联合支持其信赖的"做正确事情"的公司更加重要。59% 的消费者积极分子表示，参加联合抵制活动比以往任何时候都更加重要。事实上，在过去的两年中，联合支持者所采取的支持性购买行动的平均次数要多于联合抵制者所采取的相反行动次数(分别为 5.7 次和 4.5 次)。

资料来源：万博宣伟发布《钱包之战：改变消费者维权行动的格局》全新调查报告[EB/OL]. 中国公共关系网，2018-03-07.

（3）活动效果调查。活动效果调查指组织对开展的专门性或重大的公共关系活动所产生的社会效果和公众反应进行的调查。例如，组织的产品在社会上造成了不良影响，针对这一问题，组织召开了新闻发布会，开展质量竞赛活动，事后，公共关系人员可组织一次关于新闻发布会和质量竞赛活动等多项措施的社会效果的调查。

（4）传播效果调查。传播效果调查即对组织通过传播媒介进行信息交流的社会效果所做的测定分类。其内容包括三点。

①阅读（视听）率。阅读（视听）率指通过报纸、杂志（电视、广播）来阅读（收看、收听）组织信息的人数与报刊发行量（电视机、收音机拥有量）的比率。特别需要指出的是，随着传播技术的发展，网络传媒已成为重要的信息传播渠道。信息传播不能忽视这个渠道，调查也要重视这一渠道阅读（视听）率的调查。

②认知率。认知率指公众对组织传播信息的重点内容的记忆量，如企业名称、产品商标和服务特色等，其目的主要是为了掌握社会各类公众对组织所宣传的信息产生印象的深刻程度。

③实效率。实效率指从组织公共关系宣传所取得的最终结果——经济效益提高的角度来衡量和测定传播效果。通过传播效果调查，组织可对信息传播方式、方法、手段及传播媒介进行比较分析，在此后的公共关系活动中，选择那些效果较好的传播方式、方法、手段和媒介。组织还可通过多种方式方法和几种传媒的综合利用，形成一种良好的传播气势。

4. 组织的社会环境调查

组织社会环境是指对组织生产经营活动产生影响的各种自然条件、社会条件及其相关因素的总称。社会环境调查是指收集一切与组织有关的社会环境资料，从而找出影响组织发展的主要因素，预测其变化规律，为组织的发展决策提供依据。其内容包括以下几个方面。

（1）政治法律环境。政治法律环境是指一个国家或地区的政治制度、政治形象、方针政策和法律法令等。凡同组织活动特别是同公共关系有关的政策法规都应纳入调查的内容，例如经济合同法、环境保护法、劳动法、广告法、商标法及有关内容都可列为专题进行追踪研究。

（2）经济环境。经济环境是指一个国家或地区的经济制度、经济结构、物质资源、经济发展水平、消费结构和消费水平，以及未来的发展趋势等状况。经济环境的变化，影响和制约着组织公共关系的开展。只有把握国际国内经济形势，才能做出正确的经营决策，从而保证组织在错综复杂的经济环境中求得生存和发展。

（3）人文环境。人文环境是指一个国家和地区的人口结构、家庭状况、文化教育水平、生活习俗、社会规范和文化观念等。社会上的重大事件、重大问题和社会思潮，都可能对员工产生影响，对组织的前途和命运发生作用，这些问题应在决策方案中加以考虑。

 资料 6-5

传递阅读火把，点燃求知希望

箭牌糖果（中国）有限公司（Wrigley Confectionery（China）Limited），以下简称"箭牌中国"）作为在中国设立的独资企业，致力于力所能及地回馈当地社会和热心公益事业，一贯积极支持教育、环保和卫生事业的发展，其发起和组织的一些公益活动赢得了社会各界的广泛好评。

2003 年 10 月，借箭牌广州工厂正式投产十周年庆之际，箭牌中国正式设立"箭牌中国教育基金"，准备常年资助一些教育公益项目，并在该基金的支持下首先启动了"箭牌希望图书室"赠书读书公益活动项目，为贫困地区的孩子传递阅读火把，点燃求知希望，并决心把"箭牌希望图书室"所点燃的阅读求知的火把不断传递下去，将其打造成为箭牌中国教育公益项目的长期品牌。为此，箭牌中国进行了项目调查。

1. 对于企业社会责任公益活动的调查

箭牌中国经过专业调查和分析，确定了公司实施企业社会责任公益活动的基本方向和领域：教育和环保。教育和环保是多家专业公共关系公司建议的既符合政府需求和大众需求，并将产生深远的社会效用，又能形成广泛而正面的企业形象效应的两个主要领域。其中，通过支持教育项目帮助提升社会公众的文明素质、帮助培养文明习惯也是箭牌中国一直以来提倡的观念。

2. 对于中国教育背景的调查

在中国很多地区，特别是中西部欠发达地区，教育发展水平普遍较低，当地的农村教育更是非常薄弱，没有足够的资金来配备、添置和更新图书，优秀课外读物是少之又少。很多学校根本没有自己的图书室，个别设有图书室的也是藏书数量不足、藏书质量偏低。

因此，建立图书室，为学生提供良好的阅读条件、提高学生的阅读能力成为当地教育的当务之急。

箭牌中国基于以上的调查和分析，设立了长期的可持续性的公益项目，由"箭牌中国教育基金"支持"箭牌希望图书室"赠书读书公益活动项目，通过向贫困地区的学校赠书、协助建立图书室的形式，结合其他丰富多彩、活泼互动的形式，唤醒孩子们对阅读的兴趣，希望通过持之以恒的公益努力不断回馈社会，通过不断打造"箭牌希望图书室"的公益品牌致力于提升企业形象和声誉。

资料来源："箭牌希望图书室"赠书读书公益活动公共关系案例[EB/OL]. 百度文库，2010-02-07.

（4）科技环境。科技环境是指行业内的新发明、新技术及其更新速度；专业领域内的技术标准及技术变革；科技发展对公众生活或消费习惯的改变；科技发展对组织经营、管理的改变等。

（5）竞争环境。竞争环境是指组织所属行业的国内外发展状况；组织在行业竞争中所处的地位；竞争对手的政策、措施及实施情况；竞争对手的市场情况和发展态势；竞争对手的公共关系动向等。

6.2 公共关系调查的程序

公共关系调查是一项程序性、技巧性很强的工作。公共关系调查程序，指的是对社会组织客观存在的公共关系现象进行科学调查的基本过程。在公共关系调查过程中建立一套系统的科学程序，有助于提高调查工作效率和调查质量。在实际工作中，虽然各项调查的具体步骤和先后次序会因目的、要求、范围不同呈现出差异性，但一般地讲，一项规模较大的公共关系调查可按以下几个步骤进行。

6.2.1 确定调查课题

确定调查课题是整个调查的第一步。这一步的主要任务是明确调查目的、解决"调查什么"的问题。为了有针对性、有目的地进行公共关系调查、避免盲目行动导致的工作失误、必须切实做好调查的第一步工作。

1. 调查课题的分类

按照课题的性质来划分，公共关系调查课题可分为状态性选题、开发性选题和研究性选题三种。状态性选题是以了解社会组织所面临的公共关系状态如知名度、美誉度等为宗旨的选题，需要回答的是"怎么样"之类的描述性的问题；开发性选题是以寻找开发方向为主题的选题，需要回答的是"怎么办"之类的措施性问题，调查成果往往是形成一套相关的措施；研究性选题是以研究、分析公共关系现象之间的本质联系为主旨的选题，目的是通过资料的收集与分析，建立关于某种公共关系现象的理论模型，其最终成果主要是理论学说。由于这三种选题性质上的差异，公共关系调查计划在人员安排、调查途径、时间布置以资料整理等方面均有所不同，如表 6-2 所示。

表6-2　不同选题的调查计划侧重点差异比较

项目	状态性选题	开发性选题	研究性选题
人员要求	普通调查者	科研工作决策者	具有相关专业知识的调查者、学者
调查方法	问卷调查法、抽样调查法、民意调查法	观察法	抽样调查法、文献法
资料处理	统计法、描述法	灵感顿悟法、设想法	推理法、寻找本质联系
时间安排	公众休闲时间	公众工作、生活之中	公众处于特定时空之中
调查范围	由随机抽样决定	选择典型场所	由非随机抽样决定
调查工具	问卷	观察表格	调查问卷、调查提纲
经费	一般较多	较少	居中
周密程度	相当周密	灵活性、随机性较大	具有一定的随机性

2. 确定调查课题的程序

确定调查课题一般分两个阶段进行。第一阶段，明确调查目的，提出调查课题设想。重大的公共关系调查一般都是在组织内外部出现了新情况或新问题的条件下进行的。在这一阶段，要尽量掌握组织内外部出现的新情况和新问题，了解组织领导人进行公共关系调查的真实意图，弄清"为什么要调查"问题，然后，在此基础上提出比较抽象的、可能是多个的或不成熟的调查课题。第二阶段，分析论证，筛选调查课题。对多个或不成熟的课题，经过必要的分析论证，必要时还可以组织非正式的试探性调查，以明确问题的症结所在，从而筛选出针对性强的、恰当的课题。一般来说，所确定的调查课题越具体、越明确越好，如新产品上市之初、对产品早期接受者的态度调查，比组织形象调查更具有现实性。

 资料6-6

2019 中国青年理想城调查

哪些城市才真正适合年轻人生活？是否喜欢一座城市年轻人的衡量标准有哪些？对此，第一财经旗下 DT 财经在沪发布《2019 中国青年理想城报告》，报告用"青和力"来指代一座城市吸引年轻人的能力，借助 25 家互联网公司和数据机构的大数据，通过 8 个一级指标、25 个二级指标、70 个三级指标，对城市青和力进行量化评估。

综合考虑了人口、消费、GDP、产业结构等因素后，DT 财经将 100 座除港澳台外的城市纳入本次测评，结果显示，青和力排在前 15 名的城市依次是：上海、北京、深圳、广州、杭州、成都、武汉、南京、重庆、苏州、长沙、西安、东莞、天津、郑州。

资料来源：王烨捷. 100 个城市谁最受年轻人欢迎？北上深广最吃香[N]. 中国青年报，2019-09-04.

6.2.2　制订调查方案

调查选题确定以后，就要制订调查方案。调查方案是对调查本身的具体设计，主要包括调查的目的和要求、调查的对象、调查的项目和内容、调查的工具、调查的时间安排、调查的地理区域、调查的对象、调查资料的收集和整理方法、调查质量的控制方法、调查经费预算等，是指导公共关系调查工作的总纲。在设计公共关系调查总体方案时，需要注意以下几点内容。

1. 确定调查内容

调查内容是为调查目的服务的，要通过调查的具体选题来确定。如果调查是以探测性为目的，即对某个问题进行初步的认识和粗略的了解，调查项目就应主要用来描述其状态和过程，以收集有关社会现象的信息；如果调查是以解释性为目的，那就要注重对问题因果关系的探讨，为分析原因打下基础。调查的项目和内容不要过多或过长，避免被调查者产生厌倦心理。

2. 准备调查工具

进行公共关系调查常常要用到各种辅助工具。公共关系调查常用的辅助工具主要包括调查提纲、调查表格、调查问卷、观察记录卡片等。

3. 选定调查对象

公共关系调查对象是相对的社会组织或群体，但这些组织和群体又是由个体组成，社会调查大多是从个体入手进行的。被调查者群体的确定对调查结果影响很大，不同性别、年龄、民族、地域、学历、偏好的人群在回答同样的问题时，可能产生一定的差异。

4. 明确调查方式

组织在进行调查前应事先确定好公共关系调查的方式，从全面调查、抽样调查、典型调查、重点调查等多种调查方式中选择与调查选题最匹配的方式，以保证调查的质量。

1）全面调查

全面调查又称普查，是对一定范围内需要调查的全体对象进行逐个调查的一种调查方式。全面调查一般适用于两种情况：一是调查对象总体数目相对不大，不需要花费太多的人力、物力、财力和时间；二是调查对象数目庞大，但为了全面、准确地掌握情况，值得去调查。当调查对象总体规模不大时，全面调查是准确获取信息资料的最佳选择；当调查对象的总体规模十分庞大时，全面调查花费的人力、物力、财力是巨大的，而且调查时间很长，不适合普通的组织使用，也不适宜对问题进行深入细致的调查。

2）抽样调查

抽样调查又称样本调查，是从需要调查的对象总体中，抽取若干个个体即样本进行调查，并根据调查的情况推断总体的特征的一种调查方式。抽样调查可以把调查对象集中在少数样本上，并获得与全面调查相近的结果。这是一种比较经济的调查方法，被广泛采用。

3）典型调查

典型调查是从总体样本中有意识地挑选出少数具有代表性的对象进行调查，以达到了解总体的特征和本质的一种调查方式。典型调查适用于调查总体同质性比较大的情形。同时，它要求研究者有较丰富的经验，在划分类别、选择典型上有较大的把握。

4）重点调查

重点调查是指在全体调查对象中选择一部分重点个体进行调查，以取得统计数据的一种非全面调查方式。由于重点个体在全体调查对象中只占一小部分，调查的标志量在总体中却占较大的比重，因而对这部分重点单位进行调查所取得的统计数据，能够代表总体发展变化的基本趋势，是一种补充性的调查方法。

5. 选择调查方法

常用的调查方法有访谈调查法、问卷调查法、观察调查法、媒介调查法等。调查方法的确定要根据调查工作的实际需要来选择（具体内容参见本章第三节）。

此外，对调查的时间、地域、质量控制、经费预算等内容也要全面细致地考虑。

6.2.3 实施调查方案

实施调查阶段，是整个公共关系调查过程中最为重要的阶段，也是花费最昂贵、最容易出错的阶段。公共关系调查能否按照调查方案中所确立的调查任务的要求和所设计的调查方案的规定有效地进行，关键是看资料收集或调查方案的实施情况。

在这一阶段，调查的主要工作是资料的收集，最普通的方法是由被调查者自行答卷和调查人员访谈两种。

1. 被调查者自行答卷

被调查者自行答卷，顾名思义，就是由被调查者自己动笔答卷。根据我国的实际情况，它的具体做法也可以有所不同。可以采取征求被调查者所在工作单位或者地区的支持，组织被调查者集中起来答卷；也可以一一走访被调查者，将文件留于该处，过一段时间收回；也可通过邮寄、附上回单，让被调查者自行答毕寄回。问卷回收数目与发放的总数之比称为回收率。对于回收率，调查人员应有足够的估计，100%的可能性是很小的。美国社会学家肯尼迪·贝利认为，50%的回收率是可以令人满意的，60%的回收率是相当成功的，而70%以上则可以说是非常成功的了。

2. 调查人员访谈

调查人员访谈，就是由经过专门训练的调查人员走访被调查者，由调查人员根据问卷向被调查者口头提问，再记下答案。相对被调查者自行答卷，访谈问卷回收率高，但访谈要求调查人员必须严格遵守操作规定，比如不得以任何形式暗示被调查者，以被调查者为主，保持气氛融洽等。国外的访谈很多是利用电话进行的，随着电话在我国的普及，这种方式也可以适当采用。

 资料 6-7

第一份民意测验

半个世纪前的一天傍晚，乔治·盖洛普博士接到美国白宫打来的电话，内容是总统想知道社会舆论对政府某一外交政策的看法，由于国际事务的需要，这份报告必须在 13 个小时之内交给总统。

短短的 13 个小时，找谁收集和怎样收集公众舆论？盖洛普博士突发奇想，并立即行动起来。他先找来 6 位助手，他们以最快的速度拟出若干与那项外交政策相关的题目。然后，分头打电话给 6 位不同地区的新闻记者，请他们即刻分别采访 10 位不同文化层次的公众。被采访者对那些题目发表了意见，总括这些意见，便形成了对外交政策的看法。深夜之前，得到回音。盖洛普博士列出表格，把人们的意见反映在上面，并写出报告。在规定时间的前两个小时，报告出现在美国总统的办公桌上，成为美国总统处理这一重要外交事务的公众舆论依据。乔治·盖洛普博士在 11 个小时之内完成了民意测验。

这就是有史以来的第一份民意测验报告，乔治·盖洛普因此成为民意测验的创始人。
资料来源：公共关系调查内容[EB/OL]. 百度文库，2010-09-02.

6.2.4　分析调查结果

分析调查结果是公共关系调查过程中极为重要的一环。一般来说，通过调查所得到的资料还比较零乱、分散，并不能系统而集中地说明问题，某些资料还可能有片面与谬误等。因而，在取得资料后，必须对资料进行系统科学的整理和分析，去粗取精、去伪存真，分析综合、严加筛选，并合乎理性地推理。只有这样，才能客观地揭示事物的内在联系，取得正确的调查结果。

资料的整理分析，主要包括以下工作。

1. 检查核实

在资料的整理过程中，要检查资料是否齐全而无缺失，是否有重复与矛盾，甚至有无与实施不相符合的情况。一旦发现上述情况，要及时复查核实，并予以剔除、删除、修改、订正和补充，即剔除错误的资料，删除重复的资料，修改、订正差错的资料，补充遗漏的资料。检查核实的部分工作是在收集资料时就要完成的。一边收集，一遍检查核实，这样便于及时地进行订正和补充。

2. 分类汇编

资料经过检查核实后，为了便于归档查找和统计，还应按照调查的要求进行分类汇编，即进行分类登录，然后按类摘抄、剪贴、装订、归档，以备查阅。还可以将整理后的信息输入计算机。整理资料数据要做到准确、清楚、及时，这是衡量信息资料价值的重要标准。

3. 分析论证

对分类汇编的资料进行分析，作出结论，并依据资料所得出的结论进行论证分析。一般包括定性分析和定量分析。

1）定性分析

定性分析，是以资料或经验为依据，主要运用演绎、归纳、比较、分类和矛盾分析的方法找出事物本质特征或属性的过程。

2）定量分析

定量分析，是运用概率论和数理统计的测量、计算及分析技术，对社会现象以数量、特征、数学关系和事物发展过程中的数量变化等方面进行描述。

为了取得比较符合实际的结论，不仅要进行定性分析，而且要进行定量分析，要在定性的基础上尽量根据不同要求把资料量化，制成统计表或统计图，或计算百分比、平均值等，然后运用这些量化资料进行分析，力求对调查的失误有较深刻的认识，并把有关资料迅速提供给领导部门，作为策划的依据。

6.2.5　撰写调查报告

撰写调查报告是公共关系调查的最后程序。调查报告要根据所收集到的信息资料，紧密围绕调查的目的与要求，客观、准确、有针对性地分析问题，作出判断性结论，提出建设性意见。

1. 撰写调查报告的步骤

（1）综合分析经过提纯和整理的信息资料，确定调查报告的题目。

（2）对调查工作进行简要总结，对关键环节加以说明。

（3）根据整理过的信息资料，对组织公共关系状态的变化情况加以说明。

（4）针对组织实际情况和调查结果，结合组织公共关系目标，找出差距和问题。

（5）针对差距和问题，提出切实可行的建议或意见。

2. 调查报告的格式与要求

调查报告一般包括封面、目录、概要、正文、结论和附件等部分。

（1）封面应写明调查题目、承办部门和人员、日期。

（2）概要是对正文、结论和建议部分的简要总结，要做到点明主题、高度概括、精练简短。

（3）正文中应包括调查目的、方法、步骤、样本分布、调查内容、统计方法、调查数据、误差估计等内容，也可包括结论和建议，写作时要做到中心突出、材料典型、逻辑性强、条理清晰、语言简洁、有说服力。

（4）结论是全文的小结，要形成结论，并提出合理的建议和措施。

（5）附件中应列入有关论证和说明正文的资料，如调查表、访谈记录、参考资料等。

3. 撰写调查报告的注意事项

（1）要考虑到读者的阅历和观点，尽量使报告适合读者阅读。

（2）调查报告要用标准格式撰写，打印工整。

（3）调查报告的文字应简明扼要，内容要通俗易懂。

（4）要仔细核对数据和统计资料，保证资料准确无误。

（5）充分利用统计图、统计表来说明和显示资料。

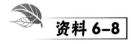

资料 6-8

找寻"整本书阅读"难点的解决之道

没时间，没兴趣，与考试无关为啥要读，读了也没觉得有什么提升，怎样从单篇课文阅读进至整本书阅读……碎片化阅读已成主流的当下，"整本书阅读"在中学阶段的推进面临着诸多问题与困难。

但"真正的教育是从读一本好书开始的"。基于此，从20世纪90年代至今，高中语文特级教师、湖南省长沙市明德中学蒋雁鸣，始终致力于在高中生中开展"整本书阅读"实践。

蒋雁鸣连续在几届高一新生入校时做过"整本书阅读"情况调查，"情况非常不乐观"。一个班五六十名学生，整本阅读过《三国演义》《红楼梦》等经典著作的，最多不超过5人；有计划地整本推进阅读的，更是少之又少。

近些年来，教育行政部门、社会大众、学校、教师，都对"整本书阅读"愈加推崇。《义务教育语文课程标准（2011年版）》指出："提倡少做题，多读书，好读书，读好书，读整本的书。"最新颁布的《普通高中语文课程标准（2017年版）》中，则将"整本书阅读与研讨"列入18个学习任务群，且位列首位。"诸如此类，恰恰是因为大家都看到了它在阅读中的中心地位，以及在中学语文教改中的关键作用"，已经实践20年的蒋雁鸣既欣喜也忧心。

虽得各方重视，但高中阶段的"整本书阅读"推进难度依然很大。仅以语文课时安排来说，目前大多数学校并没有为"整本书阅读"设置相应课时。如果从原有的每学期120个课时量中抽出一定课时，教师能否按进度完成本学期教学目标？如果新增课时，是否会挤占其他学科教学？课时的重新调整分配，需要学校"一盘棋"综合考虑。对学生来说，"整本书阅读"是以教学班为单位、全班共读同一本书，还是按兴趣走班、由学生选择自己感兴趣的书目开展，也需要各学校根据实际情况加以论证。

资料来源：赖斯捷. 找寻"整本书阅读"难点的解决之道[N]. 中国青年报，2018-10-15（有改动）.

6.3 公共关系调查的方法

公共关系调查方法，是指为了达到公共关系调查目的而采取的调查方式、途径、手段、措施以及基本技巧等。公共关系调查方法对于公共关系调查任务的顺利完成具有极其重要的作用。公共关系调查的方法多种多样，根据不同标准可以划分为不同的类别。基本的分类方法有两种，即基于调查对象范围变量的分类和基于资料收集方式变量的分类。

6.3.1 基于调查对象范围变量的分类

基于调查对象范围变量的分类，是指固定其他变量而以调查对象范围变量作为依据的公共关系调查方法。按照此分类标准，公共关系调查方法可以分为普遍调查法、抽样调查法、重点调查法、典型调查法、个案调查法。

1. 普遍调查法

普遍调查简称普查，也称全面调查或整体调查。一般是指对一类调查对象的全体进行调查，采集调查对象总体情况的调查方法。根据公共关系的目标和实际需要，普查可以在较大范围内进行，如全国人口普查、农业普查、工业普查以及某款消费品用户使用情况普查等；也可以在特定范围内进行，如某某街道居民家庭家用电器普查、电视收看状况普查和消费指数普查等。

普遍调查通过对某一现象或问题作出全面的调查，准确地了解、把握这一现象或问题的总体情况，从而得出具有普遍意义的结论，以便通盘考虑组织规划，进而指导实际工作。普遍调查的优点是获得的资料全面而准确，结论具有普遍性，缺点是需要大量的人力、物力、财力和时间，适用范围局限性大。在公共关系调查中，普遍调查一般只适用于调查对象数量不大的情况，当然遇到关系全局、影响发展方向的特别重大事项时，也必须进行普遍调查。

2. 抽样调查法

抽样调查法是指以一定的抽样方法从调查对象中抽取一部分个体作为样本进行调查，根据这些样本具有的基本属性和基本情况来推论总体属性与情况的调查方法。抽样方法一般分为概率抽样和非概率抽样。概率抽样是指调查对象中的每一个个体都具有相同的被抽作样本的概率，一般有简单随机抽样、等距随机抽样、分层随机抽样、多段随机抽样等。非概率抽样是指调查对象中每一个个体具有不同的被抽作样本的概率，一般有偶遇抽样、主观抽样、配额抽样等。

抽样调查与普遍调查相比较，具有调查成本低、调查速度快和适用范围广泛等优点。决定抽样调查质量即调查结论的客观性、科学性的因素主要有抽样方法和样本数量，其中最为关键的因素是抽样方法。一般情况下，概率抽样法调查结论比非概率抽样法调查结论更具客观性，更为可靠。

3. 重点调查法

重点调查法是从调查对象中选取具有某种突出特征并对总体具有一定决定性作用的少量个体作为具体调查对象进行调查，根据这些"重点"对象的属性、情况来把握和估计总体基本情况的调查方法。

重点调查比较容易确定具体调查对象，且节约调查成本，结论也可以反映总体基本情况，但适用范围有局限性，结论的客观性和可靠性程度相对较低。

4. 典型调查法

典型调查法是从调查对象中选取具有代表性的少量个体作为"典型"进行调查，根据这些"典型"具有的属性和情况，来认识同类现象本质与规律的调查方法，符合认识论中从具体到抽象、从特殊到一般的原理。

典型调查调查成本低，能够比较深入地调查和分析某一具体调查对象，调查的方式与过程也比较灵活。但是，典型选择带有主观随意性，典型的代表性和调查结论的适用性难以用科学的手段和方法准确测定，典型调查局限于定性研究，难以进行定量研究。

典型调查的结论的可靠度、客观性和科学性，取决于选择的典型是否"典型"，即是否具有代表性。因此，在选择典型时务必对调查对象的总体情况有比较全面的了解，实事求是地选择能真正代表、反映调查对象的总体情况的个体作为调查的"典型"。

5. 个案调查法

个案调查法又称个别调查法，是为了了解或解决某一特定问题，对特定的对象进行深入调查的方法。个案调查的目的是通过深入"解剖麻雀"来描述各个"点"的情况。

个案调查的调查单位少，能做详尽深入的了解。同时，个案调查方式灵活多样，能收集全面、完整、系统的个案资料。个案调查适用于以下情况：了解某一特定公众对象的形成和发展过程；了解某些独特因素或事件对公众特定行为的影响；分析某一特定公众对象对组织的需要、动机和兴趣；研究公众对象的行为方式与组织公共关系工作之间的关系等。

个案调查一般按确定个案、登记立案、访问案主、收集资料和分析诊断5个步骤进行。通常通过现场观察或深入访谈来收集调查资料。个案调查的具体对象可能只是具有某些个别属性，对其调查的结论只能反映个案的具体情况，不能用于推论其他个案和一般公众的情况。

 资料 6-9

《中国互联网络发展状况统计报告》

2019年8月30日，中国互联网络信息中心（CNNIC）在京发布第44次《中国互联网络发展状况统计报告》（以下简称《报告》）。《报告》提及的调查方法有：

（一）网民个人调查

1.1　调查总体

我国有住宅固定电话（家庭电话、宿舍电话）或者手机的6周岁及以上居民。

1.2　抽样方式

对于固定电话覆盖群体，采用分层二阶段抽样方式。为保证所抽取的样本具有足够的代表性，将全国按省、自治区和直辖市分为31层，各层独立抽取样本。

省内采取样本自加权的抽样方式。各地市州（包括所辖区、县）样本量根据该城市固定住宅电话覆盖的6周岁及以上人口数占全省总覆盖人口数的比例分配。

对于手机覆盖群体，抽样方式与固定电话群体类似，也将全国按省、自治区和直辖市分为31层，各层独立抽样样本。省内按照各地市居民人口所占比例分配样本，使省内样本分配符合自加权。

1.3　抽样误差

根据抽样设计分析计算，网民个人调查结果中，比例型目标量（如网民普及率）估计在置信度为95%时的最大允许绝对误差为0.8个百分点。由此可以推出其他各种类型目标量（如网民规模）估计的误差范围。

1.4　调查方式

通过计算机辅助电话访问系统（CATI）进行调查。

（二）网上自动搜索与统计数据上报

网上自动搜索主要是对网络数量进行技术统计，而统计上报数据主要包括IP地址数和域名数。

资料来源：第44次《中国互联网络发展状况统计报告》[EB/OL]. 中国互联网信息中心，2019-08-30（有改动）.

6.3.2　基于资料收集方式变量的分类

基于资料收集方式变量的分类，是指固定其他变量，而以资料收集方式变量作为依据的公共关系调查方法分类。据此公共关系调查方法可以分为文献调查法、观察调查法、问卷调查法、实验调查法、访谈调查法、量表调查法。

1. 文献调查法

文献调查法是利用文献资料来收集、考察、分析和研究公共关系现象及状态的调查方法。它不是通过实际调查获取第一手资料的方法，所以又称间接调查法。它是利用社会组织内部和外部现有的各种文字信息、情报资料、媒体的宣传报道和历史资料，对公共关系现象和状态进行分析研究的一种调查方法，在公共关系调查中经常使用。

1）文献资料的类型

文献资料的类型主要是从 3 个角度来划分的：第一，从文献资料的性质划分，有原始资料和第二手资料。原始资料是指第一手资料，它是档案文献资料以及由社会事件或行为的直接参与者和接触者亲手记述撰写的、未经他人整理的原始文本。第二手资料又称次级资料，是经过他人整理、改编、总结和归纳之后的转手资料，即间接的文献。一般说来，原始资料要比间接资料可信度高。第二，从文献资料的来源划分，有组织公务文献、社会宣传文献和个人性文献。组织公务文献有各级政府和行业管理部门的文件、会议记录、工作总结、业务报表和各种档案等；社会宣传文献有报纸杂志、宣传片和广告等；个人性文献有组织领导人或工作人员的日记、著作和书信等。第三，从文献资料的形式划分，有文字材料、数字材料和音像材料等。

2）文献研究法的特点

文献研究法的最大特点是不直接与现实社会的其他人进行交往，而是从各类文字材料中找到有价值的信息，通过一系列的分析形成对组织公共关系问题的认识，这一点不再像实地调查那样受时间和空间的限制，既可以查看现实资料，也可以调查以前的历史资料，回顾过去的历史；既可以了解组织在本地的活动资料，也可以调查在外地的活动资料和同类组织在外地的资料。任何一个调查项目都不可能单纯地采用一种调查方式，那么，文献调查则能为实地调查准备充分的背景资料，并为设计调查方案提供参考性的意见。

文献研究法的优点主要是：获取资料比较方便，既省时省力，又节省开支，是比较经济的调查方法。它可以作为实地调查的重要辅助方法。其局限性是：各类文献资料不可能都十分齐全，有些资料也会因为当时撰稿人或记录者的倾向性使文字材料不真实。

3）文献研究法的步骤

文献研究法的主要步骤是：首先，大量收集与调查课题有关的各类文献资料。要利用资料检索工具查找资料，或者请资料的管理者提供线索，到调查的区域范围和单位的档案馆、图书馆去查找资料。其次，对获取的各类资料进行鉴定和筛选。要检查、判断资料的可信程度，从大量的资料中选出有价值的资料，进行分类。再次，摘录资料。在阅读的基础上，将重要的内容抄录和制作卡片，注明标题和出处。第四，考证、分析资料。在此阶段完成判别资料可靠性和使用价值的任务，并复印资料。第五，归纳、总结。将分析研究的问题概括为简明的结论，形成较系统的观点，用文字报告的形式总结其成果和理论。

文献研究法是利用手头可以查找到的历年统计资料、档案资料、样本资料乃至报纸杂志刊登的工商广告之类的第二手资料进行研究分析的方法。这种方法往往被人们所忽视，但事实上这是一种十分有效的调查方法。

2. 观察调查法

观察调查法是指公共关系调查者根据一定的调查目的和调查任务的要求，亲临现场，具体观察调查对象的行为表现和所处状态，以收集所需公共关系信息资料的公共关系调查方法。

1）观察调查法的类型

观察调查法有多种类型：根据观察者是否参与被观察者的活动，可分为参与观察和非参与观察；根据观察内容是否有统一设计、有一定结构的观察项目和要求，可分为有结构观察和无结构观察；根据观察对象所处的环境状态特征，可分为自然状态中的观察和人为情境中的观察。这些不同的观察方法都有着各自不同的适用范围，在一般情况下，公共关系调查者往往可以综合地运用这些方法，以达到快速、准确地收集公共关系信息资料的目的。

2）观察调查法的特点

观察调查法大多是在观察对象没有觉察的情况下进行的，因此其调查结果较为客观。但采用观察法只能了解被观察对象的表面现象和行为活动，而不能看出被观察对象的内部特征，尤其不能看出被观察者的内心世界和了解被观察对象的行为动机、态度、打算等，因而调查深度往往显得不够。

3. 问卷调查法

问卷调查法是民意调查法中一种最常用的方法，是指由公共关系调查者向调查对象提供问卷并请其对问卷中的问题作答而收集所需的公共关系信息资料的公共关系调查方法。问卷调查法是目前国内外社会调查中普遍运用的一种方法。

1）问卷的类型

问卷是用于收集信息资料的一种重要工具，它的形式是一份精心设计的问题表格。问卷依其问题的构成特点可分为封闭式问卷和开放式问卷两种。封闭式问卷的提问是在提出问题的同时，还给出若干个备选答案，要求被调查者选择其中一个或几个作为回答；开放式问卷的提问是只提出问题，不提供具体答案，而由调查者自由填答。此外，问卷还可依发送方式分为邮寄问卷和送达问卷两种。从问卷的结构来看，一般问卷往往都包括封面信、指导语、问题、答案、编码等几个部分，其中问题和答案是问卷的主体。在问卷的设计过程中，关键是要设计好问卷的问题和答案。

公共关系民意调查根据问卷对问题和答案设计的形式不同，所使用的问卷通常分为封闭式问卷和开放式问卷两种。

第一，封闭式问卷。这是一种事先对问题确定了可供选择的答案的问卷，被调查者根据各自的情况进行判断，在其中选择一个或多个自认为恰当的答案。这种问卷多用来调查事实、态度、行为等方面的问题，一般有是非式、单项选择式或多项选择式等几种格式。

是非式问题是提出只有"是"与"否"两种答案的问题，让被调查者根据自己的情况对每个问题作出"是"或"否"的回答。例如：

（1）你喜欢喝酒吗？是（　　　　），否（　　　　）。

（2）你喜欢喝啤酒吗？是（　　　　），否（　　　　）。

（3）你喜欢喝百威啤酒吗？是（　　　　），否（　　　　）。

单项选择式问题是给出一个问题的多种选择答案，要求被调查者选择其中的一个答案。例如：

（1）你最喜欢喝的啤酒是（　　　　）

  A. 三得利啤酒　　B. 百威啤酒　　C. 青岛啤酒

（2）你认为海尔洗衣机的使用效果怎样？（　　　　）

  A. 很好　　　　B. 好　　　　C. 较好　　　　　　D. 一般

  E. 不太好　　　F. 不好　　　G. 很不好

多项选择式问题是就一个问题提供多种答案，由被调查者选择一个或几个答案。例如：你爱喝咖啡的理由是（　　　　）。

  A. 提神醒脑　　B. 一种习惯　　C. 很时髦、很洋化　　D. 说不清楚

封闭式问题是问卷设计中采用较多的一种形式，它可以提供比较整齐划一的答案，便于计算机加工处理资料。但这种问题的主要缺点在于调查者事先制定的答案未必是最全面和最严谨的，由于调查者的素质和认识水平，有可能遗漏很重要的选择项，而这种遗漏如果占有一定比例，则会严重影响调查质量。此外，由于答案是事先由调查者主观设计好的，这就存在着强迫被调查者必须回答的情况，因而被调查者在回答问卷时会存在敷衍随意的心态，往往导致信息反馈的失真。因此，为了防止被调查者不负责任地回答问题，在答案中往往要加上相对比较模糊的选项，如"不清楚""不知道""无看法"等以供被调查者选择。

第二，开放式问卷。这是一种自由回答的问卷，即调查者不提供问题的答案，只是在问题后面列出了供被调查者自由作答的空间，可以充分发表意见，有详细回答和简略回答的区别，这种方式主要应用于深度调查和直接访问。由于开放式问卷没有备选答案，难做定量统计分析和计算机处理，在样本较多的调查中不宜采用这种设计。例如：

（1）你最喜欢的三种国产手机品牌是什么，请排出序列：

①

②

③

（2）你在使用联想手机时，有哪些不便？请列举出来。＿＿＿＿＿＿＿＿

（3）你认为联想手机同市场上的同类国产品牌相比，有哪些优点？请列举出来。

资料 6-10

问 卷 星

问卷星是一个专业、无限制的免费在线问卷调查、测评、投票平台，专注于为用户提供功能强大、人性化的在线设计问卷、免费使用问卷星，不限题目数，不限答卷数；支持分类统计与交叉分析，免费下载报告和原始答卷；完美支持手机填写，微信群发；上亿人在问卷星上填写问卷。与传统调查方式和其他调查网站或调查系统相比，问卷星具有快捷、易用、低成本的明显优势，已经被大量企业和个人广泛使用。

资料来源：问卷星——不止问卷调查/在线考试 [EB/OL]. 问卷星官网（有改动）

2）问卷调查法的特点

问卷调查法大多用邮寄、报刊刊载、个别发送和集体发送等多种方式发送问卷，由被调查者按照调查表格进行填写回答。通常为调动被调查者参与的积极性，问卷的回收一般采取有奖答卷方式，或者给予答卷者一定的纪念品。

问卷调查法的主要优点在于问卷设计标准化，而且成本比较低，因为问卷调查法是以设计好的问卷作为民意反馈载体进行调查，问卷的设计要求规范化和可计量。问卷调查法能否成功与问卷的设计有很大关系，丹尼斯·威尔科克斯等人所著的《公共关系的战略与战术》一书中曾经详细列举了问卷设计的 10 条原则。

（1）决定需要哪些信息及其详细的程度。

（2）用书面的形式说明调查的目标。

（3）决定需要将问卷发给哪些受众。

（4）决定样本的大小。

（5）说明调查目的并保证匿名。

（6）尽可能多用封闭式（多项选择）答案，答卷人在勾画答案时要比在开放式（自由回答）问卷中撰写答案容易和省时。

（7）问卷要设计得易读，句子易懂，卷面整洁。

（8）问卷的问题不超过 25 个，问卷太长使人望而却步，会降低回收率。

（9）对问卷的理解和可能出现的偏见进行测试，拟从计划进行抽样的人群中选择若干代表先阅读问卷并提出改进意见。

（10）提问有关教育程度、年龄和收入情况时，要用分类答案。

同时，在问卷末尾留出空白供答卷人写意见和看法，这样做使答卷人能提供问卷正文未包括的额外信息或详细的说明。

4. 实验调查法

实验调查法是把调查对象置于有意创设的条件和情境中进行分析研究的方法。实验调查法既可以在实验室里使用，也可以在其他场合使用。

由于实验的场合不同，控制的方法和程度不同，实验法又分为实验室实验法和自然实验法。实验室实验法是借助一定的设备和仪器对调查对象进行研究的方法，它一般用于收集消费者的某些感受信息。其基本特点是对所研究的情境给予很高程度的控制，能最大限度地突出重要因素，防止无关因素的干扰。自然实验法是通过创设一定的条件，引起被调查者的某些行为变化，然后对其行为进行研究的方法。例如，有一家组织想调查烟民购买高档香烟的动机，他们找来了 10 名被试者，将这 10 名被试者分为甲乙两组。甲组被试者蒙上眼睛品吸 3 种不同价格档次的香烟，并要求说出 3 种香烟谁好谁次；乙组被试者不蒙上眼睛品吸，也要说出孰好孰次。结果发现，甲组 5 人虽然都是"老烟民"，但他们说出的好坏排名与香烟的价格排序并不一致。可乙组对这 3 种香烟的好坏排名却完全是依据价格的排名而定的。这个实验说明烟民对高档香烟的消费是一种价格感觉，而不一定是一种质量感觉。烟民购买高档烟并不是因为它们质量好、味道好，而是因为它们价格高、有气派。

5. 访谈调查法

访谈调查法又称访问法、谈话法，是调查者通过与调查对象进行面对面的交谈以收集信息的一种方法。访谈调查法一般是以提问开始的，公共关系人员提出的问题可以分为封闭性问题和开放性问题两大类。封闭性问题是指其答案非此即彼的问题，又名选择式问题，如问"你喜不喜欢这个品牌？"回答只有两种，要么喜欢，要么不喜欢。封闭式问题没有给回答者以发挥其创造性或自我表达的机会，不利于调查者发现新的问题。开放性问题是指其答案有多种选择的问题，如"你认为这种产品怎么样？"提问者并不提供答案，被调查者可以根据自己的情况自由作答，它给回答者以较多的创造性或自我表达的机会。一般说来在进行访谈时，提问顺序最好是先问开放性问题，使被访问者有较大的回旋余地，后提问封闭性问题，让被访问者对问题的表达在分析资料时容易归类。

访谈调查法根据访谈对象的多寡可以分为个别访谈法和小组访谈法。个别访谈法就是同某些有代表性或者有深刻见解的个人进行交谈，从中获取信息，这种方法有两个明显的缺点：一是耗时耗力；二是所获取的信息具有个别性，不能完全代表全体。小组访谈法一般以 6~12 人为宜，在进行小组交谈时，要事先拟订交谈计划，引导交谈有目的地进行。小组访谈法既省力、省时又省钱，另外，小组成员间相互激发，还能提出更有价值的材料或见解。但小组谈话容易落入俗套，陷入一种开会式的形式中而让人无法了解到真实的、有价值的信息。

6. 量表调查法

量表调查法也称量表测量法，是指借助量表对调查对象的主观态度、特定观念或潜在特征进行测量，以收集信息资料的调查方法。量表是量表调查法的工具，它由若干精心设计的问题所构成。人们的观点、态度、潜在特征具有一定的隐匿性、模糊性，有时连自己也未必十分清楚，无法准确描述，因此要调查这些主观因素的东西十分困难，采用量表调查这种间接调查方法，往往会收到比较理想的效果，能够对人们特定的观念、态度以及潜在特征有一个基本把握。

可以使用的量表有多种类型，从测量内容方面看主要有态度量表、能力量表、智力量表、人格量表、意愿量表、人际关系量表、价值取向量表等，从量表的作用方面看主要有调查量表、测验量表等，从量表的设计方式方面看主要有总加量表、累积量表和语义差别量表等。

量表调查法要针对调查目的，根据特定公众的状况，灵活运用。

一般情况下，不同的社会组织开展公共关系调查的方法不尽相同；相同的社会组织，不同的调查目的、内容、对象、场所甚至是不同的调查组织人员，选择的调查方法也会不同。选择怎样的调查方法，主要根据组织的方向性和目标策略而定，甚至综合使用多种调查方法。现代社会，随着信息源的日益庞杂，调查的方法更是五花八门，甚至多种调查方法交互使用。以微软的信息采集系统为例，其调查手段可谓花样百出，调查渠道可谓无孔不入。

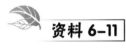

资料 6-11

无孔不入的调查渠道——微软的信息采集体系

微软公司有非常成熟的情报采集体系，采集渠道遍布各种媒介，任何手段都可能成为情报源。微软与美国国家统计局保持了紧密的合作，可以获得经济发展水平、各行业发展状况、地区发展水平以及国内各地计算机及网络应用宏观统计报告。由于美国本土的信息统计机构的运作方式非常发达，所以总部还积累了各国家和地区的宏观市场信息。在中国，微软公司以前较多关注总部的动态，而随着本土化策略加深，中国市场的环境成为关注的对象，微软的各分公司对情报有上载的义务，并定期生成当地市场情况分析报告，与美国总部的策略保持一致。

微软在中国的情报获取 70% 以上来自互联网。这种网上信息拦截是通过合作伙伴实现的，根据政策环境、软硬件行业动态、网络业环境、竞争对手到合作伙伴和终端市场动态等方面定制关键词，情报就会自动发至制定的链接。当然这种网上情报的拦截是定期更新的，有时甚至增加或减少。这是目前公司获取情报最快捷的方式了。为了保持情报的精准性，微软对合作伙伴的要求比较苛刻，经常对网上锁定的情报给予精准性测试。由于微软有独特的技术平台，微软对合作伙伴给予了更多的培训和目标情报教育，现阶段运作基本进入正轨。

随着微软本土化程度加深，对专项情报的需求朝着专业性、相关性和整合性的趋势发展，这样就需要与市场研究机构有更多的合作。微软提倡各分支机构与美国咨询机构进行合作，这样可以保障专项调研的权威性和内部情报的共享性。例如微软中国与盖洛普公司有长期合作关系。每次微软有新的产品上市或新的开发计划都会有一手的市场调研资料作支持，在中国平均一年调研的频率是 5 次左右。但市场调研不光是量化样本的过程，在每次调研前，公司内部的技术人员、需求制定者和调研项目负责人会达成充分沟通，精心锁定每个样本，并就项目进行的原始相关情报进行汇总，为量化样本的情报采集提供原始背景资料。

微软公司的另一个情报来源就是自身的咨询顾问及公共关系公司，这一部分服务主要弥补深度性情报的不足。他们将许多报刊和行业资料进行整合，形成微软内部独有的情报服务机制。当然，微软是不会放过老对手的，他们的拓展专员和市场专员都有可能成为某一对手的专职情报员。他们嗅觉异常敏感，展会、研讨会和厂商推广会等各种场合都会成为他们获取情报的重要机会。

另外，微软独特的企业文化氛围促进了内部的情报互动，这主要表现在企业内部信息上。在内部网的论坛里常有员工进行交流，其中不乏重要情报。各个员工有时对情报给以关注，并通过内部邮件向相关人员推送，以尽快明晰对每一策略的影响。

资料来源：徐刚. 公共关系实务教程[M]. 2 版. 北京：科学出版社，2014（有改动）.

过去用于军事的情报叫谍报，而如今的商业情报才是真正产生价值的源头——"情报比导弹更重要"。从微软的信息采集体系来看，情报在商业运筹中可带来丰富的效益。所谓情报即信息的成功运用有 3 个要素：目的性极强的情报获取途径、情报间的多元化判断和情报参与者对事件的把握。这就要求公共关系调查方法有机结合、综合运用，才能提高决策效率。同时，围绕信息所产生的一系列行为必须限制在商业规则之内，这是信息的游戏规则。竞争情报委员会给情报定了标准：竞争情报是对整体竞争环境和竞争对手的一个全面监测过程，通过合法手段收集和分析商业竞争中有关商业行为的优势、劣势和机会的信息，这包括了竞争者对共同目标市场的策略，企业运营环境中的诸多要素。

今天网络平台、杂志媒介和咨询公司构成了庞杂的信息源，但国内多数社会组织并没有指定情报源的意识，使得庞杂的信息难以支持组织的核心决策。多元的信息决定了多元化的信息分类存储方式，文件以多种形式保存，分类标准不统一，使目标情报检索效率低下、信息单向流动、信息利用率极低，不能有效地实现信息受众最大化，多数组织的信息部门（或市场研究部）形成封闭作业的局面。这样低利用价值的信息流转与高额的人力资源成本形成鲜明对比，使得社会组织优势难以发挥。

本 章 小 结

公共关系调查是为收集有关组织公共关系状况、公众需要和社会环境等方面信息而进行的调查。公共关系调查具有广泛性、明确性、系统性、科学性、不确定性的特点。公共关系调查的基本原则，包括客观公正原则、全面系统原则、科学准确原则、定量化原则、时效性原则。公共关系活动调查的内容主要涉及组织基本情况调查、组织员工关系调查、公众舆论调查及组织所处的社会环境调查等。

公共关系调查程序，指的是对社会组织客观存在的公共关系现象进行科学调查的基本过程。一般地讲，公共关系调查确定调查课题、制订调查方案、实施调查方案、分析调查结果、撰写调查报告包括几个步骤。

公共关系活动调查方法是指用以保证公共关系活动调查目的得以顺利实现的途径、方式、手段、措施等。公共关系活动调查的方法是多种多样的，基本的分类主要有两种，即基于调查对象范围变量的分类和基于资料收集方式变量的分类。基于调查对象范围变量的分类，是指固定其他变量，而以调查对象范围变量作为依据的公共关系活动调查方法分类；基于资料收集方式变量的分类，是指固定其他变量，而以资料收集方式变量作为依据的公共关系活动调查方法分类。基于调查对象范围变量的调查方法有普遍调查及抽样调查等；基于资料收集方式变量的调查包括文献调查法、观察调查法、问卷调查法、访谈调查法等。

客 观 题

自学自测　扫描此码

问 答 题

（1）什么是公共关系调查？它有哪些基本特点？

（2）公共关系调查的内容有哪些？

（3）公共关系调查的基本程序是什么？

（4）常见的公共关系调查的方法有哪些？

（5）问卷调查法具有什么特点？

案例分析题

有奖求教，产品畅销

巴莫是万斯家具厂厂长，他所经营的家具厂，已连续几年产品滞销。经过调查发现，产品之所以滞销，是因为产品不符合消费者的实际要求，根据这一情况，厂策划人员推出了一封有奖求教信：

"尊敬的顾客：

我厂根据变形金刚的启发，最近聘请了一批高级家具装饰工程师，为您们设计了一种可变形的多功能家具。为了使这种家具不仅满足您的需要，解决您住房窄小的困难，而且给您带来方便、舒适和美的享受，恳请您来信指教，我们将根据您的意见进行设计。凡来信指教的顾客，将在报上公布名字，发一个优惠 20% 的购物卡，凭此卡可购买一套多功能家具，意见被采纳和指教者，赠送一件多功能家具。"

这封有奖求教信发出后，反响很大，厂家收到 1800 多封指教信。这不仅使厂家与顾客之间的联系更加密切，从而更能了解到顾客的实际需要。而且使顾客产生欲购和一睹为快的心理。

当这种家具投放市场后，立即产生轰动效应，一个月的销售量远远超过过去三年销售量的总额，使该厂走出困境。

资料来源：吴建勋，丁华. 公共关系案例与分析教程 [M]. 2 版. 北京：清华大学出版社，2013（有改动）.

问题：

（1）以求教的方式进行公共关系调查，满足了公众的什么心理?试举例说明。

（2）这种"有奖求教"的成功之处在哪儿?在具体操作中需要注意哪些问题?

实践训练题

实训项目：母校公共关系活动调查。

实训目的：通过对母校的公共关系活动调查，总结母校公共关系活动的类型、实施效果、技巧等。由此延伸到社会中常见的新闻，能够透过新闻看到背后的实质目标。

实训内容：

（1）访问校园网主页上的新闻，时间跨度可以是一个自然年度。阅读新闻并抽取与学校形象密切相关的新闻并归类。

（2）走访母校宣传部等相关部门，了解母校当前实施的公共关系活动内容。

第7章

公共关系策划

【教学目标】

学习本章内容，重点掌握公共关系策划的定义、公共关系策划的含义、公共关系策划的基本原则、公共关系策划的程序与方法。

【教学要求】

知识要点	能力要求	相关知识
公共关系策划的含义和特征	（1）了解公共关系策划的含义 （2）掌握公共关系策划的特征	公共关系策划与工作计划的区别
公共关系策划的原则	掌握公共关系策划的原则	公共关系策划原则的灵活运用
公共关系策划的程序	明确公共关系策划的步骤	公共关系策划与战略规划、工作程序的区别
公共关系策划的方法	理解公共关系策划的方法	公共关系策划的创意产生

 导入案例

微信抢红包：一场精心策划的公共关系大餐

2014年1月25日微信5.2上线，这次新版本推出了抢红包的功能。而在两天后随着微信5.2版本的发布，很多人的微信里瞬间被"红包"刷屏了。

随着媒体正式报道微信的红包功能，网上迅速出现各种抢红包攻略、技巧等文章，但让大家感到意外的是，1月28日上午，网上出现"微信红包"开发负责人、腾讯财付通产品总监否认"外界"消息称微信红包让微信支付用户一夜之间突破1亿的说法。1月29日，网上出现"微信红包一夜爆红背后低调再战阿里"的文章。文中说道："通过微信红包，腾讯在移动互联网阵地与阿里的PK中占了先机。"而在前一天，在"百度百家"里也有一篇文章"微信红包：阿里、腾讯移动支付大战的导火索"，这两篇文章都不约而同地将微信红包的矛头指向阿里的支付宝，阿里躺着也中枪了。或许有人会说，难道腾讯还需要依靠阿里的资金吗？我们接下来看就清楚了。

1月31日，腾讯财付通官方公布了微信红包真实用户数，截至除夕夜，平均每个红包：10.7元；单人抢到的最多红包数：869个；除夕夜参与红包活动总人数：482万；最高峰出现：1月30日（除夕夜）；瞬间峰值：2.5万个红包被拆开。

如果说这次公共关系在对微信和支付宝的竞争中起到四两拨千斤的作用，那么它对腾讯的品牌和股价则起到了绝对性的贡献。1月30日，"微信红包，红遍南北：腾讯一天笑

纳 540 亿市值"一文中说道，1 月 29 日，腾讯控股上涨 5.77%，收报 532 港元。也就是说，仅这一个交易日，腾讯在市值上就收获了 540 亿港元的特大"红包"，而按腾讯总股本 18.62 亿股计算，腾讯市值已突破 1 万亿港元大关。

至此，腾讯通过"微信红包"这一事件的公共关系，取得了历史性的进展。

资料来源：微信抢红包：一场精心策划的公共关系大餐 [EB/OL]豆丁网，2014-10-04（有改动）.

7.1　公共关系策划的内容

公共关系策划是公共关系工作程序的第二步，探讨如何在调查研究的基础上进行运筹、制订方案的规律，为公共关系计划的实施与公共关系的评估提供依据。从某种意义上说，公共关系的竞争就是公共关系策划的竞争。因此，公共关系策划不仅处于公共关系工作程序的核心地位，而且是整个公共关系工作成败优劣的关键。

7.1.1　公共关系策划的含义

公共关系策划是随着公共关系活动的兴起而产生的。

1. 策划的内涵

"策划"一词，含有筹划、谋划、计谋、计划之意。根据美国哈佛企业管理丛书的解释，策划是一种程序。公共关系理论的奠基者爱德华·伯纳斯曾说："我们是经过审慎的考虑后才使用策划这个词的。在我们的社会里，有着无以计数的利益集团和传播媒介。要解决协调、信息传播和说服等问题，只有通过策划这种途径才能取得有效的成果。"西方管理学者认为，策划是与决策紧密相连的，在本质上是一种运用脑力的理性行为，即找出事物因果关系，衡量未来可采取的途径，作为目前决策的依据。也就是预先决定做什么、何时做、如何做、由谁做。

策划是人类社会中经常进行的一种活动，我国古已有之。古语曰："凡事预则立，不预则废。""预"，实际上就是事先做好充分准备，进行必要的策划。策划，就是根据各种情况与信息，判断事物变化的趋势，确定可能实现的目标和预期结果，再据此来设计，选择能产生最佳结果的资源配置与行动方式，进而形成正确决定和工作计划的复杂过程。可以说，策划既是决策的前提，也是决策的重要组成部分。

2. 公共关系策划概述

1）公共关系策划的定义

公共关系策划，是指公共关系人员为了实现公共关系目标，对公共关系活动的主题、手段、形式和方法等进行周密的构思和设计。公共关系策划是以公共关系人员为主体进行的一种艰苦细致、复杂有趣的创造性思维活动。它以客观的公众分析为前提，以最好的活动效果为目标，是公共关系工作的核心。策划的好坏直接影响着公共关系工作的效果和水平，也体现了公共关系人员的素质和能力。

2）对公共关系策划含义的理解

公共关系策划，不是具体的公共关系业务活动，而是公共关系策划的形成过程。对公共关系人员而言，困难的不是去实施活动方案，而是如何在策划中提出最新颖独特的创意，制订出最佳的公共关系活动方案。因此，公共关系策划具有战略性、策略性和创造性，是一门科学，也是一门艺术。目前在我国学术界，对于公共关系策划的概念运用得比较普遍，但对其含义的理解却各不相同，概括起来，主要有 3 种不同的理解。

（1）"程序"说。这是一种广义的理解，即把公共关系策划理解为公共关系活动"四步工作法"中的第二步。"四步工作法"包括公共关系调查、公共关系策划、公共关系计划实施和公共关系效果评估。公共关系策划就包括其第二步的全部内容，即公共关系目标、计划和策略等方面，也就是在公共关系调查分析的基础上，做好公共关系活动实施前的一切准备工作，公共关系策划过程的完成也就是实施前的一切准备工作的完成。

（2）"谋略"说。这是把公共关系策划仅仅理解为谋略或策略，理解为一种简单的设计。按照这种观点，公共关系策划就不应把具体的实施计划包括在内。

（3）"计划"说。这是把公共关系策划理解为计划，理解为依据一定的目标建立起来并可用来进行具体操作的方案步骤。

一般我们从"程序"的角度来理解公共关系策划，因而把"公共关系策划"定义为以分析预测为基础，根据组织形象的现状和目标要求，确定公共关系活动的战略与策略，并制订出最佳计划方案的过程。这个定义包括以下 5 层含义：第一，公共关系策划工作是公共关系人员的工作，是由公共关系人员来完成的；第二，公共关系策划是为组织目标服务的；第三，公共关系策划是建立在公共关系调查基础上的，既非凭空产生，也不能囊括所有的公共关系活动；第四，公共关系策划可以分成公共关系战略策划和专题公共关系活动策划两个层次；第五，公共关系策划包括谋略、计划和设计 3 个方面的工作。

7.1.2　公共关系策划的特征

从公共关系策划的含义的角度分析，公共关系策划一般有如下特征。

1. 目的性

公共关系的总体目标是要树立社会组织的良好形象，但社会组织在不同的发展时期，其公共关系具体目标是不同的，社会组织如何选择公共关系活动，从而实现目标，这是每项公共关系策划必须解决的问题。公共关系策划应首先确定目标，然后考虑重点解决的问题及先后次序，因此，公共关系策划具有很强的目的性。目标越明确、越清晰，公共关系工作就越容易开展，其目标就越容易实现。

2. 思想性

公共关系策划过程是一种思维过程，是策划者对所获社会环境、企业组织的条件和策划目的等信息进行分析、综合、抽象概括，从而形成概念、判断、推理的过程。《汉书·高帝纪》中"运筹帷幄之中，决胜千里之外"的"运筹"，实际上就是一种思想的活动。这种思想活动尽管在帷幄之中形成，却可以指挥千军万马取得战争的胜利，充分体现出其高度的思想价值。这就是现代组织愿意接受公共关系专家经过创造性思维、系统性思考而为它们策划出来的公共关系方案的真谛所在。

3. 创造性

创造性是公共关系策划的灵魂。它凭借公共关系人员的创造性素质，集知识、智慧、谋划、新奇于一身，遵循公共关系的基本原则，通过辩证的思维过程，开拓新的境地，并使之产生别具一格、标新立异的结果。公共关系策划贵在创新，创造性思维要自始至终贯穿于公共关系策划的方方面面。因此，公共关系人员在了解、学习取得较好效果的公共关系策划方案和思路时，切忌不顾事实单纯模仿别人的方法和思路，而是要在借鉴的基础上有所创新。

4. 针对性

公共关系策划主要是解决社会组织的重要决策所涉及的公共关系问题，不是一个统一的和一成不变的模式。社会组织处在发展运行的过程中，所面对的问题、所要解决的问题层出不穷，而且又千差万别，因此每一次公共关系策划，都要针对当次公共关系问题来运筹和进行。它是根据组织所处的外部环境、自身条件和公共关系状态、策划者本身的创造性思维方式等来设计公共关系方案，并运用各种公共关系手段，有效地开展公共关系活动，以期实现公共关系目标。

 资料 7-1

打造现代版"富春山居图"

在中华人民共和国成立70周年之际，人民网策划推出"跨越70年·中国的故事"系列报道，记者通过视频、图片、文字记录下各地70年间的发展变化，以小见大，展现国家蒸蒸日上的幸福生活图景，在生动的历史变迁中感受新中国奋进的磅礴力量。

2018年9月21日，中共中央政治局就实施乡村振兴战略进行第八次集体学习。中共中央总书记习近平在主持学习时提出，"要科学把握乡村的差异性，因村制宜，精准施策，打造各具特色的现代版'富春山居图'"。

拥有"天府之国"美誉的四川，作为农业大省，有着独特而富集的农业资源；作为旅游大省，又有着鲜明而突出的风景特色。70年来，四川将两者相结合，走出了扬长避短、因地制宜的致富新路线，成为最具代表性的乡村旅游强省，帮助百姓多渠道增收致富。据统计，2018年，四川农民人均生活消费支出相比1954年上涨了2 500多倍。

资料来源：打造现代版"富春山居图"乡村旅游敲开四川百姓致富门[EB/OL]. 人民网，2019-08-14（有改动）.

7.1.3　公共关系策划的作用

公共关系策划的具体作用，可以从以下几个方面来把握。

1. 公共关系策划是公共关系活动中的最高层次

公共关系策划是在组织的交际应酬、迎来送往、接待联络以及组织的信息传递、公共关系促销和公共广告等几个层次的基础之上发展起来的公共关系高层次的活动。前两个层次的公共关系活动是由公共关系的业务工作人员和管理工作人员负责实施的，公共关系策划工作必须由公共关系专家或组织中的最高决策人来具体筹划、安排并组织实施，它需要凭借公共关系专家与决策者的创造性思维，提出全面性的构想，进入决策的范畴。

2. 公共关系策划是公共关系价值的集中体现

现代公共关系运作是一项系统工程，无论是日常公共关系活动，还是专项公共关系活动，都需要进行很多的公共关系策划。组织在日常公共关系工作中，如果能进行很好的谋划和操作，就可以保证各项工作都能按部就班、有条不紊；组织重大公共关系活动项目的出台，如果能策划得精彩，就能收到良好的效果。如果组织没有公共关系策划，即使公共关系运作很好，公众也会感觉这个组织平平常常，无振奋人心之处。就像一组交响乐中缺少高潮、一支歌曲中缺少主旋律一样。这些都体现了公共关系的策划价值。它可以使一个组织增加知名度、提高美誉度。国际上一些著名的公共关系公司，常常在企业的危难之中救助企业，如美国的博雅公司、希尔诺顿公司之所以著名，在于它们能够在关键时刻为其客户拿出很有影响的公共关系策划方案。

3. 公共关系策划是公共关系竞争的法宝

公共关系策划在组织中居于非常重要的地位，是关系到社会组织公共关系全局性的工作。现代企业的竞争，已经从产品竞争阶段转入企业竞争阶段。这时竞争从表面上看是一种软性的友好竞争，但是其内涵更深刻、手段更高明，是一种头脑与智慧的竞争，其表现形式则为信誉和形象的竞争。哪个企业公共关系策划工作搞得好，哪个企业就会赢得公众的信任，并形成一种美好的形象。

4. 公共关系策划可以增强公共关系工作的有效性

公共关系工作要取得良好的效果，必须遵循公共关系工作的规律，提高公共关系工作的科学性。通过精心策划，科学地设计和确定公共关系活动的计划与方案，这样才能确保其目标、对象的准确性，活动内容和方式的可行性，有助于合理安排活动的进程和经费，加强公共关系活动中各个环节的衔接，以避免单凭经验和主观随意性而造成的失误与损失，防止混乱和不必要的浪费。另外，通过精心策划，把公共关系与广告、市场营销和管理等手段有机结合，实实在在为组织解决在某个时期、某个领域存在的问题，塑造良好的社会形象，帮助组织实现在该时期既定的目标和任务。总之，公共关系工作要取得实效，离不开公共关系活动的精心策划，公共关系策划是保证公共关系工作有效性的重要环节。

5. 公共关系策划可以保证公共关系工作的计划性

对组织而言，公共关系工作贯穿于经营管理的全过程。社会组织在不同时期的公共关系工作必须有一个完整的计划方案，对公共关系活动的时间、地点以及人、财、物等条件有一个全面考虑，对公共关系活动的实施细节提出一些具体的安排意见。公共关系工作自始至终都应该是一种有计划的活动，而这些都需要在公共关系策划中完成。只有通过公共关系策划，才能选择和确定公共关系活动的目标与对象，选择公共关系活动的具体方式和最有效的传播手段，把握最佳的传播时机，合理地分配和使用经费，使公共关系工作按计划实施，步步到位，井然有序，保证工作有计划、有步骤地完成。

6. 公共关系策划可以保证公共关系工作的连续性

公共关系工作的根本任务是塑造良好形象、改善公众关系、创造和谐环境。社会组织要完成这些任务，赢得公众信任，树立良好形象，不是依靠一两次公共关系活动就能一蹴而就的，它需要长期持久的努力。而要坚持不懈地开展公共关系工作，并取得满意的效果，则离不开公共关系策划。公共关系策划本身既是对以前公共关系工作的总结和评估，又是下次公共关系活动科学规划的开始。公共关系策划能够使公共关系工作注重社会组织的总体目标和长远利益，也能够根据社会组织以往工作的成败得失以及公共关系目标，设计出形式上新颖独特、内容和主题又能与以前的活动保持有机联系的公共关系活动方案。因此，公共关系策划发挥承前启后、承上启下的作用，这种策划的连续性实际上也保证了公共关系工作的连续性。

 资料 7-2

广州塔熄灯响应"地球一小时"

2019 年 3 月 30 日 20 时 30 分，为响应"地球一小时"活动，羊城地标建筑广州塔关闭外围灯光一小时，以倡导节能环保、低碳生活，鼓励可持续的生活方式。据悉，2019 年是广州塔连续第九年参与世界自然基金会倡议的"地球一小时"活动。

资料来源：董天健. 广州塔熄灯响应"地球一小时"[N]. 南方日报，2019-03-31（有改动）.

7.1.4 公共关系策划的基本原则

公共关系策划是社会组织公共关系工作的中心环节，公共关系工作是否有效，在很大程度上取决于策划的成败。因此，公共关系人员在进行公共关系策划时，不可随心所欲，应遵循公共关系策划的基本原则。

1. 公众利益优先

从组织内部看，任何公共关系策划都是为谋求组织发展而展开的，都必须考虑到组织的利益，使公共关系活动与组织的整体运行计划紧密结合，以取得良好的经济效益。任何组织的生存与发展，都离不开公众的支持，如果公共关系策划只追求经济效益，只顾自身利益而不顾公众利益和社会利益，就会失去组织与公众沟通并获得社会认可和支持的基础，最终将会为社会所抛弃。成功的策划应是以组织利益和社会利益的统一为宗旨，尤其应该把公众利益放到优先地位。只有这样，才能得到公众的信任，才能赢得公众，也才能最终实现组织的目标，获得组织利益。

2. 尊重客观事实

公共关系策划必须坚持以客观事实为依据，做到客观、真实、全面、公正。所谓客观，就是反映事物的本来面貌，不以推断和想象代替事实，更不能有意识地"造假"；所谓真实，就是直面事实，一是一，二是二；丁是丁，卯是卯；既不夸大，也不缩小；所谓全面，就是充分掌握事物的全貌，反映和传播需要公开的事实的全部材料，绝不以点带面、以偏概全，更不能有意地掩盖事实真相；所谓公正，就是以公正的态度对待事实，站在公众能够接受的立场上处理问题，不护短，不推诿，不文过饰非。坚持尊重客观事实的原则，要求我们必须经过周密和细致的公共关系调查，制订切实可行的公共关系目标，排除来自各种虚假因素的干扰，坚持公共关系策划的真实性，在充分掌握客观事实的基础上，策划出公众可接受的方案。

3. 创造性与务实性相统一

一次成功的公共关系策划必须富有创造性，是对公共关系理论创造性地加以应用，以公共关系策划的新颖、独特的内容吸引公众。公共关系策划要根据组织环境和社会公众各个方面的发展变化状况，以及组织内部的条件，提出富有独创性的公共关系方案，这样才能使公共关系活动标新立异，收到更好的效果。但在实践中，有些具有新意的策划方案，因受多种因素的制约，并不一定都能实施。在进行公共关系策划时，组织的需要和实现的可能两者必须统一，对公共关系策划者来说，既要考虑社会组织所要达到的公共关系目的，也要考虑外部环境和内部条件，使得公共关系策划方案的目标是可实现的，程序是可行的，范围是力所能及的，手段和方法是可利用的，为公共关系活动的有效开展奠定基础。

 资料 7-3

"给我一面国旗"刷屏朋友圈

2019 年 9 月 24 日一大早，很多人的微信头像带上了"国旗""70""国庆快乐"图标或字样。微信朋友圈随后被"给我一面国旗@微信官方"刷屏。但很快用户发现，喊话微信官方并没有用。

网友随即大开脑洞、借题发挥开启了许愿狂欢，与此同时，许多微信公众号也抓住时机，纷纷借此引流，将教程链接放在自己的公众号中，"关注就会弹出'给我一面国旗@微信官方'"。随后，朋友圈也开始转发换国旗头像的小程序，或是换国旗头像的二维码。

到底是谁掀起了昨天微信朋友圈的热潮，这般盛况又是否在"幕后推手"的预料中呢？《北青报》记者独家对话了该项目的负责人何凡，揭秘"给我一面国旗"背后的秘密。

资料来源：宋霞."给我一面国旗"刷屏朋友圈[N]. 北京青年报，2019-09-25（有改动）.

4. 计划性与灵活性相统一

经过策划所形成的行动方案，涉及组织各方面工作的协调，涉及人、财、物的配备，具有较强的计划性。行动方案一旦确定，应尽量保持其稳定性，保证整个行动方案的贯彻实施。但是，公共关系策划所制订的计划方案不是僵死的和一成不变的，它应具有一定的弹性和灵活性。组织的主观条件和外部环境随时都在发生变化，因此公共关系策划所制订和实施的方案，应具有充分的回旋余地、灵活的补救措施，尤其是当环境的变化对目标的影响很明显时，应及时适当地调整公共关系策划的活动，或者适度地调整公共关系目标。只有把计划性和灵活性有机地统一起来，才能保证公共关系工作达到更好的效果。

5. 与社会组织整体计划相一致

公共关系策划是在组织总体发展目标约束下进行的。在进行公共关系策划时，必须把这种策划所达到的目标看作组织整体目标的一个部分或一个方面，与组织的整体目标统一起来。无论是专业性的公共关系公司，还是组织内部的公共关系部，在进行公共关系策划时，都要认真研究现阶段、现时期组织的目标是什么。策划必须根据组织的特定目标来设定策划方案的目标，否则，与组织的发展目标相悖，再好的行动方案也只能是一种不切实际的空想。

 资料 7-4

雅 迪 G5

曾经在意大利米兰展风靡一时的雅迪 G5，凭借艺术级的外观及强大的性能，备受关注，圈粉也无数。

说起雅迪 G5，就不得不提《速度与激情》电影中的男主范·迪塞尔，就在 2019 年的 3 月，范·迪塞尔与雅迪牵手了。一场令人肾上腺素狂升的飙车既视感扑面而来！骑着雅迪 G5 电动车，恨不得马上上演一场"速度与激情"。

雅迪 G5 就采用了三模 GPS 定位技术，你可以直接在手机 App 上随时查看车辆的位置、为车辆设置电子围栏、查看 GPS 骑行轨迹，这样的智能"黑科技"，谁不喜欢呢？雅迪 G5 不仅仅是电动车，它更像是一个生活助手，帮助我们更实现更美好的出行体验。

骑上雅迪 G5，你就是整条街上最靓的仔。

资料来源：骑上雅迪 G5，你就是整条街上最靓的仔 [EB/OL]. 砍柴网，2019-08-30（有改动）.

7.1.5 公共关系策划的类型

公共关系策划根据不同标准可以划分为不同类型。

1. 根据策划执行时间的长短划分

（1）长期战略策划。长期战略策划一般指 3 年以上的公共关系策划，直接体现公共关系战略目标，即塑造组织形象，具有全局性、长期性、指导性和稳定性等特征。这种策划内容宜粗不宜细、宜简不宜繁。

（2）年度公共关系策划。年度公共关系策划是对一个年度的公共关系活动目标、内容措施的策划，这是年度公共关系活动的依据。

（3）项目公共关系策划。项目公共关系策划是具体实务活动方案的策划，它是在公共关系战略策划的指导下，对组织日常的公共关系和专门性的公共关系活动的谋划、构思和设计。项目公共关系策划的内容要具体，时间地点要准确无误，规模范围要确定清楚，形式与内容要互相协调，标准与预算要适宜。

2. 根据执行的时间是否延续划分

（1）公共关系时期策划。公共关系时期策划是对一定时期内开展公共关系活动的策划，它包括公共关系长期战略策划和年度公共关系策划。

（2）公共关系时点策划。公共关系时点策划是对某一个具体时间里开展重大公共关系的策划。这种策划要求主体明确、内容明确、具体工作步骤和追求目标明确。

3. 根据公众归属关系的不同划分

（1）组织内部公共关系策划。内部公共关系是塑造组织形象的起点。内部公共关系具有稳定性、可控性等特点，具有导向、规范和约束、凝聚、激励和辐射等功能。好的或者成功的内部公共关系，必须能够增加内部公众的认知，激励内部公众的动机，转变内部公众的态度并引导内部公众的行为，从而达到造就员工良好的价值观念、协调和改善组织内部的人群关系，培养组织内部"家庭式氛围"的目标。

（2）组织外部公共关系策划。组织外部公共关系是一个社会组织针对外部公众而开展的公共关系活动。对于一个企业而言，它的外部公众包括消费者、政府、社区、媒介等，所以组织外部公共关系策划就是社会组织为了达到一定目标，而对具体的目标公众而设计的活动方案。

4. 根据公共关系活动类型划分

根据公共关系活动类型，公共关系策划可分为组织形象策划、公共关系广告策划、庆典活动策划、联谊活动策划、危机公共关系策划等。

7.2　公共关系策划的程序

公共关系策划是一个动态的过程。公共关系策划的程序是根据社会组织内在的和外在的客观状况以及公共关系策划的具体内容而定，一般来说，大致可以分为 4 个阶段 14 个步骤。

7.2.1　第一阶段：策划起始阶段

第一阶段为策划起始阶段，主要工作是发现问题和提出问题。

公共关系，是以问题的存在为前提，围绕解决问题展开活动。因此，发现问题、提出问题是公共关系策划的逻辑起点，解决问题是公共关系策划的目标，贯穿于公共关系策划的全过程。

问题是目标与现状间的差距。这里所说的问题，是指社会组织的现状与理想目标之间的差距。有差距的存在，社会组织的决策者就会感到有问题存在，为了实现既定目标，必须缩小直至消灭现状与目标之间存在的差距，这就需要通过策划采取积极的公共关系行动，以解决存在的问题。

组织发现存在问题的方法有例外法则、偏差记录、组织诊断和缺点列举。

1. 例外法则

把社会组织的理想目标与现实状态加以对照，如果两者相符则属于正常，如果两者不符则属于例外。从"例外"中寻找差距，发现问题。

2. 偏差记录

社会组织安排相关人员周期性地调查和询问组织内外发生了哪些变化、出现了什么异常现象，把脱离组织正常运行轨道的偏差记录下来，然后对这些偏差进行分析研究，从中发现问题。

3. 组织诊断

社会组织聘请有关专家，对社会组织的机体或运行状况进行检测、评估和分析，以便发现潜在的问题。

4. 缺点列举

社会组织通过召开各种形式的员工或者公众座谈会，专门就组织的某一方面情况请与会者列举所存在的缺点，从大家漫谈所列举的缺点或不足中发现存在的问题。

需要注意，问题的提出应该建立在认真研究和科学分析的基础上。当然，在封闭体系里，问题可以由自己来界定，这就是通常我们说的危机。因此，公共关系必然转化为"救火"而非"防火"。如社会组织花费巨额资金为本可防范的突发危机事件买单，而这些问题本来是可以发现的，所以界定公共关系问题成为策划的起始点。正如科特利普和森特提出的，社会组织可以如此陈述问题："什么是担心的来源？何处出了问题？何时成为问题的？……何人被卷入或受到影响？他们是如何卷入或受到影响的？为何它成为组织和公众关心的问题？"等等。

7.2.2 第二阶段：策划准备阶段

当社会组织发现问题之后，就要通过具体的公共关系活动来解决问题。为了使公共关系活动有针对性、计划性并收到预期效果，必须针对发现的要解决的问题进行公共关系策划，公共关系策划进入准备阶段。

这一阶段包括收集信息、整理信息、分析信息和界定公众4个步骤。

1. 收集信息

针对发现并试图解决的问题，收集相关信息，以便为公共关系策划奠定基础，为审定公共关系策划方案限定参照标准，为开展公共关系活动创造条件。

2. 整理信息

对收集到的信息，进行归类和初步加工处理，便于信息的保存、分析和使用。这样可以提高信息的有序性、完整性、真实性、准确性、概括性和针对性。

3. 分析信息

针对公共关系策划活动的实际需要，运用专门的信息分析方法，对收集到的经过了初步整理的信息，进行比较、估量、计算和筛选等加工分析，从而弄清现状，找出差距；总结经验，发现优势；获取新知，寻觅时机；设计新路，确定目标。

4. 界定公众

公共关系活动的目标公众或称之为对象公众，是需要根据公共关系活动的内容、目标及公众状况来确定的。只有准确地确定目标公众，公共关系活动才能有的放矢，收到预期效果。针对发现并要解决的问题，根据收集的信息反映出的特定公众情况，通过信息分析，对公众加以界定，确定目标公众，以便为正式策划做好准备。界定公众有利于明确公共关系活动目的、设计公共关系活动主题、组织公共关系活动队伍和选择传播媒介。

 资料 7-5

留守学生都有"教师妈妈"

2017年5月初，泰州市委教育工委、市教育局联合印发《关于在全市教育系统开展"大走访大落实""关爱留守学生，争做教师妈妈"活动的实施意见》，正式拉开这一活动的帷幕。

"成长的路上一个都不能少。立足教育系统的职能特点，我们把留守儿童的关爱覆盖面拓展至所有学段的留守学生。"泰州市政协副主席、教育局局长奚爱国表示，教育人要始终带着情感，把留守学生当作家人，全面准确了解他们内心真实的所思、所想、所盼、所愿。

奚爱国说，活动确保关爱对象"一个不少"。其中，党员干部带头，全市教育系统机关干部、学校教职员工、在泰高校青年教师和大学生志愿者全员参加，实现全员结对，落实"一人一策"帮扶措施。关爱对象则覆盖从幼儿园到高校的所有学段，包括父母双方外出务工或一方外出务工而另一方无监护能力的学生、在校就读的孤儿以及身心发展困难的学生。

在活动中，"教师妈妈"们做到了学段之间全线跟踪、关爱工作全程服务。他们每月至少与结对学生交流一次，每两月到结对家庭回访一次，并做好"关爱交流卡"记录，防止出现运动式的"一走了之"和"一结了之"现象。

资料来源：缪志聪. 泰州：留守学生都有"教师妈妈"[N]. 中国教育报，2018-12-08.

界定目标公众的方法一般有如下3种。

（1）以活动目标划定公众范围。例如，学校为宣传自己的办学成果而组织的人才交流会，其公众主要是应届毕业生、用工单位、新闻单位、毕业生家长、人才交流部门及部分教职工，非毕业班学生和他们的家长、政府机关、实习基地等则不是该次活动的目标公众。这种划分主要强调的是目标公众与活动之间的关联性。

（2）以组织实力划定目标公众。在公共关系实践活动中，有时组织需要面对的公众面极广，面面俱到则深感人力有限、经费不足，应付不过来。这时就应将有关公众按与组织关系的密切程度、影响的大小程度、相关事情的急缓程度等因素进行排队，选出最为重要的部分作为目标公众。这种划分主要强调的是目标公众对组织的重要性。

（3）以组织需要决定目标公众。例如，当组织出现形象危机时，目标公众应首指组织的逆意公众和行动公众，以防危机的扩散和加剧。这种划分主要强调的是目标公众对组织的影响度。

其实，不同组织每次公共关系活动确定谁为目标公众，很难有统一的标准，基本的原则便是考虑组织目标、需要和实力三个方面的因素，由各个组织灵活去决定。

7.2.3 第三阶段：策划实施阶段

公共关系策划准备工作就绪之后，就可以进入正式实施策划阶段，这是公共关系策划最重要也是最富成效的阶段，这一阶段包括确定目标、设计主题、选择媒体、预算经费和拟订方案5个步骤。

1. 确定目标

公共关系策划的目标是指预期通过公共关系策划方案的实施所要达到的最佳效果。确定目标必须以发现并试图解决的问题为出发点，以收集的信息及其对信息的分析、对公众的界定为依据和前提条件，以预期效果即对问题的解决程度为归宿。确定目标，可以为策划指明方向，为策划的实施提供依据。

在确立组织公共关系活动的目标时应注意以下几点。

1）目标必须是具体的

目标不应是一个抽象的概念或空洞的口号，它应当是组织在内外环境条件下必须达到的实际结果，如"在某区域提升组织认知度5个百分点"等。

2）目标必须是可测量的

公共关系的认知度、美誉度等目标，均是可以测量的，因此，目标不应是模糊含混的。例如，"使员工的参与意识得到极大提高"中，"极大"一词便是难以准确把握的，应是可以通过计算得到明确数据的结果，如"使80%的员工参与到本组织的这次活动中来"。

3）目标应当是可实现的

在确立目标时，必须考虑在组织现有条件下，能否解决问题、实现目标，能在多大程度上解决问题、实现目标。目标过高，必然导致失望和沮丧；不考虑自身条件的盲目蛮干，也只会以失败告终。

4）目标必须有时间限制

组织公共关系活动要实现的目标，必须是在规定的时间里应当达到的结果，既非远不可及，也不应遥遥无期。确立公共关系策划目标的思路，大约是这样一个过程：通过调查研究获得组织内外环境与资源的大量材料，以材料去推断组织的优势与劣势、机会与风险、资源与条件；通过对这些推断的分析，找出组织的公共关系问题所在；再根据问题的轻重缓急，排出解决问题的先后次序，并提出和界定首要的问题；然后通过对首要问题产生原因的探索，导出问题的症结，根据组织的特质和组织的需要，最后确立组织公共关系策划的目标。

组织的公共关系目标按其作用可以分为四类：传播信息、增进感情、转变态度、引起行为。

（1）传播信息。这是最基本的公共关系目标，即组织致力于就形象信息、服务信息、产品信息及其他信息与社会公众进行沟通。

（2）增进感情。增进与公众的感情，赢得公众的好感，是一个组织的公共关系活动的长期任务，也是可在短期内达到的目标。

（3）转变态度。在一定时期内，开展公共关系活动是为了转变公众对组织整体形象的某方面的看法和态度。公众的什么态度需要改变，应以调查所得的资料为依据。

（4）引起行为。公共关系活动的最终目的是在取得公众理解和支持的基础上，促使公众产生某种组织所期望的行为。

资料 7-6

北京稻香村推"旅游季"展销活动迎国庆

据了解，北京稻香村此次京味食品"旅游季"展销活动期间，重点推介"京八件"、熊猫小酥、精品牛舌饼、成祖酥饼等十余款具有北京特色的糕点礼盒。"京八件"源于宫廷御膳房，八种形状、口味不同的糕点，可以算得上是极富北京特色的年节食品，北京稻香村对传承多年的配方进行挖掘和整理，结合大量古籍文献，融合现代工艺技术，终于生产出特色礼盒，如今承载着传统文化的"京八件"不仅礼盒品种增多，口味也更加多样化。

除了重点推介具有京味特色的礼盒以外，北京稻香村还定制了一批以该品牌特色糕点为原型的限量版纪念挂饰，有萌态可掬的金猪饼、造型别致的枣花酥，还有花朵形状的豌豆酥和贝壳形状的栗蓉酥，一共四款，在"京味特产"展台作为礼品赠送。

资料来源：北京稻香村推"旅游季"展销活动迎国庆 [N]. 消费日报，2019-10-08（有改动）.

2. 设计主题

公共关系活动主题是联结所有公共关系活动项目的核心，是统领整个活动，连接各项目、各步骤的纽带。在主题确立以后，所有的公共关系活动都要围绕这一主题展开。例如，"希望工程"的各种专题展览、宣传画、印刷品和文艺表演等自始至终围绕"为了千千万万个失学儿童"这一主题。

设计的主题是否恰当和准确，对公共关系活动效果影响极大。能否提炼出鲜明突出的公共关系活动主题，主题能否吸引公众、抓住人心，可以说是公共关系策划成败的一个重要标志。因此反复揣摩、推敲、提炼，直至最后拟定，对于公共关系策划者来说，是十分必要和值得的。

设计主题，需要有创意，提炼和拟定主题应当注意以下几点。

1）目标的一致性

拟定主题是为了更好地凸显公共关系的目标，主题必须与公共关系活动的目标保持一致，主题必须服务于目标。偏离目标的主题，会给公众造成错觉，起到误导的作用，因此策划者一定要慎重。

2）主题的实效性

好的主题不在于辞藻的华丽、技巧的娴熟，而在于产生的实效。主题的实效一是表现在是否合乎公共关系活动的客观实际，不能话说得好听但实际却做不到；二是表现在能真正打开公众的心扉，切中公众的心愿；三是表现在要考虑社会效果，一味地哗众取宠、迎合低级趣味的主题是不可取的。

3）主题的客观性

公共关系活动的主题要展示公共关系精神，体现时代气息，而不可商业味十足，也不宜宣传味太浓。总之，主观性不要太强，以免引起公众的反感。

4）主题的新颖独特性

在传播技术长足发展、各种信息扑面而来的当今社会，没有个性的信息如同过眼烟云，不会给人留下深刻的印象。只有通过主题将策划对象的信息个性体现出来，使其新颖独特，才能产生强烈的感召力和巨大的影响力。

5）主题的通俗简练性

心理学的研究表明，人们对语言的记忆，其音节在 16 个以下为最佳效果，超过 16 个音节便容易产生排斥心理，因此，主题的表述必须通俗易懂、简短凝练，以期为公众所理解和接受。公共关系活动主题的表现形式可以多种多样，可以是一句简短、鲜明的口号，如"为了千千万万失学的儿童"；也可以是一句简练明了的陈述或一个表白；还可以是一个多次重复的广告画面。尽管它们形式多变，但基本功能都是相同的，那就是主题必须是统率整个活动、连接各个活动项目及各个步骤的纽带，为某个公共关系目标服务。

3. 选择媒体

传播媒体种类繁多，各种传媒都有自己的特定功能和优势，也有各自的公众层面，因此公共关系策划要针对所策划的公共关系活动特点选择传媒。

要想达到预期的传播效果，公共关系策划者必须知晓各种媒体，了解各种媒体各自的优缺点，并要善于通过巧妙组合的方式，造成优势互补、交相辉映的整合性传播效果。至于如何去确定那些功能特点各有所长的媒体，则应当是根据不同的情况去做不同选择，最常见的有以下几种方法。

1）根据传播对象选择媒体

这里的关键是考虑组织公共关系信息的接受者是否能有效地获取信息。为此，应考虑以下几项内容。

（1）该次活动的信息接收者是谁。

（2）他们习惯于接受哪种或哪些媒体传达的信息。

（3）他们对什么形式和内容的信息感兴趣。

（4）他们对信息的理解能力如何。

（5）他们接受信息的条件如何。

2）根据传播内容和形式选择媒体

组织公共关系传播的内容千差万别，形式也多种多样，故面对媒体的选择也要求多样化。

3）根据组织实力来选择媒体

公共关系传播需要一定的经济投入和其他资源的投入，因此组织在选择媒体时应事先考虑自己的实力，只要能达到预期的目标，考虑媒体时应以尽力节省经费为出发点，不必一味贪大。

4）根据组织的环境条件来选择媒体

在我国，经济和科技的发展并不平衡，媒体的分布和发展程度，尤其是大众传媒发展水平也极不平衡，因此选择媒体时必须考虑研究当地现有的条件，不切实际的策划等于妄想和空谈。

 资料 7-7

明星玩得转短视频 App 吗

相比于其他很多艺人，王祖蓝的抖音算是比较特别的存在，他能抛开明星光环，贴近抖音的调性，很大程度上与他搞笑艺人的属性也有关系。也正因为他的搞笑标签，抖音账号发出的内容基本都是趣味视频，一边发宠老婆、怕老婆的内容，一边造出"全网家庭地位最高的男人"的反差梗。这成为忠实粉丝的共同语言，以至于很多视频的热门评论都带着"全网家庭地位最高的男人"的梗，让粉丝参与到视频主的形象建构当中。

王祖蓝抖音账号的大多数视频都经过策划，尤其是带广告植入的视频内容，内容基本上以王祖蓝的妻子李亚男为视角，又或者是王祖蓝一人分饰多角，视频简短有趣，内容多为日常小事，有丰富的生活场景，基本可以等同于一个竖屏的低配版 TVC（电视广告片）。

这也是艺人和抖音达人在短视频平台上发广告内容的特点，并非如微博那样简单粗暴地做个"文字+图片"式的推荐。很多艺人都会为合作产品策划定制性的视频内容，形式和过去策划 15 秒、30 秒的广告片并无两样。抖音运营团队需要分分钟化身为品牌 TVC 的策划团队。而王祖蓝妻子李亚男的抖音账号尽管只有 397 万粉丝，远不及其他头部明星的抖音粉丝量，但内容策划性强，在抖音的官方明星榜单中也能长期位居前 20。此外，李亚男的抖音账号中，带品牌植入的视频数量也不少，且部分与王祖蓝的合作品牌重合，发布的短片大多数以王祖蓝为视角，说明夫妻俩以大账号带小账号的方式来共同实现商业化，也不失为一种明星夫妻的短视频商业化新思路。

资料来源：娱乐明星在抖音，就像墨水滴到了大海？ [EB/OL]. 36氪，2019-10-21（有改动）.

4. 预算经费

开展公共关系活动，必须考虑成本与效益即投入与收益的关系问题。公共关系活动需要一定的物质基础。也就是说，公共关系策划方案必须建立在一定的物质条件基础之上，才有可能实现。因此，预算经费便成为公共关系策划的一个重要步骤。

通过预算经费，一方面可以了解组织是否承担得起所需经费，从而论证公共关系目标是否切合实际；另一方面，使公共关系计划获得组织财务部门的全力支持。此外，它还可以作为效果评估及公共关系人员业绩考评的一个重要指标。经费预算项目分为行政开支和项目开支两大类。行政开支包括劳动成本费用（工资及劳务报酬）、日常行政办公费用和设施材料费用；项目开支包括已经进行的项目、计划进行的项目和预测可能需要进行的项目费用，主要有专项目开支包括器材费用、广告费、宣传费、项目活动费和赞助费等。

公共关系活动经费的开支要贯彻量力而行、量入为出的原则，少花钱，多办事，注重公共关系活动的经济效益和社会效益的统一。预算公共关系活动经费的方法主要有以下几种。

（1）固定比率法。固定比率法是指按照一定时期内经营业务量的多少来确定预算经费总额的一种方法。经营业务量可以按照销售额计算，也可以按照利润额计算。根据销售额或者利润额按照一定的百分比抽取公共关系活动经费。这种方法计算简便，简单易行。

（2）投资报酬法。投资报酬法即把公共关系活动的开支作为一般投资看待，以相同数量的资金投入获得效益的多少为依据。公共关系活动效益体现在经济效益和社会效益两个主要方面，社会效益难以或无法用资金数额来计算和表现，经济效益也基本上是通过组织的其他部门的效益间接体现出来的，因此计算（基本上是估算）的数额只能是相对而言的，不可能精确，一般的计算也是以提高组织知名度和美誉度为依据。

（3）量入为出法。量入为出法即以组织的经济实力和财务收支状况为依据，根据财政上可能支出的金额来确定公共关系活动经费总额。

（4）目标先导法。目标先导法即先制定出公共关系活动所期望达到的目标，然后计算达到这一目标所需要的各项经费，从而得出公共关系活动经费总额。这种预算方法要求对有关项目开支的市场信息充分了解，以便进行比较准确的预算。这种方法目标明确、项目具体、以实预算，使公共关系活动有可靠的经费保证。

几种方法，各有所长，运用时根据具体情况进行选择，一般情况下又会将几种方法结合起来使用。

5. 拟订方案

公共关系活动方案是为了实现公共关系目标所拟订的各项措施、办法、途径、策略和技巧等的汇集。拟订公共关系活动方案，是公共关系策划阶段的核心环节，是使策划目标得以实现的基础。

拟订方案的意义主要表现为明确公共关系所面临的任务，确定适宜的公共关系目标，编制公共关系工作程序，区分公共关系工作的轻重缓急，便于有条不紊地组织公共关系活动，而且能够展现行动结果。

拟订公共关系方案，应该以对所掌握的各方面的信息的科学分析为前提，以目标公众、目标系统、活动主题、传播媒体、活动经费和结果预测等为依据。

7.2.4 策划完善阶段

策划完善阶段，是公共关系策划的最后一个阶段，主要包括审定方案、形成文件、反馈意见和调整完善4个步骤。

1. 审定方案

拟订出来的公共关系活动方案，仅仅是关于如何开展公共关系活动的基本构想，为了使其更加科学和完善，还必须对其加以审定。审定方案一般是由有关领导、专家和具体工作人员参加的方案审定委员会（审定小组、工作小组）或专门会议，对方案进行讨论、评估、选择、优化和论证。

2. 形成文件

形成文件是指将公共关系策划过程及其结果等与策划有关的主要内容进行加工整理转化为书面形式。形成的文件就是公共关系策划的正式方案，这是反映最终策划成果的书面文件。

撰写策划方案文本，是为了对策划过程中各个环节和形成的初步文件进行整理、加工，使之系统化、规范化和完善化。策划方案制作过程是：首先，撰写策划方案写作大纲，列出各章的标题和要点；其次，经过检查和推敲，对大纲进行补充和调整，使之内容全面，顺序合理，结构严谨；再次，对要点进行说明或阐述，使之成为策划方案初稿；最后，对初稿进行修改补充，润色推敲，使之主题鲜明、重点突出、行文流畅、条理性强。

一份规范的公共关系策划方案，应该由封面、提要、目录、前言、正文、附录或说明、署名等部分构成。封面应标明策划项目的名称、策划主体的名称、完成策划的日期、策划书的分类和编号等。提要应简明扼要地表述该项公共关系策划的核心内容。目录应列出策划书正文的篇、章、节、目的名称，如果有附件也须在目录中标注。前言就是策划书的序言，交代该项策划的宗旨、背景、意义和基本方法等。正文一般包括标题、主题、目标、综合分析、活动项目与环节、活动日程、传播方式、经费预算和效果预测等内容。附录或说明是该方案的重要附件或需要说明的问题与事项。署名是指在文件最后注明策划机构名称或策划人员姓名、策划完成的日期。

3. 反馈意见

公共关系活动是一种双向的传播沟通活动。公共关系策划具有超前性和预测性。策划过程中涉及的一系列因素都处在不断发展变化中，策划人员的事先预测不可能做到与客观现实丝毫不差，更不可能完全准确把握相关因素的发展变化的趋势和程度。因此，不仅在策划方案、最终形成方案文本的过程中要不断地反馈相关的信息和意见，而且在方案实施过程中也要及时收集反馈信息和意见。这样做可以发现实施过程中的偏差，汲取有价值的信息和意见，对方案做必要的调整，以利于公共关系活动的顺利开展，收到更佳效果，实现策划目标。同时，也有利于总结经验，为以后的公共关系策划提供有益的借鉴和启迪。

经常运用的反馈方法有比率统计法、询问统计法、媒介反馈法、观察理解法和民意测验法等。

（1）比率统计法。比率统计法即对事先确定的开展活动所选择的传播媒体的传播效果进行统计、计算，以计算的比率与策划方案中预计的效果加以比较。

（2）询问统计法。询问统计法即对目标公众进行询问调查，统计被询问者中接受信息、产生认同、改变态度、引起行为的人数及其程度，并对其加以计算，以计算的结果与策划方案中预测的效果进行比较，从而判断工作成效。

（3）媒介反馈法。媒介反馈法即收集新闻媒介对策划项目实施的相关反映，将其与方案实施以前的媒介反映进行比较，从中了解通过策划项目的实施而产生的效果。

（4）观察理解法。观察理解法即通过对目标公众产生认同、改变态度、引起行为等情况的观察分析，来判断策划项目实施效果。

（5）民意测验法。民意测验法即通过问卷或访谈等民意测验的方式，了解目标公众对策划项目实施情况的了解、认知、理解和认同情况，以此推测、检验策划项目实施所取得的效果。

与此同时，还可根据具体情况，对策划项目实施过程、实际效果进行反馈评估。

4. 调整完善

根据反馈的信息和意见，以及必要的反馈评估，对策划方案进行必要的调整，使之更加完善。调整策划方案的基本原则有以下几个。

（1）分清主次。分清主次即对实施过程中出现的偏差进行认真分析，找出产生偏差的主要因素，针对主要问题进行调整，也就是要解决主要矛盾。

（2）实事求是。实事求是即发现事先的预测与客观现实存在偏差时，不能文过饰非，一定要实事求是，从善如流，对事先通过预测而制订的方案进行修改补充。

（3）科学谨慎。科学谨慎即对策划方案的调整必须以谨慎的态度和科学的方法为基础，确认策划方案确实存在问题或不足，确信方案与现实间的偏差的原因确实在于方案方面的问题，而且找到了存在问题与偏差的真正原因，才对策划方案加以调整，不能随意地改变经过深思熟虑并经过反复论证而确定的重要内容。

（4）及时果断。当断不断，必有后患。如果经过认真分析研究，确认出现问题、产生偏差的原因确实在于方案本身存在的问题或不足，或者方案实施过程中出现了原先没有预料到的影响方案实施的条件变化，那么就要当机立断，及时果断地对方案进行调整、修改，使之完善起来，进而更符合变化了的客观实际。这样，才能收到良好的公共关系实施效果。

7.3　公共关系策划的方法

公共关系策划方法的合理使用可以最大限度地发挥公共关系人员的主观能动性，体现公共关系人员的智慧。

7.3.1　公共关系策划的基本方法

目前，我国公共关系学界对公共关系策划活动的基本方法可归结为三个大的方面，即如何运用"时""势"与"术"。

1. 审时、借时

"时"意指时间、时机，审时是指详细审查、仔细研究时间时机的特征，监测时间时机的发展变化；借时是指借助有利的时间和时机。公共关系活动具有很强的时效性，公共关系策划者必须认识到这一点，审时度势，充分利用有效的时间，抓住机遇适时开展公共关系活动，以增加信息传播的有效性。

一般来说，公共关系人员在策划中抓住时机，可以从以下 3 个方面入手。

1）争先

争先就是要有捷足先登的意识，才可能在激烈的竞争中占据优势，以获得良好的公共关系效应。

2）乘机

时机或机遇总是随着时间流淌，稍纵即逝。因此，善于把握最佳机遇，乘机策划出公关关系活动的杰作，便成了策划家们驾驭时机的主要工作。对公共关系策划者来说，一般有三种时机可乘。

（1）乘周期循环之机。周期循环之机指的是节假日、纪念日等每一年或每 10 年一循环的时机。这样的时机，对任何策划者来说，均是存在的，如果乘机得当、策划得法，就能策划出成功的公共关系活动。

 资料 7-8

哔哩哔哩十周年

十周年，哔哩哔哩风华正茂。十年来，哔哩哔哩从一个只有 4 名动漫爱好者维护的创作分享视频网站，成长为每月 1.1 亿活跃用户的高人气文化社区，为广大年轻人提供优秀文化产品和服务的同时，也激发了广大群众的文化创新创造活力。哔哩哔哩参与和带动了中国动画产业的迅猛发展，并将中国文化自信传向世界各地。十年来，哔哩哔哩成立专业团队、联合业内成熟企业，通过原创、购买、投资、联合制作出品等方式推出大量优质动画，不仅培育了一批动漫爱好者认可、追捧的形象"IP（知识产权）"，更以平台优势支持赋能国产动漫产业，助力中国动漫产业高质量发展，进一步提升国际竞争力。十年来，哔哩哔哩不仅支持网友创作多元化高质量视听作品，更海纳百川，鼓励百舸争流，通过引入优质资源，推出一大批高质量的原创影视作品，在夯实文化阵地深度、提升文化"源头"高度的基础上，擦亮"上海文化"金字招牌，走出中国文化创意之路。

资料来源：陈睿. 哔哩哔哩讲好"中国故事"，唱响"中国声音"[N]. 新民晚报，2019-10-01（有改动）.

（2）乘可预料之机。有些机遇虽然不是周期的，但却是可以根据各种信息予以推测预料的，如工程竣工之日、公司开业之时等。这些机遇予以利用，也可使组织公共关系策划获得良好的效果。

（3）乘突如其来之机。事实上，许多绝好的公共关系机遇是无法预料、无规律可循的，对这一类机遇的把握，既能使公共关系策划获得意想不到的成功，又显示了策划者驾时技艺的高超。这要求公共关系策划者：一是有灵通的信息渠道；二是要有把握可乘之机的意识，当突如其来的机遇来临时，立刻就有了绝妙的公共关系策划。

3）后发

后发即后发制人之意，它是在对诸多相关信息进行分析、运筹之后，策划出更为成熟的公共关系活动，以达到后来者居上的效果。后发制人方法的最大好处是：能在开始时巧妙地隐饰自己的意图，并在对竞争对手及社会信息做全面准确的分析认识后，推出更有针对性、更为成熟的策划方案，其成功率也更大。

2. 度势、运势、造势

"势"是一种比喻的说法，指的是事物本身以及与影响事物的环境共同形成的一种倾向性的无形力量。度势意指揣度、估计形势；运势即指借助和运用一定的形势，开展公共关系活动；造势是指制造一种气氛，创造有利的形势。公共关系策划不仅要"审时""借时"，还要审时度势，借时运势、借时造势，以制订出切实可行的公共关系活动方案。度势、运势、造势是公共关系策划活动中经常采用的方法具体可分为以下两种。

1）借势

借势即借用比组织更受人们关注的各种事物，与组织即将要进行的公共关系活动结合起来，从而把新闻界及公众的关注目光转移到本组织方面，起到公共关系活动的良好效果。

（1）借名人之势。名人具有一种光环效应，吸引着广大的公众，也是新闻记者追踪的对象。因此，公共关系策划者往往借名人之势进行策划。

（2）借热点之势。"热点"是新近流行或被人们普遍关注的事物或现象，公共关系策划如果能恰到好处地借用到"热点"，那么往往能收到意想不到的效果。一般来说，政治风云、战争烽火、体育大赛、文化盛事、社会时兴等都是人们所关注的热点。

 资料 7-9

让"美好生活体验"融入更多市民生活

"文化近生活，美好在身边。"2018 年 2 月 7 日，"大美淮海万象新"2018 淮海经济区首届全民春节联欢晚会，由苏鲁豫皖四省八城共同举办。这是作为城乡建设与生活服务商的万科，一次"与城市共生长"的美好陪伴；这一次，超 100 名万科业主登上这个区域最高级别舞台飙演技展才艺，让社团文化品牌更令人信服；近 200 名万科员工和家属坐在 VIP 席上亲临春晚录制现场，数十名参演万科徐州城市宣传片、春晚系列节目的普通市民现场接受专访、抒发梦想。并且，2018 年 7 月 22 日，万科联合徐州相关部门开展了江苏省中小学生书法大赛，这是万科通过跨界资源为业主量身打造的展示平台，通过这一平台，业主可以享受与书法名家面对面，优秀作品可以在报纸上刊载等，这些是万科为客户提供全生命周期多次服务的真实探索。

连续两届鼎力助力"徐马"赛事，并先后举办城市乐跑赛、社区乐跑赛等运动，并在 2018 年 11 月 25 日联合举办首届 2018 徐州万科·中国淮海经济区网球公开赛。万科通过运动的方式呼吁社会各界关注和重视体育运动，网球公开赛的成功举办，启幕了全域体育运动交流元年，彰显了徐州作为区域中心城市的影响力，也让更多的老百姓在家门口领略到运动带来的快乐。

除了在生活文化、运动文化等方面做出的工作外，在党建文化营造上，万科深入基层商圈调研，针对商业楼宇基层党建难点、口袋党员找不到组织、党的先锋模范作用无法在基层体现等诸多问题，探索出新的解决方式。2018 年 7 月，淮海天地商圈党群服务中心成立，半年来，凭借在阵地建设、政治功能、区域影响力及组织覆盖率等多个维度上的表现，淮海天地商圈党群服务中心获评徐州首批"两新"组织"红色堡垒"称号，突破了行业和地域的局限，走出了一条基层党建创新路。

资料来源：许长岳，马志亚. 万科在淮海：只为美好生活[N]. 扬子晚报，2019-01-17（有改动）.

2）造势

如果说"借势"是策划者为组织的公共关系活动借用来比组织更有影响力的事物，那么造势则是策划者通过巧妙思维，利用某一表面看来微不足道的契机，为组织与公众关系建立与发展烘托出一个有利的趋向与势头。

（1）无中造有。无中造有即在没有任何可凭借的事物情况下，公共关系人员经过策划，酿造出有利于组织的舆论势头。

（2）小中造大。小中造大即抓住一个微不足道的小事或小细节，将其中动人的或丰富的蕴涵通过公共关系传播予以放大，造成一个有利于组织公共关系建立和发展的良好态势。

其实，借势与造势是相对而言的。在实际的策划操作中，策划者的着眼点可以说是以借势为手段达到造势之目的。因此，度势、运势与造势是相辅相成的，关键是策划者要善于借用一切有利于组织的事物与信息，通过巧妙运作，以形成极大的有利于组织公共关系建立和发展之势。

3. 择术

择术是指在公共关系策划中公共关系人员如何选择和运用合理的技术与战术。由于人们的长期实践，已渐渐形成了一些稳定的、为人们所常用的方式技巧，即"术"。

（1）以诚换诚术。诚实守信是公共关系活动最为重要的原则，其体现到具体运用中，就是说诚实话、做诚实事，从而赢得公众的信任与诚心相待。

（2）以攻为守术。以攻为守术是在组织与外在环境产生不和谐时所进行的调整和策划的手段，表现为积极主动地出击以达到保护自己的目的。

（3）自扬家丑术。"家丑不可外扬"一直是中国人的古训，直到现在这仍然是中国大多数人的信条。在现实中许多企业家在市场营销中大都极力掩盖自己的问题，唯恐家丑外扬。其实这种观念是极其片面的，因为十全十美本身就不存在。而绝大多数消费者既是挑剔又是实事求是的，当你能向消费者说明产品的缺陷，消费者也会能理解，甚至认为公司诚实可信，这样也就无形中提高了知名度与美誉度。当然，公共关系人员对自扬家丑术的运用必须十分谨慎。一般来说，家丑的内核具有一定的美，或者是微不足道的丑，否则不分利害地自扬家丑，就有可能适得其反、自落陷阱。

（4）强化特色术。特色即一个组织所独具的区别于其他组织之处。在公共关系活动中，组织的特色得到强化突出，经过传播后，组织的形象便会很鲜明地在公众心目中得到确立，因此在公共关系策划中，强化特色也是经常被采用。

 资料 7-10

为什么品牌都爱在瓶身上做文章？

现在你只要走进便利店或者超市，就会发现脑洞大开、奇葩的瓶身包装越来越多了。就算有时候你并不口渴，你也许会因为瓶身的颜值、瓶身的文案所打动，毫不犹豫地拿起一瓶买单。这就是好看的瓶身创造的带货力。事实证明，品牌玩瓶身总能百试不爽，消费者也总会心甘情愿买单。

论瓶身包装的真正"鼻祖"，非可口可乐莫属。

无论是前几年的歌词瓶、昵称瓶、台词瓶，这两年针对中国不同城市推出的城市瓶，还是自拍瓶和文身瓶，都给消费者留下深刻的印象。以自拍瓶为例，可乐瓶尾部装有个微型摄像机。当你倾斜喝可乐的时候，就会为你自动定格喝可乐的瞬间。而文身瓶主要是本土化营销的做法，把拉丁裔的常见姓氏印在瓶罐上，让喝可乐的人从中找到归属感。可口可乐总能将一个瓶子玩出新的花样，不仅用花式瓶身保持了品牌的新鲜感，也为自身塑造了一个年轻化的形象。

资料来源：为什么品牌都爱在瓶身上做文章？[EB/OL]. 梅花网，2019-10-16（有改动）.

（5）借尸还魂术。产品的生命具有周期性，人们的消费习惯也具有周期性，两个周期的简单重叠，便使得一些产品衰亡了，更多的新产品脱颖而出。但如果两个周期有所错位，如消费周期正好转到崇尚传统之时，行将衰亡的产品就有可能复兴。此时，如果策划者能审时度势，对已经衰亡的产品注入新的活力，对人们崇尚传统的心理予以诱导，就完全可能使老产品重新焕发生机、走俏市场，这就是借尸还魂术。要注意的是，借尸还魂术的运用要考虑有关公众对传统、对回归的心理需求，只有正确把握这种需求，才能找到运用的最佳时机。

7.3.2 创造性思维方法

在制订决策方案时，常用的创造性思维方法有"头脑风暴法""戈登法""对演法""德尔菲法""默写法"等。

1. 头脑风暴法

头脑风暴法又称自由思考法，简称 BS 法，原意是精神病人的胡言乱语，转意为无拘束地思考问题。这种方法是邀集 5~10 人开会，会议有 1 名主持人，1~2 名记录员。会议主持人不亮明会议的目的，只就某一方面的议题或某一关键问题征询意见，并实行四条原则：自由鸣放；不互相批评；欢迎提出多种不同方案；善于结合别人意见提出方案。主持人不发表看法，只从中吸取决策中所需要的东西。

头脑风暴法的核心是高度自由的联想，一般通过小型的会议，使与会者毫无顾忌地提各种想法。为了引导与会者彼此激励、相互诱导、相互补充、引起联想，产生连锁反应的效果，特做一些规定。

（1）无拘无束，思考越出圈、构思越新奇越好。有时正是违反常识的设想，开启了创造的大门。

（2）不限制思路，每个人谈自己的设想，不对他人的设想做判断结论，任何人不得对他人的设想和意见加以指责，不打断任何思路。

（3）多多益善，鼓励提出多种不同方案，新设想越多越好。

（4）借题发挥，鼓励在他人提出的思路上加以改进，巧妙地利用别人的想法开拓自己的思路。

（5）不允许私下交谈，以免影响别人发言。

（6）会议时间不宜过长，一般 1 小时左右。每人发言以 5 分钟为宜，允许第二次发言，相互补充。有些策划团体，一整天一整天地让专家思考，期望能多出一些创意，结果往往事与愿违，实践证明这是违背科学的。

（7）认真记录，记下所有的方案（包括古怪的、不现实的设想），以便综合分析。

2. 戈登法

戈登法又称发展型自由讨论法，采取类似头脑风暴法的做法。其前半部分与头脑风暴法一样，让大家就某一方面的问题尽情漫谈，所不同的是在会议进行到适当时机时，主持人再将会议的目的、意图和盘托出，使问题具体化、明确化，做进一步的探讨。

这种方法通常需要 3 小时，对于发挥创造性及寻找新见解是行之有效的。这种方法对于确定方案、修正方案很有用。

3. 对演法

对演法又称逆头脑风暴法。头脑风暴法提倡高度自由联想，禁止批评；对演法则是靠相互批评激发创造性。其具体做法为：由两个不同方案的制订小组，通过唱对台戏的方法，相互辩论，攻其所短，以充分揭露矛盾；或拿出一个方案进行预演，人为设置对立面去评议，挑错反驳。运用这种方法可使一些潜在危险性问题揭露得较彻底，对制订可靠的方案有一定作用。这种方法使用时，主持人应把握好大方向，注意不要因光抓反面的东西与缺点，导致会议讨论过于偏激或谨小慎微，脱离宗旨。

这种方法适用于准备报告上级或将方案交付客户前的自我审查。

4. 德尔菲法

如果当参与公共关系的决策人对同一事物、同一目标仁者见仁、智者见智，提出各种不同见解与方案时，采用面对面开会讨论的方法，往往会受到与会者心理及开会时间等因素的干扰。而德尔菲法则可以避免这一弊病。德尔菲是古希腊传说中的神谕之地，城中有座阿波罗神殿，可以预卜未来，该法借用此名。德尔菲法采用许多专家背靠背多次进行咨询的办法征求意见。策划小组先制订出一份问题清单，并附上背景资料，请专家提出意见。专家意见返回后，领导小组对意见进行汇总整理，作为参考资料再发给每个专家，请他们分析判断提出新的论证。如此反复多次由于它采用匿名方式，应邀专家互不了解，完全消除了心理因素的影响，专家们可以参考前一轮预测成果修改自己的意见而无须公开说明，无损自己威信，而且采用统计方法对结果进行处理。这样反复几次，专家的意见渐趋一致，结论的可靠性就越来越大。上海曾用此法对 45 名专家和领导进行过一次咨询调查，内容是"您认为，为了实现四个现代化，上海当前急需解决的 10 个问题是什么？"经过三轮预测，从 450 个问题中得出了有较大价值的 10 个问题，为决策提供了可靠的依据。

 资料 7-11

德尔菲法 确定心血管健康指数

心血管疾病是威胁全球人民生命健康的头号疾病。据《柳叶刀》公布的 2016 全球疾病负担研究（GBD）显示，心血管疾病是目前造成死亡人数最多的慢性非传染性疾病，全球约有 1 760 万人死于该疾病。面对如此严峻的局面，在一批具有高度责任感的专家努力下，中国心血管健康指数应运而生。

中国心血管健康指数的指标和权重确定采用了多轮德尔菲法调研分析法，跨专业领域广泛征求意见，运用国家级数据库，具有简单、直观、可评估的特点。该指数共有心血管疾病流行维度、危险因素暴露维度、危险因素防控维度、心血管病救治维度、公共卫生政策与服务能力维度下的 52 个指标。

资料来源："中国心血管健康指数"摘要荣登《柳叶刀》杂志 [EB/OL]. 人民健康网，2018-10-31.

5. 默写法

公关策划中常常为如何发现一个理想的策划"由头"、选择一个最佳时机、提出一个最新的主题口号而伤脑筋。默写法可以激发创造灵感，有效地发挥集体智慧，提出创造性构想。默写法又称"635"法则，是德国创造学家首先提出的，即由 6 个人参加，5 分钟内每个人提出 3 个设想。按照"635"法则，会议主持人先宣布课题，讲清公共关系策划的目的要求，再发给每人几种卡片，并编上号。填写时注意在两个设想之间留有相当的间隙，供他人填写新设想，填写时的字迹必须清楚。在每一个 5 分钟内，每人针对课题在卡片上填写 3 个设想，然后将卡片向右（或左）依次传给邻座；在第二个 5 分钟内，每人从别人的 3 个设想中得到新的启发，又在卡片上填写 3 个新设想，再依次下传。这样，半小时内可以传递 6 次，共计可产生 108 个设想。默写法的优点是可以充分发挥每个人独立思考的能力，避免可能的压抑因素或无法及时发言而使设想遗漏，而且所用时间少，效率高。需要注意的是，出席的人应具备一定的见解，否则在 5 分钟内提出的 3 个设想是很困难的。

本 章 小 结

　　作为公共关系工作流程中的一个重要环节，公共关系策划是为了逐步实现公共关系活动的目标，在公共关系活动实施之前，找出组织需要解决的具体公共关系问题，分析比较各种相关因素和条件，遵循科学的原则与方法，运用自己的知识和经验，充分发挥想象力和创造力，确定公共关系活动的主题与方略，并制订出最优活动方案的过程。公共关系活动策划的 5 项基本原则是：公众利益优先、尊重客观事实、创造性与务实性相统一、计划性与灵活性相统一、与社会组织整体计划相一致的原则。

　　公共关系策划是一个动态的过程。公共关系策划的程序是根据社会组织内在的和外在的客观状况以及公共关系策划的具体内容而定，一般说来，大致可以分为 4 个阶段 14 个步骤。第一阶段为策划起始阶段，主要工作是发现和提出问题；第二阶段为策划准备阶段，包括收集信息、整理信息、分析信息和界定公众 4 个步骤；第三阶段为策划实施阶段，包括确定目标、设计主题、选择媒体、预算经费和拟订方案 5 个步骤；第四阶段为策划完善阶段，主要包括审定方案、形成文件、反馈意见和调整完善 4 个步骤。

　　公共关系策划活动的基本方法可归结为 3 个大的方面，即如何运用"时""势"与"术"。同时，在制订决策方案时，常用的创造性思维方法有"头脑风暴法""戈登法""对演法""德尔菲法""默写法"等。

客 观 题

自学自测　扫描此码

问 答 题

（1）什么是公共关系策划？
（2）公共关系策划的含义是什么？
（3）公共关系策划的基本原则是什么？
（4）公共关系策划的基本步骤是怎样的？

案例分析题

白兰地酒的市场开拓

20 世纪 50 年代，法国白兰地酒要打入美国市场。担任这项工作的公共关系专家，经过详细策划决定抓住法美两国人民的情谊大做文章。他们选定的时机是美国总统艾森豪威尔的 67 岁寿辰。美国人在总统寿辰一个月之前，就分别从不同的传播媒体获得以下信息。

法国人民为了表示他们对美国总统的友好感情，将赠送两桶极名贵的、酿造已达 67 年之久的白兰地酒作为贺礼；贺礼将由专机送到美国，白兰地公司为此付出了巨额的保险费；在总统寿辰之日，将举行隆重的赠送仪式，两名穿着宫廷侍卫服装的法国人将抬着这两桶酒步行入白宫；有关这两桶酒的连续报道，吸引了千千万万的美国人。这两桶酒的传说，一时成了华盛顿市民的热门话题。在庆祝总统寿辰的当天，为了观看这个送酒仪式，华盛顿竟出现了万人空巷的罕见景象。同时，有关名酒的新闻报道、专题特写、新闻照片等挤满了当天的报纸。在这种庄严的气氛中法国白兰地酒昂首阔步地进入了美国的国家宴会厅，摆上了市民的餐桌。

试分析白兰地酒进军美国成功的原因。

实践训练题

实训项目：校园跳蚤市场的活动策划。

实训目的：为切实增强学生的社交能力，提高学生的整体素质，在校园内对跳蚤市场活动进行策划。

实训内容：

（1）撰写校园跳蚤市场的活动策划方案。

（2）根据策划方案，开展校园跳蚤市场的活动。

第8章

公共关系实施和评估

【教学目标】

学习本章内容，要深刻理解公共关系实施、公共关系评估的内涵，了解公共关系实施、公共关系评估的意义，掌握公共关系实施的原则和公共关系评估的内容类别，熟悉公共关系评估的程序，重点把握公共关系实施的特点和公共关系实施障碍的排除，以及公共关系评估的方法。

【教学要求】

知识要点	能力要求	相关知识
公共关系实施	（1）掌握公共关系实施的特点与原则 （2）理解公共关系实施的障碍及其排除方法	公共关系实施障碍排除的技巧与方法
公共关系评估	（1）了解公共关系评估的意义与程序 （2）掌握公共关系评估的标准与方法	公共关系评估对后续工作的借鉴与指导

 **导入案例**

英菲尼迪"敢爱星球"公益项目

2014年9月26日，一颗"敢爱星球"在上海龙美术馆的展出大厅冉冉升起，这颗原本冰冷的星球因为人和人之间的接纳与关爱而充满了温暖，它把自闭症儿童这个让人既感到陌生又充满神秘感的特殊群体带入人们的视线，并用爱的光芒为这个群体的未来点燃了新的希望。就此，以"敢爱星球"为主题的英菲尼迪企业社会责任项目——关爱自闭症儿童项目正式启动。"最感性的豪华汽车品牌"英菲尼迪与壹基金为爱携手，更有"敢爱大使"著名影星周迅作为嘉宾共同号召全社会一起关注、关爱自闭症群体。

启动现场，三段视频、四节篇章，引领现场观众走进自闭症群体的世界。"敢"与"爱"从自闭症儿童的内心独白而起，经光影中"现实的无奈与辛酸""家人的勇敢与付出""公众的承担与大爱"凝练而出。

英菲尼迪"敢爱大使"周迅更是通过与自闭症儿童耐心与真挚的互动，共同完成了一段代表自闭症群体心声的独白，深情呼吁社会理解与关爱自闭症群体，并与其他"敢爱使者"一起，点亮了象征平等、宽容、大爱的"敢爱星球"。

英菲尼迪将投入600万元初始启动资金，定向支持并参与2014—2015年度壹基金海洋天堂计划，围绕家长成长与培训、特教教师培训、公众教育、政策倡导4个迫切需求开展合作，以整体提升自闭症群体适应社会的能力以及社会对他们的关注度。

资料来源：英菲尼迪"敢爱星球"公益项目[EB/OL]. 凤凰网，2014-09-28（有改动）。

公共关系的实施和评估分别是公共关系四步法中的第三步和第四步，也是公共关系工作中非常重要的两个环节。公共关系实施是具体解决问题的过程，没有公共关系的实施，再完美的策划也是一纸空文而无助于公共关系目标的实现。而公共关系评估是对公共关系计划、实施过程及实施效果进行衡量、评价和估计，以判断其优劣、好坏的行为和过程，它影响着公共关系活动的全过程。

8.1　公共关系实施

公共关系实施是直接与公众打交道的过程，是公共关系目标的实现过程。即使再科学、合理的策划方案，也需要通过"有效"的实施才能体现其价值。

8.1.1　公共关系实施的概念和意义

1. 公共关系实施的概念

公共关系实施，就是在公共关系活动策划方案被采纳之后，将方案中所确定的内容转化为公共关系实践的过程。这个过程是公共关系四步工作法中最为复杂、多变的环节。公共关系实施结果如何，直接决定了公共关系传播效果和公共关系工作的成败。

2. 公共关系实施的意义

公共关系策划是对未来的一种预见和谋划，只有将它转变为现实才有实际意义。而公共关系实施是将公共关系策划变为实际行动的过程。因此，公共关系实施具有现实意义，这主要表现在以下几个方面。

1）公共关系实施是实现公共关系目标的关键环节

公共关系的终极目的不是研究问题而是解决问题，而公共关系策划方案是研究问题的开始，方案的实施才是直接的、具体的解决问题的过程。如果一份完善的公共关系策划仅仅停留在公共关系人员的大脑或书面的报告中，不付诸实施，那么，策划只是一纸空文，它无论是对组织还是对社会公众都是毫无意义的"纸上谈兵"。

2）公共关系实施决定了方案的实现及其实现的程度和范围

一般来说，公共关系实施要依赖公共关系策划，但公共关系实施并非只是被动实施，而是也有一个创造性过程。在公共关系实施过程中，公共关系人员富有独创性的工作，不仅可以圆满地完成公共关系计划目标和任务，甚至可以弥补公共关系策划方案的不足，取得意想不到的效果；而公共关系人员在工作方法上缺乏创新，有可能使整个公共关系活动不能吸引公众的注意，甚至与策划目标背道而驰，使策划想要解决的问题更加恶化。因此，公共关系实施不仅决定了策划能否实现，而且也决定了策划实现的效果。

3）公共关系实施的结果可以作为后续方案制订的重要依据

一项公共关系策划的实施过程不论成功与否，它都会在社会上造成一定的影响和后果，而后续方案的制订必须以前一项公共关系策划实施的结果为基础，以吸取成功的经验和失败的教训。可以说，这是公共关系策划制订过程中的一个基本原则。

8.1.2 公共关系实施的特点

1. 实施过程的动态性

公共关系实施是整个公共关系活动的中心环节，是计划付诸实施的过程。从理论上说，实施的过程是应该比较顺利的，因为计划的制订是经过充分周密调查研究的结果，但从实际的操作过程来看，实施的过程不可能"照葫芦画瓢"，对策划方案机械式或一成不变地照搬照抄。因为情况是在不断地变化，所以在实施的过程中，也要根据变化了的情况而不断地修正、补充和完善计划。这就是实施过程的动态性。

在公共关系实施的过程中，一般可能会遇到以下几种情况。

（1）基本上同预定目标和实施计划的方向、途径相一致，只是局部或者个别问题上有偏差，可能会对目标的实现产生一定的影响。如果出现这种情况，社会组织就要采用局部调整的方式弥补不足和偏差，使实施计划得以顺利进行，并实现预定目标。

（2）由于在制订实施计划时没有掌握或者没有完全掌握某些重要信息，实施计划存在着严重的不足和问题，因而暴露出事物发展的实际情况与实施计划的途径不能完全地相一致。这时，如果仍然坚持原来的实施计划，就有可能造成不良后果。如果出现这样的情况，社会组织就必须对方案进行重大修正，按照修订后的方案实施，以实现预定目标。

（3）在实施计划的过程中出现了一些新的情况，特别是出现了意想不到的主观力量不能控制的重大事件，因而改变了事物发展的方向，使实施计划不能继续执行。这些不断变化的信息如果不能及时反馈上来，就有可能给社会组织带来难以挽回的重大损失。如果出现这样的情况，社会组织必须立即终止原有计划的实施，并及时根据新情况和新问题，重新制订目标和计划，实施符合新情况的计划，实现重新制订的公共关系目标。

2. 实施主体的创造性

公共关系工作面对的是各种各样的公众，而且随着社会的不断发展和进步，公众的情况也会发生相应的变化。因此，在实施计划的过程中，作为实施的主体——社会组织，必须充分发挥主观能动性和创造性，才有可能使实施计划得以顺利进行。

 资料 8-1

东湖绿道 生态武汉新名片

武汉东湖，是我国水域面积较大的城中湖之一；东湖绿道，已建成国家 5A 级旅游景区环湖绿道。绿道开放两年来，接待游客总量近 4 000 万人次，成为游客旅游休闲和当地市民户外活动的首选地之一、武汉生态文明建设的一张新名片。

东湖绿道位于武汉市东湖生态旅游风景区内，总长 101.98 公里，串联起东湖磨山、落雁岛、东湖梅园等多个景点，春赏樱、夏赏荷、秋赏桂、冬赏梅，走在东湖绿道，可谓一步一景、季季更新。

为保护生物多样性，东湖绿道规划了 13 条生物通道，如为小野兔、小松鼠等小型动物设计可穿行的管状涵洞和箱形涵洞，管涵设低水路和步道；为开辟郊野道旁约千株原有水杉林作为景观，园林专家在4种方案中选择了对环境影响最小的方案，移栽树木不到10棵；在50多种铺装材料中，20多位专业人员逐一比较，最终遵循"海绵城市"理念，选择陶瓷颗粒砖、枕木等透水性材料，以及废旧回收可利用材料……

资料来源：田豆豆. 东湖绿道 生态武汉新名片 [N]. 人民日报，2019-03-11（有改动）.

1）媒介的选择要合适

从公共关系的角度来说，计划的实施主要是通过媒介来传播。媒介选择合适，就能以最小的代价达到社会组织最高的目标；反之，就可能以极大的投入而收效甚微。

媒介的选择没有一个统一的标准，完全根据不同的情况、不同的目标、不同的公众，进行不同的媒介选择，这需要充分发挥社会组织的创造性。信息传播的媒介种类繁多，大致可以分为两类：一是电子媒介，包括电视、广播、电影和网络等；二是印刷媒介，包括报纸、杂志和书籍等。

社会组织既要根据传播对象的文化层次、年龄结构、生活和工作习惯以及他们的经济状况，又要根据社会组织自身的经济负担能力，选择比较适宜的传播媒介，以争取获得最佳的传播效果。

2）传播的技巧要新奇

传播的目的是让公众吸收和接纳社会组织发出的信息或观点，改变公众原来的观点或观念。社会组织在实施计划时，为使传播达到预期的效果，必须注重传播的技巧。只有设计新奇的推广方式才能吸引公众，新奇的推广方式强调这几个方面：新颖、奇特、绝妙。

（1）新颖。社会环境总是处于不断变换之中，在市场经济日益发展的今天更是如此。公共关系活动的方式也必然随着市场经济发展的变化而不断地发展变化。社会组织必须思想活跃、视野开阔，广泛地深入社会生活，深入公众中去发现和探索，创作出新的公共关系活动方式，使公众耳目一新，必然能够赢得公众。

（2）奇特。所谓奇特，就是社会组织以独家特有的活动方式开展传播活动，调动公众的好奇心，从而引起公众的极大关注。以奇制胜，往往能够收到事半功倍的效果。

（3）绝妙。所谓绝妙，就是当别人尚未想到时，你先想到了；别人尚未看到时，你先看到了；别人尚未行动时，你捷足先登了；别人已经有的，你却独树一帜。

总之，社会组织在公共关系实施过程中要不断地创造新奇的活动方式，做到"人无我有，人有我精，人精我转"。如果总能高人一筹，就能使公共关系实施计划得以圆满完成，并在当今市场经济的激烈竞争中立于不败之地。

资料 8-2

以"新"模式提升"老"业态

AR（增强现实）技术营造的青山绿水间，游客既能欣赏少数民族的歌舞风情，又能换装扮演一把"桃花源"中人——这是今年文博会主会场上，国家对外文化贸易基地（深圳）

音乐及音乐剧产业中心带来的张家界市武陵源区沉浸式音乐剧《偶遇·桃花缘》体验。2018年11月，该中心在福田挂牌成立，短短半年时间便使音乐剧这项刚刚在国内"火起来"的文创内容，在珠海、张家界、韶关等多个城市、景区落地，合作开发各具特色的内容，带动当地旅游业、商业地产等传统业态转型提升。

"我们与闲置旧厂房、旧社区、村股份公司等合作，在小镇商街、旅游景区、城市旧改、乡村振兴等项目中引入音乐剧全产业链，打造音乐剧浸没式商街、音乐剧小镇等形式，为传统业态注入文化的内涵和力量，实现文化事业和产业的繁荣。"国家对外文化贸易基地（深圳）音乐及音乐剧产业中心主任崔元星说。

通过文化创意和设计服务与实体经济深度融合，"文化+"贯穿于经济社会多行业多领域，促进传统产业改造提升，不仅推进供给侧结构性改革，也加快实现由"中国制造"向"中国创造"的转变。

数据证明了创意设计的强劲动能：2006—2018年间，福田区文化产业增加值从54.74亿元增长到368.01亿元，年平均增长速度17%，增加值占GDP的比重从4.7%增加到9.2%，创意设计行业产值占全区文化产业产值的70%以上。

资料来源：严圣禾，党文婷. 创意设计："文化+"产业的"生长因子"[N]. 光明日报，2019-03-19（有改动）.

3）活动的方式要得体

公共关系实施，是围绕一定的公共关系目标和任务，依据公共关系策划方案，按照实施计划逐步展开的。但公共关系活动没有包医百病的处方，不同类型的社会组织，或同一社会组织的不同发展阶段，或同一阶段中针对不同的公众对象，都需要有不同的公共关系活动方式。公共关系活动的方式大致有以下几种。

（1）日常维系型活动方式。日常维系型活动方式是指社会组织在日常运行中，始终如一地贯彻公共关系工作目标，以一种持续不断的传播方式对公众施以不留痕迹、润物无声的影响，保持一种潜移默化的渗透力，维系社会组织的良好形象。例如，保持一定的见报率，或者在电视屏幕上经常亮相；长期树立在高大建筑物上的企业名称、标志或商标，巨型户外广告；逢年过节的专访、慰问，给公众适当的优惠或奖励等。

（2）宣传服务型活动方式。宣传服务型活动方式是指两个方面：一是运用印刷媒介和电子媒介等宣传手段，传递社会组织的信息，引导公众舆论，迅速扩大社会组织的社会影响；二是以实际的服务行为，作为特殊媒介，吸引公众、感化公众、获得信任、争取合作，使社会组织与公众之间的关系更加融洽与和谐，为社会组织提高良好的信誉。如开展消费指导、消费培训、社会服务、社区服务和家庭式服务等。

（3）交际活动型活动方式。交际活动型活动方式主要是运用各种交际手段和沟通意识，通过公益活动、慈善活动、环保卫生、文化教育和文艺体育等活动形式，广交朋友、协调关系、缓和矛盾、化解冲突，为社会组织创造"人和"的社会环境。如举办宴会、招待会、舞会、恳谈会，赞助福利、慈善、文化、教育、卫生和体育等事业，参与国家和社区的重大活动并提供赞助等。

（4）征询矫正型活动方式。征询矫正型活动方式主要是运用收集信息、社会调查、民意测验和舆论分析等信息反馈手段了解民情民意，把握社会动态，监测投资环境，为社会组织决策提供咨询；或者当社会组织的公共关系严重失调、形象严重受损的时候，为了尽快挽回信誉、平息风波和重塑组织形象所采取的一系列活动。如建立信访制度，设立热线电话，开展民意调查，举办信息交流会和恳谈会等。

3. 实施影响的广泛性

实施影响实际上就是传播效果。在实施过程中如何达到最佳的传播效果，有必要从公共关系心理学角度深入分析公众对传播效果的认知层次。一般来说，公众对公共关系传播效果的认知可以分为 4 个层次。

1）感觉层次效果

感觉层次效果是指公众通过感觉（含视、听、触、摸、嗅等）获得了社会组织所发布的信息，公众获得的信息越多、越正确、越全面越好。这一层次是公共关系传播效果的最低层次，也是基础。知觉是在感觉的基础上产生的，是各种感觉的复合，因此，只有在这一层次获得了效果，才有可能向更高层次发展。

2）思维层次效果

思维层次效果是指当公众接收社会组织发布的信息通过感觉器官作用于大脑，产生了知觉，知觉是思维的"窗口"，为思维提供感觉信息，而思维又对感觉信息加工处理，进行深层次的判断、分析与取舍。

3）态度层次效果

态度层次效果是指公众对社会组织的信息经过大脑的思维产生了一定的态度。例如，好还是坏、有用还是没用、喜好还是厌恶、热爱还是仇恨、支持还是反对、该做还是不该做等。但态度并非行为，态度可以被看作心理向行为过渡的临界点，态度是行为的准备状态。

4）行为层次效果

行为层次效果是指社会组织通过信息的传播，引发公众的相应行为，而且是产生了对社会组织有利的行为。这是公共关系传播活动效果的最高层次，也是公共关系传播活动的最佳效果。这一层次的实现，必须有前面 3 个层次的实现作为基础。

上述 4 个层次是一个由低级到高级的过程，它们是相互联系而不可分割的。只有这 4 个层次的传播效果都实现了，才可以说获得了理想的传播效果。效果有正效果和负效果之分，上面分析的是正效果，也就是说最佳效果。如果是负效果的话，那么给社会组织造成的负面影响也是巨大和广泛的。

美国有一家公共关系机构经过大量的调查研究表明，每有一名投诉的顾客就有约 26 名保持沉默的、感到不满意的顾客。这 26 名顾客每个人都有可能会对另外 10 名亲朋好友产生消极影响，而这 10 名亲朋好友中又有 33%的人极有可能把这个信息传给另外 20 个人。因此，只要有一名顾客不满，可能就有 $1+（26×10）+（10×33\%×20）=327$ 人类似的不满。

对于这一调查研究结果，我们暂且不评论它是否确实或具有科学性，但至少对公共关系实施具有广泛性作出了一定的说明。

资料 8-3

产业发展带动更多人才汇聚

近些年来，与很多苏南城市一样，无锡土地资源接近极限、环境容量逼近红线、要素成本不断上升，单靠大投入、大引进、大模仿的增长路径难以为继，必须依靠科技人才，瞄准"专、精、尖"，加快发展特色新兴产业。

为此，无锡大力扶植物联网等新兴产业，连续举办世界物联网博览会，重大项目招引成绩显著。无锡在全国率先推出科技人才方面的一系列举措，目前，无锡拥有人才总量达165万人，其中高层次人才11.7万人、海归高层次人才1.2万人、高技能人才31万人；全市科技进步贡献率达到63.8%、全省第一，企业研发经费占销售收入比例达到1.75%、全省第一。

科教资源是科技创新的重要基础，对无锡来说，在补好高等教育短板同时，更要抓好"近水楼台"，挖掘好大院大所的创新"富矿"，并推动企业加强与国内外一流科研院所、高等院校的战略合作。

2012年，华中科技大学无锡研究院落户无锡惠山区，该研究院推行"大院强所"的平台机制，坚持"技术立院"，今年10月跻身国家级创新中心。在地方政府支持下，研究院270余名专兼职研究人员累计承担了科研项目215项，累计申请专利、软件著作权149件，孵化衍生20多家创新创业企业。

经过多年努力，无锡已初步走出一条以智能化、绿色化、服务化、高端化为核心的产业强市之路。"这些年明显感觉到，外来项目多了，外来企业多了，外来人才多了，本地企业内心安稳了，留在无锡发展的信心更足了。"高亚光说。

资料来源：李超，王康. 无锡：一座老牌工业城市"断腕重生"[N]. 中国青年报，2018-12-28（有改动）.

8.1.3 公共关系实施的原则

公共关系的实施是一个复杂而科学的过程，客观上还需要有一套科学的实施原则做指导。公共关系实施的原则是公共关系实施的工作准则，是公共关系管理者和操作者在错综复杂的实施环境中，排除各种实际困难，完成公共关系实施的各项工作，实现公共关系目标的成功法则。

1. 目标导向原则

目标导向原则是指在公共关系计划实施过程中，保证公共关系实施活动不偏离公共关系计划目标的实施原则。目标是组织开展公共关系活动的航标，偏离了航标就会出现偏差。在公共关系方案实过程中，组织要不断地将实施结果与目标相对照，发现差距，及时努力，务必实现目标。在实际过程中，贯彻目标导向原则，有两种方法可以使用：一是直线迈进法，即方案在实施过程中遇到的变化和阻碍因素小，则各阶段目标就可以沿着直线一步步迈进；二是迂回迈进法，即方案在实施过程中遇到的变化和阻碍因素大，则需要调整步骤，通过迂回的路径来迈向目标。采用迂回迈进时，需要增添目标、延长目标实现的时间，并需增加人力、物力、财力成本。

2. 控制进度原则

控制进度原则是指必须按照公共关系实施方案中各项工作内容实施时间进度的要求，随时检查各项工作内容的完成进度，及时发现滞后和超前的情况，做好协调与调度，使各项工作按计划协调、平衡地发展，并确保按时完成。控制进度原则要求做好预测和及时发现各种可能影响实施工作进度因素的工作，针对关键原因采取有效的预防和应急措施。

3. 整体协调原则

整体协调原则是指在公共关系实施过程中，使各项资源和各个步骤达到配合得当、互为补充、和谐统一的状态。公共关系实施是一项系统工程，各项工作只有相互有机配合才能达到整体最佳的效果。各自为政，相互矛盾，只能增加内耗，严重时必然会导致公共关系实施的失败。总之，整体协调的目的是要形成全体实施人员思想观念上的共同认识和行动上的一致，保证实施活动的同步与和谐。这样才能提高工作效率，缓解组织与公众、公众与公众之间的矛盾，减少人力、财力、物力的浪费。协调的前提是信息通畅、透明、真实、意愿相同。协调可以通过信函、文件、座谈等形式进行意见交换，以达成共识、消除误解。常用的协调方式有两种：一是纵向协调，即上下级之间的协调；二是横向协调，即同级部门之间的协调。

4. 反馈调整原则

反馈调整原则是指通过监督机制及时发现公共关系实施中的方法偏差甚至错误，并进行调整与纠正。由于各种原因的干扰，或由于实施人员的素质问题，不按照既定工作方法实施的情况时有发生；由于策划设计错误，或由于实施环境突然发生变化，原来设计的实施方法无法操作，这些都是实施中的严重问题。为了应对这些问题，在公共关系策划方案的实施阶段，这种反馈调整应始终不断地进行，直至实现方案目标。因此调整是一个循环反复的过程。组织要建立一套灵敏的监督反馈机制，快速发现问题，并立即采取措施加以调整。

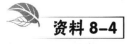 **资料 8-4**

农村公路建设将实行质量责任终身制

记者从交通运输部例行新闻发布会上获悉：交通运输部印发《农村公路建设质量管理办法》（以下简称《办法》），为落实农村公路参建各方质量责任，创新质量管理措施，建成质量耐久、工程耐用、安全可靠的农村公路提供了制度依据。

《办法》聚焦当前农村公路建设质量管理中的突出问题，进一步明确了地方政府农村公路建设质量监管责任和施工企业质量主体责任，强化了农村公路质量关键环节管控。其中，在质量责任方面，明确了农村公路建设工程实行质量责任终身制；在监管机制方面，明确了按照分级负责原则，建立健全上下协调、控制有效、覆盖全面的农村公路建设质量齐抓共管的工作机制；在质量管控方面，根据农村公路建设特点和薄弱环节，强调严把设计关、材料关、施工首件关、质量公示关、过程把控关、工程验收关、质量考核关、信用评价关等"八大关口"，增强实践操作性；在监管措施方面，明确了发挥当地群众的质量监督作用，建立质量约谈和挂牌督办制度，督促落实农村公路质量责任。

资料来源：訾谦. 农村公路建设将实行质量责任终身制 [N]. 人民日报，2018-11-23（有改动）.

8.1.4　公共关系实施障碍的排除

影响公共关系实施的因素是众多而复杂的，一般来说，主要来自三个方面，即方案本身的目标障碍、实施过程中的沟通障碍及突发事件障碍。

1. 目标障碍

目标障碍是指在公共关系策划中由于所拟定的公关关系目标不正确或不明确、不具体而给实施带来的障碍。例如，策划目标损害了公众利益，必然会引起目标公众的抵制或反对；策划目标过低，则引不起公众的重视，而策划目标过高，又会挫伤公共关系人员的积极性，因此必须排除这些障碍，才能使公共关系实施有效地执行。

为了消除策划目标障碍，使目标明确具体，从而有效地实施策划方案，实现公共关系目标，必须对公共关系策划目标认真检查，主要有五个方面。

（1）检查策划目标是否切合实际。

（2）检查策划目标是否可以进行比较和衡量。

（3）检查策划目标是否指出了所期望的结果。

（4）检查策划目标是否是实施者在职权范围内所能完成。

（5）检查策划目标是否规定了完成的期限。

排除目标障碍的根本方法是要求策划部门修正目标并使之正确、明确和具体。

 资料 8-5

"1+7+X"调研工作法探寻"解题钥匙"

开展"大调研"，关键是要通过调研发现问题、解决问题。在奉贤区南桥镇，一个立足于全覆盖式调研，注重对大样本量调研数据分类、聚焦、分析以输出对策的"1+7+X"调研工作法，正在逐步完善。

"1+7+X"的"1"，是指干部们到服务对象和工作对象身边进行全覆盖式开放调研，走出去调研与开门办公相结合并形成走访手记，形成"千百问"；"7"是运用信息化、区域化优势搭建七大平台，即区域化党建平台、群众生产生活服务平台、实体经济发展平台、"趣·南桥"城市更新平台、农村"三块地"改革平台、乐居平台、和美平台，在梳理汇总、形成问题清单的过程中有所聚焦，并以联合调研的形式开展集中调研和重点调研，提出"千百策"；"X"是落实若干件实事、好事，真正把好事办好、实事办实，梦千百、圆千百。

"1+7+X"调研工作法开始推行后，南桥镇的不少重点、难点工作，逐渐开始有了找到解决问题"钥匙"的感觉。

最近的一例是，离镇区最近的六墩村，曾长期集聚外来人口，"三违"问题突出，去年完成"三违"整治后，村子变干净了，外来人口也减少了三分之二，但村里和村民的营收也大大减少了。如何让人民群众切身体会、分享到"补短板"后的发展红利，是一个大问题，而这个问题几乎在镇上所有的村都多多少少存在。镇领导带领各部门干部走遍了所有的村子进行聚焦式"大调研"，推出了在六墩村率先进行"三块地（承包地、宅基地、集体用地）"改革的方案。一方面，村里正加紧恢复优美的田园环境，建起乡村公园；另一方面，坚持农民"离房不失房、离地不失地"的底线，在全区率先探索宅基地使用权流转、集体建设用地统筹运营等改革试点，引进一些有实力的新兴产业企业到村里办"庄园式""庭院式"总部，推动农村环境、产业和效益的全面升级。

资料来源：薄小波. "1+7+X"调研工作法探寻"解题钥匙"[N]. 文汇报，2018-02-06（有改动）.

2. 沟通障碍

1）沟通障碍的类型

公共关系实施过程实质上就是传播沟通的过程。在实施过程中，往往会因为语言、观念、习俗、心理机构等差异而产生各种沟通障碍。

（1）语言障碍。语言是人类最重要的沟通工具，准确熟练地运用语言文字技巧，是每个公共关系人员的基本功。语言障碍主要表现为：词不达意、模棱两可、模糊不清、语义不明或者不同国家、不同民族的语言不通等。这些令人费解甚至曲解的语言障碍，往往会影响公共关系活动的正常进行，甚至会惹出麻烦。

（2）观念障碍。观念属于思想范畴，是由一定的知识和经验积淀而成，是在一定的社会条件下公众对于客观事物的根本态度和看法，是用以指导自己行动的理论和观点。观念本身是沟通的内容之一，同时对沟通又有巨大的作用，观念既会促进沟通，也会阻碍沟通，形成观念的障碍。

常见的观念障碍有保守观念、封建观念、自私观念、极端观念、片面观念等。因此在公共关系活动中，一定要注重分析目标公众的人文背景、思想观念，并采用他们易于接受的方式方法，相互交流，以收到良好的沟通传播效果。

（3）习俗障碍。习俗是风俗习惯的简称，是指在一定的民族、文化、宗教、信仰等历史背景下所形成的具有固定特点的道德习惯、礼仪、审美观点等。人们在长期的生活中约定俗成的习俗是难以改变的，公共关系人员必须密切注视公众的习俗特点。

此外，不同的习俗也常常造成沟通的误解，致使沟通障碍。例如，一位英国男青年为了取悦他的中国女友，特意买了一束洁白的菊花送到女友家中，不料，女友的父亲大为不悦。这位青年满脸茫然，在他看来，白色象征着纯洁无瑕，他选择白菊花完全是一片好意，而他根本没有想到，在中国洁白的菊花表示吊唁。

资料 8-6

粗俗营销不可取

"厕所饭店""坐霸街头""饭醉团伙"……现实生活中，诸如此类的奇葩店名早已司空见惯。店名是经营者自我形象、价值诉求与商业文明的直接体现，鲜活新颖、有文化内涵的店名能够激发消费者的好奇心，商家利用独特的店名招揽顾客无可厚非。然而，不少商家为将店铺提升到本不具备的档次而剑走偏锋，在店铺取名上偷梁换柱，不依法使用市场监管部门批准的名称开展营销宣传，企图靠卖弄低俗进行营销推广。但质量与服务是市场竞争的硬核，如果经营者不重视质量与服务，而一味追求轰动效应与噱头营销，注定难以长远发展，只能在市场竞争洪流中昙花一现。

粗俗营销不是经营者打开市场竞争的正确方式。从法律角度来说，不得含有违反社会公序良俗，不尊重民族、宗教习俗，可能对公众造成欺骗或者误解的内容与文字……这是个体工商户在店铺名称用语使用上不能逾越的法律边界。也就是说，商家别出心裁的店名可能还没有吸引到顾客，就因触及法律法规红线被拆除。如果商家在店铺取名上涉嫌妨碍公共秩序或者有害公共利益，势必承担相应的行政处罚，结果往往得不偿失。也许有人将商家名称稀奇古怪归咎于速食文化盛行影响，但这并不意味着我们可以放弃对法治敬畏。法治是市场经济的内在要求，敬畏法治是市场活动的行为准则，也是经营者在市场活动中行稳致远的法宝。

资料来源：谢军. 低俗营销擦边球，该出手时就出手[N]. 钱江晚报，2019-09-30（有改动）.

（4）心理障碍。心理障碍是指人们的认知、情感、态度等心理因素对沟通造成的障碍，常见的心理因素有消费心理、交际心理、政治心理、工作心理等。如在谈判过程中，常常一方误解了另一方的意图或没弄清事情真相而浪费大量时间，因此在沟通过程中，时时注意检查自己的各种假设的真假并对对方的假设作出预测是十分必要的。

此外，在沟通过程中，遇事不冷静、态度欠佳或者情感失控也会导致沟通障碍。而在广告中，最易出现的空洞乏味、千篇一律的说教，往往不会抓住公众的心理，也不会引起他们的注意，有时甚至会引起他们的逆反心理。

分析研究沟通过程的心理障碍，其目的是了解它、掌握它、利用它和排除它，进而实现公共关系的沟通目标。

（5）机构障碍。机构障碍是指由于组织层级不合理，如机构臃肿或结构松散而造成的信息传递失真或传递速度减慢等问题。机构障碍具体表现为以下 4 种情况。

①传递层次过多导致信息失真。信息在传递过程中，中间环节越多，正确率越低，甚至有时最后的信息与原来的信息相比已面目全非。因此，在组织机构上尽量减少层次，减少信息传播环节，是保证沟通准确无误的有效措施。

②机构臃肿导致沟通缓慢。机构臃肿不仅表现为组织层次多，还表现在每一层次的构成单位也多。一条信息经历如此多的层次和单位，必然要消耗大量的时间。

③条块分割造成信息沟通"断路"。条块分割的组织机构，使信息很难畅通无阻，有时只要一个工作环节出了问题，就很难实现有效沟通。

④渠道单一造成信息量不足。这种沟通中的机构障碍主要是指信息的传递基本上是单向的上传下达，而没有双向的反馈系统，忽视了由下往上的信息传递，因而送达到决策层的信息量明显不足。

2）沟通障碍的排除

在传播沟通方面的障碍如何排除，社会组织要努力注意以下两个方面的问题。

（1）切实了解和掌握公众的"优势需要"。传播沟通要得到公众的理解和支持就必须满足公众的需要。按照美国著名的心理学家马斯洛的理论：人有5种基本需要即生理需要、安全需要、社交需要、自尊需要以及自我实现需要。这5种需要是有层次的，由低到高，依次排成一个阶梯。生理需要和安全需要属于低级需要，社交需要属于中间阶层，自尊需要和自我实现需要则属于高级需要。因此，必须先满足低级的需要，然后才能逐级上升。而在现实生活中，公众的行为往往受多种需要的支配。在一定的条件下，多种需要中总有一种是最为迫切并起主要支配作用的优势需要，而优势需要决定着人们的行为。只有切实了解和掌握公众的优势需要，在实施过程中，才有可能与公众产生共鸣，从而进行有效的双向沟通。

（2）选择并运用好传播媒介和沟通方法。面对众多的传播媒介，应如何选择并运用，才能更加有效和经济；面对繁多的沟通方法，应如何选择并运用，才能使公众更乐意参与和接受，这是社会组织必须要考虑的。社会组织的公共关系经费一般都很有限，即使那些经济效益较好的社会组织也应该本着勤俭节约的原则，开展公共关系活动。成功的传播沟通应该是在最经济的条件下，去争取尽可能大的社会传播效应。如何做到这一点，有几条基本原则值得注意。

第一，必须联系具体的目标，即根据公共关系具体目标和工作要求来选择传播媒介和使用沟通方法。也就是说，选择的媒介和使用的方法必须符合公共关系工作的性质与要求，才可能充分发挥其功能。如要提高社会组织的知名度和美誉度，可以利用报纸、广播或电视等大众传播媒介；要消除或缓解社会组织与公众的紧张关系，可以通过对话、座谈会、信访等形式；要与社会名流沟通，可采用招待会、茶话会等方式。

第二，必须适应不同的对象，即根据公共关系对象的特征来选择传播媒介和使用沟通方法。也就是说，根据不同的公众对象选择不同的传播方式，以使信息快捷有效地传递给目标公众，并被目标公众所接受。如对于文化程度不高的公众应采用广播或电视传播，对于喜欢阅读思考的知识分子应采用报纸或杂志传播，对于行踪不定的出租车司机最好采用广播传播。

第三，必须区别传播的内容，即根据传播内容的特点来选择传播媒介和使用沟通方法。也就是说，根据传播的内容来决定传播的形式，使传播形式的优势得以充分的发挥。如报道的内容涉及一个生动有趣的活动过程，采用电影或电视容易产生诱人的效果；一件比较复杂的事情，需要一定的思索考虑才能明白，就应采用报纸或杂志等印刷媒介，而不宜采用广播或电视等电子媒介；为扩大商标徽记的影响，向社会征求设计稿件，可用新闻或广告的形式。

第四，必须本着节约的原则，即根据具体的经济实力和最经济的条件来选择传播媒介与沟通方法。也就是说，根据社会组织的公共关系预算和传播投资能力，精打细算，量力而行，力争在最节约、最经济的条件下尽可能地获得最大的传播效应。如人际传播在经费开支的绝对预算来说比较节省，而大众传播（如广告）的作用范围广泛，它的单位平均成本可能更低。

3. 突发事件障碍

突发事件对公共关系实施的干扰主要有两类：一是人为的纠纷危机，诸如公众投诉、新闻媒介的批评以及不利舆论的批评等；二是不以人的意志为转移的灾害危机，如地震、水灾、火灾等。突发事件对公共关系实施的影响很大，具有速度快、后果严重、影响面广的特点，如果处理不当，不但公共关系策划难以实施，还会影响整个组织的声誉。当突发事件来临时，公共关系人员必须头脑冷静，认真剖析事故原因，采取正确的对策。

首先，应实事求是地发布消息。未弄清楚的情况要坦率地告诉对方，不要把主观臆测混在其中。

其次，及时发布公众关注的消息。发布消息的时机选择很重要，不能因为谨慎而贻误时机，以致产生谣言，引起混乱。

再次，发表消息要尽量形成文字，统一口径。不要随便发表议论，以免引起误传。

最后，一旦事故发生，应有专人与新闻界取得联系，适时报道，尽快平息混乱。

资料 8-7

疫情之下，服务业的自救

新冠肺炎疫情暴发于 2020 年农历新年节前，自 1 月底全国多省市陆续启动重大突发公共卫生事件一级响应以来，不断升级的防控隔离措施导致餐饮、旅游、住宿等行业营收锐减。投入难以回收，停工期间仍需支出的房租、员工工资、贷款利息等成本陡然升高，能否撑下去成为企业面前一道巨大的坎儿。企业现金流告急、裁员"断臂求生"的报道屡次刷屏，凸显了行业压力和从业者焦虑。

疫情倒逼之下，行业正积极行动，一方面设法止损自救；另一方面探索新的经营模式和企业转型。为保障现金流，餐饮业开始转向销售食材、半成品，西贝、云海肴、眉州东坡等品牌门店增加了外卖和菜站服务，与电商平台积极合作，减少损失的同时也一定程度上方便了附近居民在特殊时期的生活。

面对线下客流冷清、物流还未完全恢复畅通的现状，各地的实体店铺开始启动或加快拓展社群销售和线上销售的脚步。在许多城市，品牌实体店和线下商铺正努力通过微店、小程序等渠道引导顾客转向线上购物，号召消费者云逛街、云上课、云健身。

2020 年 2 月 10 日，阿里巴巴宣布 20 条特殊时期扶助措施，在减免平台商家费用、提供资金支持以外，还将设立专项基金补贴供应链和物流，提供灵活就业岗位。盒马继与云海肴、新世纪青年饮食有限公司（青年餐厅）合作之后，进一步与多个行业开展"共享员工"，"饿了么"搭建平台帮助餐饮企业员工临时转岗为外卖配送员或商超便利店员工，以缓解企业成本压力和员工就业之困。

中国社会科学院研究员剧锦文分析认为，防疫阶段的居家隔离和居家办公导致居民在生活服务方面的消费习惯发生变化，相当一部分需求由过去的出门寻找服务转化为"自我服务"，并有可能在未来发展为一种常态化的消费模式，企业"自救"，至关重要的是从危机中识别商机，尽快调整商业模式和经营策略。

资料来源：李兵兵. 疫情之下，服务业自救如何化危为机?[EB/OL]. 人民网——强国论坛，2020-2-12（有改动）.

8.2　公共关系评估

在公共关系工作程序中，公共关系评估是最后一个环节，它不仅可以考察组织当前的公共关系状态，而且可以为下一个阶段的公共关系工作提供参考性的依据。

8.2.1　公共关系评估的概念和意义

1. 公共关系评估的概念

所谓公共关系评估，就是社会组织根据特定的标准，对公共关系计划、实施及效果进行检查、评价，从中发现问题，判断其优劣，及时修订计划，进一步调整和完善组织形象的过程。公共关系评估是公共关系工作四步法的最后一步，它在整个公共关系计划实施过程中都具有重要作用。

2. 公共关系评估的意义

公共关系活动评估既是公共关系活动的最后一个环节，也是新阶段公共关系活动的调研阶段，它具有如下重要的现实意义。

1）公共关系评估可以修正公共关系活动调查、策划与实施进程

公共关系评估贯穿公共关系调查、策划与实施的各个环节。公关工作调查研究所掌握的资料是否适应公共关系工作的需要、公共关系策划是否科学及有没有明显疏漏、公共关系策划目标是否合理、公共关系信息传播是否达到了预期目标、策划方案与实施过程能否为组织树立良好的信誉等，都有待于在公共关系活动进行评估的过程中发现、修正与总结。

通过公共关系评估，组织可以了解开展公共关系活动的经验和不足，供下一次公共关系工作借鉴，从而改进组织的公共关系工作。任何一项公共关系策划方案和计划的制订都不是独立存在的，它总是以前面的公共关系工作及其效果为依据。因此，在进行新的公共关系策划之前，通常要对先前的公共关系活动的策划过程、实施方案以及效果进行系统的评估分析。

2）公共关系评估为组织的经营管理提供决策依据

组织可以通过公共关系评估，掌握经过公共关系活动之后的组织形象状况以及组织形

象各因素（如产品、服务质量等）与公众的期望值的差距，从而找出组织存在的问题，为组织经营管理决策提供参考。此外，公共关系评估可以让组织的高层管理者看到公共关系工作的绩效，从而理解公共关系工作的重要性。

3）公共关系评估是鼓舞、激励内部公众的重要形式

公共关系活动既涉及外部公众，也涉及内部公众。公共关系评估可以将公共关系活动的效果体现出来，使得全体员工看到公共关系工作的成效，明白公共关系工作的重要性，从而树立全员公关意识。公共关系评估可以让内部公众，尤其是员工了解公共关系工作的目标、措施及其实施的过程和效果，一方面可以增强内部员工相互之间的理解和团结，另一方面还可以让内部员工认清自身在组织公共关系工作中的角色和作用，自觉将实现本组织的战略目标与自身的工作紧密联系起来，以实际行动来为组织的公共关系工作添砖加瓦。就组织而言，公共关系活动重在平时，它对组织良好形象的树立起到潜移默化的作用。通过公共关系评估，能很好地将公共关系活动的效能凸显出来。此外，公共关系评估还可以让内部员工看到自己的工作为组织良好形象的树立所做的贡献，提高他们工作的自信心，增强他们的自豪感。

4）公共关系评估可以测量公共关系活动的效益

通过公共关系评估，组织可以衡量公共关系活动的人力、财力、物力的投入和配备与开展公共关系活动的效果，从而测量公共关系活动的效益。通过公共关系评估，组织可以了解到公共关系活动是否实现了目标，实现目标的程度如何，开展传播是否有效，投入与效果是否平衡。

 资料 8-8

以消费者为中心，重构营销效果评估体系

在 2019 年 9 月 16 日阿里妈妈 M 营销峰会闭门会议中，阿里巴巴董事局主席兼首席执行官张勇表示，"今天，阿里妈妈也要升级，因为我们要对品牌进行全域的用户运营、品牌全生命周期的价值挖掘和建设，这意味着从产品定义、产品运营方式、服务体系搭建方式，都将完全不同。"

当营销回归到人，衡量标准也需要发生变化，Alimama Purchase Intent Index（阿里妈妈购买意向指数，以下简称 Alimama PI）的推出，就是对传统营销效果评估体系的重构。这是因为当下的消费者决策链路已经发生了翻天覆地的变化，呈现出一种无序状态，以流量为中心的线性投放逻辑，已不能满足新营销时代的变化和需求，品牌需要更能反映消费者心理的评估指标。

因此，凭借自身独特的数据和技术能力，阿里妈妈将"消费者购买意向"这一经典指标，充分数字化，并选取了对于品牌最有价值的八大消费者互动行为，例如商品浏览、商品收藏、品牌搜索等，直观地反映营销活动对消费者的影响;使用更符合品牌营销场景的多触点线性归因模型，同时根据不同行业的属性和特点，调整更适用的算法权重。

Alimama PI 对品牌原有的营销评估体系，也实现了三个维度的全新升级——

长期：不仅可以达到短期营销效果及效率的衡量，更能实现长期用户价值的运营；

动态：动态了解消费者决策路径，并实现即时效果评估和优化；

一体化：全链路营销效果评估，可以兼顾整体和阶段性指标。

资料来源：阿里妈妈　M 营销峰会揭晓一项秘密项目：以消费者为中心，重构营销效果评估体系 [EB/OL]. i 黑马网，2019-09-17（有改动）.

8.2.2　公共关系评估的内容

1. 公共关系活动过程的评估

公共关系活动过程的评估，即对整个公共关系活动全过程进行评估，包括公共关系活动的整个过程是否合理，原定的公共关系目标是否达到，是否取得了良好的效果；通过公共关系活动的实施，社会组织与公众的关系哪些方面有了改善，哪些方面有了加强，还有哪些方面存在问题与不足，又出现了哪些新的问题、新的情况。当然，对公共关系活动过程的评估，也可以分环节、分步骤进行，如公共关系调研过程的评估、公共关系计划制订过程的评估、公共关系计划实施过程的评估等。

2. 专项公共关系活动的评估

专项公共关系评估，是指对各种公共关系活动效果的评估，其主要内容大体上可以归纳为 4 个方面。

1）日常公共关系活动效果评估

社会组织的公共关系活动，最为主要的还是日常公共关系活动，这是塑造组织形象的常规公共关系，因此对日常公共关系活动效果的评估，是十分重要的。日常公共关系活动评估，主要是评估社会组织全体员工公共关系意识及其公共关系行为表现，组织机构设置及运转状况，社会组织内部公共关系部门建构及其与其他部门的关系以及自身运转情况、组织各部门间协调状况，组织与内部员工间协调状况，组织外部公共关系网络建设情况，日常信息传播与沟通状况，组织的知名度、美誉度状况等。

2）专题公共关系活动效果评估

公共关系活动，是由一个一个环节、一个一个专题活动构成的。公共关系评估，也可针对公共关系活动过程的某一环节、某一专题进行评估，以便准确掌握公共关系活动的重要环节或某一专题活动的开展情况、实施效果及其经验教训，利于改进这些环节和专题活动的工作。专题公共关系活动，一般都有非常明确而且比较集中的主题，目标也比较具体，因此专题公共关系评估比较有针对性。

专题公共关系评估内容主要包括：专题公共关系活动计划是否科学、适宜；专题公共关系活动目标是否与社会组织公共关系总目标以及组织发展战略相一致；专题公共关系活动的目标实现的程度；专题公共关系活动实施的实际效果，对公众产生了什么样的影响，影响的程度如何；专题公共关系活动预算及执行情况；专题公共关系活动实施过程中出现的主观方面与客观方面的问题以及公共关系人员、公众对此的看法和改进意见、建议等。

3）年度公共关系效果评估

年度公共关系评估，是指对每年度内日常公共关系活动和专题公共关系活动的评估。

评估内容主要包括：年度公共关系目标实现情况，年度公共关系策划方案的科学性及其实施状况，年度日常公共关系效果，年度专题公共关系活动的类别、数量、效果等，年度公共关系活动的成绩与不足，年度公共关系活动经费预决算情况，年度公共关系活动中主观和客观方面出现的情况，公共关系人员和公众的改进意见或建议等。

4）长期公共关系活动效果评估

一般说来，大型社会组织的公共关系活动，是长期的公共关系。每一个公共关系活动周期（与组织发展计划相一致，如五年计划、四年计划和三年计划等），对公共关系活动做一个总体性的评估，有利于下一个周期公共关系活动的健康开展。长期公共关系评估，侧重于公共关系活动效果的综合评估，注重总结公共关系战略得失问题。

 资料 8-9

中国平安："三十而立"的社会担当

2018 年是中国平安成立 30 周年。中国平安启动了总投入为 100 亿元的"三村建设工程"，以"村官""村医""村教"为方向，在乡村贫困地区开展产业扶贫、健康扶贫和教育扶贫。

未来三年，平安将在贫困乡村地区推动"平安智慧小学建设综合行动"，其中包括硬件提升、校长培训、师资强化和支教行动四大行动。通过互联网科技的辅助运用，平安将聚集更多社会爱心力量，将地方教育精准扶贫工作真正落到实处。

2018 年 9 月 29 日，中国平安在广东省紫金县龙窝镇洋头小学成功举办了"有师自远方来"校长、教师线上直播培训，直播覆盖全国 200 余所平安希望小学/智慧小学。龙窝镇洋头村小学、莲塘村小学和紫金县第二小学成为首批挂牌的三所学校。这意味着，中国平安用"智慧教育"模式助力乡村教育智慧升级工程，迎来了可喜的"开门红"。

中国平安表示，未来还将在全国援建 1 000 所平安智慧小学，培训 1 万名平安智慧教师，围绕"三村晖"智慧教学平台，为乡村学校提供优质教育资源，帮助解决乡村学校的师资建设问题，促进乡村学校教学进步。

资料来源：卢志科. 中国平安："三十而立"的社会担当[J]. 南方杂志，2018，(12)（有改动）.

3. 传播沟通基本情况的评估

公共关系活动就是传播沟通，而传播沟通的渠道很多，方式方法也不少。对传播沟通基本情况的评估就是通过评估，分析公共关系活动所选择的传播沟通的渠道是否畅通、方式是否恰当、方法是否有效。如果对传播沟通基本情况的评估是良好的，那么在下一轮的公共关系活动中，可以继续采用。如果对传播沟通基本情况的评估是较差的，说明在选择传播沟通的渠道方面有失误，方式方法上面有问题，那么在下一轮的公共关系活动时就可以吸取教训，另辟新径。如果某些方面是好的，某些方面是有差距或存在问题的，那么就要有针对性地发扬并完善好的做法，修正错误的或效果不尽如人意的做法。

传播沟通评估的主要内容有信息制作、信息曝光度和传播沟通效果等方面的评估。信息制作评估，即对公共关系人员信息制作能力、信息制作选定的表现形式及表现手法、传播的信息的量与质等方面的评估。信息曝光度评估，即对信息传播的范围、数量、影响，也就是信息传播的量、质及传达到受众的程度等方面的评估。传播沟通效果评估，即对传播沟通的实际作用进行评估，包括公众对传播的信息的了解程度、对社会组织的印象、公众接受了传播信息后的反应和行为效果、公众的期望水平以及传播沟通方案的目标实现情况等方面的评估。

4. 公众关系状态的评估

社会组织的公众，有内部公众和外部公众。评估公众关系状态，也应从这两个方面入手，考察、评估内部公众关系状态和外部公众关系状态。

内部公众关系状态评估，评估内容主要包括社会组织的有关方针、政策、发展战略和发展思路、长期目标与短期目标等在传播沟通中被组织成员接受或理解的程度，员工的士气、团队精神及组织的凝聚力，各项工作关系协调处理状况，影响员工关系的主要因素，传播信息、沟通渠道的失当或不足，传播策略和目标的欠缺，员工对传播沟通的要求、意见或建议等。

外部公众关系状态评估，是公共关系实施评估的主要内容。评估内容主要有：消费者关系评估，包括消费者态度及行为的改变程度，与消费者的协调等；媒体关系评估；社区公众关系评估；政府公众关系评估，如了解信息上达政府的数量和程度、政府对组织的支持情况、与政府的沟通效果等。

5. 公共关系活动效益的评估

良好的公共关系活动必然会转化为社会效益和经济效益，可用一定的量化指标评估公共关系活动的社会效益和经济效益。通过公共关系活动，社会组织在公众的心目中知名度增加了多少、美誉度提高了多少，这种增加和提高可看作公共关系活动的社会效益。通过公共关系活动，社会组织的产品销量与去年同期相比明显增长了多少，如果没有其他外界因素，这种增长可以看作公共关系活动的经济效益。

资料 8-10

"公众满意度"纳入生态文明建设目标考核

在 2017 年国家四部委联合发布的《2016 年生态文明建设年度评价结果公报》中，公布了公众满意度评价结果，广东得分 75.44 分，位列第 24 位，仍有较大上升空间。"这说明我们的生态环境建设和老百姓的期望还有一定的差距。"陈鸿宇指出，通过这一份调查结果，也能看得出广东生态环境的薄弱环节，广东要做的就是找出问题，采取有针对性的具体措施，逐条对照，补齐短板。

同样，广东的考核指标体系中，也有公众评价调查。省发改委资源节约与环境保护处表示，"公众满意度"调查内容反映人居健康环境各个方面，重点关注公众反映强烈且与生活密切相关的领域，包括社会公众对本地区生态环境总体情况的满意度、对生态环境改善情况的判断等情况。通过"公众满意度"的主观指标，来体现人民群众对绿色发展的获得感，引导全社会树立良好生态环境是最公平的公共产品、是最普惠的民生福祉的新理念。该指标不参与绿色发展总指数的计算，进行单独评价与分析，其分值也将纳入生态文明建设目标考核。

资料来源：蒋臻."公众满意度"纳入生态文明建设目标考核 [N]. 南方都市报，2019-06-06（有改动）.

6. 公共关系机构和工作人员业绩的评估

公共关系活动是由社会组织的公共关系工作人员具体操作实施的，因此，对公共关系部门各分支机构和从事公共关系工作的人员的工作情况和业绩效果进行评估是十分有必要的。评估的目的是表彰先进，在管理工作中推行激励办法。同时也是更好地总结经验、巩固成绩和找出不足，以利于在下一轮的公共关系活动中取得更好的业绩。

8.2.3 公共关系评估的程序

1. 确定评估目标

确定评估目标，是公共关系评估的第一步。评估工作一开始，就必须将评估目标确定下来，否则评估就没有方向，具体操作时就无的放矢。评估的目标必须明确、合理并有量化指标体系，否则实施的效果就无法评价。如果确定了评估的目标，并进一步将目标具体化，这不仅有助于评估资料收集工作的明确化，将有关问题以评估重点或提要的方式写成书面资料，还有助于保证评估工作的正确方向。

2. 组建评估机构

评估工作是一项细致而又复杂的工作，因此很有必要组建一个评估机构或临时性、专项性评估工作班子，确定专职和兼职的评估人员。评估人员的面要广，既要有专职的公共关系人员，又要聘请有关的兼职人员，如专家、同行、外部和内部公众代表等。

3. 选择评估标准

评估标准是检验公共关系工作的参考系，是评估公共关系绩效的依据。有了评估标准，才能通过对比来检验公共关系计划与实施的结果。如果说，评估目标是社会组织公共关系活动的预期效果，那么评估标准就是评估目标的具体体现与评估工作的尺度。因此，社会组织要根据评估目标来选择和确立适当的评估标准，以保证对社会组织的公共关系活动效果进行客观公正的评估。一般来说，评估的基本标准应从定量和定性两个方面来确定。

1）定量标准

定量标准即使用量化指标体系，将评估标准用数字表现出来。如通过某项公共关系活动的实施，使社会组织的知名度由原来的 15% 提升到 22%；在某项公共关系实施范围内，使社会组织产品的市场占有率提高了 3.8%，等等。用量化标准，能够具体地反映公共关系实施效果。

公共关系评估，可以使用的定量标准既要依据评估对象——某项公共关系的具体情况和特征，又要考虑评估的目标和具体要求。常见的定量标准有下面 3 种。

一是沟通有效率，即传播信息的有效数与传播信息总数之比。用公式表示为：$Y=(Z-W)/Z×100\%$，Y 代表沟通有效率；Z 代表传播信息总数；W 代表传播信息的无效数。

二是信息传播速度，即单位时间内传播的信息量或一定的信息量传播所需要的时间。单位时间内传播的信息量越多或一定信息量传播所需要的时间越短，信息传播速度越快，反之亦然。用公式表示为：$S=L/j$，S 代表信息传播速度；L 代表传播的信息量；j 代表传播所需时间。

三是知名度，即了解公共关系信息的人数与被调查的总人数之比。用公式表示为：$m=x/R$；m 代表知名度；x 代表了解公共关系信息的人数；R 代表被调查总人数。

2）定性标准

定性标准即对评估对象进行粗略、抽象的描述。如将评估对象进行分解，对每一个环节、每一项内容的情况通过分系统、分指标等进行定量分析（如大众媒体传播信息的篇数与篇幅，大众传播的类型与级别等），得出一个基本评价。这种评价使用类似优、良、中、差等反映大体趋势的标准来评定。我们平常说的某某社会组织形象良好、某项公共关系活动比较成功、某种传播方式深受欢迎等，都属于定性分析的结论。定性标准与定量标准相比较，其说服力要弱。

公共关系评估可以采用定量标准，也可以采用定性标准，更可以采用定量与定性的混合标准。究竟采用什么样的标准，应视评估的目标要求及评估对象的实际情况而定，但确定的标准必须具有现实性、可信性、明确性、客观性和可操作性。

 资料 8–11

京东云智能城市评估标准

赛迪顾问、京东云、京东城市联合发布了《2019 年中国智能城市发展战略与策略研究》白皮书，其中，善政、兴业、惠民、共生、筑基，是京东云智能城市的建设路径，也契合了产业经济、惠民服务、政府治理、资源环境、基础设施这智能城市的五大体系。

正如京东云总裁申元庆所说，"智能城市建设，不是一城一企的任务，而是一个共建、共享、共创、共生、共赢的过程。"作为智能城市的深度实践者，京东云将自身定位为"智能城市合伙人"，利用云计算、大数据、人工智能等技术，打造覆盖全国的京东云智能城市干线网络，向城市提供主动服务。并且通过为城市打造专有云平台，构建城市中台体系，提供全栈式、全频段、全场景、全生态云计算服务，来支持城市的政务上云、产业上云。利用京东集团零售、物流、数科等优质资源，京东云整合线上、线下的产业运营能力，为城市搭建"平台+运营+生态"城市产业服务平台，致力于成为农业升级助力者、工业新旧动能转换加速器、城市产业服务孵化器、本地化政务服务商以及基于数据的智能产业领导者。

截至目前，京东云已携手 32 个基地和 4 个县域进行深度合作，推动"产业上云数字化转型"与"云上产业新经济聚集"。在滨州，京东云联合经济技术开发区打造了软、硬、运一体化的"互联网+政务"服务大厅。仅用 5 分钟时间就能办出一张营业执照，72 个部门、3 853 个事项均可在大厅完成业务受理服务，让公众和企业进"一个门"，跑"一个窗"，办"千件事"，落实让数据多跑路，群众少跑腿宗旨；在大同，京东云结合当地优势和产业特色资源，以打造京津冀电商产业转移的新高地、北方地区数字经济发展的桥头堡为目标，与政府共建了大同市"互联网+政务服务"平台、12345 市民热线大数据及智能客服平台、"大同好粮"区域公用品牌、电商生态产业园、大同市工业振兴服务平台和云计算大数据基地，通过技术赋能，打造大同全方位云上服务，促进传统产业转型升级、新旧动能接续转换。

资料来源：智能城市白皮书发布有了评估标准，满足这五条才算"合格"[EB/OL]. 艾瑞网，2019-08-29（有改动）.

4. 全面实施评估

实施评估的过程实际上就是收集信息和汇总资料的过程。通过实施评估，可以获取与此项公共关系活动有关的大量信息和资料。这里特别强调，要注意选择收集评估资料的最佳途径。应该说，收集评估资料可供选择的途径很多，所谓的最佳途径也是相对而言的。选择收集评估资料的途径，主要依据是评估目标以及评估标准。

5. 提出评估报告

公共关系评估结束后，要撰写评估报告。

1）公共关系活动评估报告的结构

公关活动评估报告的写法有两种：一种是文章式评估报告，即按文章的一般结构来写，有一定的文字描述和分析，而且提出结论和建议；另一种是表格式评估报告，即通篇以表格出现，各项评估结果均以数据表或曲线图来表示。

2）公共关系活动评估报告的写作要点

公共关系评估是一项连续不断的活动，一旦进入公共关系活动的调查及策划阶段，评估工作也就开始了。公共关系活动评估报告的写作要点如下。

（1）公共关系活动的主题及背景分析。

（2）调查与策划环节分析及这两个环节存在的问题。

①公共关系活动调研的设计是否合理？

②公共关系活动信息资料的收集是否充分合理？

③获得信息资料的手段是否科学？

④公共关系调研对象的选择是否具有典型性和代表性？

⑤公共关系调研工作组织实施的合理程度如何？

⑥公共关系调研的分析和结论是否科学和合理？

⑦沟通信息的表现形式是否恰当？

⑧各项准备工作、沟通协调工作是否充分？日程安排是否科学和可行？

⑨公共关系活动目标是否科学？

⑩计划实施的总体安排、步骤是否可行？

（3）解决问题的策略和办法。

①列举公关活动实施中出现的各种棘手问题。

②对活动实施期间出现的问题所采取解决方法的分析。

③提出日后公共关系活动应注意防范的因素及实施中理想的处理方式。

（4）公关活动的经费预。

①公共关系策划中的经费预算与实际活动开销的对照及出入分析。

②对活动中产生的不合理支出进行罗列并提出改进意见。

③对活动期间因新增项目内容而出现的资金短缺等问题进行分析与建议。

（5）活动效果的定性分析。

①媒体报道的篇幅和数量。组织的公共关系活动在媒体上报道的篇幅、节目时段、刊播的频率等。

②媒体报道的内容。印刷媒介的内容报样、电子媒介或新媒体的播放视频等存档情况。

③新闻媒介的层次及刊播。公共关系活动刊播的媒体的层次、发行量、转载覆盖以及关于是否刊播在头版、第一时间报道等的总结。

8.2.4 公共关系评估的方法

公共关系评估的方法有许多种，每种方法均各具特色。在实施公共关系评估时，要根据所确定的评估的对象、目标和时间要求等选定与之相适应的评估方法。常用的方法有以下几种。

1. 自我评估法

所谓自我评估法，就是公共关系活动主体通过自己的亲身感受和体验而对公共关系活动给予的评估，也可以称之为"自我感觉"。当某一项公共关系活动结束后，社会组织应组织参与本次公共关系活动的有关公共关系人员进行自我评估，总结一下做得怎么样，是否达到预期的效果，自己所扮演的公共关系角色在公共关系活动中是否得体，还存在哪些不足，这些不足造成了哪些损失。公共关系人员是公共关系活动的直接组织者和参与者，他们处于公共关系活动的第一线，对整个活动的过程最了解，体验也最深刻。正是由于这个原因，决定了当事人对评估结果的理解更具独特性，这也是其他评估所不能替代的。而且通过公共关系机构和公共关系人员的自我评定，利于公共关系人员直接总结经验教训。当然，不可否认，这种评估往往带有公共关系人员的主观色彩，容易出现"自我感觉良好"和"报喜不报忧"的现象，与实际情况有差距。这就要求社会组织和公共关系人员在自我评估时要坚持实事求是原则，从客观实际出发，力求做到全面、公正和合理。

2. 专家评估法

所谓专家评估法，就是聘请具有丰富的公共关系经验和较高公共关系理论水平的专家，对本组织的公共关系活动进行评估。请专家评估一是因为他们是有比较丰富公共关系经验的"旁观者"，能够越过组织环境的局限，使评估工作有比较强的客观性；二是由于他们有各种特长，能够解决社会组织由于知识和专业限制不能作出正确评估的问题，能比较客观地找出存在的问题和差距。因此，聘请有关方面的专家，采取咨询、座谈和评估等方法，对社会组织的公共关系活动，作出各自的评价。然后将专家的意见进行综合整理，能够从中得出比较科学的评估意见。专家评估的方式很多，可直接聘请专家对本组织公共关系进行评估，也可采取专家咨询法或同行评论法，还可召开座谈会听取意见或者非正式地进行私下交流等。

3. 公众评估法

自我评估和专家评估很难真正代表公众的意愿，从某种意义上讲，公众的评价才是最现实的评价，公众的舆论才是最重要的舆论。特别是对公共关系公众而言，忽略了公众的舆论和评价，那么自我评估和专家评估也就失去了应有的意义和价值。在实践中，往往有这种情况，某项工作经过社会组织自行评估，甚至通过了上级部门的检查验收，获得了有关专家及有关方面的肯定和好评，然而公众对此却并不认可，反而产生反感情绪。这说明公众的评价与组织自行评价、专家的评价并不一致。公共关系是沟通公众的活动，公共关系评估不能不考虑公众的评价和意见。采集公众的意见，请公众为公共关系活动"打分"，通常使用的方法有舆论调查法、民意测验法和意见征询法等。

1）舆论调查法

舆论调查法主要是通过舆论调查的方式，了解公共关系活动对公众的认知、态度和观念所产生的可度量的效果。

2）民意测验法

民意测验法也称民意调查法，是20世纪初由美国公共关系专家盖洛普博士创立的。当时主要运用于收集总统选举的社会舆论，以后逐步运用于政治、经济及社会问题的调查。民意调查，主要是通过问卷调查的形式，采用普查或抽样调查等方法对公众进行调查。通过汇集整理调查结果，可以比较客观地评估出公共关系活动实施的情况。

3）意见征询法

意见征询法是通过与公众代表的对话，征询广大公众的意见、观点和建议。一般有公众代表座谈会和公众询问法两种形式。前者可以制度化，重点是力争做到与会代表的代表性；后者以口头或电话等方式，就一些设计好的问题，随机地向被提问者提问，然后将获得的意见汇总、整理和分析，形成综合意见。

政府部门或者第三方组织，针对一些行业、地区、社会组织的状况或者某一方面的情况进行评估，也可视为公共关系评估。问卷、访谈调查、普查或者抽样调查，也是公共关系评估常用的手段。

4. 其他评估方法

除了上述3种评估方法之外，还可列出许多评估方法。上述按评估参与者身份分析的评估方法中，具体的测评办法从其他角度分析也可独立地看作一种评估方法。因此，从不同的角度、不同的切入点，使用不同的标准分析，评估方法还可以分列出许多种。这里不再一一叙述，仅重点介绍目标对照法和形象比较法。

1）目标对照法

所谓目标对照法，就是社会组织在某一项公共关系活动实施以后，将测量到的结果与原定的目标进行对照，以此来衡量和评估公共关系活动的成果。采用这种方法时，社会组织应在制订计划时就要考虑到评估效果的测评，在确立公共关系活动目标时，最好能把目标具体化，用可以度量的方式明确规定下来，形成一个参考系。有了参考系，才能通过对比、衡量的方法，评估公共关系计划和实施的好、坏、优、劣。

2）形象比较法

形象比较法即社会组织选定若干个竞争对手，进行形象比较调查。调查者一般不暴露出自己的组织身份。回答者要对若干个对象（包括本组织）的知名度、美誉度、产品价格、产品质量、售后服务和经营特点等若干个项目进行比较评价，由此可以比较客观地了解到社会组织在同行中的形象地位。

采用什么方法进行公共关系的评估，要依据评估的目标、条件、内容、时间要求和预算经费等方面的具体情况而定。必须因时制宜、因地制宜地灵活运用评估方法，更鼓励与时俱进地创新评估方法。

8.2.5 公共关系评估的检测

公共关系评估的检测手段很多，最常用的有以下几种。

1. 知名度和美誉度形象地位图

知名度和美誉度形象地位图，又称组织形象地位四象限图。公众对社会组织的评价会有各种各样不同的内容，我们可以将各种不同的评价内容归结为知名度和美誉度两项指标。知名度表示公众对社会组织了解的程度，如组织的名称、产品和商标等。美誉度表示公众对社会组织信任和赞美的程度，如产品质量和服务态度等。知名度和美誉度通过民意测验和舆论调查，借助知名度和美誉度形象地位图（如图 8-1 所示），可以检查社会组织知名度和美誉度改善的情况。

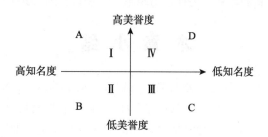

图 8-1 知名度和美誉度形象地位图

根据知名度和美誉度在现实状况中的不同构成，可以将社会组织的实际形象区分为 4 种状态：高知名度／高美誉度（见图象限 I 中的 A）；高知名度／低美誉度（见图象限 II 中的 B）；低知名度／低美誉度（见图象限 III 中的 C）；低知名度／高美誉度（见图象限 IV 中的 D）。

2. 社会组织形象要素分析

一个社会组织形象的好、坏、优、劣，不是抽象的，而是具体的，是由影响社会组织形象的一系列重要项目，如公司的规模大小、经营方针和服务质量等来决定的。这就需要将组织形象分解为社会公众对社会组织的各类具体评价，通过统计分析，从而确定社会组织形象的要点和特征，进而勾画出社会组织形象的细节。

在具体操作上可先制作"社会组织形象要素调查表"，作为分析形象要素的工具。其方法是先列出有关社会组织形象的重要项目，如"公司规模""经营方针""服务宗旨""工作效率""产品质量"等，分别以正反相对的形容词表示评价的两个极端，并在两个极端中间设置若干程度有所差别的中间档次，以便公众可以根据自己的感觉，对每一个调查项目作出不同程度的评价。调查时请公众就自己的看法给出评价，公共关系人员对所有调查表格进行整理统计，计算出每一个调查项目中各种不同程度的评价所占的百分比。

3. 公共关系社会效益检测

所谓公共关系社会效益是指一个社会组织在其运行过程中，为社会作出的贡献而产生的效益，我们称之为正效益。当然，社会组织也有可能在其运行过程中由于主观或者客观的原因给社会带来一定的危害而造成不好的影响，我们称之为"负效益"。而公共关系社会效益检测就是借助费用效益分析的手段，就社会组织与社会公众有关的活动事项作出正、反两方面的分析报告，用一定的货币量来反映和衡量社会组织的社会效益。

其方法是一方面将社会组织用于社会投资的称为正效益，如为慈善机构捐款、为教育基金捐款、植树等；另一方面将社会组织忽略、延迟有利于社会公众的改善而带来的社会性危害称为负效益，如环境污染等。用正效益减负效益，其结果就是社会组织的社会纯效益。根据这种方法制作的报告又称公共关系社会效益业务报告。

应当指出的是，一个社会组织的良好社会形象，并不是单纯用金钱上的贡献来衡量的。社会效益业务报告只是从一个侧面来检测公共关系效果的一种方法，另外检测评估公共关系效果的目的不仅是证实公共关系活动所取得的成绩，更重要的是通过检测可以不断地发现问题，找出不足，并预见新的趋势，为社会组织下一轮制订新的公共关系计划提供可靠依据。

本 章 小 结

公共关系活动的实施，就是在公共关系策划方案被采纳以后，将策划方案所确定的内容变为公共关系实际行动的过程。公共关系活动实施具有动态性、创造性、影响的广泛性等特点。公共关系活动实施的原则包括目标导向原则、控制进度原则、整体协调原则以及反馈调整原则。

影响公共关系实施的因素是众多而复杂的，一般来说，主要来自 3 个方面，即方案本身的目标障碍、实施过程中的沟通障碍及突发事件障碍。其中公共关系活动实施中的沟通障碍包括语言障碍、观念障碍、习俗障碍及心理障碍等。

公共关系活动评估是指根据特定的标准，对公共关系活动调查、活动策划、活动实施进行检查、评价，以判断公共关系活动优劣的过程。公共关系活动评估的意义包括：可以修正公共关系活动调查、策划与实施进程；为组织的经营管理提供决策依据；可以团结和激励员工；可以测量公共关系活动的效益。

公共关系活动评估的内容包括公共关系活动过程的评估、专项公共关系活动的评估、传播沟通基本情况的评估、公众关系状态的评估、公共关系活动效益的评估、公共关系机构和工作人员业绩的评估。公共关系评估过程包括确定评估目标、组建评估机构、选择评估标准、全面实施评估、提出评估报告五个步骤。公共关系活动评估的方法包括自我评估法、专家评估法、公众评估法等。同时，还需运用知名度和美誉度形象地位图、社会组织形象要素分析、公共关系社会效益检测对公共关系评估效果进行检测。

客 观 题

自学自测　扫描此码

问 答 题

（1）简述公共关系实施的原则。
（2）公共关系实施有哪些特点？
（3）公共关系实施过程中，沟通障碍应如何排除？
（4）公共关系评估的主要内容是什么？
（5）最常用的公共关系评估方法有哪些？

案例分析题

莱卡：如何让纺织品成为"时尚"的代言人

与大部分"企业对企业"的工业产品不同，莱卡介入了消费者的生活，从他们的需求着手，讲述品牌故事，就像固特异、英特尔所做的那样，而消费者对他们的投资，也总以慷慨回报。在现实生活中，我们似乎很难感到莱卡是无处不在的，即使在西单、淮海路这些时尚人士出没的地方也很难看到莱卡的广告牌。但是，莱卡却不知不觉成了"时尚"的代言人，一种无形的原材料却代表着时尚，这是少见的。是谁为莱卡注入了时尚的元素，让一个工业品与众不同？

第一步：区分情感利益和自我表达利益。

莱卡的营销策略是"上游带动下游"，而它的品牌目标则是要将自己从一个工业品牌，延伸到一个时尚领域品牌，在消费者心目中成为时尚先锋的象征。从实践的角度来看，莱卡也像多数有形的品牌一样，从品牌的功能利益、情感利益和自我表达利益三个方面构造莱卡对于其用户的品牌价值。

功能性利益：莱卡是一种人造弹力纤维，可自由拉长 4~7 倍，并在外力释放后，迅速恢复原有长度，它可以与任何其他人造或天然纤维交织使用。这意味着任何类型的服装都可以使用莱卡作为原料。莱卡能够提高所有针织物的自由动感与持久保形性能，能极大地提高经编织物各方向的弹性与延伸性，赋予纬编织物更佳的合身性与均匀感。

情感利益：简单地说，品牌的情感利益是一种"由内而外"的情绪力量。当购买或使用一个特定品牌能让顾客产生积极的感觉时，我们就认为该品牌提供了情感利益。莱卡对自己的情感利益做了这样的定义：动感、时尚、激情、快乐。

自我表达利益：自我表达利益常常是一个被品牌建设者忽略，或者与情感利益相混淆的品牌价值点。

品牌和产品可以成为个人自我观念的标志，因此品牌可以通过为个人提供传递自我形象的工具来提供自我表达利益。相对于情感利益，自我表达利益的重点在于强调"我"因为品牌而在其他人心目中的形象，而不是"品牌"在我眼中的形象。

对于莱卡来说，其自我表达利益也是非常清晰的：魅力、性感。

成功地区分出品牌情感利益和自我表达利益，是莱卡后续传播工作的基石。但是，清晰的品牌价值界定不等于消费者的认同。执行环节成为考验品牌传播者的"主战场"。在中国，莱卡并没有投入很多的广告，而是主要通过两个不同的大型公共关系活动——莱卡"风尚大典"和"我型我 SHOW"来传播莱卡的品牌主张和内在价值。

第二步：让活动的传播效果最大化。

2001 年，莱卡在中国举办了第一届"风尚大典"，投资 1 000 万元人民币，之后每届的投入也在几百万美元。第一届莱卡风尚大典后，莱卡的品牌知名度已经超过了 70%。4 年下来，莱卡品牌知名度达到了 87%，品牌偏好度达到了 91%。如果将这几千万元钱用于广告投放，以今天的媒介成本推算，是很难达到这个指标的。

从传播的角度看，这个活动的成功首先在于命名——"风尚"两字无疑是一个出色的活动主题名称。这不仅是因为其蕴含了"风行+时尚"的含义，更重要的是，这个命名使得莱卡举办的活动与其他类似事件在传播主题上产生了巨大的差异化。

一个好的主题名称只是起点。之所以说"莱卡风尚颁奖大典"是一个成功地传播品牌情感利益的"战役"，更多的是因为它具备这样两个特色。

（1）奖项设置涵盖了几乎全部时尚领域。

（2）提名及获奖明星涵盖了几乎全部主流。

通过各种时尚的明星获奖可以发现，一是莱卡风尚颁奖涉及的领域涵盖了几乎所有流行话题——音乐、电影、服饰、体育；二是获奖人员也涵盖了几乎最主流的时尚人士；三是莱卡的奖项除了具备传统的产品品牌冠名以外，还出现了顶级媒体冠名的奖项。上述三点结合起来的成力是巨大的。它们带来的效应远不是某些营销专家用一句"依靠明星拉动消费者的关注和认同"可以概括的。

资料来源：莱卡：如何让纺织品成为"时尚"的代言人[EB/OL]. 豆丁网，2012-12-11.

问题：莱卡在公共关系实施中体现了哪些技巧？

实践训练题

实训项目：组织实施班级团建活动。

实训目的：为了丰富同学们的课外娱乐生活，提高同学们的综合素质，培养积极向上的进取精神，同时为同学们创造更多的交流机会，我院公共关系社团特组织团建活动。

实训内容：根据学院的具体情况，10人左右为一组，讨论并写出团建活动的具体实施方案，根据方案，由同学们自己组织一次团建活动。

第 4 部分　公共关系实务

第9章

公共关系沟通与礼仪

【教学目标】

通过本章的学习，了解语言沟通方式、非语言沟通方式和公共关系礼仪的概念和特征；了解礼仪的社会作用和各类场合礼仪要点；熟悉各类场合的礼仪要领，养成自觉遵守礼仪的良好习惯；掌握各类场合需要的礼仪知识规范和要求；能够运用所学礼仪知识，灵活处理和应对各种交际场合的情况。

【教学要求】

知识要点	能力要求	相关知识
公共关系沟通	（1）掌握语言沟通方式的要求 （2）掌握非语言沟通方式的要求	公共关系沟通与礼仪的关系
公共关系礼仪	（1）了解公共关系礼仪的概念、特点和准则 （2）掌握并养成个人礼仪行为规范	社交礼仪、商务礼仪、政务礼仪
日常交际礼仪	掌握并熟练运用日常交际礼仪与艺术	人际沟通与交往艺术

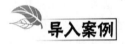 导入案例

礼仪的效应

木村事务所这几年发展顺利，只是有一桩事不顺当，近郊的一块地皮对于建造材料厂太合适了，可是，前后半年时间木村董事长不知见过地主多少次，费尽口舌，但那倔强的老妇人丝毫不为所动。

一个下雨天，老妇人上街时顺路到木村事务所转一转。她本意是想告诉木村先生"死了买地这条心！"推开门，老妇人看到屋内整洁干净，自觉穿着肮脏的木屐进去不合适，就在那站了一会儿。正当老妇人欲进又退之时，一位年轻的小姐出现在老妇人面前："欢迎光临！"小姐看到老妇人的窘态，马上回屋想为她找一双拖鞋，不巧正好没有了。小姐毫不犹豫地把自己脚上穿的拖鞋脱下来，整齐地摆在老妇人脚前，笑着说："很抱歉，请穿这个好吗？"老妇人犹豫了：她不在乎脚冷？"别客气，请穿吧！我没有关系。"等老妇人换好拖鞋，女职员才问道："老奶奶，请问我能为您做些什么？""哦，我要找木村先生。""他在楼上，我带您去见他。"女职员像女儿扶母亲上楼梯那样扶老妇人上楼。于是，就在老妇人要踏进木村办公室的一瞬间改变了主意，决定把地卖给木村事务所。那位老妇人后来告诉木村先生说："在我漫长的一生里，遇到的大多数人是冷酷的。我也去过其他几家想买我地的公司，他们的接待人员没有一个像你这里的小姐对我这么好，你的女职员年纪这么轻，就对人那

么善良、体贴，真令我感动。真的，我不缺钱花，我不是为了钱才卖地的。"就这样，一个大企业家倾其全力交涉半年也徒劳无功的事情，竟然因为一个女职员有礼而亲切的举动无意促成了，真是奇妙至极。

资料来源：商务礼仪绪论[EB/OL]. 豆丁网，2016-04-25.

人无礼则不生，事无礼则不成，国无礼则不宁。公共关系礼仪是社会组织为了树立和维护组织的良好形象，构建组织与内外公众的和谐关系而要求公共关系人员遵循的礼仪规范。公共关系工作靠人来完成，并通过公共关系人员与公众的广泛沟通来实现。因此，为了维系组织的良好形象，增强公共关系活动效果，公共关系人员必须掌握与公众交往沟通过程中的规范化要求。可以说，开展公共关系沟通并遵循礼仪规范已成为社会组织超越同行、保持领先、展示自己实力的重要法宝。

9.1　公共关系沟通

当今社会，社会组织面对纷繁复杂的各种关系和矛盾，需要运用协调沟通的手段广交朋友、减少摩擦、联络感情、增进友谊，为组织营造良好的社会竞争环境。而在公共关系沟通中，可以运用语言和非语言沟通的方式达到组织的最终目的。

9.1.1　语言沟通

语言是思维的外衣，是人类独特的发明，也是迄今为止最重要的传播方式。在公共关系领域中，语言沟通方式，仍占有举足轻重的地位。善于语言表达，是公共关系人员的基本素质要求。言语是口头语言，文字是书面语言。说和写，是两种互有联系却又有很大差别的语言沟通方式。言语是具体的个人在特定的情况下所说的话。语言则是从众多社会成员的言语中提炼总结出来的语音、词汇和语法规则系统。文字是将语言转写为书面的笔头沟通方式。

语言作为沟通工具，不仅给人们的沟通带来方便，也使人们之间的交流成为可能。因为语言所表达的内容，除了有形的客观事物如山川日月花鸟虫鱼之外，还有无形的思想感情如爱恨喜怒等，更有抽象思维对人类社会的逻辑性把握的词汇如"哲学""思辨""形而上学"等。

人的思考、感受和表达永远要有语言形式，思想只有在语言中才能实地存在，才能积累，才能传播，甚至人在静思默想时，也不可能不运用语言。

任何语言都使用词语做符号，并有一套组织和使用的规则。语言有口头形式的语言和笔头形式的语言（书面语言）。

1. 口头语言与口语沟通

口头语言是一种有声语言，即人说出的话。口头语言是人类长期社会实践活动中自然形成的语言。大约在 2 500 年前，人类就已会讲有音节的语言了。口头语言的产生对人类传播来说，具有极其重要的作用。有了语言就能积累复杂的经验，掌握复杂的事物使传播的内容更深刻、传播的范围更广泛，使社会更细的分工成为可能，使人类由混沌向开明、从愚昧走向科学成为可能。

口头语言沟通人人能运用，无论在历史发展的任何阶段，它都是人类沟通的基本手段。口头语言沟通的特点是：灵活多样、反馈及时、亲切自然、效果明显。口头语言转瞬即逝，只能靠记忆保持。随着科技进步，今天已能通过录音保留有声语言，可通过电话广播把口头语言传递到遥远的地方。口头语言沟通的具体形式有以下几种。

1）单向直接口头语言沟通

这是指参加沟通的双方中，一方主动施加影响；另一方被动接受影响的面对面的口头语言沟通。

从这种沟通的形式的特点看，沟通的成功取决于沟通者运用语言的能力和对接受者了解的程度。因为要运用口头语言在短时间内面对面向听者传播信息，你的沟通不仅要构思新颖、生动活泼，而且必须对听者有益。有益，才会从根本上接受沟通。所以，在沟通前，尽可能多地了解你的沟通对象，如他们的渴望需求、愿望、性情、习惯、文化等；在沟通中，察言观色、投石问路，从听者的表情、氛围得到反馈，随时调整沟通内容和改换沟通方法。

在口语沟通中，还可辅之以动作、表情、手势等，使传播增色。但是，既然是口头语言传播，重要的还是言语技巧。

语调是言语声调的高低变化，语调能反映说者的内心世界，表露情感和态度。当人生气、惊愕、怀疑、激动时，语调一定不自然。从语调中，听话者可以感到你是一个令人信服、幽默、可亲可近的人，还是个呆板保守、具有挑衅性、好阿谀奉承或阴险狡猾的人；语调同样也能表现出说者是一个优柔寡断、自卑、充满敌意的人，或是一个诚实、自信、坦率以及尊重他人的人。

控制说话的音量，现代办公环境中，力戒大声喧哗，讲究安静、严肃、和谐。而有些人喜欢争辩，说着说着就提高声音，如同呼喊。其实，人的威慑力与影响力，和他的嗓门大小无关。大声吆喝，除了造成反感，一无所长。因此，应当学习控制音量，学会从容不迫。注意说话的节奏，节奏是说话时发音与停顿形成的强弱和长短的周期性变化，即语音的顿挫和快慢。如果不讲究节奏，会使说话单调乏味。

2）双向直接口语沟通

这是指说话者双方轮流向对方发出信息，给对方施加影响的面对面的口语传播，如对话、谈判、论辩等。这要求说话者要把握谈话的目的。沟通时，一刻不忘目的性，方法可以灵活多变，而目的必须贯穿到底。不能变换或不顾目的，不能争辩枝节问题而忽略根本问题，要创造良好的氛围。

谈话前，应当精选适当的时机、时间和地点，以利于双方心理安适。开始谈话，先从关切对方话题切入，有一个短暂却又温和的过渡，然后才是正题。正题即便观点相反，也无须剑拔弩张咄咄逼人，而应始终保持平和语气。

了解对方，知己知彼，百战百胜。与之对话，就必须了解对方的心理、感情、个性、人品和最近的心态、观感等，对症下药，以利于谈话进行。目的达到，就不能由着自己的兴趣滔滔不绝，全然不顾对方的感受。

要注意倾听。对话是双方的，是互利互动的。听和说相辅相成，一方说之，另一方就听之。认真倾听的好处，一是能有效了解对方的说话内容；二是能给予对方支持和鼓励，对方认为你尊重他的为人，重视他的谈话内容。之后，他会以同等态度回报于你，在你开口时，同样尊重你、支持你。有些朋友不懂得这个道理，自己说话时，希望和要求对方认真倾听；对方说话时，自己却心不在焉，东张西望，甚至经常打断对方正在谈论中的话题，又滔滔不绝说起自己的一套。这样的谈话绝难进行下去，效果为负。

 资料 9-1

谈话高手与"用心倾听"

真正的谈话高手，并不是因为自己具有雄辩的口才，而是因为自己具有聆听他人谈话的耐心。保罗先生是一家海运公司的老工程师，他既是该公司高层管理者最喜欢的下属，也是每一位普通员工最敬重的同仁，所有人都愿意跟他保持亲密的关系。在这家海运公司里，不知道董事长和总经理的名字并不是什么稀奇事，但如果说你不知道保罗先生的名字，人们肯定会瞪着双眼看着你。保罗先生是如何赢得如此广泛的好感的呢？

"没什么秘诀，"他的一位同事介绍说，"保罗先生有着超人的沟通能力，他能让每一位与他交谈的人感到愉快。他从来不打断别人的谈话，从不急于发表自己的见解。当你与他交谈的时候，他比任何人都有耐心。他用双眼诚恳地看着你，你会感觉到他对你的每一个词都充满浓厚的兴趣。有时，他会插上一两句，使你愿意把心底的东西全都倾诉出来，直到你满意为止。"

"他很少发表自己的见解，并不是因为他没有主张。他是我们公司智囊团的核心人物，"该公司的副总经理用充满敬意的语气说道，"公司的每一项重大决策，都要征询保罗先生的意见，虽然他并不是公司的领导，但他能够使决策者的想法更成熟。"这就是保罗先生的秘诀。他的"超人的说话能力"，来自他超人的倾听能力。

资料来源：乜瑛. 公共关系学[M]. 杭州：浙江大学出版社，2017（有改动）.

3）间接口语沟通

这是指双方通过中介物而进行的口语沟通，如捎口信、打电话。特点是双方不见面，不能见到表情动作，或不能听到语调、节奏。这种传播，讲究字斟句酌，马虎不得。中介物如果是电子装置，那么讲究选择高技术含量的；如果是人，那么讲究选择人品可靠的。

2. 笔头语言与文字沟通

文字沟通是以笔头语言为传播手段的沟通方式。文字沟通是口语沟通的高级延续。

文字沟通的特点是它打破了时间和空间的障碍，传得远、传得久。所以，文字沟通是现代社会不可缺少、普遍运用的沟通方式。文字沟通的方式包括大众传播中的文字传播如报刊和图书资料。

报刊的主要优点：一是容量大；二是保存信息的力量强；三是读者选择有主动性。报刊的主要缺点：其一是时效性远逊于广播电视；其二是缺乏图声并茂的生动感；其三是读者必须具有一定的文化程度。这样，读者就有了一定限制。

图书即书籍或一般称作的"书"。它是作者独立完成的经印刷公开出版而广泛传播于社会的著作作品。常见的有理论著作、文学作品（小说、散文、诗歌、剧本等）、教材等。图书的传播技巧如下：第一，分析读者，要分析读者的意愿（如浏览还是专攻）、构成（如年龄、性别、阅历、知识水平）。第二，确定目的，比如是宣传目的还是说服目的。第三，确定主题，主题是你在说明事物、阐述道理、反映生活时，通过全文所表达出来的基本观点或中心思想，主题是文字传播的灵魂和统帅。它指导、统领和规定着材料取舍、结构布局、语言运用。

9.1.2 非语言沟通

非语言沟通是排除语言为媒介而采用其他形式或符号的能激起人们意义联想的沟通，人的行为、表情、穿着、手势、姿态是非语言沟通，与人有关的饰物、器具、时间、空间、烟火、鼓号声是非语言沟通，乃至音乐、舞蹈、绘画、书法也是非语言沟通。

1. 非语言沟通的特点

1）可靠性

很多非语言沟通是在不自觉状态下完成的，表现了人的潜意识意义。因此，较之语言沟通，更具有可靠性。一个人可以字斟句酌、遣词造句，也可以守口如瓶或巧言善令、口吐莲花。一旦用语言传播交流，人们会不自觉地遵循语言规律，"恪尽职守"。非语言沟通完全不同，我们人体的很多非语言行为是由生物性的需要所支配、制约的。比如疼痛就会皱眉、吸气、呻吟乃至叫喊，高兴就必然眉开眼笑、手舞足蹈。只有少部分人经过专业训练才可能控制自己的非语言行为，比如职业演员的"逢场作戏"。人的非语言行为一半来自先天，一半来自后天的不自觉的养成，绝难控制和掩饰。因此，非语言沟通具有相当的可靠性。

2）相通性

人类的语言五花八门，而行为动作却一致得多。比如用力握拳由上而下挥之，表示决心和有力；仰头望天默不作声，表示傲慢不屑一顾，等等。人的表情动作、姿态做派约有几十万种，而 70%以上无须翻译，全世界通用。如表示机智，人能有怎样的动作；表示热情，人都有怎样的姿态；表示悲伤，人的脸上眉、眼、嘴巴如何配合扯动，等等。你一看就懂，而且千篇一律，十分一致。可见人与人之间有许多相同或近似的意思的表达，这就是相通性。

3）文化性

人类的非语言沟通虽然有许多相通性，但是也有许多差异。不同的民族、种族、地区和国家，有着不同的非语言符号。因为人是文化的人。所谓文化，既指全世界的人所共有的精神财富，又指不同的人群所特有的精神约定。这些精神的财富和约定，都是历史传承的，是在文化环境下学习、熏染得来的。

资料 9-2

央企都用短视频集体表白祖国！

70 年的砥砺奋进，我们的国家发生了天翻地覆的变化，无论是中华民族历史上，还是世界历史上，这都是一部感天动地的奋斗史诗！为庆祝中华人民共和国成立 70 周年，小新联合抖音发起#与共和国共成长话题，邀请大家拿起手机记录新中国 70 年的发展变化过程。

2019 年 9 月 18 日话题发布至今，本次活动共收获了 17 000+条作品、15.5 亿+次播放、6 300 万+次点赞、294 万+次评论、93 万+次转发、70+政务号参与话题、50+央企号参加活动，央企参与本次话题创作的 104 条短视频作品中涌现了一大批优质爆款。

资料来源：国资小新. 15.5 亿播放！央企都用短视频集体表白祖国！[EB/OL]. 中青在线，2019-10-16（有改动）.

2. 非语言沟通的类型

非语言沟通的类型很多，有听觉性的，如鼓声、号角声、汽笛、口哨、喇叭声等；也有行为动作性的，如穿衣打扮、举止表情等；还有艺术性的，如音乐、舞蹈、书画等。

这里主要探讨体态语和视觉性非语言沟通。

1）体态语

体态语又称身体语言、体语等。它是人的行为动作、表情姿态乃至穿着打扮所传递的有意义的信息，它也在"说话"。毫无疑问，体态语是人类传播中除语言外的最重要的传播，如果没有它，人类不知道是什么状态。

动作是用身体或身体的某部分表达、传递信息。招手、点头就是动作，表示了某种意向：再见和赞同。当然，情境不同、地区不同，可能意向也不尽一致，招手、点头也可能示意友好和反对，如保加利亚人点头是反对、不赞同。有人研究，一个人能发出的身体信号达 70 万种，再加上不同人不同的体态语，应在百万之上，可见其繁难和重要。

姿态也应是动作的一种，它比动作更整体化一些。古人云，人当站如松、坐如钟、卧如弓、行如风。可见讲究姿态，古已有之。表情是姿态中最重要的一环。表情是人内心世界的直接写照。在所有生物中，只有人的内心世界最丰富，相对人的表情也最丰富多彩。据说，人的脸部有 43 块肌肉，经组合，可做出 1 万多种不同的表情。

眼睛及眉毛是表情中最重要的一环。挤眉弄眼、眉目传情是常规的节目。光是汉语来形容它们的词语就数目繁多：眨眼、瞪眼、勾眼、媚眼、眯眼、斜眼、泪眼、眉开眼笑、水汪汪的眼、乌溜溜的眼、贼眉鼠眼、炯炯有神。难以尽数的眼实际上是难以抒写的心。传说，欧洲小伙子见女友，都约在晚上，去前先在眼里滴几滴散瞳药水，在夜色中见面时，瞳孔放大目光炯炯，颇得女友的芳心。由此可见眼睛的重要性了。

面容仅次于眼睛，只不过它是整张脸的姿态，而眼睛可以独立作战。关于面容的词语也十分丰富：笑容可掬、皮笑肉不笑、笑里藏刀、谈笑风生、涕泪纵横、泪如泉涌、哭哭啼啼、面面相觑等。

服饰是人的第二皮肤，是人区别于动物的标志，应该说，人离不开衣服如同离不开皮肤。即使是在杳无人烟的沙漠或无第二人的私宅，人也不肯裸体。英国作家萧伯纳建议大国首脑们脱光衣服，去掉勋章再去谈判和平问题，为的是打掉大人物精心制作的"外壳"，把那上面人为的高卑贵贱都抹干净。穿着打扮讲究应与体形、性别、身份相符，特别是与时间场合相协调。比如佩饰物，在办公场所就不能佩戴繁多，讲究少而精。男性的手表、钢笔、领带必不可少；女性佩戴精美项链即可，千万不要钗环镯带，叮当一片。至于化妆发型，也应简练自然、落落大方，不能追风赶浪，华而不实。

总之，公共关系人员要善于让服饰装扮为我们的事业服务，让衣装产生亲和力而非排斥力。

2）视觉性非语言沟通

视觉性非语言沟通就是诉诸形象的沟通。严格说，应包括体态语。不过，我们这里仅探讨人体之外的物质形象。照片与图画都是通过平面构图来传播特定的形象信息，照片与图画都具有丰富的表现力，也是人们喜闻乐见的形式。它们的优点是一目了然、立即接收，而且记忆深久。小人书对孩子的启蒙是至关重要的，几十年后，记忆犹新。公共关系活动中，它们总是不可缺的手段。在说明书、展览会上，照片与图画是简便明了的方法。其后再配以简明文字，更能传递复杂一些的信息。

标识是商标、名牌、徽记、代表色的总称，是一个组织或一种商品的形象标志。商标通常由文字、图案或其他符号单独或综合构成。商标的设计应注意：一是突出该商品的优势、特征，如"舒肤佳"香皂、"飘柔"洗发水。二是简练、美观。很多商标既复杂又难看，真正莫名其妙，图案且不说，光文字就冗长晦涩，如"塔撒诺娃摇摇滚滚"。三是注意文化环境，如"金利来"原名"金狮"，广东读音"进蚀"即亏本，很不受欢迎。品牌名称多数用字讲究：其一是寓意独特，让人印象深刻。如"可口可乐""麦当劳"（正常译为"麦克唐纳"，却偏意译作"吃麦应当劳动"）。其二是健康且友好的语感，如"春兰""康佳"。其三是大众化，如"熊猫""大白兔"。而将饼干称为"克力架"则纯属哗众取宠。

代表色是特选的颜色，被用在包装、服饰、设备、建筑物上，颜色的社会内容特别丰富多彩：红色象征革命，白色象征纯洁，蓝色代表天空和海洋。北京的城市色调为灰色，象征着稳定和历史悠久。而柯达胶卷为黄色，富士胶卷为绿色，它们曾经在中国市场竞争，有人戏称"色彩之战"。因为视觉对颜色最敏感，记忆最深刻，代表色成了企业形象的最佳代表。

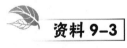 资料 9-3

产品包装设计色彩搭配技巧

在看到一个包装盒时，我们第一视觉冲击便是它的颜色，颜色绝不会单独存在。事实上，一个颜色的效果是由多种因素决定的：反射的光，周边搭配的色彩，或是观看者的欣赏角度。每个颜色都可以呈现出不同的效果，影响着我们的感觉，如红色的色感温暖，性格刚烈而外向，是一种对人刺激性很强的色。红色容易引起人的注意，也容易使人兴奋、激动、紧张、冲动、还是一种容易造成人视觉疲劳的色。

1. 在红色中加入少量的黄，会使其热力强盛，趋于躁动、不安。

2. 在红色中加入少量的蓝，会使其热性减弱，趋于文雅、柔和。

3. 在红色中加入少量的黑，会使其性格变得沉稳，趋于厚重、朴实。

4. 在红色中加入少量的白，会使其性格变得温柔，趋于含蓄、羞涩、娇嫩。

资料来源：产品包装设计色彩搭配技巧，实用！[EB/OL]. 搜狐网，2018-07-30（有改动）.

9.1.3　公共关系语言沟通的技巧

不论是语言沟通还是非语言沟通，在公共关系活动中要发挥作用，有以下几点运用技巧。

1. 内容要富有新意

语言的内容要新还要变，即不断地推陈出新。根据公众需要和兴趣的变化，不断地调整公关语言的内容，用不同的语言表达同一内容。如可口可乐，在近一个世纪的营销活动中，广告语言一直根据青年人的兴趣而变化。

2. 内容要真实

公关人员可以运用语言夸张地表达其对某事物的感受，但绝不能胡编乱造，无中生有。

3. 信息准确

表达的公关信息要准确，不能模棱两可。另外，公关语言的准确，不仅表现在口头语言里，还表现在其他非口头语言中，如服饰语言。

4. 语言简洁

公关人员将自己的思想观点要简单明了地传递出去，让公众在尽可能短的时间内接受尽可能多的信息。

5. 生动形象

将复杂的信息具体化，将枯燥的东西变成有趣的内容传递出去，适当地采用轻松、愉快的语言将严肃、庄重的信息传达给公众，以便于公众的接受。

6. 语速适度

在表达时，要讲究语速，当快则快，当慢则慢，要根据公众的构成、讲话时的气氛、内容的多少来调节语速。并且适当的语速要配合语音的韵律，即注意声音的轻重、语调的高低和节奏的变换等。

7. 富于情感

公关人员的语言情感不仅是自己的情感，而且是组织的情感，还要符合社会公众的某种需要。

8. 善用体态语言

在公关交流中，体态语言至关重要，它对于表达思想感情、塑造良好形象具有不可忽视的作用。体态语言既有配合有声语言传递信息的辅助作用，又有代替有声语言传情达意的替代功能，因此，善用体态语言是实现有效交际的重要一环。

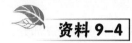

资料 9-4

善解人意的公关小姐

有一位工作很有成效的公关小姐，不光善解人意，而且能准确地从对方的动作和情绪中了解对方的心理活动。

她笑着说："只要你留心，你就会发现，虽然对方没有用口说话，可是他浑身都在说话呀！比如在正常状态下，人坐的时候脚尖也就自然提高了。因此，我只要看对方的脚尖是着地还是提高就可以判断他的心里是平静的还是紧张的了。又比如在正常情况下，吸烟的人熄灭烟蒂不可能很长。因此，如果你发现对方手中的烟蒂还很长却已放下熄灭了，你就要准备，他打算告辞了。"

"此外握拳的动作是表现向对方挑战时自我紧张的情绪，握拳时使手指关节发出响声或用拳击掌，均系向对方表示无言的威吓或发出攻击的信号。在交谈中或在开会等场合用手指或铅笔打桌面或在纸上乱涂乱画，都是利用小幅度的手指动作来表示对对方的话题不感兴趣、不同意和不耐烦。有时候，有的人还手脚并用，在上面手指做各种小动作，在下面抖腿或用脚尖拍打地面，除了表示上面的意思外还表示情绪上的紧张不安，以阻挠对方把话题继续说下去。"

"两腕交叉是常见的一种下意识腕部动作。交叉的双腕比自然垂下的手臂更显得粗大，因而更易于引人注目。因抚摸腕部（手表），调整袖扣或拿在手里的其他物品而形成的腕部交叉叫假交叉或掩饰性的交叉，这类动作多半是为了掩饰自己的紧张、不安或为了安慰自己，有时也是一种自我解嘲的动作。"

公关小姐的这席谈话，都是公共关系人员应掌握的基本功。

这位公关小姐之所以能从对方的动作表情中，把握对方的思想情绪，关键是她善于观察，并掌握了一定的动作语言知识。在现实生活中人们用各种方式传递信息、表达感情，作为一个公共关系人员要与公众进行沟通，除了要有礼貌待人的风度、能言善辩的技巧外，还要懂得一些动作语言知识，学会理解非语言信息，才能更好地实现沟通和交流。

资料来源：李磊. 公共关系实务[M]. 北京：中国广播电视出版社，2004（有改动）.

9.2　公共关系礼仪

俗话说："有礼走遍天下，无礼寸步难行。""礼"是人们在长期生活实践中约定俗成的一种行为规范。在公共关系活动中，礼仪是实现人际沟通和公共交往、构建组织与公众和谐关系的桥梁和纽带，也是公共关系人员最基本的公共关系手段。公共关系人员学习礼仪、提高礼仪文化修养，树立良好的社会形象，是公共关系活动成功的一个重要条件。

9.2.1 公共关系礼仪概述

中国是礼仪的国度。中华民族的礼仪文化是几千年灿烂辉煌传统文化的重要组成部分，对中国社会的历史发展进程起到广泛而深远的影响，其内容博大精深、寓意广博深刻、涉及范围深入广泛，无不渗透到历代社会形态的方方面面。

1. 礼仪的概念和特征

1）礼仪的概念

"礼仪"是一个合成词。"礼"是人们在交往的过程中为了表示相互尊敬和友善而共同遵循的行为规范，具体内容包括礼貌和礼节。礼貌是指人们在社会交往过程中良好的言谈和行为，侧重表现人的品质和修养，是一个人在待人接物时的外在表现。礼节则是指人们在交际场合中，相互表示尊重、友好的惯用形式，是礼貌的具体表现方式。"仪"是人们在交往过程中应当表现出来的外在风貌和遵循的行为程序，具体内容包括人们仪表、仪容、仪态和仪式。

礼仪是指人们在社会交往活动过程中形成的应共同遵守的行为规范和准则，是人们在交际中约定俗成的礼节和仪式，也是文明道德修养程度的标志。

2）礼仪的特点

（1）规范性。礼仪的规范性就是它不仅约束着人们在交际场合的言行举止，而且也是人们在一切交际场合必须采用的通用"语言"。这种"语言"是衡量他人、判断自己是否自律、敬人的一种尺度。礼仪的规范性本身所反映的实质就是一种被广泛认同的社会价值取向和对他人的态度。任何人要想在交际场合表现得合乎礼仪，都必须对礼仪的基本要求和规范无条件服从，要"有所为，有所不为"。

 资料 9-5

扣 子 风 波

2008 年 8 月 24 日晚，2012 年奥运会主办城市伦敦市的市长约翰逊在登上奥运会会旗交接台时西装扣子散开，并时不时地把手插在西装口袋里。

事后，有不少人认为约翰逊在如此隆重、盛大的场合连西装扣子也不扣，包括很多英国网民也认为伦敦市长"粗鲁傲慢、目中无人"。由此，约翰逊的扣子风波引发了很多讨论。

奥运会是全球性的体育盛会，在举世瞩目的如此隆重、盛大、严肃的场合，男士系领带、扣西装扣子是基本的着装礼仪规范。作为 2012 年奥运会主办城市伦敦市的市长约翰逊未系领带、西装扣子散开地登上奥运会会旗交接台，未免显得太随意。伦敦市长约翰逊是公众人物，代表英国和伦敦的形象，在如此庄重的场合，他这样不拘小节地不扣扣子，有损英国和伦敦的形象。

资料来源：伦敦市长撰文解释北京奥运闭幕式"扣子风波"[EB/OL]. 中国新闻网，2008-08-31（有改动）．

（2）差异性。俗话说："百里不同风，千里不同俗。"不同的文化背景，产生不同的礼仪文化，不同民族、不同地区的文化决定礼仪的内容和形式。即使同一民族统一地区，由于发展阶段的不同，礼仪也会存在差异。

（3）传承性。礼仪的传承性特点，是指礼仪形成本身是个动态发展过程，是在风俗和传统变化中形成的行为规范。我们今天的礼仪形式就是从昨天的历史中继承下来的，有不少优秀的礼仪还要继续传承下去。

（4）时代性。从本质上来讲，礼仪是一种社会历史发展的产物，具有鲜明的时代特点。礼仪是在社会生活中逐渐形成、发展并完善的，不是完全脱离特定社会生活、历史背景一蹴而就的。同时，由于社会的发展、历史的进步，人们在社会交往过程中一定会碰到新问题、新情况，因此，这也要求人们不断调整和变化礼仪交际手段和方式，才能与社会同步，与社会生活相协调。

 资料 9-6

讲文明习礼仪 小舞台大效应

2019 年 5 月 14 日，金巢实验学校举行了以"讲文明 习礼仪"为主题的班会展示评比活动。本次主题班会课展示活动共有 7 名老师参赛，各参赛班级均围绕"讲文明 习礼仪"的主旋律，根据班会主题需要，灵活选择了情景剧表演、趣味测验、分组讨论、全班交流、播放视频等丰富多彩的活动形式，现场精彩不断，亮点纷呈，向观众们奉献了一场精神盛宴。

资料来源："讲文明习礼仪 小舞台大效应"——金巢实验学校主题班会课展示评比活动 [EB/OL]. 搜狐网，2019-05-18（有改动）．

2. 公共关系礼仪

公共关系礼仪是礼仪的一个重要分支，是指社会组织及其成员在与相关公众交往的过程中，必须具有的合乎社交规范和道德规范的礼节、礼貌、仪式等的总称。公共关系礼仪能最大程度帮助公共关系人员处理各种关系，顺利完成工作任务。

1）公共关系礼仪的作用

在日常生活中的人际交往方面往往要求以礼待人。"礼"的作用不可估量，从某种意义上讲，礼仪比智慧和学问还要重要。美国著名学者卡耐基认为：一个人事业的成功，15%靠他的专业知识，而 85%则要靠他的人际关系处理技巧和为人处世的能力。目前，礼仪之所以被提倡和受到社会各界的普遍重视，主要就是因为它具有重要的作用，既有助于个人，也有助于社会。

（1）有助于完善个人形象。人人都希望自己在公众面前有一个良好的形象，以受到别人的信任和尊重，使人际关系和谐、融洽。个人形象，是一个人的仪容、表情、举止、谈吐、教养的集合，而礼仪在各个方面都有各自的要求和规范。学习、运用礼仪，有益于人们遵守规范，更好地设计个人形象，充分地展示个人良好的教养、风度和气质。礼仪是塑造形象的重要手段。一个人如果讲究礼仪，就可以变得充满魅力。

（2）有助于提高自身修养。礼仪是一种高尚、美好的行为方式，它可以净化人的心灵、陶冶人的情操、提高人的品位、完善人的人生。通过一个人对礼仪的运用程度可以看出这个人的教养高低、文明程度、道德水准等。学习礼仪、运用礼仪，有助于提高个人修养。一个人讲究礼仪，会使自己心胸豁达、谦虚诚恳、遵守纪律、乐于助人。在礼仪的熏陶下，人们的修养会自觉提高、匡正缺点，成为一个道德高尚的人。

（3）有助于增进交往、改善人际关系。亚里士多德说："一个人不和别人打交道，不是一个神就是一个兽。"不管你是什么人，只要你生活在社会生活中，就必须和别人交往，既然要跟别人交往，你就要会人际交往的艺术。"世事洞明皆学问，人情练达即文章。"一个人运用礼仪知识可以使自己在交际活动中充满自信，向交际对象传达真情、友好和善意。人人都运用礼仪，人人都在向对方传达真情、友好和善意，这就必然会增进大家彼此之间的信任和了解，进而造就和谐的人际关系。公共关系人员作为社会组织和社会公众的中间纽带，随时处在组织内外各种复杂关系之中，需要与各种不同的社会公众交往，要想达到良性的沟通和互动就必须注重公共关系礼仪。

 资料 9-7

小节的象征哲理故事

一位先生要雇一名很不起眼的小伙子到他的办公室做事。这位先生的朋友问："你为何喜欢那个男孩，他既没有带一封介绍信，也没有任何人的推荐。"

这位先生回答说："他带来了许多'介绍信'。他神态清爽，服饰整洁；在门口蹭掉了脚下带的土，进门后随手轻轻地关上了门；当他看见残疾人时主动让座；进了办公室，其他的人都从我故意放在地板上的那本书上迈过去，而他却很自然地俯身捡起并将它放在桌上；他回答问题简洁明了、干脆果断。这些难道不是最好的'介绍信'吗？"

因此，要准确认识一个人，就要注意他的"小节"；要把自己介绍给别人，"小节"就是最好的介绍信。

资料来源：小节的象征哲理故事[EB/OL]. 瑞文网，2018-10-19.

（4）可以促进组织塑造良好形象。从某个角度来说，人们了解、感受组织是从组织具体的人开始的。公共关系人员是社会组织的形象代言人。公共关系人员注重公共关系礼仪，具备了良好的个人形象，营造好了良好的人际环境，对塑造良好的组织形象有着积极的意义和作用。每个组织都希望有一个良好的形象，而组织形象的塑造处处都需要礼仪。通过组织员工的仪容、仪表、言谈举止、礼貌礼节、仪式及活动过程表现出来，这是塑造组织形象的基础工程。任何不讲究礼仪的组织，都不可能获得良好的组织形象。

2）公共关系礼仪的原则

（1）彼此平等原则。从某种意义上讲，现代公共关系是建立在平等的基础上，并以平等作为基本原则而发展起来的。彼此平等是公共关系礼仪的首要原则。

公共关系人员作为社会组织的代表，与公众进行交往是主动的、相互的。人都有友爱和受人尊敬的需要，都希望得到别人的平等相待。人的这种需要，就是平等的需要。彼此平等原则就是公共关系人员在与公众交往中，不论性别、年龄、民族、职业、文化等，没有高低贵贱之分，一律平等。交往中的平等原则表现为交往的各个方面都要平等相待、谦虚待人、相互尊敬、相互爱护；不能骄狂、以大欺小、以强欺弱；不要我行我素、自以为是；不要厚此薄彼，更不要傲视一切，目中无人；不要以貌取人，或以职业、地位、权势压人。

（2）相互尊重原则。相互尊重是指公关人员在与公众交往中，在考虑组织利益的同时，既要自重又要尊重公众的原则。这种尊重在处理公共关系时，体现在多方面，包括利益、权利、责任、人格、观念、情感、意向等。

因为尊重是礼仪的基础，只有互相尊重，才有可能保持和谐愉快的关系。公共关系礼仪必须遵循尊重公众、尊重组织和尊重自己的原则。

（3）自信沟通原则。自信是公共关系工作人员在各种社交场合中所需要的最基本的心理素质，只有有充分信心的人，才能在交往中落落大方、不卑不亢，遇磨难不气馁，遇强者不自惭，遇侮辱敢挺身，遇弱者会援助。公共关系人员因为自信才能真正有信心处理好各种公众关系，才能塑造出不卑不亢的形象，包括个人和组织形象。在处理公众关系时，公关人员还必须掌握并娴熟运用人际沟通技能，特别是懂得在不同场合、不同对象面前恰如其分地运用不同的沟通形式，以合乎礼仪规范的言行架起沟通的桥梁，把自己的意图以最佳的方式传递给对方。

（4）诚信自律原则。诚信是公共关系工作人员的基本信条，也是做人最基本的品质。在处理公众关系时，只有时刻真诚地待人处事、客观地传播信息，才能得到公众的信赖与认同，才有可能使自己所代表的社会组织树立起良好的社会形象。

孔子说："民无信不立，与朋友交，言而有信。"在公关社交场合，尤其要讲究诚信。一是要守时，即与人约定时间的约会、会见、会谈、会议等，不应该以任何理由作为迟到的借口。二是要守约，即与人签订的协议、约定和口头答应的事，要说到做到，即所谓"言必信，行必果"。正因为如此，在处理公众关系时，如果没有十分的把握就不要轻易许诺他人，若许诺做不到，就会落个不守信的坏名声，就会永远失信于人。

自律是一种严于律己、宽以待人的优秀品质。公共关系工作人员要自律就要约束自己的言谈举止，而这本身也正是礼仪的基本要求；要自律就要忍耐、宽容，这也是一种优雅，是种处理公众关系应具备的基本思维方式。公关工作就是要创造和谐人际关系，自律、约束、忍耐、容忍能协调好各种公众的情绪。因此，公关人员要经常自我反省、自我控制、自我约束。

（5）宽容适度原则。从人生修养的角度讲，宽容是一种较高的境界。公共关系工作是要处理好各种不同公众的关系，因此宽容原则也是公共关系工作的基本原则。宽容原则要求公关人员在工作中容许公众有行动与见解的自由，对不同于自己和传统观点的见解要耐心及公正地接纳；要求公共关系人员设身处地地对待和处理与公众的关系问题，要站在对方的立场去考虑一切。这也是公关人员争取朋友的最好方法。

公共礼仪说到底就是对自己的约束和对他人的宽容。公关人员要自觉掌握礼仪规范，在心目中自觉树立起公共关系信念和行为准则，并以此来约束自己，在交往中自觉地执行礼仪规范。

适度原则是指在与公众交往中要把握分寸，根据具体情况、具体情境而使用相应的礼仪。如在与公众交往中，既要彬彬有礼，又不能低三下四；既要热情大方，又不能热情泛滥；要自尊不要自负；要信人但不要轻信；要活泼但不能轻浮。最后公关人员在运用每项公关关系礼仪时，都要注重时间、地点和对象，真正做到恰如其分、适可而止。

 资料 9-8

学校推出"无声食堂"是因小失大

活泼好动的小学生，在学校食堂就餐时可能大声喧哗、嬉戏打闹，学校该怎么办？浙江省三门县浬浦中心小学的答案可谓"脑洞大开"。据澎湃新闻网报道，该校从 2019 年 3 月 11 日起推出"无声餐厅"。学生就餐时不能说话，要加饭加菜用手势示意。如果有学生不慎出声，"红领巾督察小组"会及时纠正，并扣除所在班级的纪律分。

对此，有网友搬出国人耳熟能详的"食不言寝不语"，认为这一做法可以理解。但实际上，孔子的这句话有其特定语境，在《论语》原文中，孔子说的是在祭祀等庄严场合就餐时，应该秉持"少说话"的原则。再者，孔子的口吻是劝导式的，绝非上述学校安排"督察小组"纠正加扣分的强制管理模式。

小学生当然需要学校和教师的教育与引导，必要的时候，也可以实施一定惩戒措施。但无论如何，不能搞简单粗暴的管理。食堂一丁点声音都没有，不也少了几分孩童应有的天真烂漫与朝气蓬勃吗？若干年后，长大成人后的他们回忆起童年生活，又会做何感想？

教育是一门精细且充满人性化、人情味的学问。简单粗暴对待，或许可以短期内见效，但终究是不长久、不牢靠的，更难以教育出文明且富有同理心的现代人。唯有以爱心、耐心实施教育，把握受教育者的心理情感，才能实现理想的教育效果。

资料来源：之心. 学校推出"无声食堂"是因小失大[N]. 中国青年报，2019-04-18（有改动）.

9.2.2 个人形象礼仪

公共关系人员是组织的形象代言人，从公共关系人员的素质基本可以看出公司的素质。每位员工的一言一行不仅代表个人，还代表着组织。

良好的个人礼仪是一切公共关系活动的起点，是一切社交场所必备的"通行证"。体态是语言，服饰会说话，微笑是"世界通行的货币"，个性和教养具有独特的魅力。因此，公共关系人员所具备的礼仪知识和良好素质，是一个人成功的关键，也是一个组织公共关系活动成败的关键。

1. 仪容礼仪

一个人的仪容，大体上受到两大因素的左右：一是先天条件；二是本人的修饰维护。事实上，修饰与维护，对于仪容的优劣而言往往起着一定的作用。所以我们必须时刻不忘对自己的仪容进行必要的修饰和整理。

1）干净整洁

干净整洁是仪容方面最起码的要求。

（1）坚持常洗脸、洗头、洗澡、换洗衣物。

常洗脸：除了早上起床后、晚上睡觉前洗脸之外，凡是有必要，随时随地都要抽出一点时间洗脸净面，保证脸部没有汗水等污物。

常洗头：确保头发不粘连、不板结、无发屑、无气味。

常洗澡：除去身上的尘土、油垢和汗味。

常换洗衣物：保持衣物整洁，特别是内衣物。不要让自己成为"有味道的人"。

（2）注意头发修饰。为保持头发整洁，不管头发长短，有条件的最好每天清洗一次。如果条件不允许，也应该每周至少清洗两三次。同时还应该注意修剪、梳理头发。在梳理头发过程中要注意不宜当众进行，不宜用手直接梳理，梳理留下的断发头屑等不宜随手乱扔。同时，头发长短要适度。在社会交往中，男性最好"前发不覆额，侧发不掩耳，后发不及领"，女性则长发不过肩。如果是长发，可将其挽束起来，不适合任意披散。

发型是构成仪容美的重要内容。美观的发型能给人一种整洁、庄重、洒脱、文雅、活泼的感觉。根据不同人的发质、服装、身材、脸型等选择合适的发型，就可以扬长避短、和谐统一，增加人体的整体美。

（3）注意面部修饰。没有特殊的宗教信仰和民族习惯，不要留胡子，要养成每日剃须的习惯，以保持面部的清洁。周恩来总理的习惯就是每次出门前"面必净、须必剃、发必理"。

鼻毛和耳毛要适时地加以修剪。鼻毛不要长出鼻孔，特别不能让脏物黏附在鼻毛上。

（4）注意口腔卫生。要常漱口，保持口腔无异物、无异味。到社交场合前，不吃如葱、蒜、韭菜等过分刺激的食物。饭后用清水漱口，避免牙齿上黏附饭、菜等物质。不能在公众场合为了保持口气清新而咀嚼口香糖。

（5）注意保持手部卫生。作为社会人，我们身体部位暴露在外的除了脸部就是手了。每个人的手也是与外界接触最多的一个部位，它最容易沾染脏东西，所以必须勤洗手。同时还要常剪手指甲，手指甲的长度以不长过手指指尖为宜。特别是男士，最好不留长指甲。

2）适度化妆

在社交场合适当化妆，既可使自己充满自信，也是尊重他人的表现。化妆是一种艺术，一种创造美的过程，不是随心所欲的发挥。任何事情都贵在适度，化妆也不例外，化妆适度是美容的基本要求。

资料 9-9

小吴的"变妆"

小吴，某高校文秘专业高才生，毕业后就职于一家公司做文员。为适应工作需要，上班时，她毅然放弃了"清纯少女妆"，化起了整洁、漂亮、端庄的"白领丽人妆"：不脱色粉底液，修饰自然、稍带棱角的眉毛，与服装色系搭配的灰度高偏浅色的眼影，紧贴上睫毛根部描画的灰棕色眼线，黑色自然型睫毛，再加上自然的唇型和略显浓艳的唇色，虽化了妆，却好似没有化妆，整个妆容清爽自然，尽显自信、成熟、干练的气质。但在公休日，她又给自己来了一个"大变脸"，化起了久违的"清纯少女妆"：粉蓝或粉绿、粉红、粉黄、粉白等颜色的眼影，彩色系列的睫毛膏和眼线，粉红或粉橘的腮红，自然系的唇彩或唇油，看上去娇嫩欲滴，鲜亮淡雅，整个身心都倍感轻松。

心情好，自然工作效率就高。一年来，小吴以自己得体的外在形象、勤奋的工作态度和骄人的业绩，赢得了公司同仁的好评。

资料来源：赵悦. 公共关系学[M]. 上海：上海财经大学出版社，2016（有改动）.

2. 仪态礼仪

仪态，又称体态，即人的身体姿态。它包括站姿、走姿、坐姿、蹲姿、手势等。

1）站姿

站姿是人的静态造型动作，是其他动态美的起点和基础，体现的是人的静态美。优美的站姿能显示个人的自信，并给他人留下美好的印象。

在站立时一定要表现出端正、自然、亲切，具有稳定性，站如松。

因此正确的站姿要求：上身正直、头正目平、面带微笑、下颚微收、昂首挺胸、肩平腰直、收腹收臀、两臂自然下垂、两腿紧靠站立。

（1）男士的站姿：总的要求就是体现男士刚毅洒脱、英武挺拔的刚健之美。

男士在具体站姿过程中可以双手交叉腹前或背后、双脚分开与肩同宽，成跨立姿势。

（2）女士的站姿：体现的是女性秀雅优美，亭亭玉立，给人以柔美的感觉和印象。

女士在具体站姿过程中可以双手交叉腹前、脚尖分开、脚跟并拢或者一脚在前一脚在后成丁字步，或者双手轻轻背于身后朝前站好即可。

（3）在公众场合，应该避免以下几种站姿。

①身体斜靠：会给人一种没有精神、缺乏自信的感觉。

②双手环抱胸前、双手或单手插入裤袋、双手叉腰：会给人漠然或者凶悍的感觉。

③双脚交叉、双腿分得很开或腿部不停抖动：会给人散漫或吊儿郎当的感觉。

（4）站姿训练。三个基本要素：平、直、挺。

①平：头平，眼睛平视，双肩一样平。

训练方法：两人面对面对立，互相观察、纠正姿势；平常经常对着镜子纠正姿势，同时要求面部表情温和、亲切。

②直：腰直、腿直并紧靠。后脑勺、背、臀、脚后跟呈一条直线。

训练方法：两人背靠背站立，后脑勺、背、臀、脚后跟都相互贴紧或者靠墙练习，后脑勺、背、臀、脚后跟紧贴墙面，同时要求肌肉放松。

③挺：胸挺。

训练方法：两人面对面站立，挺胸收腹，脖子上举，互相观察、体会；头上吊一个物体，每当你挺直上拔时，用头顶去碰触它。

2）走姿

行走是人生活中的主要动作，体现的是人的动态美。生活中如何正确使用标准走姿，是给人留下美好印象的关键之一。

（1）正确的走姿规范。行走过程中要求做到协调稳健、轻盈自然。男士要显示出阳刚之美；女士则要显示出款款轻盈、阴柔之美。

在标准站姿的基础上，要求行走时头正、上身挺直、双肩平直、目光平视、面带微笑、下颌微收、双臂自然前后摆动，双脚前后沿直线行走，从容、稳健、轻盈。具体说来应该是以下几点。

①头正目平：双目平视，收颌，表情自然、亲切、平和。

②双肩平稳：双肩要平、稳，两臂前后自然摆动。

③上身挺直：上身正直，昂首挺胸、收腹直腰，重心稍前倾。精神饱满，面带微笑。

④步位直：行走时，双脚相向行走，双脚行走的轨迹应当呈现为一条直线。

⑤步幅适当：一般来说，行走中两脚落地的距离大约为一个脚长，即前脚的脚跟距后脚的脚尖相距一个脚的长度为宜。

⑥步速平稳：行进的速度应当保持均匀、平稳，匀速前进，不要忽快忽慢。行走速度一般要求男士每分钟110步左右，女士每分钟120步左右。

⑦走路用腰力，要有韵律感。同时要意识到不同场合应该有不同的走姿要求，如参加喜庆活动时步态应欢快、轻盈，体现的是喜悦的心情；参加吊唁活动则应缓慢、沉重，反映的是伤感、悲哀的情绪等。

在公共关系活动的具体实践中，走姿也有不少特殊之处，公共关系人员需加以掌握。例如，与人告辞或退出上司的写字间时，不宜立即扭头便走，给人以后背。为了表示对在场的其他人的敬意，在离去时，应采用后退法。其标准的做法是目视他人，双脚轻擦地面，向后小步幅地退三四步，然后先转身，后扭头，轻轻地离去。又如，在楼道、走廊等道路狭窄之处需要为他人让行时，应采用侧行步，即面向对方，双肩一前一后，侧身慢行。这样做是为了对人表示"礼让三分"，也是意在避免与人争抢道路、发生身体碰撞或将自己的背部对着对方。

（2）切忌的不良走姿。走路忌讳"内八字"或"外八字"，忌弯腰驼背、斜肩晃臂、扭腰送髋、左顾右盼。在行走过程中，如果走路时腰部松懈，则不美观；如果拖着脚走路，更显得没有朝气，十分难看。

（3）走姿的训练。首先是行走稳定性的练习。在保持正确的走姿基础上，双臂侧平举，双手各端一碗水，练习行进中的稳定性。

其次是动作表情的协调练习。随时注意保持亲切、平和的面部表情。

要想达到上述目的，在心理上就要求我们充满自信。

3）坐姿

坐姿体现的是人的静态美。这也是人际交往中重要的人体姿势之一。优美的坐姿应该文雅、端庄、稳重、大方、自然。

（1）正确的坐姿规范。入座时，要走到座位前面转身，后退半步后轻稳地坐下。女士如穿裙装时，还应轻拢裙摆，而后优雅地坐下。

坐下后，保持上身端正舒展、双肩放松，身体略向前倾，双手自然放在双膝或两手交叉相握放在腿上，也可以将手小臂平放在座椅扶手上；双腿自然弯曲并拢，双脚自然落地；重心落在臀部，臀部占据座椅的 2/3 即可。同时，还应保持双目平视，面带微笑，下颚微收。在坐的过程中，男士可以双膝张开与肩宽，双手放于双膝上（即标准的军人坐姿），但是无论什么时候女士都不要张开双膝，以免有伤大雅。

离座起身时，右脚稍向后退半步，而后直立起身，重心前移左脚后自然离开。

（2）常见坐姿。

①正襟危坐式。这种方式适合于最正规、严肃的场合，如谈判、会谈。基本要求是上身与大腿、大腿与小腿均为直角，膝盖和脚跟并拢。

②两腿交叠式。它适用于女士在正规或非正规场合采用，尤其适合穿短裙子的女士采用。要求：将双腿完全一上一下交叠，交叠后的两腿之间没有任何缝隙，犹如一条直线。两脚可自然斜放或直放（可依椅子的高度决定），斜放后的腿部与地面呈 45°夹角，叠放在上的脚尖垂向地面。

③双脚斜放式。它适用于穿裙子的女士在较低处就座使用。要求：双膝先并拢，然后双脚向左或向右斜放，力求使斜放后的腿部与地面呈 45°角。坐在较低的椅子上时，如双脚垂直放置的话膝盖可能会高过腰，较不雅观。这个时候最好将两脚斜放，这也是坐在沙发上的基本形式。

④双脚交叉式。它适用于各种场合，男女皆可选用。要求：双膝并拢后双脚在踝部交叉，交叉后的双脚可以内收，也可以斜放，但不宜向前方远远直伸出去。在公车上或自己的办公桌前都可以采取这种坐姿。这种坐姿感觉比较放松、自然。

⑤微微张开双脚的坐姿。膝盖靠拢，两脚稍微张开的坐姿，这是变化的坐姿之一。尤其是在自己不受注目的场合时，就可以做这种程度的放松。

⑥前伸后曲式。它是女性适用的一种优美的坐姿。要求：大腿并紧之后，向前伸出一条腿，并将另一条腿屈后，两脚脚掌着地，双脚前后要保持在同一条直线上。

（3）应注意的不雅坐姿。

①入座时声响过大，入座后臀部占满整个座椅或瘫坐在座椅上。

②坐定后脊背弯曲、前趴后仰、耸肩低头或频繁挪动座椅。

③双手不停摆弄手中饰品或其他物品，放在臀下，双脚不停抖动或在地上蹭来蹭去等。

4）蹲姿

下蹲时应自然、得体、大方，不遮遮掩掩。蹲姿的基本要领是：站在需取物品的旁边，两腿合力支撑身体，掌握好身体的重心，臀部向下，慢慢地把腰部低下，蹲下屈膝去拿。

两种常用优美蹲姿（以物品在身体右侧为例）。

（1）交叉式蹲姿。下蹲时，两腿前后紧靠，右脚在前，右小腿垂直于地面，全脚着地；左脚在后，左腿在后且与右腿交叉重叠，左膝从右腿后面伸向右侧，左前脚掌着地，左脚跟提起，合力支撑身体。上身稍前倾，臀部向下，用手拾起地上物品起身即可。

（2）高低式蹲姿。下蹲时，左脚在前，全脚掌着地；左小腿垂直于地面；右脚稍后，前脚掌着地，右脚跟提起，左右脚不重叠，右膝低于左膝，臀部向下，两腿紧靠向下蹲。

另外还有半蹲式、半跪式蹲姿。

5）手势

无论是在日常生活中还是在工作岗位中，手是人们运用比较多的身体部位。如果不注意手势运用规范，则有可能造成人际交往障碍，影响交际效果。

一般认为：掌心向上的手势有一种诚恳、尊重他人的含义；掌心向下的手势意味着不够坦率、缺乏诚意或带有命令、强制性；攥紧拳头暗示进攻和自卫，也表示愤怒；伸出手指来指点，是要引起他人的注意，含有教训人的意味等。

下面是几种常见的手势符号在不同国家、地区的不同含义。

（1）举大拇指手势的含义。在我国，右手或左手握拳，伸出大拇指，表示"好""第一""了不起""顶呱呱"等，有赞赏、夸奖之意；在意大利，伸出手指数数时表示"一"；在希腊，拇指上伸表示"够了"，如急速地上伸则表示要对方滚蛋；在美国、英国和澳大利亚等国，拇指上伸表示"好""行""不错"；拇指左、右摇晃则大多是向司机示意搭车方向。

（2）"V"形手势的含义。这个动作在世界上大多数地方伸手示数时表示"二"。如果掌心向外则表示胜利，据说这是第二次世界大战时期英国首相丘吉尔发明的。但是在希腊，做这一手势时如果手心向外，则有对人不恭之嫌。

（3）"OK"形手势的含义。在我国和世界其他一些地方，伸手示数时该手势表示"零"或"三"；在美国、英国表示"赞同""了不起"的意思；在法国，表示"零"或"没有"；在日本表示"懂了"；在泰国表示"没问题""请便"；在韩国、缅甸表示"金钱"；在印度表示"正确""不错"；在突尼斯表示"傻瓜"；在巴西等拉美国家则含有"下流"的含义。

（4）手掌礼仪方面。要求掌心向上，这是表示礼貌、客气，带有请求、协商的意义，不带有任何威胁性。引领客人、请客人进门、落座等都运用这种手势。一般不用掌心向下的手势。掌心向下表示命令、指示的含义，带有强制性，会使人感到不舒服。也不用食指前伸的不愉快手势，它比掌心向下更带有负面信息。

6）表情

在人际交往中，表情真实可信地反映着人们的思想、情感及其心理活动与变化。而且表情传达的感情信息要比语言来得巧妙得多。一位心理学家曾总结出一个公式。

感情表达=7%的言辞+38%的声音+55%的面部表情

公共关系人员的基本表情应为热情大方、自然稳重、专注和蔼、诚实友善。具体而言，在面对他人时，应表现为面含微笑，注视对方，并且适当互动、不卑不亢。

资料 9–10

"希尔顿式" 微笑

何谓 "希尔顿式" 的微笑？

"希尔顿式" 的微笑是以国际饭店之王康纳·希尔顿的名字命名的一种微笑方式。它要求嘴角外展，露出上面的八颗牙齿，眉开，眼笑。

微笑的 "四要" 和 "四不要" 是什么？

微笑的 "四要"：一要口眼鼻眉结合，做到真笑；二要神情结合，显出气质；三要声情并茂，相辅相成；四要与仪表举止的美和谐一致，从外表上形成完美统一的效果。

微笑的 "四不要"：一不要缺乏诚意、强装笑脸；二不要露出笑容随意收起；三不要仅为情绪左右而笑；四不要把微笑只留给上级、朋友等少数人。

资料来源：体态礼仪[EB/OL]. 豆丁网，2015-11-19（有改动）.

3. 服饰礼仪

在社交场合中，给人的印象往往是从人的服饰等仪容仪表开始的，这种 "先敬罗衣后敬人" 的做法虽然带有很大的片面性，但也有其合理的地方。俗话说 "三分人才，七分打扮" 也就是这个道理。仪表，是一种无声的影响力。良好的仪容仪表，可以转化和改变他人的心理和行为。

心理学家做过这样的实验：请一位女士着三种不同的服装分别拍照，第一套服装是很古板、很落后于时代的蓝色长衣长裤；第二套服装是具有时代特色的蓝色西服套裙、内着白色衬衣；第三套服装是时髦的超短裙。将拍好的照片分别拿到各公司经理处，请各位经理在三人中选一位女士做秘书。实验结果是绝大多数经理选择的是身着西服套裙的第二位女士。通过这个实验，我们可以得出这样一个结论：同一个人，因身着不同的服装，可以给人留下截然不同的印象。

1）服饰礼仪的原则

服饰除了具有遮肤护体、防暑御寒等自然功能外，还具有审美、表示身份职业等社会功能。讲究服饰礼仪、注重装饰打扮，不仅是尊重交往对象的基本要求，也是促进人际交往中的相互吸引和良性互动以达到沟通目标的重要手段。

服饰礼仪应符合以下原则。

（1）TOP 原则。这是国际通用的服饰着装三原则。

T（time）：表示时间，即穿着要应时，也就是说穿着要考虑社会变迁、时令变化和时间段的转换。随着社会的发展，人们的服饰习惯和着装要求也是不断发生变化的。一年四季的更迭以及每天不同时段的着装都应有所不同。

O（object）：表示着装的目的，即穿着要应己，也就是说要根据自己的工作性质、社交活动的具体要求选择合适的服饰。去公司应聘应该着职业装或套装，但去幼儿园应聘则可以考虑青春、活泼、大方的连衣裙等。

P（place）：表示场合，即穿着要应地，也就是说要根据出席的场合选择合适的服饰。

如参加婚礼等喜庆场合与参加丧礼的着装要求绝对不一样，参加体育运动和上班着装不同等。同时还应注意特殊环境对服饰的要求，如参加婚礼时就不要穿得比新郎新娘还艳丽，穿着西装不要进迪吧等。

（2）协调原则。协调原则就是一个人的穿着要与他的年龄、体型、职业等相协调。

首先，穿着要和年龄相协调。年轻人穿着鲜艳、活泼、随意，可以体现青年人的朝气和青春之美；老年人穿着庄重、整洁、雅致，以体现成熟和稳重之美；超短裙、白长袜、运动鞋穿在少女身上显得青春、天真、靓丽，若穿在少妇身上则显得轻佻、有失大雅。

其次，穿着要与体型相协调。人的身材有高有矮，体型有胖有瘦，肤色有深有浅，因此在穿着时应充分考虑这些差异，取长补短。身材高大的人不宜穿竖条纹的衣服；身材矮胖的人不宜穿大花图案或宽格条纹的服装；身材瘦小的人不宜穿紧身服饰；脖颈短粗的人不宜穿高领衫等。

再次，穿着要与职业身份相协调。这一点也很重要，也就是穿着要符合身份。不同的职业有不同的穿着要求，教师的着装要端庄大方，不能太随意；医生的服饰要求稳重、朴实，给病人可信赖感。

最后，穿着要与环境相协调。喜庆的场合穿着不能太古板，庄重场合穿着不能太随便，哀伤的场合穿着不能太醒目；办公室穿着要整齐，外出旅游穿着要轻便，居家穿着要舒适。

总的来说，服饰着装要力求整体协调、美观大方。

 资料 9-11

学习传统和式礼仪　感受日本"折形"文化

2019 年 8 月 30 日下午，日本装道礼法和服学院评议员五十岚君子在北京举行了一场别开生面的讲座，向日本文化爱好者们介绍了日本的传统礼仪和"折形"文化。五十岚君子拥有日本政府认可的和服咨询资格，常年致力于和服文化的推广，同时热心普及日本礼仪文化。谈及举办此次讲座的契机，她表示，近年来有越来越多的中国人对日本传统文化产生兴趣，也希望这次讲座能让更多人了解和学习日本的礼仪，进一步感受日本文化。

资料来源：学习传统和式礼仪 日本"折形"讲座在京举行 [EB/OL]. 人民网，2019-09-04（有改动）.

（3）合礼原则。合礼原则就是穿着必须考虑符合惯例、民族特点和宗教信仰。

2）男士着装礼仪

男士服饰着装要求潇洒挺括、美观大方。西装是男士的正装，在大多数的社交场合中，男士都穿西装。西装一般由衬衫、外套、长裤、领带等组成。

（1）衬衫。衬衫应该选择纯色面料，其中净白色或白色带清爽蓝条纹的长袖衬衫是必不可少的基本服装配件。衬衫的领口、袖口一定要质地硬挺，不能有折痕，领口要比外套的领子高出 1.5 厘米左右，袖口扣紧并长出西装袖口 2 厘米左右，同时衬衫下摆塞进裤腰里。衬衫配领带时，应把所有的纽扣扣上，不能卷袖子，如果不戴领带，则衬衫最上边的扣子不用扣。

（2）外套和长裤。西装的面料应轻、薄、软、挺。现在男子常穿的西装有两大类：一类是平驳领、圆角下摆的单排扣西装；另一类是枪驳领、方角下摆的双排扣西装。西装的驳领上通常有一只扣眼，这叫插花眼，是参加婚礼、葬礼或出席盛大宴会、典礼时用来插鲜花用的，在我国人们一般无此习惯。西装的左胸外面有个口袋，这是用来插手帕用的，起装饰作用，不宜插钢笔或放置其他东西。西装的外袋以及裤袋里，不宜放太多的东西。有明袋的上装只适合在较随便的场合穿着，有暗袋的上装适合正式场合。

另外，西装还有套装（正装）和单件上装（简装）的区别。套装要求上下装面料、色彩一致，这种两件套西装再加上同色、同料的背心（马甲）就成为三件套西装。套装在正式交际场合最好选用色调比较深的毛料制作，在办公室等半正式交际场合可穿色调比较浅一些的西装，外出游玩、购物等非正式场合，最好是穿单件的上装，配以其他色调和面料的裤子。

西装有双排扣和单排扣之分。双排扣西装给人以庄重、正式的感觉，多数在正式场合穿着，一般应把所有扣子扣好。单排扣西装穿着场所较为普遍，扣子扣法是单粒扣一般不扣，双粒扣一般扣上边一粒，三粒扣一般扣中间一粒或上边两粒。两粒及以上数目纽扣的西装不能全都扣上扣子。

由于中国人脸色偏黄，在选择颜色时应少选黄色、绿色、紫色，宜选深蓝色、深灰暖性色、中性色等色系。脸色较暗的男士，可选择浅色系和中性色。一般来讲，净色且颜色偏深的整套西装适于多种场合，最派用场。西装的长裤质地、面料一般要与外套一致。西装长裤的裤线要笔直、清晰，裤长以裤脚接触脚背、达到皮鞋后帮的一半为好，裤扣要扣好，拉链要拉严。

（3）领带。在男士穿西装时，最抢眼的，通常不是西装本身，而是领带。因此，领带被称为西装的"画龙点睛之处"。一位只有一身西装的男士，只要经常更换不同的领带，往往就能给人以每天耳目一新的感觉，因此领带被称为"西装的灵魂"。

领带的色彩应该与西装色彩搭配协调。

领带有宽窄之分，打领带时，应对领带的结法、长度、位置等多加注意。领带结应该端正、挺括，外观上呈倒三角形，在收紧领结时，有意在其下方压出一个窝或一条沟来，使其看起来美观、自然，领带结的具体大小应与同时所穿的衬衫领子的大小成正比。领带打好后其标准长度应是领带下端正好触及腰带扣的上端。不提倡在正式场合选用难以调节长度的"一拉得"领带。

（4）鞋袜。鞋的选择也很重要。西装革履本身就意味着穿西装就一定要穿皮鞋，千万不要穿凉鞋、布鞋、运动鞋等。俗话说："脚底无好鞋，显得穷半截。"可见穿鞋的重要性。黑色皮鞋是万能鞋，它能配任何一种深颜色的西装。灰色的鞋子绝不宜配深色的西装，浅色的鞋也只可配浅色西装，而漆皮鞋只宜配礼服。

鞋子擦得锃亮的人，会显得特别光鲜，容易给人以好感，脏兮兮的鞋子最不宜登大雅之堂。深色袜子可以配深色的西装，也可以配浅色的西装。浅色的袜子能配浅色西装，但不宜配深色西装。忌用白色袜子配西装。袜子长度的原则为宁长勿短。

此外，皮带的颜色应与皮鞋协调。深色西装可配深色皮带，浅色西装则或深或浅的皮带都配得上。再有，男士腰带上不应该挂任何东西。

3）女士着装礼仪

女士在穿着上有较大的随意性和更多的变化，但也应遵守一定的服饰礼仪规范。女士着装可以时尚但不一定要时髦。在公众场合应以简洁、优雅、庄重为主，并且根据不同场合选择适合自己的服饰。一般来说，女士在着装上应着重考虑以下几个方面。

（1）身材和肤色。身材矮胖的人，应避免颜色过于鲜艳、大花、大格、紧身的衣服，而应着能拉长身材的垂直线条式样、颜色淡雅合身的衣服。除此之外，女士肤色对服饰色彩的选择有很大的要求，肤色白皙的人穿什么颜色都可以，肤色黝黑的人则最好选择颜色素雅、较明快的色调。

（2）衣着搭配要协调合理。上衣和下装质地、款式、色彩都要搭配相协调。不要上装厚重下装轻薄，上着职业装下着牛仔裤。

女士在穿裙装时要注意长短适度，还应配以与肤色相近的长筒丝袜，丝袜不能有破口、钩丝，袜口不能低于裙摆，脚配皮鞋。

（3）女士着装的配饰物。配饰物要简单，做到少而精，突出重点，切忌把珠光宝气的项链、戒指、胸针、手镯等全都戴上。

戒指具有明显的象征性，切不可多戴或乱戴。一般来说，戒指戴一枚即可，最多可戴两枚。戒指在不同手指上有着不同的含义：戴在食指上表示没有心仪之人正在求偶；戴在中指上表示已有心爱之人正在恋爱；戴在无名指上表示已婚或正式订婚；戴在小指上表示准备独身。中指和无名指都戴着戒指则表示夫妻关系很好的已婚人士，但要注意这两枚戒指的颜色、质地均要相配。

佩戴项链时要考虑自身的身材、脸形、肤色、服装颜色等因素。耳环、手镯和手链等饰物的佩戴也要考虑脸形、发式等因素。

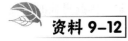 **资料 9-12**

职业女性的着装礼仪

旧时代的女性注重服装的动机较单纯，其目的无非只是想获得他人的赞美，或是增加对异性的吸引力。在讲求男女平等的时代里，女人处处希望与男人平等竞争，简单追求外表性的吸引，已并不能满足这些职业女性，女性竞争者在着装方面必须更具道德魅力、审美魅力、知识魅力及行为规范的魅力，使服装无形中为协调人际关系、提高工作效率及增加职位升迁的机会起到良好的作用。

不妨举两个例子说明职业女性的着装与事业的关系。

例一：有位女职员是财税专家，她有着很好的学历背景，常能为客户提供很好的建议，在公司里的表现一直很出色。但当她到客户的公司提供服务时，对方主管却不太注重她的建议，她所能发挥才能的机会也就不大了。

一位时装大师发现这位财税专家在着装方面有明显的缺憾：她26岁，身高147厘米、体重43公斤，看起来机敏可爱，喜爱着童装，像个26岁的小女孩，其外表与她所从事的工作相距甚远，所以客户对于她所提出的建议缺少安全感、依赖感，使她难以实现自己的创意。这位时装大师建议她用服装来强调出学者专家的气势，用深色的套装，对比色的上衣、丝巾、镶边帽子来搭配，甚至戴上黑边的眼镜。女财税专家照办了，结果，客户的态度有了较大的转变。很快，她成为公司的董事之一。

例二：一位女推销员在美国北部工作，一直都穿着深色套装，提着一个男性化的公文包。后来她调到阳光普照的南加州，她仍然以同样的装束去推销商品，结果成绩不够理想。后来她改穿色彩淡的套装和洋装，换一个女性化一点的皮包，使自己有亲切感，着装的这一变化，使她的业绩提高了25%。

可见，随着社会经济、文化的发展，如何得体、适度地穿着已成为一门大有可为的学问。就寻职或在职的女性而言，服装风格的第一个原则，尤其在工商界和金融界或学术界，打扮过于时髦的女性并不吃香，人们对服装过于花哨怪异者的工作能力、工作作风、敬业精神、生活态度，一般都会持有怀疑态度。

资料来源：职业女性的着装礼仪 [EB/OL]. 出国留学网，2018-12-16（有改动）.

9.3　日常交际礼仪

日常交际礼仪是公共关系人员做好公共关系工作的重要组成部分。公共关系人员在公共关系活动中，要重视基本的日常交际礼仪的学习，并在实践中正确地应用，这样才能加倍体验交际成功带来的快乐，并以此来维护和宣传组织的形象，赢得公众的信赖和支持。

9.3.1　见面礼仪

见面是公共关系礼仪活动的第一步，公共关系交往很注重第一印象，因此见面时的礼节也就十分重要，它包括称呼、介绍和握手三个过程。

1. 称呼礼仪

在社交活动中，交际双方见面时正确、得体的称呼会使你和对方的交往和沟通有一个良好的开端。

1）泛称

在现代公共关系活动中，一般称呼男性为"先生"、未婚女性为"小姐"、已婚女性为"夫人"或"太太"。如确实不明其婚姻状况一律可通称为"女士"。

（1）姓名性称呼。它指的是直接称呼姓名。这种称呼适用于一般同事、同学、平辈以及熟人等。

（2）职衔性称呼。为表示对交往对象身份、学识等的尊重，在正式场合可以称呼交往对象的职务、职称或学衔，如"局长""教授"或"博士"；或者在职务、职称、学衔前加姓氏，在极其正式场合中，可以在职务、职称、学衔前加姓名等。

（3）行业性称呼。对于某些从事特定行业的人可以直接称呼对方的职业，如"老师""医生""律师"等，也可以在行业性称呼前加姓氏、姓名。一般不可以直接用行业中的一个特性称呼，如"拿手术刀的""教书的"等。

2）注意事项

在称呼时尽量避免无称呼的情况，如直接用"喂"；也尽量避免"红头发的""穿花衣服的""25号"等替代性称呼；在公众场合少使用绰号性称呼。

一个小伙子想向一位大爷问路，张口就说："喂，到××地方还有多远？"大爷漫不经心地说："走大路的话有十八丈，小路有九丈。"小伙子奇怪地又问："你们这里路程远近论丈不论里？"大爷看着小伙子说："你还知道论'理'啊！"小伙子脸红了连说："对不起，对不起，老大爷！"

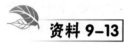

资料 9-13

总书记亲切地称呼她们"大姐"

"你是大姐。"2013年11月3日，习近平总书记来到湖南湘西花垣县十八洞村，握住石爬专老人的手询问年纪，听说老人64岁，总书记如是说。

一声亲切的"大姐"，拉近了领袖和百姓的距离，增进了党和群众的联系。

称呼是一门学问。习近平同志在厦门任副市长时，时任市计委副主任吕拱南对这样一个细节记忆深刻：

"近平同志非常谦虚、低调、平和，对别人很尊重，不管是什么职务的人，他都按厦门地方的习惯称呼，不会直呼其大名（连名带姓），使人感到亲切。"

总书记的平易近人、重情重义，就体现在这一声声称呼里。

案例来源：许晴. 总书记亲切地称呼她们"大姐" [N]. 人民日报，2019-08-12.

2. 介绍礼仪

介绍就是向公共关系对象说明情况，使双方互相认识。符合礼仪的介绍不仅可以使互不相识的双方消除陌生感和隔阂，建立必要的了解和信任，而且可以帮助人们扩大社交范围，结识新朋友，为以后相互合作奠定基础。

介绍可以分为自我介绍、居间介绍和集体介绍。

1）自我介绍

与人初次见面，都有一种被人重视或尊重的心理。如果你希望与人相见但又没有人帮你介绍的时候，最简单有效的方法就是自我介绍。自我介绍时要讲清姓名、身份、单位、部门或从事的具体工作。同时要善于用眼神表达自己的友善和渴望认识对方的真诚，不要紧张、不卑不亢、从容自如，在表述上也要力求简洁、具体而富有特色。

2）居间介绍

首先确定介绍人。根据双方意愿来确定介绍者。一般来说，应由东道主、公共关系活动负责人、公共关系人员、秘书或者女主人等担当介绍人。

其次必须注意介绍的顺序。这是非常重要的问题，在非集体介绍时的基本原则是"尊者有优先了解对方情况的权利"，也就是先少后老、先次后要、先低后高、先宾后主、先男后女、先未婚后已婚等顺序。如果遇上上司、长辈是男性的话先男后女就不适用了。

最后要注意介绍姿态。介绍人应该使用手掌语，即手掌掌心向上、手指并拢，而不是用手指指向被介绍的一方。被介绍的人应该站立并面向对方，介绍完后主动与对方握手并说"你好""幸会"等客套话。

介绍人在语言方面要注意吐字要清晰，语调要适中，以大家能听清楚为度。同时还要注意正确、规范的使用称呼，在正式场合一般采用"姓名+职务或职称"或"先生""女士"等泛称。

当然，如果向来宾介绍自己的亲属时注意要避免称呼上的混乱。比如介绍岳父、岳母时不能简单说"这是我爸爸、妈妈"，而应该规范地称呼"这是我的岳父、岳母"。介绍弟媳、小姨子时应该这样表达"这是我弟弟的爱人张××"或"这是我爱人的妹妹田××"等。

3）集体介绍

当介绍的人员较多时，介绍的顺序应该是依职位高低为序进行介绍。若被介绍的不止双方，就需要对被介绍的各方进行位次排列，排列的依据可以根据以下几个方面。

（1）以其负责人身份为准。

（2）以单位规模为准。

（3）以单位名称的英文字母顺序为准。

（4）以抵达时间先后顺序为准。

（5）以座次顺序为准。

（6）以距介绍人远近为准。

3. 握手礼仪

握手礼是在现代社交活动中使用频率最高、适用范围最广泛的一种礼节。人们在见面、道别、祝贺、感谢、慰问、鼓励以及表示友好、和解、合作时常常会使用握手礼。

1）握手的方法

握手的正确方式是双方走到相近 1 米左右处，上身稍微前倾，面带微笑、正视对方，伸出右手，四指伸直并拢、拇指张开，掌心向内与对方右手相握，上下轻轻摇动几下并配以合适的语言即可。

在握手时间上，应根据握手双方的亲密程度灵活掌握。初次见面应以三秒钟为宜；异性之间不宜过长，如握住女士的手不放，就是很不礼貌的；老朋友多年不见，可以长时间相握，再晃上几晃，这种方式是热烈的也是适度的。

2）握手的顺序

握手和其他礼节一样，也要讲究握手顺序。一般来讲，握手时应当遵守"尊者先伸手"的原则。也就是说尊者先伸出手来，位卑者在此后予以响应，一般不要贸然抢先出手。具体说来就是长者、女士、主人、职位高者先伸手。当然，如果对方没有握手优先权时先伸手后，你也应该立即积极回应。

注意，当客人要离开时，主人不宜先伸手。此时应由客人先伸手后主人才伸手相握，表示依依惜别之情。

3）握手的方式

（1）平等式握手。平等式握手也称礼节性或对等性握手。这是标准的握手方式，多见于双方社会地位不相上下。

（2）热烈型握手。握手时，用两只手握住对方的一只手，这样对方的手就被夹在主动握手的双手中间，表示热情欢迎、真诚感谢等。

（3）亲密性握手。这种形式的握手是主动握手的人与对方握手的同时，伸出左手握住对方的手腕、手肘或手臂，部位越高表示亲密程度越高。但是这种握手只有在感情较为亲密的人之间才受欢迎，用在初次见面或一般朋友乃至异性朋友之间的话会使人觉得不舒服。

（4）指尖式握手。指尖式握手即轻轻抓住对方的几个指尖而不是握住对方的手掌，这种握手方式适合异性之间，不适合同性之间。异性之间采用这种握手方式表现出你的涵养、礼貌和风度，但在同性之间则只会让对方感到你的冷淡、例行公事或缺乏诚意。

（5）支配式握手。这种握手方式即掌心向下或掌心向左下的姿势握住对方的手。采用这种握手方式的人往往高度自信、办事情果断。和这类人打交道你一般占不了什么便宜。使用这种握手方式的人一般具有较高身份。

（6）顺从式握手。顺从式握手和支配式握手相对，即以掌心向上或向左上的手势与对方相握。采用这种方式的人比较民主、谦和，容易改变自己的主意和看法。

4）握手的注意事项

（1）握手要用右手，并伴有"你好，认识你很高兴""幸会幸会"等礼貌用语。

（2）握手时不要用力过猛，握手力度以不握痛对方的手为限度。

（3）握手时不可东张西望或一手插在口袋里或嘴里嚼着口香糖、叼着香烟等。

（4）握手时要脱手套（军人等穿制服的人可不脱，但在握手前要先敬礼）。

（5）握手时尽量不要用湿手或脏手。

（6）正常情况下不要坐着和别人握手。

（7）不要几个人交叉着握手或者隔着门槛握手。

（8）与数人相见时握手时间要大体相等，不要给人厚此薄彼的感觉。

9.3.2　社交场合礼仪

1. 名片礼仪

无论信息社会中通信工具多么发达，名片仍然是人们社交场合中常用的简易工具。对企业而言，名片是宣传组织的非常重要的一个媒体。熟悉和掌握名片礼仪十分重要。

 资料 9-14

无 心 之 失

某公司新建的办公大楼需要添置一系列的办公家具，价值数百万元。公司的总经理已做了决定，向 A 公司购买这批办公家具。

这天，A 公司的销售部负责人打电话来，要上门拜访这位总经理。总经理打算，等对方来了，就在订单上盖章，定下这笔生意。

不料对方比预定的时间提前了 2 个小时，原来 A 公司听说这家公司的员工宿舍也要近期内落成，希望员工宿舍需要的家具也能向他们购买。为了谈成此事，销售部负责人提前来了，还带来了一大堆的资料，摆满了台面。总经理没料到对方会提前到访，刚好手边又有事，便请秘书让对方等一会。没想到这位销售负责人等了不到半个小时，就开始不耐烦了，一边收拾起资料一边说："我还是改天再来拜访吧。"

这时，总经理发现对方在收拾资料准备离开时，将自己刚才递上的名片不小心掉在了地上，对方并没有发觉，走时还无意从名片上踩了过去。但这个不小心的失误，却令总经理改变了初衷，A 公司不仅没有机会与对方商谈员工宿舍的设备购买，连几乎已经到手的数百万元办公家具的生意也告吹了。

A 公司销售部负责人的失误，看似很小，其实是巨大而不可原谅的失误。名片在商业交际中是一个人的化身，是名片主人"自我的延伸"。弄丢了对方的名片已经是对他人的不尊重，更何况还踩上一脚，顿时让这位总经理产生反感。再加上对方没有按预约的时间到访，不曾提前通知，又没有等待的耐心和诚意，丢失这笔生意也就不是偶然了。

资料来源：经典礼仪案例实例分析二 [EB/OL]. 豆丁网，2018-08-30（有改动）.

1）名片的作用

（1）自我介绍。告诉别人自己的身份、联系方法和住址，这是名片的基本功能。在进行口头自我介绍的时候，由于时间、场合等限制，一般只能介绍重点而不能兼顾全面。同时因语言表达的易逝性，容易影响人们对语言信息的完整记忆，俗话说得好："好记性不如烂笔头。"再者，若进行口头自我介绍的时候在他人面前提及自己的多重身份、重要身份难免会给人一种不内敛的感觉。因此，在公共关系活动中，用名片进行自我介绍也是非常不错的一种选择。

（2）便于保持联系。名片上记录了最全面、最重要的资讯，有个人联系方式、办公地点、通信地址、邮编、移动电话、办公室电话等，以方便与人联系。

（3）替代短信、备忘留言。比较忙的时候，可以在自己名片的某一个约定俗成的位置写一句短语、一个单词等，起到替代短信的作用。有时候你去拜访一个人，若他不在，可以留给他一张名片，他便知道谁来过。

（4）充当礼单。在赠送礼物给交往对象时，随物附上名片在礼品包装盒里就可表示赠礼人。有时候也可以用未封口的信封装上自己的名片，放置于礼品外包装，托人交予友人，因附有自己的名片也就相当于亲自前往。

（5）业务宣传。名片的正面通常都印有组织的形象标识、背面印有组织的经营范围，因此，名片还可以达到宣传组织经营理念、业务范围的作用。

2）名片的使用

使用名片的过程主要有递送名片、接收名片和索取名片。

（1）递送名片。当我们把名片递给别人的时候要注意以下几点。

首先要将自己的名片准备好，不要和你接收的名片混放在一起。否则一不小心发出去的是别人的名片。最好将自己的名片装在专用名片夹里放在西装上衣内侧口袋或公文包里。

其次要双手递出。递出名片时需要起身，用双手的拇指和食指捏住名片的上方两角，正面朝向对方，微笑着递给对方。互递名片时都用右手。千万不要用食指和中指夹着名片递给他人，这样是极其不礼貌的。

在递出名片时同时应微笑着说"您好，请以后多多关照"或"以后多联系"等谦恭性话语。

（2）接收名片。起身迎接：把手里的事放下来起身去迎接，用拇指和食指捏住名片的下端两角，并表示谢意。你对名片的重视实际上就是对名片的主人的重视。

认真阅读：接过名片后一定要看，以表示对交往对象的重视。如果发现对方有重要的头衔不妨念出来，以示敬仰。

适度寒暄：接过名片后，还应适当交流、寒暄，如"张董事长，久仰久仰"。

妥善放置：接过名片仔细阅读后放在名片夹中，存放在西装上衣内侧口袋或公文包里、办公室的抽屉里，给别人一种非常被重视的感觉。绝对不能接过他人名片后不看或随手一扔，顺手放在茶几上或再压上一杯茶，更有甚者接过名片后顺手向屁股后边的牛仔裤口袋里一放就完事。

回敬对方：你拿到对方的名片之后，一定要记住及时地回赠对方一张自己的名片。名片用完了或者名片没有带，要给对方说明并致歉。

（3）索取名片。直奔主题法：即明确表示。如果你跟对方比较熟，你担心他联系方式有变动，想要他的名片，可以明说："老王，好久不见，给我一张名片，以后方便联系。"

对等交易法：古人讲，"将欲取之，必先予之"，就是把自己的名片首先递给对方。"来而不往非礼也"，他一般会回赠你一张名片。

谦恭法：如果你跟长辈、名人、有地位的人交往，就可以采用谦恭法索取名片，如"××教授，以后该如何向您请教？"言下之意，请给我一张名片，这话说得比较委婉。

3）名片使用的注意事项

商务交往中，名片使用要注意以下几个方面。

（1）名片不要任意书写、涂改或修补。名片就是一个人的脸面，不能在上面乱涂、乱改。比如，把"130"划掉，改成"139"。尤其和外商打交道，宁肯不给名片，也不要给他一张涂改过的名片，否则会破坏你的形象。

（2）不要发送破旧或受污损的名片。这同样会破坏你的形象。

（3）不要在就餐时发送名片。就餐时只适合从事交谈等社交活动而非商业性活动。

（4）商务交往不提供私宅电话。商务交往中，提供的名片一般是办公室电话，不提供私宅电话。

（5）不印两个以上的头衔。如果你头衔比较多，应该印一两个最重要的。如果弄一大堆头衔的话，会给人一种炫耀、不真实甚至蒙人的感觉。

2. 电话礼仪

电话是人们开展社交活动不可缺少的工具，使用电话是公共关系业务中一项十分重要的日常服务项目，在日常生活、社交和工作交往中都要利用电话与别人取得联系。

1）打电话礼仪

（1）选择适当的时间。打电话尽量避开"体己"时间。休息时间别给人家打电话，除非万不得已，晚上10点之后，早上7点之前，没有什么重大的急事最好不要打电话。就餐时间、节假日不是重大事件也不要打电话。如果是打往国外的，还要注意时差的问题。

（2）注意空间选择。任何一个有教养的人都不会在公众场所打电话，如影剧院、会议中心、餐厅、商场等地方。如果确有重要事情需要打电话，则应选择相对僻静的地方。

（3）注意通话的长度。电话交谈的时间不宜过长，事情说清楚即可，一般以3分钟左右为宜。电话礼仪有一个规则，叫作"电话三分钟"原则，就是通话的时间尽量控制在3分钟之内。长话短说，闲话少说，废话不说。特别是办公室接打电话时要照顾到其他电话的进出，不要过久占线，更不可将办公室电话当作聊天的工具。

（4）通话内容及过程。首先，通话内容要有所准备，即通话之前应该核对对方的电话号码、公司或单位的名称及接电话人的姓名。为避免失礼，最好写出通话要点及询问要点，准备好纸和笔以及必要的资料和文件。其次，要注意礼节。接通电话后，应主动示好并自报家门和证实对方的身份。

打电话要使用"您好""请问"等礼貌用语，态度温文尔雅。若你要找的人不在，可请接听者帮忙转告，如不便转告则可以留下电话号码和姓名，以便朋友方便的时候回电话给你。通话结束时，要礼貌地道谢后轻放话筒。一般来说，应是打电话的人先放下话筒，接电话的人再放下电话。在比较正式的场合打电话应该由地位高的人先挂电话，不宜"越位"抢先。不可只管自己讲完就挂断电话，那是一种非常没有教养的表现。

2）接听电话的礼仪

（1）迅速接听。接听电话的礼仪要求是"铃响不过三"，即电话铃声响两三次接电话是比较合适的，这样可避免让打电话的人焦急不安或不愉快。若铃声超过三声才接电话时首先应道声"对不起，让您久等了！"然后再自报家门开始通话。

（2）认真倾听并积极回应。接电话时，一定要认真倾听，要搞清楚对方来电的目的，并尽可能迅速地作出相应的回答。当然，认真倾听并不是完全不出声，还要注意回应对方。比如，用"嗯""好的""知道了"等短语作为回应，让对方感觉到你确实在认真地听。

（3）热情代转电话内容。如果你接听的电话不是找你，那么你要弄明白他要找谁，然后告诉他"请您稍等"，并立即找人。在喊人接电话时要注意用手捂住话筒。

（4）认真做好来电记录并复述来电的重要内容。因为语言的易逝性特点，所以在接电话前要准备好纸、笔，并做好电话记录。通话结束之前，对对方所讲的重要内容可做必要的重复，比如时间、地点、电话等重要内容重新核实一下，防止自己记录或理解出现差错。

3）接打电话的基本礼仪

首先要注意表情，拿起电话，你就应该面带微笑。微笑可以通过声音感觉到，你的微笑、你喜悦的心情同样会传递给对方、感染对方。因此，你要像对方就在你面前一样，带着微笑讲话。

通话过程中应注意声音要清晰、柔和。在某种意义上，声音是人的第二外貌。通话时，声音应当清晰悦耳、温和有礼、吐字准确、语速适中，语气亲切、自然。讲话声音以让对方听得清楚为原则，不要矫揉造作、装腔作势。正因为如此，在接打电话过程中还应避免做其他事情，如吃口香糖等。

接打电话时还应该保持端正的姿势，身体挺直，不要东倒西歪，驼着背、弯着腰，这样的话，对方听到你的声音就是懒散的、无精打采的。

3. 交谈礼仪

在人际交往中，交谈是人们交流感情、增进了解的主要手段，也是公共关系工作中集思广益、了解信息、获取反馈、增进沟通的有效手段。交谈还可以满足交往对象获取对方信息、拉近交往距离、增进彼此情谊等重要的作用。如果不注意交谈的礼仪规范，选错了话题、多说了一句话、用错了一个词等都会影响人际关系。"良言一句三冬暖，恶语伤人六月寒"，因此，在交谈中必须遵从一定的礼仪规范，才能达到双方交流信息、沟通思想、增进友谊、加强团结的目的。

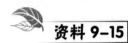 **资料 9-15**

马云与黄渤的交谈

马云应该是诸多首富中最会演戏的董事长。电影明星黄渤呢?可以说是明星中最会说话的明星，那么这样两位情商高的男人面对面交谈，将是一种什么样的场景呢?

说实话两人都是满腹经纶却样貌一般的男人，不过在各自的圈子里却混得如鱼得水。就连马云都忍不住调侃自己问黄渤说自己长得怎么样。这问题还用问吗?是个小孩子都会说你长得不好看，是个成年的男人都会说你长得很好看。而黄渤说，咱俩长得差不多，既不恭维还显得非常幽默。

马云是个什么样的人，典型的逮着谁都想挑逗的人，有次还问黄渤帮他代言不给钱行不行?这问题你说行吧，那就是赔本生意;你要是说不行，那就是不给"马爸爸"面子。高情商的黄渤说:"也不是不可以，你只要帮我清空购物车就可以。"这话既让马云有面子自己还不尴尬。

资料来源:马云逼问黄渤"我长得怎么样?"黄渤7个字笑疯众人.[EB/OL].新浪网,2019-10-08（有改动）.

1）交谈的语言艺术

交谈的语言艺术包括以下几个方面。

（1）准确流畅的语言。在交谈时如果词不达意、前言不搭后语，就很容易被人误解，达不到交际的目的，还有可能闹笑话。如你去农村作报告时将自我介绍"我是王市长派来的……"说成了"我是王市长（欢迎的掌声立即响彻云霄）……派来的"就出问题了。因此，要避免使用似是而非的语言，去掉过多的口头禅。

同时，语言准确流畅还表现在让人听懂，要讲对方听得懂的语言，如在国内交流最好讲普通话。非专业场合不要用过分专业的词汇，避免让人感到理解困难，没办法交流，不容易互动。

（2）委婉表达自己的意思。在交谈中尽量避免使用主观武断的词语，如"肯定""一定"

"绝对"等不带余地的词语，要尽量采用与人商量的语气。要学会用"是的……但是……"句式，而且在交谈中还要尽量多使用礼貌用语。

（3）把握一定的分寸。谈话要把握好"度"，还要考虑对方是否感兴趣，接受程度如何。谈话时不要唱"独角戏"，不让别人有说话的机会；交谈时还要注意互动，要察言观色，观察对方是否感兴趣，注意对方表情、情绪变化等，对方不爱听的话要少讲，最好不讲。

（4）懂得"少说多听"，而且要听出弦外之音。在交谈过程中要学会仔细、耐心倾听，并学会有效沉默。不要在谈话中先入为主、东张西望、三心二意。同时，要注意体态、语言的呼应，并伴有适时的提问，如点头、微笑，用"的确如此"表示肯定，"怎么可能"表示无法相信，"真的吗""真是的"表示不可思议和无话可说等。同时，在交谈中，还要学会听出弦外之音。

（5）适度表现幽默。幽默语言的力量是无穷的。在交谈过程中也许会出现紧张或不和谐的地方，交谈者若能随机应变，适度幽默就可以化解紧张或尴尬局面，增强语言的感染力。

 资料 9-16

朱总理的幽默

朱镕基总理在严肃的记者招待会开始前，有许多记者照相。朱总理一本正经地说："请你们把我照得漂亮点。"当记者们正疑惑时他又说："因为我的形象代表中国政府"。然后记者们都笑了，紧张的气氛一下子变得轻松。

资料来源：朱镕基妙答十大"刁难"内幕　盘点朱镕基的十大"经典"幽默[EB/OL]. 人民网，2012-08-17（有改动）.

（6）注意使用礼貌用语。在交谈中要注意使用问候语、欢迎语、感谢语、致歉语、祝福语、道别语等礼貌用语。

 资料 9-17

常用礼貌用语七字诀

与人相见说"您好"	问人姓氏说"贵姓"	问人住址说"府上"
仰慕已久说"久仰"	长期未见说"久违"	求人帮忙说"劳驾"
向人询问说"请问"	请人协助说"费心"	请人解答说"请教"
求人办事说"拜托"	麻烦别人说"打扰"	求人方便说"借光"
请改文章说"斧正"	接受好意说"领情"	求人指点说"赐教"
得人帮助说"谢谢"	祝人健康说"保重"	向人祝贺说"恭喜"
老人年龄说"高寿"	身体不适说"欠安"	看望别人说"拜访"
请人接受说"笑纳"	送人照片说"惠存"	欢迎购买说"惠顾"

希望照顾说"关照"　　赞人见解说"高见"　　归还物品说"奉还"

请人赴约说"赏光"　　对方来信说"惠书"　　自己住家说"寒舍"

需要考虑说"斟酌"　　无法满足说"抱歉"　　请人谅解说"包涵"

资料来源：常用礼貌用语七字诀[EB/OL]. 百度文库，2011-11-19.

2）交谈话题的选择

所谓话题，是指人们在交谈中所涉及的题目范围和谈话内容。在人际交往中，学会选择话题，就能使谈话有个良好的开端。

（1）宜选的话题。在交谈的时候，一定要注意选择合适的话题。一般可以双方事先拟定或者选择格调高雅、轻松愉快、时尚新颖、对方喜欢、流行时尚的话题。

①选择格调高雅的话题。选择内容文明、格调高雅的话题，如文学、艺术、哲学、历史、地理、建筑等，这类话题适合各类交谈，也能够体现自己的见识、阅历、修养和品位。

②选择轻松愉快的话题。这些话题主要包括文艺演出、流行、时装、美容美发、体育比赛、电影电视、休闲娱乐、旅游观光、名胜古迹、风土人情，名人轶事、烹饪小吃、天气状况等。允许各抒己见，任意发挥。在此交谈过程中，最好不要和对方发生争论，即便是对方的谈话内容有明显错误。

③选择对方喜欢的话题。"投公众所好"是公共关系工作中重要的信条。在谈话时选择对方喜欢、感兴趣的话题可为达到良好的沟通效果起到很重要的作用。比如，老年人对于健身运动、饮食文化之类的话题较为熟悉；普通市民关注家庭生活、个人收入、物价、生活水平等问题；而公职人员更关注时事政治、国家大事等。男人多关心事业、个人的专业；而妇女对家庭、物价、孩子、化妆、衣料、编织等则更容易津津乐道。

④选择流行时尚的话题。一般来说，国家、社会在某一阶段都有重点的问题。因此，在交谈中可以以此时此刻正在流行的事物作为谈论的中心。

在社交场合中还要注意交谈话题的多样化。因此，平时要注意多看书、看报等积累文化知识和社会经验，并不断提高自己的语言表达能力，调整语言表达方式，才能达到了解他人、广交朋友、增进友谊的沟通效果。

（2）交谈的注意事项。在交谈中一定注意，哪些话题宜谈、哪些话题不宜谈，千万不要"哪壶不开提哪壶"。

①不非议自己的祖国、党和政府、现存的社会规范等，谈话不涉及秘密，最好不要涉及对方的内部事务。

②不可在背后议论领导、同事、同行。要知道，"来说是非者必是是非人"。常言说得好，"家丑不可外扬"，在外人面前说到自己的老师、同事、同学、朋友时，要维护他们，这是做人的教养。

③不可直接谈论别人的隐私性话题。如有关收入、年龄、婚否、健康、个人经历等。

④不可谈论格调不高雅的话题。

9.3.3 公共活动礼仪

1. 接待礼仪

接待是指个人或单位以主人的身份招待有关人员，以达到某种目的的社会交往方式。接待是一项十分复杂的工作，接待工作做得如何，关系到在客人心中的形象和声誉。在接待过程中一定要遵循平等、热情、礼貌、友善的原则。如果在接待中不遵循上述原则，就无法建立良好的沟通关系，甚至会影响到双方合作。

1）确定接待规格

这是接待必须清楚的问题。接待规格，指的是接待工作的具体标准。它不仅事关接待工作的档次，而且被视为对来宾的重视程度。

接待规格的基本体现包括三个方面。

①级别问题：根据主要来宾的身份、地位确定级别。

它一般有以下几种。

同等接待：这是接待工作最常见的，即陪同人员与客人的职务、级别等身份大体一致的接待，一般来说客人是什么级别，本单位就派什么级别的人员陪同。

高规格接待：即陪同人员比来客职务高的接待。这是由于重要的事情或重要的人物须有关负责人直接出面。这类接待安排一般是基于以下几种情况：上级领导机关派工作人员来检查工作情况，传达口头指示；平行单位派工作人员来商谈重要事宜；下级机关有重要事情请示；知名人物或先进人物来访或来做报告。

低规格接待：即陪同人员比来客职务要低的接待。这种接待方法要慎用，不得已用之时要特别注意热情、礼貌。

②接待规模的大小：根据来宾的主要目的、来访性质等确定。

③接待费用的开支：根据上述两个方面来决定接待费用的多少。

总的来说，接待工作的方方面面都要受制于接待费用的多少。在接待费用方面把握一个基本原则，就是严格遵守上级有关部门的规定，务必要"勤俭持家"，少花钱、多办事、办好事。某些需要来宾负担费用的项目，或需要宾主双方共同负担费用的项目，接待方必须提前告知来宾，或与对方进行协商，切勿单方面做主。

2）提前做好准备

（1）接待预约。接待前要清楚来宾的基本情况，如姓名、性别、职称、职务、年龄以及人数、带队人，来访者的任务、目的，需要提供什么帮助等。

（2）环境的准备。基本要求是整洁、干净、个性化和人性化，包括院、楼、会议室、会客室的基本布置，接待标语或宣传画的制作等。在企业、组织的接待中，还有必要突出组织的文化和管理理念。

（3）人员的准备。按照需要接待的情况确定接待的工作人员，提前进行接待的相应准备，如工作程序、礼仪的培训。

（4）接待场所的物质准备。其中包括接待处的设置和安排，接待资料的准备，接待需要的糖果、食品、茶水、饮料的准备，接待用的礼品等。必要时还要准备音响器材、计算机、常用药品等。

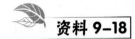

资料 9-18

党中央、国务院接待优秀专家人才代表

2019 年 8 月 3 日上午，受习近平总书记委托，中共中央政治局委员、中组部部长陈希看望慰问休假专家，向他们并向全国各条战线、各个领域的广大专家人才，致以崇高敬意和诚挚问候。

门口迎接，一一握手，关怀的话语，浓浓的情意。党中央识才爱才敬才的姿态，在专家人才中产生热烈反响——

"从车辆住宿到接待礼仪，再到活动安排，处处体现了精心、细心和贴心。"北京儿童医院主任医师贾立群说，"工作忙，二十多年没下海游过泳了，今天我一口气游到防护网，又沿着网转了一圈。"

"好多年没看过电影了，这几天晚上终于有时间看看电影，爱人也说跟着沾光了。我会将党中央的关怀带回去，带领团队为祖国的石油事业作出新的贡献。"大庆油田公司首席技术专家伍晓林有感而发。

妻子的一番话让河北邯郸农科院研究员马永安若有所思："这两天她跟我说，参加了这次休假，觉得你之前加班加点、没日没夜地干，全值了。"从事小麦育种 37 年，马永安扎在农田 37 年，至今培育出 15 个品种，9 个可在全国推广种植。

今年是新中国成立 70 周年，参加休假活动的专家都是沐浴着新中国的阳光雨露成长起来的。如今，祖国日益强盛，专家人才建功立业的信心倍增。

资料来源：高阳. 跋山涉水走来 再攀高峰而去——党中央、国务院邀请优秀专家人才代表北戴河休假侧记[N]. 中国组织人事报，2019-08-12.

3）迎送礼仪

迎来送往是较常见的社交活动，对前来访问的客人，要视其身份和访问的性质以及双方的关系综合考虑安排。

（1）迎接远道而来来宾的礼仪。

①准确掌握来访客人所乘交通工具的抵达时间。事先了解来宾到达的车次、航班，应安排与来宾身份、职务相当的人员提前前往车站、机场迎接。对于非常重要的客人，则要安排领导亲自前往迎接。如身份相当的人员不能前往车站、机场迎接，则应由前去迎接的人员礼貌地解释，以免发生不愉快。

②安排来宾换乘相应的交通工具前往目的地。在路途中可适当介绍当地的风俗人情、沿途主要标志性建筑、具有象征性意义的场所以及注意事项等。

③根据来宾要求提前安排好食宿。首先要尽可能地了解客人的生活习惯，待来宾安排好一切手续后将来宾领进房间，向来宾介绍住处周边的环境、本酒店的服务、设施等，将本次活动计划、行程安排提交给来宾，适当寒暄并留下联系方式后适时离开。

④陪车、陪行。如在接待中需要陪车、陪行的话，也应该注意其中的礼仪规范。

对于上车礼仪，特别是女士要注意文明举止。上车时，先跨进一只脚，臀部随后坐上座椅后整个身体进入车内，然后收回另一只脚，调整好坐姿即可。特别注意的是不要头先进，然后跨进两只脚，最后才收回你的臀部，这是很不雅的上车礼仪。

陪车，应请来宾坐在主人的右侧。基本原则是以右为尊。

就乘小轿车而言，如有专职驾驶员，则后排右座为尊位，中座次之，左座更次，前排副驾驶座最次。副驾驶座一般是助手、接待或陪同人员坐的。当轿车有三排座时，最后一排是上座，中间一排次之，前排最次。这主要基于安全角度考虑，这个礼仪规范在西方非常普及，正流行于中国的都市。如果是主人亲自驾车，则主人旁的副驾驶座是尊位。如果主人亲自开车并有夫人陪同时，副驾驶位置应由夫人就座，其他座位位次同上。

如果接待两位贵宾上车，主人或陪同人员应先拉开后排右边的车门，用手挡在车门顶端，让尊者先上；再迅速地从车的尾部绕到车的另一侧打开左边的车门，让另一位客人从左边上车。如若只开一边车门让一人先钻进去是失礼的。下车时，主人或陪同人员先下车，为客人打开车门后请客人下车。

当然，个别情况也可以例外。例如，为了让宾客顺路看清本地的一些名胜风景，也可以说明原因，向客人表示歉意后，请客人坐在左侧。

陪行过程中，就走路而言，两人并行，右者尊；多人前后行，前者尊；三人并行，中者尊，右者次之，左边更次；上楼梯时前者为尊；下楼梯时，特别是楼梯较陡时，尊者在一人之后；乘有人电梯时，应让客人、长者、妇女先进先出，无人电梯时自己先进，客人先出。到会议室或会客室时，要为客人开门，若门朝里开，则主人先进，站在门边为客人引导；若门朝外开，则让客人先进。

陪行中就入座而言，若是室内围坐，尊位是面对门口的中间位置；三人并坐，中者为大，右者次之，左边更次。

资料 9–19

我国国事访问欢迎仪式推出改革新举措

2018 年 6 月 6 日下午，国家主席习近平在人民大会堂东门外广场举行仪式，欢迎吉尔吉斯斯坦总统热恩别科夫对中国进行国事访问。记者在现场发现，与此前相比，国事访问欢迎仪式多项内容发生了新变化，让人眼前一亮。

据了解，这是经过改革后国事访问欢迎仪式的首次启用，充分展示了新时代大国外交新气象、新作为。

据外交部礼宾司负责人介绍，此次国事访问欢迎仪式改革包含调整外宾主车抵达路线并在沿途增加持旗仪仗兵、增加吹奏小号次数、改进仪仗队、改进军乐团队列行进吹奏表演等主要措施。

外国元首抵达变换路线，增设手持红旗仪仗兵——

改革后，外宾主车抵达路线为沿天安门广场西侧路进入人民大会堂东门外广场，摩托车护卫队护卫主车至人民大会堂东门外广场东北口。在外宾主车抵达沿途增设 80 名手持红旗的仪仗兵旗阵，进一步提升欢迎氛围。

此外，仪式还增加了 1 名小号手和 1 名军鼓手，在中国国家主席（夫妇）步出人民大会堂东门时，演奏仪式号角，增强现场仪式感。

三军仪仗队人数有所增加，首次设立女兵方阵——

三军仪仗队中首次增加女兵方阵是此次改革的一大亮点。此前仪仗队由 13 名女兵与男兵混合编队，组成陆、海、空军三个方阵。此次改革大幅增加女兵人数，将陆、海、空军 55 名女兵单独编成方阵，排在三个男兵方阵之后。目前，仪仗队总人数由此前最大规模时的 151 人增加到 224 人。

军乐团行进队列换装，吹奏表演队形重新编排——

作为欢迎仪式中的重要一环，军乐团队列行进表演也进行了多项改进。最为明显的是行进乐队的服装变化：由原来红色上衣、白色长裤、金色腰带改为藏蓝色上衣、白色长裤、白色皮鞋、白色腰带和佩章。

中国人民解放军军乐团团长张海峰介绍，此次重新编排了吹奏表演队形，队列人数也由 43 人增加至 61 人。同时改进了乐队指挥动作和《歌唱祖国》乐曲编配。

除以上改革变化外，国事访问欢迎仪式的其他内容，如鸣放 21 响礼炮、儿童欢迎队伍等，保持不变。

资料来源：顺应时代发展 彰显大国形象——我国国事访问欢迎仪式推出改革新举措 [EB/OL].
中青在线，2018-06-07（有改动）.

（2）接待临时来访客人的礼仪。接待临时来访客人时的基本要求是热情、周到、礼貌。具体来说有以下几点。

①起身保持站立姿势，微笑致意并问候。

②询问和核对来访客人的身份或预约情况。

③仔细倾听来访客人的要求、任务和目的。

④如若来访者的来访事项在自己权限范围内时应当场答复，迅速办理；如不在自己权限范围内，则应安排他人继续接待或采取电话联系等其他接待方式。

⑤在接待过程中如若有来电或新的来访者，为避免中断正在进行的接待，可以由助理或他人接电或接待新的来访者。

⑥对来访者的错误意见或超出本人权限范围的无理要求，接待者应以礼貌、委婉地解释，拒绝或提交有关部门处理，并用善意的借口或态势语言结束本次接待工作。

（3）待客礼仪。良好的待客之道，既可体现主人的热情、好客，也可显示出主人的有礼、有情、有光彩，还可让客人感到亲切、自然且有面子。

①会面。"迎三送七"是我国迎送客人的传统礼仪。主人应该提前出门迎接客人。见到客人，主人应主动伸手相握，并热情地招呼。如客人提有重物还要主动接过来，但不要帮着拿客人的手提包或公文包。对长者或身体不太好的客人应上前搀扶，以示关心。

②让座与介绍。如果是长者、上级或平辈，应请其坐上座；如果是晚辈或下属则请其

随便坐。如果客人是第一次来访还应该向他介绍在座的人员，并互致问候。

③敬茶。敬茶是待客中的重要内容。待客人坐定后尽量在客人视线之内把茶杯洗净，用专用勺子（切忌用两根或三根手指头撮）舀适量茶叶放入茶杯，斟上适量的开水后，用一只手抓住杯耳，另一只手托住杯底，随之说"请喝茶"，双手递给客人。切忌用五指捏住杯口边缘往客人面前送。把茶水递给客人时，茶杯要轻放，以免茶水泼洒出来。斟茶时不要一次性斟得太满，中国有句俗语"茶七饭八"就是说斟茶只斟七分满。若客人停留时间较长，茶水过淡时，需要重新添加茶叶冲泡，重泡时不要随意更换品种，最好用同一种茶叶。对来访客人，无论职位高低、是否熟悉，都应一视同仁，热情相迎，亲切招呼。

④如果客人突然造访，应该尽快整理一下房间、办公室或书桌，并对客人表示歉意。

也许有些来访者并不是主人所欢迎的对象，但就礼仪或美德而言，来者都是客，主人不能根据自己的好恶而下逐客令。否则，自己会丢失道义和身份，也会招致对方怨恨。

（4）送客礼仪。送客是接待的最后一个环节，如果处理不好就会影响到整个接待工作的效果。送客礼节，重在送出一份友情。具体来说有以下两点需注意。

①婉言相留。无论接待什么样的客人，当客人准备告辞时，应婉言相留。这虽是客套辞令，但也必不可少。客人告辞时，要在客人起身后再起身，客人伸手后再伸手相握。如果是在家里接待客人，最好叫家中成员一起送客出门。分手时还应充满热情地招呼客人"慢走""欢迎再来""常联系"。

②送客有道。送客应在客人的身影完全消失后再返回，避免当客人走完一段路再回头致谢时，发现主人已经不在。在家里或者办公室送客完毕返身进屋后，应将房门轻轻关上，不能发出声响。送客人到车站、码头或机场时，要让客人通过安检、上车、上船或上飞机后方可离开，同时不要表现得心神不宁，以免让客人误解你在催他赶快离开。

4）次序礼仪

礼宾礼仪，又称礼宾序列，即次序礼仪。次序，虽然形式上只是一个先后问题，但实质上是关系到接待方的礼仪素质，又关系到是否准确地表现礼宾身份、是否能给予礼宾适当礼遇的大问题。

常见的礼宾次序有两大类：一类是旨在明确区分参与者的高低、上下、长幼等方面关系的；另一类是为了显示所有参与者在权利地位上是一律平等的。具体按哪一类排定次序，应根据具体情况酌定。

（1）不对等关系的排序。有些公共关系活动，如一些庆典、纪念等活动中的主席台座次，必须是按照地位高低、职位上下、关系亲疏、年龄长幼以及实力的强弱来排列的。

如主席台位次的一般规则有以下几条。

就前后排关系而言，前排为尊、为大、为高、为强；第二排次之；第三排更次，依次类推；

就同一排的关系而言，中者为尊、为大；右侧次之；左侧更次；依次类推。

尊位、高位的具体确立标准应是根据活动目的、内容以及主人的价值取向和客观需要来决定的。例如，政治、行政活动可能以职位为标准；经济活动可能以实力为依据；纪念性活动可能以长幼来判断等。

（2）对等关系的排序。如果礼仪活动的双方或多方的关系是对等的，一般按照以下三种方法排列。

①按汉字的笔画、笔顺排列，一般适用于国内的礼仪活动。国内活动的参与者的姓名或所在单位名称是汉字的，可以采用这种方法，以示各方的关系平等，如按个人姓名或组织名称的第一个字的笔画多少，依次按由少到多的次序排列。如果第一字的笔画相同则按第一笔的笔顺即点、横、竖、撇、捺、弯勾的先后关系排列。

当第一笔笔顺相同时，可依第二笔，以此类推。

当两者的第一个字完全相同时，则用第二字进行排列，以此类推。

此外，如果姓名出现两者相同，但一个是单名，一个是双名，无论笔画多少，单名都排在双名前。

②按字母顺序排列，一般适用于涉外活动。将参加的组织或个人姓名按英文或其他语言的字母顺序排列，即先按第一个字母进行排列。当第一个字母相同时，则依第二个字母的先后顺序排列；当第二个字母相同时，则依第三个字母的先后顺序，以此类推。在排列时，每次只能选一种语种的字母顺序排列，不能在中间穿插其他语种的字母顺序。

③按先来后到顺序排列，这适合于非正式交往场合，按报到早晚顺序排列。如各种例会、招商会、展示会等。

2. 拜访礼仪

拜访是人们为了某一特定目的到他人家中或办公地点进行拜望或访问的一种专门活动。拜访是人际沟通的重要渠道之一，它不仅可以密切组织与公众之间的感情，拉近组织与公众之间的距离，还可以深入开展公共关系调查、获取公共关系活动的信息。

1）拜访的基本原则

（1）尊重拜访对象。登门拜访必须摆正位置，尊重主人，客随主便。拜访前应主动征询主人意见，拜访时有礼有节。

尊重拜访对象还表现在任何一个社会组织和个人不能只在"有求于人"的时候才想到拜访，而应当多站在交际对方的角度考虑一些问题，使拜访经常化。"有事常登门，无事不见影"的拜访原则是不受欢迎的，结果也是不太好的。"锦上添花"不如"雪中送炭"。

（2）拜访时要注意干扰适度。在拜访过程中尽量不要给拜访对象带来麻烦，不要影响拜访对象的正常生活秩序，学会换位思考。

2）拜访的类型

根据不同的目的，拜访可分为两种类型：一是事务性拜访，二是礼节性拜访。事务性拜访是为某一特定事务而进行的有计划、有目的的拜访；礼节性拜访是朋友与朋友之间为了拉近彼此间的情感距离，巩固关系、维系联系而进行的没有特定利益关系的拜访。

3）拜访的具体礼仪

登门拜访他人在时间选择、衣貌修饰、言谈举止等各个方面都应有相应的礼仪规范。

（1）拜访准备。拜访要做到有约在先，不要"突然袭击"。不约而至是对主人的不尊重，常常会令人手足无措。拜访准备主要体现在以下几个方面。

①选好拜访时间。拜访时间的选择应和主人商量，一般是客随主便，按照拜访对象的具体情况来确定。若是到家中拜访，尽量不要约在吃饭或休息时间，最好是节假日、下午

或晚上；若是到办公场所拜访，一般要避开上班后、下班前半小时，或星期一上午、星期五下午。

②选好拜访地点。根据拜访性质、目的或拜访主题来确定。若是公务拜访，应该选在办公场所；若是私人拜访则可以选在对方家中进行。

③定好拜访人员。在公共关系拜访中，要将拜访的人数、身份、职务等情况提前告知拜访对象，让拜访对象心中有数。

④约定拜访内容。无论是事务性拜访还是礼节性拜访，都应该事先与拜访对象商定好拜访的主要内容或中心议题，让对方心里有数。必要时还要准备好文字资料或电子资料等，以提高拜访效率。

⑤适当准备礼品、礼物。在拜访前，根据拜访目的、任务等为拜访对象精心挑选合适的礼物。礼物不能太"重"。

（2）拜访过程。在拜访过程中应该注意以下几个问题。

①按照约定的时间登门拜访。约定好拜访时间后，一般不要随意更改，如确因特殊情况不能赴约则要说明情况并致歉。拜访时要准时赴约，太早或推迟都是不礼貌的。到达对方家门或办公场所时应该礼貌地敲门或按门铃，随后在等待主人开门的时间内应后退半步，以便让门内人看清来人是谁，并整理自己的头发或服饰。切忌长时间地敲门或按门铃，也不可用整个手掌或拳头捶门或用脚踢门。

②主动问候致意。当主人打开门见到主人后应主动问候，征得主人同意后方可进门。进门前还应主动询问主人是否需要换鞋或穿鞋套、询问雨具的放置处等。进门后应向屋内的其他人主动打招呼或点头微笑致意，并在主人指定的地方活动，切不可在进门后左顾右盼，按照自己的行为方式我行我素，未经主人允许而到处参观。

在办公场所拜访时，不可随意翻看他人办公桌上的文件、书籍等资料，谈话时间不宜太长，声音不要太高，以免影响他人正常办公。

③言谈举止得体。进门后随主人安排就座。如果拜访的是长辈或身份职位较高者，应待主人就座后才能坐下。坐下后要注意坐姿规范，身体朝向拜访者。对其他客人不可视而不见，应主动示好，礼貌寒暄。主人端茶送水时应欠身双手接过并致谢。和主人交谈时，应注意以主人讲述为主，围绕谈话主题，切不可东问西问、打听主人的私生活或家庭情况等。

上门做客最好不要抽烟。非抽不可的话要征得主人的同意。抽烟时不可四处走动，也不可将烟灰随处乱弹，还要注意烟雾的走向。吸剩的烟蒂要适度，以留一厘米左右为宜，一直吸到滤嘴才罢休的方式在社交场合是不得体的。

（3）拜访结束。拜访要注意交谈时间长度的把握，一般不应超过一小时。中国有句俗语"客走主人安"。告辞时要礼貌致谢，向主人表示"打扰"之歉意。出门后，回身主动伸手与主人握别并说"请留步"，适时再回首挥手致意，请主人快回家去。如果主人站在门口，发现你"一去不回头"，那你就失礼了，主人也会很失望。

若是在主人家中用了餐或得到了帮助，回到家中后还应电话再次表示感谢。

（4）拜访的着装要求。出门拜访之前，应根据拜访目的、任务等选择合适的服饰。蓬头垢面、衣冠不整的形象不但会给别人以不愉快的感觉，而且也是不尊重主人的表现。例如在办公区域拜访时应该着正装或拜访者所在单位的制服。因为你的拜访在很大意义上代表的是你所在单位的形象，这样着装可以传递出你"很重视这次拜访"的友好信息；而制服作为你所在单位公共关系识别系统的重要组成部分，能让被访者感受到你所在企业良好的企业文化，进而对你所在单位留下良好的印象，并愿意与其合作。

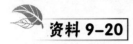 **资料 9-20**

拜访礼仪合理　促进公司合作

王莉在某公司市场部工作，她准备去拜访顺达公司的市场部经理胡军先生。王莉预约的时间是本周三下午 3 点。事先王莉准备好了有关的资料、名片，并对顺达公司及胡军先生进行了了解。拜访前王莉对自己的仪容、仪表进行了精心、得体的修饰。到了周三，王莉提前 5 分钟到达顺达公司。在与胡军先生的交谈过程中，王莉简明扼要地表达了拜访的来意，交谈中能始终紧扣主题，给胡军先生留下来很好的印象，最终促成了合作。

案例来源：《拜访与求职礼仪》案例分析 [EB/OL]. 豆丁网，2015-12-24（有改动）.

3. 馈赠礼仪

中华民族素来重交情，崇尚"礼尚往来"，古语有"来而不往非礼也"之说。亲友、商务伙伴之间的正常馈赠是礼仪的表现。

1）馈赠规则

馈赠通过礼品作为媒介，与交往对象建立良好的沟通渠道，充分表达对交往对象的友情与敬意。馈赠礼品要重视情感意义，得体的馈赠必须考虑六个方面的因素：为什么送（Why）、送什么（What）、送给谁（Who）、何时送（When）、在什么场合送（Where）、如何送（how），简称馈赠 6W 规则。

（1）馈赠目的（为什么送——Why）。礼品作为友好的象征物，其意义不在礼品本身，而在于通过礼品所要传达的友好情谊。任何馈赠都是有目的的，或为表达友谊，或为祝颂庆贺，或为酬宾谢客，或为慰问哀悼。根据馈赠目的选择合适的礼品，达到与交往对象沟通的效果。

（2）馈赠内容（送什么——What）。馈赠内容即馈赠物。它是情感的象征或媒介，可以是一束鲜花、一张卡片或一件纪念品，也可以是书面留言、口头赠言、临别赠言、毕业留言等。馈赠时，应根据馈赠目的来考虑赠物的种类、价值的大小、档次的高低、包装的式样、蕴涵的情义等。送人礼品和做其他事情一样，忌讳千篇一律、老生常谈，而应精心构思、富于创新、力求新颖，令受礼者眼睛一亮，倍感兴奋和感动。

（3）馈赠对象（送给谁——Who）。馈赠对象即受礼者，赠物的接受者。为了达到与交往对象良好的沟通效果，最好根据受礼者的爱好、习惯、禁忌等多方面考虑礼品的选择。因此，馈赠时要充分考虑到馈赠对象的性别、年龄、职位、身份、性格、喜好等因素。

（4）馈赠时机（何时送——When）。馈赠时机即赠送的时间选择。馈赠的具体时间和情势，应根据馈赠双方的关系和馈赠形式来把握。

（5）馈赠场合（什么场合送——Where）。馈赠场合即馈赠的具体地点和环境，主要应区分公务场合与私人场合，应根据馈赠的内容和形式来选择适当的场合。

（6）馈赠方式（何种方式送——how）。礼品可以亲自赠送，也可以托人转送或者邮寄运送。

2）馈赠礼仪

（1）赠送礼仪。

①精心包装。送给他人礼品，特别是在正式场合赠送的礼品应精心包装。精致、郑重、典雅的包装会给受礼者留下美好的印象，还会让受礼者感受到备受重视。

②表现大方。在面交礼品时，送礼者应着装规范、神态自然、举止大方、表现适当。在将礼品送给对方时要起身站立，面带微笑，目视对方，用双手递交给受礼者。送礼时千万不要像做了亏心事一样，语无伦次、手足无措，也不可将礼品放下后由对方自取。

若同时向多人赠送礼品，则要按照一定的次序礼仪，即先长辈后晚辈、先上级后下级、先女士后男士等顺序，有条不紊地进行。

③适当说明。赠送礼品时要辅之以适当的说明，说明因何送礼、礼品的寓意、礼品的用途等。中国有句俗语"无功不受禄"，你若在送礼时不加以说明，受礼人可能会有一定的心理负担。

（2）受赠礼仪。

①心态开放，仪态大方。一般情况下，对方真心赠送的礼物不能拒收。在接受礼品时，要充分认识到对方赠礼行为的郑重和友善，不能心怀偏颇，轻易地比较礼品价值的高低或作出对方有求于己的判断，受礼者应保持客观、积极、开放、乐观的心态。受礼时，受礼者应起身相迎，面带微笑、耐心倾听、目视对方、双手接受，不可畏畏缩缩、做推辞或表情冷漠、不屑一顾。

②受礼有方，表示谢意。按照国际惯例，受礼后一般要当面拆封，面带微笑，将礼物仔细欣赏，适当赞赏。拆封时动作要舒缓得当，不可乱扯乱撕，也不可草率打开，丢置一旁，不理不睬。接受礼品后，要真诚、友好地表达谢意。若是贵重礼品，往往还需要用打电话、发送电子邮件等方式再次表达谢意，必要时还应选择适当的时机还礼。

4. 宴请礼仪

宴请，是设宴招待宾客的一种交际形式。在现在的社会交往活动中，宴请已经是最常见的交际活动之一。作为组织的代表或是私人身份，在参加宴请过程中的礼仪礼节，既可以体现个人的素质修养，也可以展现组织的形象。合乎礼仪常规的宴请本身就是一次成功的公共关系活动。

1）宴请形式

宴请形式主要有宴会、工作进餐、招待会三种。

（1）宴会。宴会是正式就餐、坐下而食、招待员依次上菜的最正式、最隆重的宴请形式。宴会又包括国宴、正式宴会、家宴和便宴四种。

顾名思义，国宴就是国家元首或政府首脑举行的宴会，是规格最高的宴会。宴会厅内要悬挂国旗，由乐队演奏国歌和席间乐。餐前要致欢迎辞和祝酒活动。

正式宴会与国宴相比，除了不悬挂国旗、奏国歌外，其他程序和国宴差不多。

家宴，就是在家中设宴招待客人的一种形式。这种形式更能体现主人友好、好客。在西方，人们喜欢采用这种方式。家宴往往由主妇亲自下厨烹调，全家共同招待。

便宴是一种形式简便的宴请方式，属于非正式宴会，形式随便、亲切，可不排席位，没有正式讲话。常见的有早宴、午宴、晚宴。

（2）工作进餐。工作进餐，即利用进餐时间谈问题的一种非正式宴请形式，往往安排席位，以长桌为多，席间只有与工作有关的人员，规格较低，边吃边谈。

（3）招待会。招待会是不备正餐、不排席位、可自由活动的比较灵活的一种宴请形式。招待会又分为酒会和冷餐会两种。酒会的招待品以酒为主，略备小吃，不设座椅，只设小桌，便于走动；冷餐会的菜肴以冷菜为主，菜、餐具陈设在餐桌上供客人自取，因此又名自助餐。冷餐会上客人可以自由活动、多次取食，可设小桌、椅子，供客人自由入座，也可不设桌椅，站立进餐。

2）宴请的组织礼仪

宴请前要做好以下准备工作。

（1）明确宴请对象、目的、范围、形式。首先要明确宴请的对象，即主宾的身份、地位、习俗、爱好，同时还要明确宴请的目的。这样便于确定宴会的规格、主陪人、餐式以及陪餐人员，最终确定宴请形式。

（2）确定宴请时间、地点。根据上述第一条，选择合适的时间、地点。时间的确定应和主宾商量，地点应选在环境幽雅、交通便利的地方。

（3）拟订菜单和用酒。根据宴请规格、目的以及来宾的喜好、禁忌，确定宴请菜单和用酒。

（4）精心制作请柬，认真发送、确认。正式宴请，通常都应该发送请柬或请帖，这既是礼节，又是提醒被邀请者。需要安排座次的宴请必须在请柬上注明被邀请人答复能否出席，正式宴会在请柬上注明席次号。必要的时候在宴请前夕还要打电话给被邀请者，进行确认。

（5）桌次、席次安排。宴会中桌次、席次安排都有严格的礼仪规范。

无论是中式宴会还是西式宴会，桌次排列的大致原则基本相同，桌次高低以离主桌远近为原则，即离主桌越近桌次越高，离主桌越远桌次就越低。平行桌则为右桌高、左桌低。

在桌次排定后，就考虑席次安排了。席次礼仪要注意的就是先定尊位，尊位定好后，又以尊位的右为高，左为低，以此类推。尊位的确定，一般以面门方为上或以主人定位。主宾应安排在第一主人的右侧，副主宾安排在第二主人的右侧，以此类推。如果主宾身份高于主人，为表示敬重，也可把主宾排在第一主人的位置。

3）宴会中的礼仪

（1）宴会中主人的礼仪。非正式宴请没有必要讲究什么程序，只要双方愉悦进餐、达到交际目的即可。

正式宴请分为迎宾、引导入席、致辞、祝酒、服务、用餐并交谈、送别。

①迎宾。宴会开始前，为表示庄重，主人应站在大厅门口迎接客人。对身份、地位高的贵宾，还可以组织相关负责人到门口列队欢迎。客人到来后，主人应主动上前握手问好。

②引导入席。当主宾到来后，主人陪主宾进入宴会厅主桌，其余来宾由接待人员引导入席。

③致辞、祝酒。正式宴会通常都有致辞和祝酒。我国习惯是在宴会开始前讲话、祝酒。而西方国家的致辞、祝酒习惯安排在热菜之后、甜食之前。在致辞时，全场人员要停止一切活动，聆听讲话，并响应致辞人的祝酒，在同桌中间互相碰杯。这时宴会正式开始。

④服务。从主宾开始，按顺时针方向进行。如有女主宾，应从女主宾开始服务。规格高的宴会，由两名服务员服务，一个按顺序进行，另一个从第二主人右侧的第二主宾至男主宾前一位为止。

斟酒时应在客人右侧，上菜在客人左侧。斟酒只需斟至酒杯 2/3 即可。

⑤用餐并交谈。主人应努力使宴会气氛融洽、活泼有趣，要不时地找话题进行交谈，还要注意主宾用餐时的喜好，掌握用餐的速度。

⑥送别。热情相送，感谢光临。

 **资料 9-21**

宴饮之礼的还原

礼是中国文化的核心，古装剧是传播礼文化的重要载体。《知否知否应是绿肥红瘦》正是具有代表性的一部作品。该剧从外化的礼仪礼俗和内化的礼仪精神两个层面，将抽象的礼文化转化为真实可感的影像进行传播。在礼文化遭遇传播困境的今天，优秀的古装剧在加强礼文化的现代性转化、激发观众对礼文化的认同、强化礼文化教育方面具有重要的传播价值。古装剧应该承担起传播优秀传统文化的责任，成为传播礼文化的有力媒介。

例如对宴饮之礼的还原方面：宋人宴请宾客之风极盛，成为人际交往中最常见的方式。剧中世家大族女眷们互相设宴邀请的剧情，展现的不仅是雅致奢华的"曲水流觞"席面，还有考究的宴请之礼。宋俗宴请，主人必先寄送请帖，收到者是否能去一般也回札说明。宴会之礼仍按《仪礼》之制，入席至开宴有拜迎、拜至、拜送、拜既等顺序，即迎宾、至阶、酬酒、客谢主人。

茶在北宋是"不可一日以无"的必需品，茶艺与茶礼也就应运而生。电视剧中专门对宋代"点茶"法做了讲述，也让这项被遗忘的技艺重回公众视野。"点茶"是北宋最流行的一种技艺，包括炙茶、碾茶、罗茶、烘盏、候汤、击沸、烹试等一整套程序。中国古代人际交往中讲求"客来敬茶，不分远近"，是友好、热情、以礼相待的象征。今天仍然沿用"茶"的仪式象征。

资料来源：杨雪. 古装剧中的礼文化表达及其传播价值探析——以《知否知否应是绿肥红瘦》为例 [J]. 新闻爱好者，2019（08）（有改动）.

（2）参加宴会的礼仪。

①接到宴请通知后应尽早答复，一旦接受邀请就不要随意改动。如遇特殊情况不能出席，特别是作为主宾时，应及早向主人说明并表示歉意。

②要掌握好宴会的时间，准时赴宴。一般提前 5 分钟到达宴会地点，出席宴会迟到是失礼的行为。到达后，应先向主人问候。

③入席时不要捷足先登，随意乱坐，要等主人的招呼或随导引员安排。即使请柬上已经写明桌次、席次，也别急于就座，应等主人和主宾就座后，才由椅子的左边入席。坐定后的坐姿要端正，不可背靠座椅或身体前倾、双手托腮或双肘放在桌上，也不要随意摆弄餐巾、餐具。不要随意脱下上衣、摘掉领带、卷起衣袖，给人要大吃一顿的感觉，或者一声不响地只顾"埋头苦干"。

（3）席间礼仪。

①餐具的使用。中餐的餐具主要有杯、盘、碗、碟、筷、匙等。在正式宴会上，水杯应放在餐盘上方，酒杯放在右上方，筷子与汤匙放在专用的座上。

在中国几千年的饮食文化中，如何用筷子是非常讲究的。若席间暂时停餐，可把筷子放回筷托或纵放在碟子上；若已经吃饱不再用餐，可以把筷子横放在碟子上。小辈为了表示对长者的尊敬，必须等长者先横筷后才能跟着这么做。

进餐时不要将碗拿起来把碗里的食物往嘴里倒，暂时不用的碗不要装杂物。

餐巾应铺在并拢的大腿上，不要围在脖领处或挂在腰带上；湿毛巾在餐前用于擦手，不能用来洗脸、擦嘴、擦汗。

西餐餐具主要有刀、叉、盘。刀叉的使用是左叉右刀。进餐时，餐具的使用次序是从自己面前的最外侧开始取用，每道菜吃完时，将刀叉并拢平排放在餐盘内，叉齿向下、刀锋向内；如还想吃这道菜则将刀叉放碟子上，摆成交叉状或"八"字状。

②取餐。用筷子取餐时，一次不要夹得太多。夹菜过程中不要流汤滴水，可用汤匙辅助。

夹菜时，不要上下乱翻，在菜盘里挥来挥去，并注意不让筷子"打架"。在用餐过程中进行交谈时，不能把筷子当成道具在餐桌上乱舞，也不要在请别人用菜时，把筷子戳到别人面前。

用餐完毕，筷子应整齐地横放在碟子上或搁在靠碗右边的桌上，并应等众人都放下筷子、主人示意散席时方可离座。不可自己用餐完毕，扔下筷子就离席。

为别人夹菜时，要使用公筷；喝汤时，要用公勺舀到自己的小碗内。使用完公筷、公勺后，要放回原来位置。

③进餐。最起码的要求是吃相要文雅，不可粗鲁无礼。

上菜后，不要先拿筷，应等主人邀请、主宾动筷时再拿筷。每上一道新菜时，要请主人或主宾先尝。

进餐时要闭嘴咀嚼，不要发出声响；吃剩的骨头要放在碟子里，不可随便乱丢；不要让杯盘碰撞发出响声；喝汤时不要啜，也不要发出"啊"等陶醉的声音；吃完鱼的上半部分，不可把鱼翻过来，应先将鱼刺剔除后再吃下半部分；吃鸡等带骨头的食物时经主人示意，可用手撕开吃。

④祝酒。祝酒时，一般应起立举杯，由主人和主宾先碰杯，然后主人和其他客人碰杯。碰杯时应微笑着目视对方，并适当寒暄。为表示尊敬，敬酒时自己的酒杯杯沿要比对方略低，必要时应用双手敬酒。别人为你敬酒时一般不要轻易拒绝。为避免失态，酒量应控制

在本人平时酒量的 1/3，敬到礼数即可。

4）宴会后的礼仪

正式宴会一般是在吃水果后宴会结束，此时由主人向主宾致意，然后从座位上起身。告辞时应礼貌地向主人表示感谢。席间一般不能提前离席。

5. 会议礼仪

会议礼仪，主要包括会议前、会议中、会议后三个方面。懂得会议礼仪对会议精神的执行有较大的促进作用。

1）会前准备

（1）明确会议主题和参会人员。根据会议目的确定会议主题和参会人员。

（2）拟定会议通知并发放。会议通知应将包括开会时间、地点、会议主题、议程、食宿安排、交通工具等告知即将参会的人员。发放会议通知并收取参会回执，以便做会议安排。

（3）会场布置。根据会议规模、影响程度等选择会场的大小并按会议内容设计和布置会场。准备好会场灯光、音响设备、投影仪、相关文字资料、会议签到簿等。除此之外还需要准备好与会人员接待处。

会议座次可以有以下几种方式。

①环绕式。这种排位不设立主席台，把座椅、沙发、茶几摆放在会场的四周，不明确座次的具体尊卑，与会者在入场后可自由就座。这一安排座次的方式，与茶话会的主题最相符，也最流行。

②散座式。散座式排位，常见于在室外举行的茶话会。它的座椅、沙发、茶几可以自由地组合，甚至可由与会者根据个人要求而随意安置。这样就容易创造出一种宽松、惬意的社交环境。

③圆桌式。圆桌式排位，指的是在会场上摆放圆桌，请与会者在周围自由就座。圆桌式排位又分下面两种形式：一是适合人数较少的，仅在会场中央安放一张大型的椭圆形会议桌，请全体与会者在周围就座；二是在会场上安放数张圆桌，请与会者自由组合。

④主席式。这种排位是指在会场上，主持人、主人和主宾被有意识地安排在一起就座。

2）会中准备

（1）安排好与会者的签到。按照事先准备好的签到簿，让来宾签到，并再次将确定的会议议程、主要内容及其他注意事项等安排告知与会者或将书面资料发送给与会者。

（2）做好会场服务。如茶水供应，现场麦克风等的调试；安排好会议记录人员或速记人员。

（3）会议主持人礼仪。会议的主持人，一般是由具有一定职位和身份的人来担任。主持人应衣着整洁、大方庄重、精神饱满，切忌不修边幅、邋里邋遢；走上主席台时步伐应稳健有力，行走的速度因会议的性质而定；言谈应口齿清楚、思维敏捷、简明扼要；应根据会议性质调节会议气氛，或庄重，或幽默，或沉稳，或活泼；对会场上的熟人在会议开始前可点头、微笑致意，最好不要打招呼。

3）会后礼仪

（1）准备好与会代表的通信录。

（2）将会议主要内容形成书面资料或电子资料。

（3）会后照相。

（4）尽力与需要订返程车船票、机票的与会代表联系，准备好车船票、机票。

（5）尽可能安排好会后考察活动。

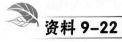
资料 9-22

模拟联合国会议

2015 年 11 月 3 日，巴黎恐怖袭击，震惊世界，恐怖主义作为 21 世纪危害和平与安全的重要因素，日益成为各国关注的焦点，共同协作，打击恐怖主义已成为国际共识。为了增强团支部成员的国际大局意识和丰富对外交形势的了解，同时增强班级团支部的凝聚力，创新的团建活动形式，及时与国际局势和政治热门话题接轨，中国传媒大学 2015 级斯瓦希里语班团支部的同学积极举办以模拟外交形式，以巴黎恐怖袭击事件为背景，基于各国目前的国际合作背景共同讨论中国、坦桑尼亚、俄国、英国应对在世界范围内泛滥的恐怖主义在政治经济文化卫生等方面究竟该做怎样的改变，并且各位同学站在不同国家的角度，深度思考什么样的合作、什么样的协议，能有效保证各国高度实效参与反恐活动，维护世界和平。这次模拟联合国外交活动取得了预期的效果。

资料来源：中国传媒大学外国语学院斯瓦希里语班：模拟联合国会议[EB/OL]. 人民网，2016-01-27（有改动）.

本 章 小 结

在公共关系领域中，语言沟通方式仍占有举足轻重的地位。善于语言表达，是公共关系人员的基本素质要求。言语是口头语言，文字是书面语言。说和写，是两种互有联系却又有很大差别的语言沟通方式。言语是具体的个人在特定的情况下所说的话。语言则是从众多社会成员的言语中提炼总结出来的语音、词汇和语法规则系统。文字是将语言转写为书面的笔头沟通方式。语言作为沟通工具，不仅给人们的沟通带来方便，也使人们之间的交流成为可能。

公共关系的理论与实务需要研究公共关系礼仪。礼仪是指人们在公众场合应遵守的行为规范和个人的文化修养，是人们在交际中约定俗成的礼节和仪式。它具体表现为礼貌、礼节、仪表、仪式等方面。现代礼仪具有规范性、差异性、传承性、时代性等特征。公共关系礼仪有助于完善个人形象，有助于提高自身修养，有助于增进交往及改善人际关系，可以促进组织塑造良好形象。公共关系礼仪的原则有：彼此平等、相互尊重、自信沟通、诚信自律、宽容适度。

公共关系人员在与公众交往中要注意以下交往技巧，确保树立自身与组织的良好形象：学会微笑外交、尊重他人的意愿及尽量避免争论。仪容是指个人的容貌，它是由发式、面容以及所有未被服饰遮掩暴露在外的肌肤构成的；仪态是指一个人的姿态举止与风度。公共关系人员仪态的基本要求包括：站姿、坐姿、走姿、蹲姿、手势等。公共关系人员要掌握着装的 TOP 原则。TOP 是时间（time）、目的（object）和场合（place）三个英语单词的缩写，即公共关系人员着装应该与当时的时间、所处的场合和地点相协调。服饰是一种特殊的语言，传达着某种思想或行为的信息，影响着他人，也影响着自己。

公共关系人员还应该培养自己在与公众交往时的称呼、介绍及握手等见面礼仪；开展社交活动中的使用名片、电话等礼仪；展现在日常交际过程中的接待、拜见、馈赠、宴请等礼仪。

客 观 题

自学自测　扫描此码

问 答 题

（1）简述公共关系礼仪的特点与原则。

（2）个人形象礼仪有哪些基本要求？

（3）如何更好地展示接待礼仪？

（4）参加宴会要注意哪些问题？

（5）如何正确地使用名片？

案例分析题

风景秀丽的某海滨城市的朝阳大街，高耸着一座宏伟的楼房，楼顶上的"远东贸易公司"六个大字格外醒目。某照明器材厂的业务员金先生按原计划，手拿企业新设计的照明器样品，兴冲冲地登上六楼，脸上的汗珠都来不及擦一下，便直接走进了业务部张经理的办公室，正在处理业务的张经理被吓了一跳。"对不起，这是我们企业设计的新产品，请您过目。"金先生说。张经理停下手中的工作，接过金先生递过的照明器，随口赞道："好漂亮呀！"并请金先生坐下，倒上一杯茶递给他，然后拿起照明器仔细研究起来。金先生看到张经理对新产品如此感兴趣，如释重负，便往沙发上一靠，跷起二郎腿，一边吸烟一边悠闲地环视着张经理的办公室。当张经理问他电源开关为什么装在这个位置时，金先生习惯性地用手搔了搔头皮。好多年了，别人一问他问题，他就会不自觉地用手去搔头皮。虽然金先生作了较详尽的解释，但张经理还是有点半信半疑。谈到价格时，张经理强调："这个价格比我们预算的高出较多，能否再降低一些？"金先生回答："我们经理说了，这是最低价格，一分也不能再降了。"张经理沉默了半天没有开口。金先生却有点沉不住气了，不由自主地拉松领带，眼睛盯着张经理，张经理皱了皱眉："这种照明器的性能先进在什么地方？"金先生又搔了搔头皮，反反复复地说："造型新、寿命长、节电。"张经理托词离开了办公室，只剩下金先生一个人。金先生等了一会儿，感到无聊，便非常随便地抄起办公桌上的电话，同一个朋友闲谈起来。这时，门被推开，进来的却不是张经理，而是办公室秘书。

本案例思考讨论题：

（1）请指出金先生在此次交际过程中的失礼之处。

（2）结合上述案例，谈谈养成良好礼仪习惯的重要性。

（3）如果请你为金先生"上课"，你准备从哪些方面讲解？

情境模拟题

情境介绍：

本月底，××学院准备在学校组织一次现场招聘会，届时将邀请全国各地约 300 家大中型企业、本地事业单位等参加此次招聘会并进行现场招聘。

模拟训练：

（1）将学生分成三组：一组模拟学校来组织此次活动；一组模拟来招聘会现场招聘毕业生的企事业单位；一组模拟本届求职毕业生。每组确定一名负责人。

（2）由负责人组织本组人员讨论、分析并准备需要的相关资料。

（3）模拟现场招聘（招聘过程中，学生可以交换角色并相互体验各自角色）。

（4）让每组学生写一份总结，每位同学写一份心得体会。

（5）最后指导教师进行点评。

实践训练题

实训项目：召开本学年度学院先进学生表彰大会。

实训目的：通过策划、组织本学年度先进学生表彰大会，了解主席台领导座次礼仪，熟悉表彰大会议程。

实训内容：会前资料准备（如先进学生表彰文件、奖状证书的制作，学生代表、领导讲话稿的确定等）。

会场布置。

表彰大会议程的确定。

实训组织：将学生分成几组，即材料准备组、会场布置组、会中服务组、音乐音响控制组、礼仪服务组等，将先进学生分成不同奖级类别，按照证书顺序组织好先进学生上台领奖。

第10章

公共关系专题活动

【教学目标】

通过本章的学习，了解公共关系常用的各种专题活动的特点与适用范围，理解各种专题活动的价值与区别，掌握策划与组织各种专题活动的方法。

【教学要求】

知识要点	能力要求	相关知识
公共关系专题活动	（1）理解公共关系专题主题 （2）掌握公共关系专题策划的要求	公共关系专题活动的主题创新
各种专题活动策划	（1）掌握新闻发布会的组织与策划 （2）掌握赞助活动的组织与策划 （3）掌握庆典活动的组织与策划 （4）掌握开放参观的组织与策划 （5）掌握展览会的组织与策划	各种活动与组织形象设计与传播

 **导入案例**

2019 国际海岛旅游大会新闻发布会

记者从 2019 国际海岛旅游大会新闻发布会上了解到，2019 国际海岛旅游大会将于 8 月 28 日至 30 日在舟山举行。据悉，本届大会将充分挖掘海岛旅游资源、展示海岛旅游业态，加速浙江省旅游产业转型升级、提质增效，推动海岛旅游产业从浅层的观光游转变为深层的体验游，促进更多优秀的海岛文旅产品走向世界。

据多家旅游企业数据显示，目前海岛旅游市场规模已超千亿，海岛旅游产品在未来三年的复合年均增长率将达到 35%。据自然资源部发布的 2017 年海岛统计调查公报显示，我国共有 1.1 万余个海岛，海岛资源丰富，海岛旅游市场潜力无穷。

浙江省文化和旅游厅副厅长许澎介绍道，2018 年，浙江省海岛地区共接待游客达到 5 213 万人次，海洋旅游总收入超过 669 亿元，带动了 17% 的群众参与产业共建与发展，海洋旅游走在全国前列。海岛旅游已经成为充满希望的浙江旅游新蓝海。"举办国际海岛旅游大会，有利于推动海岛旅游产业成为新的经济增长点，有利于促进海岛旅游国家和地区之间的交流与合作。"许澎表示。

据了解，本届国际海岛旅游大会将以"新海岛、新场景、新动能"为主题，组织文旅投融资闭门会、"一带一路，海上文旅融合"主论坛、"IP 赋能，海岛目的地新思路"分论坛、2019 国际海岛旅游博览会等 8 项主体活动。邀请到学术界、产业界、文化界众多知名专家和人士参与。

与前几届大会相比，本届国际海岛旅游大会亮点在于聚焦海洋海岛旅游全产业链开发，在办会模式、嘉宾邀请、内容设置等方面充分体现市场化、专业化导向。舟山市副市长方维说："今年的国际海岛旅游大会将更注重业内重量级嘉宾邀请，产业发展成果研究发布，市场化战略合作，产业项目洽谈落地，旅游发展趋势引领这几个方面。"

据悉，大会嘉宾邀请围绕国际海岛旅游各产业机构和市场主体，重点聚焦全球前十大综合文旅集团、OTA（线上旅游公司）、旅行社、酒店集团、投资机构、研究机构、航空公司、邮轮公司等企业代表。除官方邀请 300 名核心嘉宾外，本届大会还拓展市场化维度，以权威的品牌、优质的内容、丰富的资源吸引文旅体产业机构嘉宾购票参会。

此外，大会期间，还将举办"一家人 一桌菜"诗画浙江百县千碗活动，包括"百县千碗 一市一'味'"、"百县千碗 一市一'品'"和"百县千碗 长桌美宴"，让参会嘉宾和广大游客品尝"舟山味道"，感受浙江美食文化的魅力。"欢乐东海 激情九月"系列活动将在 8~9 月期间持续开展，包括了东海音乐节、生态运动会、民宿体验、国际沙雕节等 22 个不同主题内容的活动。

资料来源：曹文君. 2019 国际海岛旅游大会将于 8 月 28 日在舟山举行[EB/OL]. 央广网，2019-08-15（有改动）.

公共关系专题活动是社会组织与广大公众进行沟通，塑造组织自身良好形象，扩大影响，提高声誉的有效途径。组织可以根据具体情况，策划、实施各种不同主题的公共关系专题活动。公共关系专题活动的种类很多，常见的有新闻发布会、赞助活动、庆典活动、展览会、开放组织等。

10.1 公共关系专题活动概述

10.1.1 公共关系专题活动的含义和特征

1. 公共关系专题活动的含义

所谓公共关系专题活动，是指社会组织为了某一明确目的、围绕某一特定主题而精心策划的公共关系活动。成功的公共关系专题活动可以提高员工士气、增强内部公众的责任感和忠诚度，也有利于组织外部公众对组织形成良好的认知和好感，提高组织的知名度和美誉度。

对于公共关系专题活动的内涵，我们可以从以下三个方面来理解。

（1）公共关系专题活动以公共关系传播为目的。公共关系专题活动是借助特定主题而开展的，以传播组织形象、特色、魅力为目的的活动。

（2）众多人参与的社会活动是公共关系专题活动定义的基本条件。大型活动要符合两个基本条件：一是活动社会化；二是活动参加人的数量多。公共关系专题活动是以人聚集起来一同活动为基本形式。借助活动形式，使人的生活有了新鲜的情绪体验、良好的思想情感交流、饶有兴致的情趣欣赏，密切的关系促进和感染人的情感氛围。

（3）公共关系专题活动是有组织、有计划、有步骤的社会协调行动。公共关系专题活动是为协调社会组织与公众之间关系而组织策划的，假如不是协调的行动，再多人参与也不能算是专题活动。

2. 公共关系专题活动的特征

从公共关系专题活动的含义可见其一般具有如下三个基本特征。

1）针对性

公共关系专题活动通常目的明确、主题突出，针对某一类目标公众的特殊需要进行诉求，以达到解决问题的目的。

2）传播性

公共关系专题活动作为一个信息传播的载体，具有极强的传播性。策划者通过参与者的人际传播和大众传播媒介将信息广为流传。

3）灵活性

公共关系专题活动的方式变化多样无论是举办活动的时间、内容还是规模都可以根据实际的传播需要进行灵活调整。

10.1.2　公共关系专题活动的作用

1. 公共关系专题活动的意义

公共关系专题活动对于改善组织的公共关系状态有着极为重要的意义。它往往能够使组织集中地、有重点地树立和完善自身的形象，扩大自己的社会影响，使组织形象出现意想不到的飞跃，也是塑造组织形象的有力驱动器。公共关系专题活动施加影响的对象并非组织的所有公众，而是以其中某一部分公众为重点。在这种情况下，尤其是当组织与公众的关系出现或可能发生不协调时，公共关系专题活动将会起到很好的协调和沟通作用，以便与这部分急需协调的公众保持良好的关系。但是，如果公共关系专题活动的形式选择得当、策划新颖、技巧纯熟，所举办的公共关系专题活动也可能对组织的所有公众，甚至无关的人们产生影响，在社会上产生极大的轰动效应。因此，公共关系专题活动既有利于同某一部分公众进行沟通，又有利于组织在社会中的整体竞争，它是一种目的明确、对象确定、影响深远的公共关系过程。

2. 公共关系专题活动的作用

1）感召作用

社会组织往往围绕特定公众十分关注和感兴趣的主题来开展极有特色的公共关系专题活动，由于这是兴趣乃至利益需要使然，特定公众会主动、积极和热情地积聚于活动现场并饶有兴致地与社会组织互动。

2）轰动效应

公共关系专题活动都在人们的社会生活中表现为突出的创新性或别出心裁的意蕴。这种令人耳目一新的活动、气势恢宏的场面和氛围，往往能在特定公众和一定范围的社会中造成轰动的反响。在日常较为平静、惯常的公共关系运作中，不时推出公共关系专题活动形式，更会使公共关系开展得有声有色、高潮迭起。

3）辐射作用

筹划和实施独具魅力的公共关系专题活动，可以构成社会一定时间的话题或街头巷尾人们交谈的中心，甚至可以打动新闻媒体从而成为再度宣传的较大范围广泛影响的由头。

4）直接感染作用

现场令人激昂的情境气氛及组织的情感和交流能直接感染公众。组织对公众利益的特别关爱，组织慷慨的善意之举，组织的真情表露及组织政策、行为的可感效果等，常常能直接令现场观众为之动容。

5）直接促进作用

公共关系包括各种各样的手段、方式或活动，但唯有公共关系专题活动直接促进了社会组织与公众利益关系的协调和更加密切了彼此关系。所以，当其他方式的公共关系行为活动难以奏效时，启动公共关系专题活动会卓有成效地直接促进社会组织与公众关系的进展。

 资料 10-1

上海进博会展现中国巨大引力

第二届中国国际进口博览会于 2019 年 11 月 5 日至 10 日在上海举行。随着开幕日期临近，外媒的关注度也越来越高。近日商务部就习近平主席出席第二届中国国际进口博览会举行中外媒体吹风会，更是引起了外媒的高度关注。

据拉美社 10 月 29 日报道，中国国家主席习近平于 11 月 5 日出席在上海举办的第二届中国国际进口博览会暨虹桥国际经济论坛开幕式及相关活动，并发表主旨演讲。报道指出，进博会的举办旨在进一步提升中国的开放水平，推动经济全球化。

报道称，第二届进博会将于 11 月 5—10 日举行。中国商务部副部长王炳南在 29 日举行的中外媒体吹风会上表示，目前第二届进博会国家展、企业展和第二届虹桥国际经济论坛各项筹备工作已基本就绪。国家展总展览面积 3 万平方米，集中展示各国发展成就、营商环境和特色产业。各国家馆的形象设计独具本国特色，共有 64 个国家（含中国）、3 个国际组织参展。

企业展总展览面积 33 万平方米，由各国参展商展示商品、技术和服务，实现"买全球、惠全球"。企业展涵盖装备、消费、食品、健康、服务等五大板块、七个展区，来自 150 多个国家和地区的 3000 多家企业签约参展，50 万名专业采购商和观众注册报名。

拉美社报道还注意到，第二届进博会还首次增设了中英双语的"进宝"机器人，在国家会展中心一共安放了 20 个"进宝"机器人，可为参展人员提供 7 大展区的现场导览、会议安排等问询服务。同时还设置了 83 个翻译服务点位，每个点位都配有一台翻译机，可提供 12 种语言的交传翻译服务。

王炳南表示，截至目前，来自 170 多个国家和地区的政商学界人士和国际组织代表将应邀参加。

资料来源：帅蓉. 外媒评述：上海进博会展现中国巨大引力[N]. 参考消息，2019-10-31（有改动）.

10.1.3 公共关系专题活动的目的

1. 制造新闻

所谓制造新闻，是指在坚持真实性的前提下，举办具有新闻价值的活动，吸引新闻界和社会公众的注意，争取被报道的机会，以扩大企业的社会影响，提高企业的知名度。

2. 为促销服务

通过公共关系专题活动，淡化推销的色彩，使社会公众从感情上接受一种新产品、新服务，制造有利的营销气氛，从而为进一步的销售活动开拓道路。

3. 增强好感

利用重大节日或企业自身富有意义的纪念日，举办公共关系专题活动，可以表达企业对社会公众的善意，改变企业的社会舆论和关系环境，改善企业内部的人际关系。

4. 联络感情

通过策划和举办公共关系专题活动，与社会各界广泛联络交往，为企业广结善缘。

5. 挽回影响

当企业形象受到损害时，需要运用多种手段加以纠正，通过巧妙的设计和有效的工作，改善公众原有的印象，使受到损害的企业形象得以恢复。

10.1.4 公共关系专题活动的基本要求

为了使公共关系活动达到上述目的，社会组织要了解并掌握专题活动的一些基本要求。

1. 整体把握

在确定公关活动主题前，组织首先必须对公关活动的性质有一个基本的认识。在市场经济环境中，如此多的公关活动，其意义就不仅仅应当从社会效益方面去考虑，还要考虑直接的经济效益。组织举办一次大型的公关活动，其本质是为了创造一种大型的传播媒介，通过公关活动新颖的形式、巨大的声势、热闹的场面，吸引媒体的报道，并最终达到吸引公众眼球的目的。

2. 明确目标

目标是公共关系专题活动的灵魂和统帅。目标直接控制着公共关系专题活动的整个过程，不仅可以提高专题活动的工作效率，而且可以增强专题活动对公众的影响，扩大专题活动的工作效果。所以，社会组织在开展专题活动时首先要明确目标。公共关系专题活动的目标不能过于抽象、概括，更不能含糊其词。一般地说，一个专题活动只有一个基本目标，而且这个目标必须具体明确。常见的专题活动目标主要有让公众接受某个信息；消除公众对社会组织的误解和偏见；让公众知晓社会组织的新发展，加强内部公众的相互了解及相互信任；巩固社会组织与社区公众的友好关系；促使新闻界对社会组织的关注，鼓动公众支持社会组织的某项决策；收集公众对社会组织的意见和对社会组织提出的建议等。

3. 精选主题

公共关系专题活动的主题是目标的生动体现，主题的恰当与否将直接影响专题活动的成败。公共关系专题活动主题的选择，要求社会组织围绕公共关系专题活动的目标考虑社会组织、公众及社会环境 3 个方面的因素，使活动主题既适合社会组织的公共关系目标，又适合公众的心理承受力和兴趣爱好，同时还与社会环境相吻合。

4. 周密筹备

公共关系专题活动的筹备工作主要是做好以下几件事。

1）确定名称

名称是公共关系专题活动的眼睛，一个好的名称可以增强公共关系专题活动的吸引力。理想的公共关系专题活动的名称，既要明确体现专题活动的主题内容，又要有丰富的文学艺术色彩。

2）选择日期、地点

开张吉庆、周年纪念、节假日以及某些社会活动时期，都是开展公共关系专题活动的大好时机。但应注意的是，公共关系专题活动的时间安排不能与重大事件或重大节日的庆祝活动相冲突，否则不易收到好的效果。开展公共关系专题活动的地点，一般应选择社会组织所在地或社会组织熟悉的地方，因为社会组织在熟悉的地域内容易支配公众的心理过程。此外，也可以选择在交通方便或公众集中的地方。

3）选择来宾

每个公共关系专题活动都要根据活动的目标选择特定的公众，除了邀请这些公众参加活动之外，还可邀请公众所欢迎的社会名流助兴，以渲染气氛。

4）做好接待

公共关系专题活动的效果与接待工作有很大关系。每个公共关系专题活动都要做好这些接待工作：提前一周左右发出请柬和通知，预先布置好活动现场，培训接待人员和服务人员，精心准备讲话稿和致词等。

5. 策动宣传

为了扩大公共关系专题活动的影响范围，造成公共关系专题活动的轰动效应，使公共关系专题活动取得更大的成功，社会组织在开展专题活动时需要策动宣传。公共关系专题活动的宣传工作主要是做好以下几件事。

（1）力求使公共关系专题活动充满特色、富有魅力，以引起新闻媒介的关注，争取新闻媒介的报道。

（2）积极制作社会组织的媒介刊物，及时向公众发布有关的信息，使公众充分知晓公共关系专题活动的内容。

（3）自觉做好公共关系专题活动的记录工作和摄影工作，主动为新闻记者和电台报刊提供宣传材料和新闻稿。

（4）如果有条件，在开展公共关系专题活动时事先召开记者招待会，争取电台、电视台、报纸杂志为公共关系专题活动的开展大张旗鼓地宣传。

6. 灵活驾驭

公共关系专题活动内容丰富，方式灵活，所以社会组织在开展专题活动时，需要灵活驾驭。

每个公共关系专题活动，都需要有一个主持人。这个主持人必须具备较强的组织能力和驾驭能力，既能使专题活动忠实原订计划方案，按照既定的基本程序进行，又能及时利用专题活动过程中出现的各种机会，机智而幽默地活跃专题活动的气氛，使整个公共关系专题活动过程都盎然有趣、轻松活泼而又井然有序，提高专题活动的艺术感染力。

资料 10-2

周恩来主持黎平会议

通道会议后，关于红军进军方向问题，党内意见并未统一。1934 年 12 月 15 日红军打下了黎平后，周恩来提议，中央政治局在黎平召开正式会议，最后决定红军进军方向问题，这次会议也由周恩来主持。

在这次会议上，毛泽东详细阐述了红军改变进军方向，向贵州进军的道理，指出，红军只有到川黔边去，建立川黔边革命根据地，才有发展的余地。李德、博古仍然固执己见。当他们的意见遭到会议多数人反对时，李德又提出红军折入黔东。这是非常错误的，因为这样仍然要陷入国民党军队的包围圈。双方展开了激烈争论。

正在此时，作为会议主持人的周恩来，做了关键性的、带有决策性的发言：他说，我们应该采纳毛泽东同志的意见，红军应该向川黔方向发展，循红二方面军的原路，西进乌江北上。周恩来发言后，参加会议的大多数人都支持他的意见，只有李德一个人反对，博古不作声了。李德见状大怒，大喊大叫起来，但参加会议的人，没有一个人再理会他。黎平会议做出了《中央政治局关于战略方针之决定》，确定："过去在湘鄂西创立新的苏维埃根据地的决定在目前已经是不可能的。""新的根据地应该是川黔边地区。"

资料来源：陈立旭. 周恩来为长征胜利所做贡献将永存史册[EB/OL]. 人民网，2019-08-05（有改动）.

10.2 新闻发布会

公共关系人员用来广泛宣传某一信息的最好工具莫过于举行新闻发布会。新闻发布会的最大优点是所公布的信息真实，可信度高，容易使组织和新闻界之间达到相互理解和沟通的良好效果。

10.2.1 新闻发布会的含义和特点

1. 新闻发布会的含义

新闻发布会又称记者招待会，是指以某一社会组织的名义邀请新闻机构的有关记者参加，由专人宣布有关重要信息，并接受记者采访的具有传播性质的一种特殊会议。

通过新闻发布会，组织可以将有关信息迅速传播扩散到公众中去。在新闻发布会上，不仅可以公布本组织的一些重大新闻，如方针、政策、措施等方面的新举措，加强公众对组织的认可，而且可以利用新闻发布会的影响力，妥善处理一些棘手的问题，以达到澄清事实、说明原委、减少误会、求得谅解等效果。

新闻发布会是一种二级传播：首先通过记者招待会，以人际沟通和公众传播的方式，将信息告知记者；然后由记者以大众传播的方式进一步将消息告知社会公众。在这种形式下，实现了社会组织和新闻媒介的沟通，并通过这种沟通，实现社会组织和广大公众之间的沟通。

2. 新闻发布会的特点

新闻发布会具有以下特点。

（1）以新闻发布会发布消息，其形式比较正规、隆重，而且规格较高，易于引起社会的广泛关注。

（2）在新闻发布会上，记者们可根据自己感兴趣的方面及所侧重的角度进行提问，能更好地发掘消息。因此，在这种形式下的信息沟通，无论在深度还是广度上都比其他形式更胜一筹。

（3）新闻发布会往往要占用记者和组织者较多的时间，必要时还要组织记者实地采访、参观或安排一些沟通活动，如酒会、招待会、进餐等，因此会有更多的经费支出，成本较高。

（4）新闻发布会对于组织的发言人和会议的主持人要求较高，要求他们十分机敏、善于应付、反应迅速、幽默从容等。

 资料 10-3

庆祝中华人民共和国成立 70 周年招待会在京隆重举行

庆祝中华人民共和国成立 70 周年招待会 30 日晚在人民大会堂隆重举行。中共中央总书记、国家主席、中央军委主席习近平出席招待会并发表重要讲话。他强调，在新的征程上，我们要高举团结的旗帜，紧密团结在党中央周围，巩固全国各族人民的大团结，加强海内外中华儿女的大团结，增强各党派、各团体、各民族、各阶层以及各方面的大团结，保持党同人民群众的血肉联系，大力弘扬爱国主义精神，凝聚成一往无前的力量，推动中华民族伟大复兴的航船乘风破浪、扬帆远航。

李克强主持招待会，栗战书、汪洋、王沪宁、赵乐际、韩正、王岐山出席招待会。4 000余名中外人士欢聚一堂，共庆新中国 70 华诞。

资料来源：庆祝中华人民共和国成立 70 周年招待会在京隆重举行[N]. 人民日报，2019-10-01（有改动）.

10.2.2　新闻发布会的组织与策划

要想使新闻发布会组织成功，通过新闻发布会给媒体记者们留下良好的印象，会议的组织和策划工作是非常重要的，这就需要公共关系人员在会前进行周密的计划，做好充分的准备。

1. 准备工作

1）把握时机

一般应选择组织有重大活动开展或重大事件发生的时候举行新闻发布会。只有在必要和可能的情况下召开新闻发布会，才会收到良好的效果。也就是说，新闻发布会是一项郑重的公共关系活动。

一般来说，组织举行新闻发布会的原因，有以下几个方面：出现了紧急情况，如工厂发生了爆炸；严重的灾害发生；对社会发生重大影响的新政策出台；企业新技术的开发和新产品的投产；组织对社会做出的重大贡献或将影响社会的新措施；企业的开张、关闭、兼并或组织的重大庆典等。但应注意，新闻发布会不要与重大节日或其他重大社会活动冲突。

2）确定主持人和发言人

出于记者的职业要求和职业素养，他们常常会在新闻发布会上发掘出一些敏感的话题，提出一些尖锐深刻甚至很棘手的问题，这就对会议的主持人和发言人提出很高的要求。

主持人和发言人必须对将要发布的信息的重要性和社会价值有清醒的认识。此外，他们必须思维敏捷、反应快、表达能力强、谈话具有权威性，并且具有较高的文化修养和专业水平。

会议的主持人一般可由有较高的公共关系能力的人来担任，其对被邀与会的记者和新闻单位应有相当程度的了解，与记者有较好的工作关系和个人之间的人际关系，不仅要宣布开会、散会，而且能清楚、简洁地说明会议宗旨；在会议中能通过插话、补充说明、提出反问来引导会议进行；能根据对新闻单位和记者的了解，恰当地选择众多记者提问的先后顺序。因此，主持人的选择，首先是看其能力。

会议的发言人则应是组织的高层领导，他除了对本次会议主题涉及的问题有较为深刻的专业性把握，还对本组织的整体情况，有关的社会环境、方针、政策都很熟悉、了解，他的发言和回答，应该具有权威性。

3）准备宣传辅助材料

宣传辅助材料要围绕发布的信息内容来准备。要尽量做到全面、详细、具体和形象，形式多样，要有口头的、文字的、实物的照片和模型等。这些材料的准备要根据会议的中心内容和具体要求而定，在会议举行时现场摆放或分发，以增强发言人的讲话效果。

4）选择地点，布置任务

新闻发布会地点的选择不同于一般的会议，首要的是要为记者们创造方便的采访条件，如采光、电源、录像、拍摄的辅助灯光，视听辅助的工具、幻灯、电视播放设备的准备。需要考虑会场的对外通讯联系条件，如电话和专线电话的设置。另外，还应考虑会场既需要安静舒适，又不受干扰，还要交通便利、停车方便。会场座次安排应分明主次，特别是有贵宾到场的情况下。会场内的桌椅设置要方便记者们的提问和记录。再有，会场应设有记者或来宾签到处，最好在入口处或入口通道处，并在每位记者席上准备有关资料，使记者们能深入细致地了解所发消息的全部内容。

5）确定时间，及时邀请

新闻发布会的时间一般选在上午 10 点或下午 3 点为佳。一般发布会的正式发言时间不超过 1 小时，应留有时间让记者们提问。发布会之后，一般为记者准备工作餐，最好的形式是自助。准备自助工作餐的目的在于给记者们提供交流和对组织的领导人做深入采访的机会。确定具体时间后，要提前 3~5 天向记者们发出邀请，让记者充分安排好时间。值得注意的是：记者是天然的大忙人，有时不一定都能到会，因此，为使发布会能圆满成功，最好让记者有回执。另外注意要针对所发新闻的性质邀请相关新闻媒介的相关记者。

6）做好费用预算

举办新闻发布会要有财务计划，要视财力、物力、人力举办规模恰当的发布会，不要为追求规模或形式不顾一切，否则适得其反。费用预算一般包括印刷费、通信费、场地费、交通费、租用器材费、摄影费、嘉宾签到簿、礼品、会场布置费、嘉宾食宿费等。

 资料 10-4

北京大兴国际机场：让出行"无障爱"

2019 年 9 月 9 日，民航局举行新闻发布会，民航局机场司司长刘春晨在发布会上表示，北京大兴国际机场（以下简称"大兴机场"）已完成了全部 6 次综合演练，共模拟旅客 5 万名、模拟航班 402 架次、行李 32 900 余件次，6 次综合模拟演练中发现的问题逐次减少，大部分问题已得到整改；大兴机场同时顺利完成了行业验收总验和使用许可审查终审。根据目前整改情况看，大兴机场将于 9 月 15 日前完全具备开航投运条件。

以打造"平安、绿色、智慧、人文"机场为目标的大兴机场，除了方便快捷的登机程序和高科技的智能设施以外，受外界关注较高的还有大兴机场的无障碍设施以及一系列人性化设计。

资料来源：北京大兴国际机场：让出行"无障爱"[EB/OL]. 人民网，2019-09-10（有改动）.

2. 会中注意事项

新闻发布会举行过程中，应做好以下工作。

（1）所发布的信息必须准确无误，若发现错误应及时给予更正。

（2）会议议程的执行要紧凑，不拖沓，有条不紊。要避免出现冷场和混乱局面。应有正式的开场和结尾。

（3）会议主持人应善于控场，以庄重的言谈和感染力活跃整个会议气氛，引导记者踊跃提问。当记者提问离开主题时，要善于巧妙地将话题引向主题。如果会议中出现紧张气氛，应该及时调节、缓和。不要随便延长预定会议时间。

（4）发言人应注意答问的方式和程度，随机应变，不与记者争论，不要回避问题。对于不愿发表和透露的内容，应婉转地向记者作出解释，不能简单地说"不清楚""不知道"

"无可奉告"等。不要随便打断记者的提问，也不要以各种动作、表情和语言对记者表示不满，即使记者的提问带有很强的偏见或挑衅性，也不能激动或发怒，应以良好的涵养、平静的话语、确凿的事理给予纠正和反驳。

（5）对新闻发布会活动全过程应做详尽记录和录音，有条件的应将会议过程录像，作为资料保存。

3. 会后工作

为使新闻发布会这一公共关系专题活动取得预期的效果，在会议结束后，组织还应做好以下方面的工作。

（1）整理记录，总结经验，并以书面形式存档。尽快整理出新闻发布会的记录材料，对其组织、布置、主持和回答问题等方面的工作作一个总结，从中认真汲取经验和不足，并将总结材料归档备查。

（2）收集舆论反应，检测活动效果。收集到会记者在报刊、电台、电视台的各类报道和评论，并进行归类分析，把握公众的反应和舆论走势，检查是否达到了举办发布会的预定目标，是否由于失误而造成了误会等，并以此检测发布会活动的效果。

（3）对照新闻发布会签到簿，检查与会记者是否都发了稿件，并对记者所发稿件的内容及倾向作一个分析，以便了解新闻机构和记者所持意见、态度和产生原因，便于以后有针对性地同他们进行沟通，或以此作为以后举办新闻发布会邀请记者范围的参考依据。

（4）对于不利于本组织的报道，应采取良好的应对策略。如果是不正确或歪曲事实的报道，应主动采取行动，说明真相，并向报道机构提出更正要求；如果是反映了事实却不利于本组织的负面报道，则应通过有关媒体向公众表示歉意，并制订改进措施，以挽回组织声誉。

10.2.3　新闻发布会的注意事项

（1）发言人遇到不便回答或不好回答的问题，不要回避，更不要说"无可奉告"，而要婉转、抽象、幽默地给予回答。

（2）不要随便打断记者的发言和提问，也不要采取任何动作、表情或评议阻止他们。

（3）所发布的消息必须准确无误，若发现有错误，应及时更正。

10.3　赞 助 活 动

开展赞助活动是组织对社会作出贡献的一种表现，越来越多的组织认识到自身的发展离不开社会的支持，作为社会的一员，自己也应对社会的发展承担一定的责任和义务，为社会贡献一份力量。

10.3.1　赞助活动的含义和作用

1. 赞助活动的含义

赞助活动是社会组织通过无偿提供部分或全部资金或物质支持某一项社会事业或社会

活动，向社会展示其承担的责任和义务，以及服务社会的宏远目标，同时通过形象传播取得社会和文化效益的公共关系活动，是一种宣传组织的方式和途径。它可以使提供赞助的组织与赞助的项目同步成名，是一种信誉投资和感情投资行为，也是一种有效的公共关系手段。

2. 赞助活动的作用

（1）通过赞助社会公益事业，能够表明组织作为社会成员愿意为社会的发展作出相应的贡献，乐于在承担企业社会责任的同时追求企业的社会效益，完善社会组织的道德人格形象。

（2）通过赞助社会公益事业，能够证明和展示组织的经济实力，赢得社会公众的信任，沟通并培养同目标公众的情感关系。

（3）通过赞助社会公益事业，能够提高社会资源的利用效率。

（4）通过赞助社会公益事业，能够大大提高组织的社会知名度和提升组织的整体社会地位。

（5）通过赞助社会公益事业，能够增强企业宣传的说服力和影响力。

（6）通过赞助社会公益事业，有助于企业产品的销售。

10.3.2　赞助活动的类型

赞助活动的基本类型有如下几个方面。

1. 赞助体育活动

赞助体育活动是最常见的一种赞助形式。体育活动的影响面大，公众参与的感觉强烈，并且超越了民族、国界和政治因素的影响，特别是奥运会和世界杯足球赛这样的世界范围的大型体育比赛，其影响十分巨大。社会组织赞助这一类的体育活动，会扩大自身的知名度和美誉度，增强自身的广告效果。

2. 赞助文化活动

赞助文化活动，不仅可以培养组织与公众的友好感情，还能通过知名度的扩大来创造良好的社会效益，许多组织对电影、电视剧、文艺演出、音乐会、演唱会、画展的赞助已经获得了成功。无论是对文化活动本身的赞助，还是对文化艺术团体的赞助，都是既繁荣和发展文化事业，又塑造良好组织形象的有效形式。

3. 赞助教育事业

赞助教育事业是一种效益长远的活动，不仅有利于教育事业的发展，有利于全民族素质的提高，也有利于赞助者自身的人才培养和选拔，为组织塑造良好形象。其形式有：设立奖学金、成立基金会、捐赠图书设备、出资修建教学科研楼馆、赞助科研项目等。

4. 赞助慈善福利事业

赞助慈善福利事业是组织与社区、与政府搞好关系，赢得良好社会声誉的重要途径。它能表明组织的社会责任感和高尚品格，容易引起社会公众的好感。常见的做法有：救济残疾人、资助孤寡老人、捐助灾区人民、捐赠儿童福利等。

5. 赞助纪念活动

赞助重大事件和重要人物的纪念活动,可以树立组织的独特形象,展示组织的文化内涵。

6. 赞助特殊领域

赞助某一特殊领域,可以使组织在某一方面获得一定的知名度或美誉度,增强在这方面的形象竞争力。

除以上几种赞助类型外,还有赞助社会培训、赞助竞赛活动、赞助宣传品的制作等形式。

 资料 10-5

蒙牛集团通过赞助活动展现良好形象

中国乳制品工业协会副理事长兼秘书长刘美菊认为,在国际化发展道路上,蒙牛集团发挥了引领作用。蒙牛集团生产的产品远销香港、澳门、新加坡、缅甸等国家和地区,在新西兰、美国、澳大利亚、印尼等国家,蒙牛通过投资并购,依托国外资源优势进行了覆盖奶源、生产、加工、研发等各环节的全产业链布局。

蒙牛通过赞助 NBA、2018 俄罗斯世界杯等国际重大赛事,参加、赞助厦门金砖国家领导人峰会、青岛上合组织领导人峰会、首届上海进口博览会等大型国事活动以及达沃斯世界经济论坛等国际平台活动,将蒙牛的品牌形象和经营理念展示到世界舞台,向全世界展示了中国乳企的良好形象。

资料来源:刘美菊:我国乳业国际化取得长足进步[EB/OL]. 人民网,2019-08-12(有改动).

10.3.3　赞助活动应遵循的原则

社会组织无论是主动选择赞助对象,还是接到赞助请求时考虑是否赞助,都应当遵循以下基本原则。

1. 社会效益原则

赞助活动要着眼于社会效益,即赞助对象和赞助项目具有较强的社会意义和社会影响,具有良好的社会背景和社会信誉。例如社会救灾、希望工程、残疾人福利等。

2. 传播效益原则

赞助活动直接提供了资金或物质,因此必须讲究传播效果,所赞助的项目和对象应该有利于扩大本组织的知名度和美誉度。同时,要调查和分析社会公众和新闻界是否关注、程度如何等。

3. 合乎实力原则

社会组织无论开展什么形式的赞助活动,都应当量力而行,不要超过自己的承受能力。

赞助经费的支出也要留有余地，以备意外之用。

4. 合理合法原则

赞助者和赞助对象都应符合法律道德，符合社会利益和公众利益，坚持原则，严格按照条件办理，杜绝人情赞助、人情广告等不正之风。

10.3.4 组织赞助活动的步骤

1. 调查研究，确定对象

企业的赞助活动可以自选对象，也可以按被赞助者的请求来确定。但无论赞助谁、赞助形式如何，都应做好深入细致的调查研究。调查研究的主要内容应包括：企业自身的公共关系状况、赞助活动的影响力、被赞助者的公共关系状况、社会公众的意愿、企业经济状况等。特别需要指出的是，企业的赞助活动，必须是社会公众最乐于支持的事业和最需要支持的事业，否则，对象的确定将被视为有误。另外，调查研究应该以经济和社会效益的同步增长为依据，重点分析投资成本与效益的比例，量力而行，保证企业与社会共同受益。

2. 制订计划，落到实处

企业的赞助活动，应是有计划的公共关系的一部分。在调查研究的基础上，赞助计划应具体详尽。在企业的赞助活动计划中，应包括：赞助的目标、对象、形式；赞助的财政预算；为达到最佳的赞助效果而选择的赞助主题和传播方式；赞助活动的具体实施方案等。应做到有的放矢，同时也应将实施计划过程中的应变方案列入计划。

3. 完成计划，争取效益

在制订计划的基础上，企业应派出专门的公共关系人员去实施赞助方案。在实施过程中，公共关系人员要充分运用有效的公共关系技巧，创造出企业内外的"人和"气氛，尽可能扩大赞助活动的社会影响。同时，应以企业的广告和新闻传播等手段强化赞助的影响，使赞助活动的效益达到最佳峰值。实施过程中，还应将公共关系人员的形象与企业形象一体化，谋求被赞助者的好感，争取赞助的成功。

4. 评价效果，以利再战

企业的公共关系活动应立足于企业的长足发展。因而，对每一次公共关系活动的效果都应该作出客观的评价，这样可使今后的活动举办得更好。赞助活动完成后，应该对照计划测定其实际效果。对完成活动的经验应加以总结，对活动的欠缺应指出原因。赞助活动的效果应由自我评价与专家评价共同完成。对评价的效果应有信息反馈报告，在报告中，应将实际效果与计划的比较、成果与不足、问题出现的原因和补救措施、今后的方向等一并纳入。报告将成为以后开展公共关系活动的依据和参考，故应认真对待。

上述周密详尽的计划和持之以恒的努力，必将使企业获得巨大成功，也会带动社会的全面发展。但是，企业必须注意赞助活动的投入产出比，必须根据企业的财力来确定是否赞助。在无力赞助的情况下，应注意处理好与请求赞助者的关系，否则会造成矛盾。

10.3.5　组织赞助活动的注意事项

1. 传播目标明确

传播目标明确即所赞助的项目须适合本组织的特点和需要，有利于提高本组织的社会影响，或有利于扩大业务领域。

2. 受资助者的声誉和影响

要认真研究和确认被赞助的组织、个人或社会活动本身是否具有良好的社会声誉，是否有积极、广泛的社会影响，保证赞助活动取得良好的社会效益。

3. 本组织的经济承受力

要考虑赞助额是否合理、适当，本组织能否承担，避免做力不从心的事情。

4. 别具一格的赞助方式

一般来说，凡是符合社会及公众利益的赞助活动，都会引起社会各界特别是新闻界的关注。但是，如果能够以新鲜、别致的方式来实现赞助，效果必定会更好。

 资料 10-6

运动能量铺满慈善路 Kappa 十年"公益心"

Kappa 品牌在中国内地及澳门地区的独家品牌持有人中国动向(集团)有限公司(以下简称中国动向)，亦是兼具企业社会责任感和使命感的公司，不仅保持着企业发展的良好态势，还在过去的十几年中坚定地履行着企业的社会责任，通过在公益、环保上的不断投入，推动企业与社会共同进步。

从 2006 年开始，中国动向积极参与社会公益建设，其独家运营下的 Kappa 品牌参与赞助中央人民广播电台和中国儿童少年基金会主办的"我要上学——回家助学行动"，通过慈爱探访、爱心路演、Kappa 一日店长、慈善高尔夫球赛、慈善晚会等一系列落地活动，邀请众多明星加入，为西部地区的农村儿童送去物资和鼓励。

2008 年的汶川地震，牵动着全中国人民的心，中国动向第一时间以实际行动来表达对灾区的关怀，向四川汶川地震灾区捐赠现金和灾区急需衣物。同年，公司还获得了由中国扶贫基金会颁发的《2008 年中国民生行动先锋》荣誉称号。在积极承担社会责任的公司文化影响下，2009 年由中国动向员工自发组建起来的动向慈善圈，齐聚爱心力量，为灾区、留守儿童、贫困儿童提供关爱和捐助，实现他们读书愿望，并勇敢面对生活、展望未来。

此后数年，中国动向持续以实际行动回馈社会。2011 年，中国动向内部慈善组织对曾经捐助过的学校和学生进行回访和员工一对一捐助。2012 年，中国动向为贵州山区的孩子捐赠物资，帮助他们度过寒冬。2013 年，通过持续赞助"我要上学——爱心向前走"等公益活动，向需要帮助的贫困地区提供帮助。2014 年和 2015 年连续两年，中国动向为困难家庭带来温暖的关怀，帮助他们勇敢面对生活。

就在去年，Kappa 联合京东体育通过"爱心衣橱"公益基金向河南省信阳市新县新集镇代咀九年一贯制学校捐赠物资，为青少年体育事业献出关怀。同年，在联合国环境规划署携手北京首都国际机场，启动 2018"为生命呐喊"大型图片展和社交媒体挑战活动中，中国动向与活动的合作伙伴之一桃花源基金会合作，与联合国环境署全球亲善大使李冰冰、杨紫琼、王俊凯、张一山、马思纯、张继科等共同助力，"为生命呐喊"，为大型猫科动物应援，唤起更多人对野生动物生存现状的关注。

资料来源：运动能量铺满慈善路 Kappa 十年"公益心"[EB/OL]. 千龙网，2019-02-26（有改动）.

10.4　庆典活动

随着社会的发展，能够举办庆典的节日越来越多，这必然使社会各界举行庆典活动的机会越来越多。因此，现代组织的管理者应想尽办法利用庆典的各种活动，让自己广为人知。

10.4.1　庆典活动的含义和类型

1. 庆典活动的含义

庆典活动是指组织在其内部发生值得庆祝的重要事件时，或围绕重要节日而举行的庆祝活动，一般将其作为一种制度和礼仪。它可以是一种专题活动，也可以是大型公共关系活动的一项程序。

成功的组织庆典活动，可以产生如下的效果：一是广泛吸引公众的注意力，强化组织的影响力；二是显示出组织的强大实力和良好形象，增加公众对组织的信任度；三是增强组织内部员工、股东的向心力和凝聚力；四是可能具有较高的新闻价值，从而进一步提高组织的知名度和美誉度。

2. 庆典活动的类型

庆典活动总的要求是有喜庆的气氛、隆重的场面、高昂的情绪、灵活的形式，当然还应该有较高的规范性和礼仪要求。庆典活动在形式上，一般有开幕庆典、闭幕庆典、周年庆典、特别庆典和节庆活动等五种。

1）开幕庆典

开幕庆典，即开幕（开张、开业等）仪式，就是指第一次与公众见面、展现组织新风貌的各种庆典活动，包括各种博览会、展览会、运动会和各种文化节日的开幕典礼；企业的开业典礼或企业推出的重要服务项目第一次向公众开放的庆祝活动；重要工程的开工典礼或奠基典礼；重要设备及工程首次运行或运营的庆祝活动，如通邮、通车、通航等典礼活动；学校的开学典礼、部队的迎新典礼，等等。组织举行一个热烈、隆重、特色鲜明的开幕典礼，会迅速提高组织的知名度，为组织自身塑造良好的形象，给社会公众留下深刻而美好的记忆。

资料 10-7

亚洲美食节在北京等四地同步举办

亚洲美食节于 2019 年 5 月 16 日在北京奥林匹克公园庆典广场开幕，并在杭州、成都和广州同步举办。

作为亚洲文明对话大会的活动之一，亚洲美食节持续一周，通过美食文化盛宴展示绚丽多姿的亚洲文化风情和亚洲文明风采，使广大公众不出国门就能尽享亚洲各国美食。

北京亚洲美食节以"享亚洲美食·赏京城美景·品古都文化"为主题，采取"一主多辅、多点联动、线上线下"的方式，在奥林匹克公园庆典广场设立美食节主会场，展出"餐饮科技与传承""现代智慧餐饮生活"等展览，同时北京 6 个商圈等实现多点联动。

亚洲美食节期间，杭州、成都和广州三地根据自身的地域文化特色设计了一系列亮点活动。

资料来源：温馨. 亚洲美食节在北京等四地同步举办[N]. 光明日报，2019-05-17（有改动）.

2）闭幕庆典

闭幕庆典是组织重要活动的闭幕仪式或者活动结束时的庆祝仪式，包括各种博览会、运动会和文化节日的闭幕典礼，重要工程竣工或落成典礼，学校学生的毕业典礼，组织的重要活动或系列活动的总结表彰或者为圆满结束举行的各种庆祝活动等。闭幕庆典是各种活动的尾声，同开幕庆典相比，重要和隆重的程度比较弱，更多的是强调活动的有始有终、圆满结束。当然，有的活动从不同的角度来看，可以作为闭幕式处理，也可以看作开幕式，如何开展活动，要根据其内涵和意义来选择。例如公路的建成也就意味着开始通车，多举行通车典礼；大型客船完工就要投入航运，通常举行首航仪式等。

3）周年庆典

周年庆典是指组织在发展过程中的各种内容的周年纪念活动，包括组织"生日"纪念，如工厂的厂庆、商店的店庆、宾馆的馆庆、学校的校庆，以及大众媒介机构的刊庆或台庆等，还包括组织或企业之间友好关系周年纪念，某项技术发明或某种产品的问世周年纪念活动。组织利用周年庆典举办庆祝活动，对振奋员工精神，扩大宣传效应，协调公众关系，塑造企业形象等都有重要的意义。特别是利用周年庆典举行公众联谊活动，可以沟通关系，加深感情，或通过制造新闻获取轰动效应。

4）特别庆典

特别庆典是指组织为了提高其知名度和声誉，利用某些具有特殊纪念意义的事件或者为了某种特定目的策划的庆典活动。组织可以根据自己的具体情况推出新的内容，尤其要抓住具有里程碑意义的事件进行策划，如某国际旅行社接待第 100 万位国外游客、某驾驶员安全行车 100 万公里等，都可举行庆祝活动。可以说，没有哪一年是没有特殊事件可供纪念的，关键是公共关系人员应注意选择时机，策划组织具有独特创意的特别庆典活动。

5）节庆活动

节庆活动是指组织在社会公众重要节日时举行或参与的共庆活动，这里的重要节日可以是传统的节日，如春节、元宵节、端午节、中秋节、重阳节等，还可以是改革开放后引进借鉴西方文化的节日，如圣诞节、情人节、母亲节等。节庆活动一般可分为两种：一种是组织利用节日为社会公众举办的各种娱乐、联谊活动，免费或优惠提供服务，目的在于联络感情、协调关系；另一种是组织积极参与当地社区组办的集体庆祝或联欢活动，如准备锣鼓、花灯、彩车、龙灯、旱船、高跷等节目参加聚会或演出，目的在于塑造一个积极参与社会活动的形象。

10.4.2　组织庆典活动的步骤

组织庆典活动一般包括以下几个步骤。

1. 明确主题

每次庆典都有一个事由、一个主题，公共关系人员围绕该主题来具体策划和安排有关活动内容和活动形式。庆典活动在主题、内容和形式的策划上要力求新颖，避免千人一面。

2. 拟定活动程序，明确职责分工

组织庆典活动要力求有条不紊、忙而不乱，必须事先拟定具体的活动程序，并且在组织内部成立专门的活动筹备小组，明确主办方、承办方、协办方及其各自的职责分工。例如，一次大型的庆典活动可以将庆典筹备小组分为活动筹委会、现场组、文秘组、会务组、安全保卫组、新闻报道组、公关接待组等。

3. 拟定受邀公众名单

受邀公众包括主持人、组织有关领导、政府有关部门领导、社区公众、社会名流、新闻记者等，并提前下发、确认请柬，以便受邀人员按时出席庆典活动。

4. 利用新闻媒介做好庆典活动的信息传播工作

庆典活动组织人员要尽量提前安排好新闻记者的招待工作，巧妙地利用新闻媒介扩大宣传力度，提高组织的知名度和影响力。

当然，以上仅仅是庆典活动的一般组织事项，庆典活动绝非千篇一律，组织公关人员一定要注重细节，才能确保庆典活动的每一个环节都顺利完成。

10.4.3　组织庆典活动的工作要点

要把庆典活动办得圆满成功不是那么容易的，尤其是大型的庆典活动，其牵涉面广，具体而复杂，公共关系人员一定要精心策划、周密实施。具体来说，要办好一次庆典活动，应认真做好以下工作。

1. 精心选择对象，发出邀请，确定来宾

庆典活动应邀请与组织有关的政府领导、行政上级、知名人士、社区公众代表、同行组织代表、组织内部员工和新闻记者等前来参加。公共关系人员应选好对象，提前发出邀请，特别是重要来宾应亲自上门邀请。为保证接待工作的顺利，在活动前，应确定到场来

宾的准确情况。

2. 合理安排庆典活动的程序

庆典活动的程序一般如下：安排专门主持人宣布活动开始，介绍重要来宾，由组织的领导和重要来宾致辞或讲话；有些活动，需要有剪彩和参观的安排；安排交流的机会（或座谈、宴请，或安排喜庆、助兴的节目，席间进行交流）；重要来宾的留言、题字（该项活动也可安排在庆典开始前）。

3. 安排接待工作

庆典活动开始前，应做好一切接待准备工作。要安排好接待和服务人员，活动开始前有关人员应各就各位。重要来宾的接待，应由组织的首脑亲自完成。要安排专门的接待室或会议室，以便在正式活动开始前让来宾休息或与组织的领导交谈。入场、签到、剪彩、留言等活动，都要有专人指示和领位。

4. 物资准备和后勤、保安等工作

庆典活动的现场，需要有音响设备、音像设备、文具、电源等；需要剪彩的，要有彩绸带；在特殊场合，鞭炮、锣鼓等也要有所准备。宣传品、条幅和赠予来宾的礼品，也应事前准备好。赠送的礼品要与活动有关或带有企业标志。在特定场合下燃放鞭炮一定要有安保措施。如果有宴请内容，应安排来宾就餐，后勤准备要充分，要认清其为喜庆和交流的目的，不要过分铺张。另外，为活动助兴，可以安排一些短小精彩的文艺节目，这些节目可以组织内部人员表演，也可以邀请有关文艺团队或人员表演，节目要力争有特色。

总之，只要做到认真充分，热情有礼，热烈有序，就会使庆典活动取得成功。

 资料 10-8

揭秘音响保障系统庆典"好声音"是怎样炼成的？

激昂雄壮的问答声、铿锵有力的脚步声、气势磅礴的军乐声、动人心魄的战车轰鸣声……庆典现场这些令人激动的"好声音"，如何传到每个人的耳朵里？这离不开强大的音响保障系统。

架设了 520 组流动音箱

首先是硬件设施改造，工程量就大得惊人。据介绍，指挥部前期已对广场地区及长安街沿线的线缆进行改造，别看区域不大，铺设的固定线缆改造长度就达到了 460 公里，流动线缆长度 100 公里。同时，广场及长安街沿线灯杆上的 161 根音柱也进行了改造，并架设总计 520 组流动音箱，以确保高品质声音送达每一位观众耳畔。

光纤网络上岗保畅通

光纤网络带宽可支撑更多的信息采集点、信息驻点和信息的相互传输和交换，对更好完成音响保障任务，起到很大的作用。比如，根据不同扩音要求，广场在不同点位分设许多区域调音台，其信号源经过扩声机房调音，进行相应延时以后，再对相关地区进行扩声，对整个声场来说，听众感受的声音均匀度大为改善。

音响老将三保阅兵

张京是中央广播电视总台（央广）播送中心转播部的高级工程师，庆典前每天上午10点，他都会走进天安门附近的主扩声机房开始一天的工作。作为国庆阅兵音响指挥部的主调音师，庆典当天大部分声音都会汇集到他这里，再通过扩声系统传给每一位现场观众。算上2009年60周年阅兵和2015年"9·3"阅兵，张京这回已是第三次坚守在主扩声机房了。虽然有经验，可他依然感觉这项工作复杂且艰巨。最多时，现场将有100多路声音汇集到这里进行扩声，而人们平日里所见到的最复杂的大型交响乐现场，声音也不过80多路。

由于国庆盛典的观众区域高低落差很大、面积也很大，这就需要分区域考虑扩音的问题。"采取分区域扩音，这个方法从60周年庆典时就开始使用了。"同时，由于今年广场上还设置两条巨型的"红飘带"，对广场扩声也会产生一定的影响，因此广场区域也专门设置了一个音响团队配合，确保声音扩散范围和均匀度。

资料来源：揭秘音响保障系统庆典"好声音"是怎样炼成的？[N]. 北京日报，2019-10-08（有改动）.

10.4.4　组织庆典活动的注意事项

组织的庆典活动代表着组织的形象，它体现着一个组织及其领导者的组织能力、社交水平和文化素质，往往会成为社会公众取舍、亲疏的标准。因而，组织在进行这类活动的过程中，一定要注意这样一些问题。

1. 有计划

庆典活动应纳入组织的整体规划，应使其符合组织整体效益提高之目的。组织者应对活动进行通盘考虑，切忌想起一事办一事，遇到一节庆一节。

2. 选择好时机

调查研究是组织开展公共关系活动的基础，庆典活动也应在调查的基础上，抓住组织（企业）时机和市场时机，应尽可能使活动与组织、市场相吻合，如生产儿童用品的企业就应瞄准六一儿童节这样的时机。

3. 科学性与艺术性相结合

公共关系活动是科学地推销产品和形象的过程，但要赋予其艺术的形象，使其更具有魅力，这样会有更好的宣传效果，使企业形象更佳。

4. 制造新闻

公共关系活动应能够为公众的代表——新闻媒介所接受，它的反应是衡量活动成功与否的标尺，也是组织形象能否树立的重要环节。所以，庆典活动应尽量邀请新闻记者参加，并努力使活动本身具有新闻价值。

5. 注意总结

组织的公共关系活动应讲求整体性和连续性，作为整体公共关系一部分的庆典活动，应与其他公共关系活动协调一致。为保持组织形象的一体化，保证今后开展活动的连续性，对每一次庆典活动的总结，就显得十分必要了。

10.5 展 览 会

展览会是较为重要的公共关系专题活动之一，它以极强的直观性和真实感，给参观者以较强的心理刺激，这不仅会加深参观者的印象，而且会大大提高组织和产品在参观者心目中的可信度。

10.5.1 展览会的含义和作用

1. 展览会的含义

展览会是指组织通过集中的实物展示和示范表演，配以多种传播媒介的复合传播形式，来宣传产品和组织形象的专业性公共关系活动。

组织展览会活动作为典型的复合型传播方式，其特点是形象生动、直观易见，公众可以通过直接的触摸、使用和品尝等对展览商品形成完整的感性认识。此外，组织展览活动能够为社会组织和公众创造一个直接的双向交流的机会，使得双方就彼此感兴趣的产品进行深入的探讨。

2. 展览会的作用

展览会通过实物、模型和图表进行宣传，不仅可以起到教育公众、传播信息、扩大影响的作用，还可以使组织找到自我、宣传自我、增进效益。

1）找到自我

中国有句古话："酒香不怕巷子深。"的确，高质量的产品会得到社会的认可，广大消费者会对之产生偏好，所以"寻香不怕巷子深"；另外，大凡好东西都会驱使消费者自愿为其进行宣传，这就必然会出现"好酒不怕巷子深"的现象；再者，在自然经济条件下，"独此一家，别无分店"是客观现实，故"酒香不怕巷子深"。但是，随着商品经济的高度发展，产品和生产者的垄断现象已不易存在，若不借助其他工具，人际间的传播已很难使好酒飘香万里，故"酒香也怕巷子深"。此外，伴随着市场竞争的激烈化，生产者已认识到了"质量是后盾，信誉是保证"的重要性，产品的质量差距已大大缩小。因此，"酒香遍地"的局面，使消费者很难选择。利用展览会的机会，可以使生产者找到真正的"我"，让消费者认识并辨别出真正的"我"。

2）宣传自我

展览会通过实物、文字、图片、图表等客观手段来展现成果、风貌和特征。与其他形式的宣传效果相比较，其说服力大大提高，这会使社会公众对组织及其产品的信任度大大提高。优质的产品、精美的图片、动人的解说、艺术的陈设，加上轻松的音乐，使参观者有赏心悦目之感，极大地强化了组织宣传自我的感染力。我国曾在澳大利亚悉尼"假日与旅游展览会"上获最佳展台金奖的"中国一条街"，就是以具体、翔实的图片、实物和现场演示，介绍了中国的旅游资源（长城、泰山、布达拉宫等）、民俗及民族手工艺品、美食烹饪等，使参观展览会的观众对到中国旅游的兴趣大增。这足以说明展览会在宣传自我方面的积极作用。

3）增进效益

公共关系的基本原则是：真诚合作、互利互惠。作为一个组织，找到自我、宣传自我是十分必要的。但是，要想最终得利，就必须以真诚的态度，为社会、为公众服务。展览会在宣传自我、告诉别人"庭院深处有好酒"的同时，又服务于社会，为消费者提供了购物指导。这里需要强调的是：组织在举办展览会时，必须考虑社会效益，要让消费者受益，要树立为广大公众服务的良好形象，要谋求社会公众的好感与合作，要争取社会效益与经济效益双丰收。正如每年两次的广州"中国出口商品交易会"，既展示了我国的改革成果，成为开放的窗口，又推动了经济的发展，带来巨大的经济效益，是增进效益的典范。

 资料 10-9

宁镇扬三地新出土文物展

宁镇扬三座城市比邻而居，文化同根、民俗同源，发展同脉，独特的地理交通条件以及深厚的历史文化积淀，孕育了宁镇扬地区深厚的文化底蕴。

多年来，三地考古工作者紧握手铲这一最基本的考古专业工具，栉风沐雨，跋涉于田野城市之间，寻觅着与祖先对话的契机，努力解读着如天书般的古代文化遗存，并取得丰硕成果。

展览展出文物总数达 200 余件，包含了石器、玉器、青铜器、铁器、漆木器、陶瓷器等，多属文物精华。镇江京口闸遗址出土的元青花海水龙纹香炉高达 70 厘米，三足和两耳都可以拆分，是目前国内出土的体量较大的元代青化瓷器。南京徐达墓出土的明代蓝釉瓷梅瓶、大报恩寺遗址出土的银鎏金香薰和镶银口蕉叶纹水晶杯，扬州隋炀帝墓出土的蹀躞金玉带，宋大城北门遗址出土的元青花高足杯等均是极为珍贵的文物。

资料来源：一场展览，看尽宁镇扬最新出土文物[N]. 现代快报，2019-01-01.

10.5.2　展览会的类型

展览会很多，从不同的角度可以划分为不同的类型。

1. 按展览会的性质划分，有贸易展览会和宣传展览会

（1）贸易展览会。举办这种展览会的目的是为了促进商品交易，展出的也是一些实物商品和新技术等。其最大的特点是将商品展览与订货融为一体。例如我国每年春秋两季在广州举办的"中国出口商品交易会"，以及近年来在新疆、哈尔滨等地举办的边贸商品交易会等。

（2）宣传展览会。这种展览会主要通过展出有关组织的照片资料、图表和实物来宣传组织的成就、价值观念以扩大影响，或让观众了解某一史实。其特点是重在宣传，没有商业色彩，如"反邪教展览""中华人民共和国成立七十周年纪念展"等。

2. 按举办的地点划分，有室内展览会和露天展览会

（1）室内展览会。大多数的展览会都在室内举行，显得较为隆重，且不受天气影响，举办期间也可以延长，不受时间限制，可以展出较为精致、价值很高的展品，如"中国著名丝绸服饰展""景德镇名瓷艺术展"等，但室内展览布置较为复杂，所需费用也较大。

（2）露天展览会。在室外举行，其最大的特点是规模可以很大，布置工作可以较为简单，所花费用较少，但易受天气影响，时间不宜过长。通常农产品、花卉等宜在露天展览，如"全国农副产品展""洛阳牡丹展"等。

3. 按展览的项目划分，有综合性展览会和专项展览会

（1）综合性展览会。综合性展览会旨在展示一个国家、一个地区、一个行业、一个组织的全面成就，既有整体概括，又有具体形象，观众参观后有一个比较完整的印象，如"中国教育改革四十年成就展""世界博览会中国馆"等。

（2）专项展览会。专项展览会是围绕一个专业或专题举办的，虽不要求全面系统，但也要内容集中，主题鲜明，有一定深度，如汽车展览会、电冰箱展览会、防火安全展览会等。

4. 按展览的规模划分，有大型展览会和小型展览会

（1）大型展览会。一般由专门的单位举办，需要将产品送展的组织通过报名参加。这种展览会规模较大，参展项目较多，涉及面较广，展览技术要求也高，需要有较高的专业技术水平才能办好，如"中国出口商品交易会""世界园艺博览会"就属于这种类型。

（2）小型展览会。一般由组织自己展出自己的产品，展出的项目比较单一，展览地点多选在车站候车室、机场进出口等地方，其规模较小，如"某公司领带展""某某绘画作品展"等。

此外，展览会还有国内展览会和国际展览会、固定地点展览会和流动展览会、长期展览会和短期展览会等。组织要根据自己的情况和目标，恰当地选择展览会的类型，以收到更好的效果。

10.5.3　组织展览会的步骤

展览会为组织开展公共关系活动提供了一个良好的机会，组织应该充分利用这个机会展示自己的产品，传递必要的信息，加强与社会公众的直接沟通。为使展览会办得卓有成效，应认真做好以下工作。

1. 分析参展的必要性和可行性

在举办展览会之前，首先要分析其必要性和可行性。展览会需要投入较多的人力、物力和财力，如果不进行科学的分析论证，就有可能造成两个不良后果：一是费用开支过大而得不偿失；二是盲目举办而起不到应有的作用。特别是大型展览会，人力投入多、费用开支大，就更应谨慎从事，要论证其可行性和必要性。展览会的发起单位是如此，参展单位同样如此。

2. 明确主题

每次展览会都应有一个明确的主题，并将主题以各种形式反映出来，如主题性口号、主题歌曲、徽标、纪念品等。必须弄清楚是要宣传产品的质量、品种，还是要宣传组织形象；是要提高组织的知名度，还是要消除公众的误解。只有主题明确，才能使展览会的实物、图片及文字说明等有机地结合起来，收到较好的效果。如果主题不明确，就会造成展品、实物及文字资料的结构混乱，给人一种毫无头绪的感觉。

3. 构思参展结构

组织经营生产的产品，其组合的深度、广度、密度各不相同，项目和品牌差别也很大。哪些产品参展，其深度、广度、密度如何确定，参展产品项目和品牌怎样搭配，都需要认真构思。要尽量选择质量较好，具有独特风格和在市场上具有竞争力的产品参展，且产品的品种和档次应力求齐全，并有针对性。

4. 选择地点和时机

地点的选择要考虑三个因素：第一，交通是否便利；第二，周围环境是否有利；第三，辅助系统如灯光系统、音响系统、安全系统、卫生系统等是否健全。如果是自己组织的展览会，宜选在交通方便、环境适宜、设施齐全的地方。若是参展，尽量争取到入口处附近的位置。展览时间一般来说应选择在适合该项产品销售的季节，且每次展览时间不宜过长，以免拖延时日、耗费钱财、影响效果。

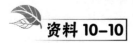

资料 10-10

年货采购展览会

2019 年 1 月 29 日，安徽合肥，50 岁的王师傅起了个大早，拿上自己的年货清单就往明珠广场赶。为期 15 天的"年货采购展览会"在此开幕，20 多个国家和地区的 2 000 多种进口商品亮相。一进年货展，蒙城五香黄牛肉、台湾高雄水果、泰国水果软糖……琳琅满目的年货映入眼帘。王师傅穿过人群，直奔进口年货区。"这个酒不错，还便宜，我买了 8 箱！"他扛着一箱法国红酒兴奋地说道。女儿正月初四结婚，王师傅特意来这采购年货，为婚礼做准备。"原来想买这些进口年货只能网购，还不知道是真是假、质量咋样，叫人放心不下。"

资料来源：仝宗莉. 晒晒咱家新年货[N]. 人民日报，2019-02-01（有改动）.

5. 准备资料，制定预算

准备资料是指准备宣传资料，如设计与制作展览会的会徽、会标及纪念品、说明书、宣传小册子、幻灯片、录像带，撰写展览会的背景资料、前言及结束语，制作参展品名目录、参展单位目录以及展览会平面图等。举办展览会要花费一定的资金，如场地和设备租金、运输费、设计布置费、材料费、传播媒介费、劳务费、宣传资料制作费、通讯费等。在做这些经费预算时，一般应留出 5%～10% 做准备金，以作调剂之用。

6. 培训工作人员

展览会工作人员素质的高低，是否掌握参展的技能，对整个展览效果起着关键作用。

因此，必须对展览会的工作人员，如讲解员、接待员、服务员、业务洽谈人员等进行培训，培训内容包括公共关系技能、展览专业知识和专门技能、营销技能、社交礼仪等。

此外，为使展览会办得生动活泼、别具一格，可邀请知名人士出席，并为参观者签名留念，或安排开幕剪彩仪式，或参观本地风景名胜，或组织参展人员大联欢，或准备适当的纪念品，以联络感情，加深印象。

10.5.4　组织展览会的注意事项

（1）保持组织信息网络渠道的畅通，及时了解展览信息和其他相关信息，正确决策、充分准备、利用好展览会时机宣传组织和产品。

（2）一旦展台场地的合同签订，马上同展览会的新闻发布机构或人员取得联系，预先提供组织关于展览的详细情况，至少也应提供有关该组织的情况和展出的主要内容。借助展览的组织方对组织及产品进行宣传。

（3）提早了解清楚官方揭幕者或剪彩者的身份，预先直接同其接洽，争取在正式开幕仪式举行时参观组织展台，这对于提高组织声望极为重要。

（4）参展者应利用"CI"组织形象设计原理，使用系统的视觉识别材料。有可能的话在展台或布展上做特殊装修或对样品进行特殊安排，以增加其独特性和新鲜感。

（5）展览期间，组织重要人物出席或邀请知名度极高的社会名流来展台。参观者既可以直接邀请新闻记者，在展台旁组织记者招待会；也可以通过展览会新闻发布机构的新闻报道或信息发布进行宣传。

（6）展览会上，如果有大宗买卖成交或接待了一位重要的参观者，或者是一种很有潜在价值的新产品将要展出等，都是新闻媒介注意的重要题材。参展方公关人员应注意挖掘这种素材甚至可以制造独特新闻，来引起新闻界和社会公众的注意。

（7）参展者应审时度势在展览期间抓住或制造任意一种机会，如借助公益赞助等其他公共关系活动来促进产品销售和塑造组织形象。

（8）展览会结束后。应争取记者给予报导，或者通过努力使本组织的展览成为有关的广播和电视节目构思的内容。

10.6　开　放　参　观

开放参观是公共关系活动中的重要手段之一。它是组织通过直接的人际接触来传递组织信息，谋求社会公众的好感与信任的最有效手段之一。组织利用开放的机会接待来访者，直接向来访者展开宣传攻势，证实组织存在的价值，同时最直接地了解公众的看法。这样不仅可以得到公众的理解、信任与好感，而且可以做到双向沟通，是提高美誉度的最好契机。

10.6.1　开放参观的含义和作用

1. 开放参观的含义

公共关系中的开放参观活动是指社会组织邀请社会公众进行实地参观并考察其工作环

境、成就展览的一种社会活动。其中受邀的社会公众包括内部公众（如员工家属、股东公众等）、外部公众（如顾客、经销商、消费者、供应商、社区公民、政府机构公众、新闻媒介公众等）。

开放参观活动的最大益处在于"百闻不如一见"，其目的在于增加本组织的透明度，扩大本组织的知名度，加强组织与重要公众间的双向沟通和了解，建立与公众间的良好互动关系。

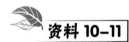

资料 10-11

<h3 style="text-align:center">故宫的变化</h3>

2018 年 9 月 19 日，紫禁城内最大的一个仓库"南大库"变身家具馆，正式向公众开放。一期展厅"仓储式"展出 300 余件清代家具和 30 余件精品家具，以康熙、雍正、乾隆时期的家具为主，按照庭院、书房、琴房等主题进行场景设计，结合多媒体技术和灯光，形成不同的文化空间，供观众近距离欣赏。

故宫博物院院长单霁翔告诉《中国青年报·中青在线》记者，故宫博物院现存明清家具 6200 余件，数量为世界之冠。此前这些珍贵的家具文物一直藏在深宫大库之中。现在，家具每天能通风，观众每天能参观，专家每天能研究。

多年来，故宫博物院一直在做有条件地扩大开放，2014 年是一个转折点，开放面积第一次超过一半，达到 52%，2015 年 65%，2017 年 76%；"南大库"开放后，达到 80%。大量过去的非开放区，今天都变成展区。比如，午门雁翅楼面积 2 800 多平方米，成为世界上规模最大的临时展厅之一，陆续举办了来自印度、阿富汗、法国、卡塔尔、摩纳哥的展览，平均每天接待 3.5 万名观众。

资料来源：蒋肖斌. 今天你能看到的故宫，已从 30%到 80%[N]. 中国青年报，2018-10-09（有改动）.

2. 开放参观的作用

1）树立良好的组织形象

社会组织对外开放参观，主动将自己展示在公众面前，可以大大提高组织的透明度；同时，利用参观机会向公众宣传，可以树立起良好的组织形象。目前，许多企业都设立了企业开放日。

2）澄清事实真相，消除公众误解

社会公众通常会因某些主客观原因而对组织产生误解或疑虑，此时针对公众举办一次开放参观活动，可以帮助组织澄清事实真相，消除公众误解。

3）为组织与公众提供直接沟通的机会

在组织开放参观的过程中，通过讲座与座谈，组织领导及工作人员与各界参观公众进行直接沟通和交流。一方面，组织者可以更详细地向参观者介绍组织情况，倾听参观者的建议；另一方面，参观者也可以现场向组织提出疑问、等待解释。

10.6.2　开放参观活动的开展

任何一个组织，特别是企业要想办好开放组织活动，必须从以下方面去考虑。

1. 明确目的

组织的任何一次对外开放活动，都应确定一个明确的主题，即通过这次活动让对象公众留下怎样的印象、取得什么效果、达到什么目的。

2. 安排时间

组织对外开放的时间以不影响组织的正常工作为标准，同时要考虑选择公众方便的时候开放。开放的时间最好安排在一些特殊的日子，如厂庆、开工、竣工、逢年过节等，特别是在喜庆的日子里让公众来本组织参观，可以提高公众的兴趣，获得更好的开放效果。另外，要有足够的时间来准备开放组织活动的工作，如规模较大的开放活动需要 3~6 个月的准备时间，若还要准备大规模展览、编印纪念册或其他特别节目，则需时更多。应尽量避开严寒酷暑期，并考虑气候的适宜度，安排在晚春或早秋较为理想。

3. 成立专门机构

为使开放组织活动办得有声有色、尽善尽美，最好成立一个专门的筹备委员会，其成员可包括组织的领导成员、公共关系人员、行政和人事部门的人员等。如果主题是强调服务或产品，还可邀请经营、营销部门的人员参加。

4. 做好宣传工作

要想使开放组织活动获得成功，最重要的是做好各种宣传工作。例如编写通俗易懂的解说词，准备一份简单明了的说明书，做好环境卫生和参观地点的装饰、场景的布置、实物的陈列等。为使开放活动产生持久效果，不妨向参观者赠送一些有纪念意义的小册子或小礼品，纪念品上可印上文字说明和组织名称，有助于通过参观者之手转送未能亲自参观的人，成为有用的传播媒介。

5. 做好向导

应当有专人做向导工作，有向导陪同参观者沿预定的参观路线进行参观，并设置明显的路标为参观者导向，在人们可能最感兴趣的地方，安排专人做集中讲解。如有保密的必要，则应提醒参观者不要超越所限范围。

6. 做好服务接待工作

对参观者应热情友好、服务周到，认真做好接待工作。要提供休息场所，还可适当提供一些娱乐活动，开放俱乐部等。有条件的可准备一些茶水、饮料、点心，还可准备签名册，以作纪念。

资料 10-12

香港警署建筑群 "大馆" 开放

据香港特区政府新闻网消息，香港警署建筑群 "大馆" 占地 13 600 平方米，位处中环核心地带，由前中区警署、中央裁判司署、域多利监狱共 3 组法定古迹组成，见证了香港 170 多年的历史变迁。大馆于 2018 年 5 月开放参观，至今满一岁，访客累计约 300 万人次，期间安排导赏团活动约 700 次，举办表演、工作坊、研讨会等共约 200 场。

馆内设有多个历史故事空间，阐述不同建筑群历史和人物生活点滴。2019 年初，中央裁判司署内新增 2 个历史故事空间，让市民了解香港早期司法制度特色。

大馆文物事务主管杨颖贤表示，两个空间属上下相连，上层是法庭，下层是拘留室。访客置身其中，可了解旧式法庭布局，以及香港开埠时的一些重要案件，并想像昔日审案时庭警将疑犯带到犯人栏的情景。

资料来源：添设施增魅力 香港警署建筑群"大馆"满一岁！[EB/OL]. 中新网，2019-05-06.

10.6.3 开放参观的注意事项

（1）态度要真诚热情。

（2）安排要紧凑而不紧张。

本 章 小 结

公共关系专题活动，是社会组织围绕某一明确的目标而开展的活动，是一项操作性、应用性和技术性很强的工作。绝大多数的社会组织在建立、发展和壮大过程中，都要定期或不定期地举办一些专题活动来宣传自己、协调关系、塑造形象、争取公众。公共关系专题活动的种类很多，较常见的有新闻发布会、赞助活动、庆典活动、展览会、开放参观活动等。

新闻发布会是政府、企业、社会团体或个人把有关新闻单位的记者邀请到一起，宣布有关消息或介绍情况，让记者就此提问，由专人回答问题的一种特殊会议形式，是组织与公众沟通的例行方式，以求新闻界客观报道的行之有效的手段。

赞助是组织或团体通过提供资金、产品、设备、设施和免费服务的形式资助社会事业的活动。赞助活动形式多样，主要包括赞助体育事业、赞助文化教育事业、赞助社会福利事业等。赞助是一种既可以赢得社会好感，又可以提高自己知名度的公共关系活动。

庆典活动是组织利用自身或社会环境中的有关重大事件、纪念日、节日等所举办的各种仪式、庆祝会和纪念活动的总称。通过庆典活动，可以渲染气氛，强化组织的影响力，也可以广交朋友，广结良缘。成功的庆典活动还可能具有较高的新闻价值，从而进一步提高组织的知名度和美誉度。

展览会是社会组织通过实物的展示和文字、图表等的示范表演来配合宣传组织形象和推广产品的专题活动。组织的展览活动可以分为主办展览活动与参与展览活动。而大多数组织主要是后者。

开放参观活动，是社会组织为了让公众更好地了解自己，有计划地邀请组织的员工家属、社会公众、新闻工作者及其他对组织感兴趣的人到组织进行现场参观的公共关系活动。其目的是增加本组织的透明度和扩大本组织在社会上的知名度，争取公众的理解和支持，表明它的存在是有利于社会和公众的。同时，开放参观有助于消除人们对本组织的某些不解和疑虑，改善社区关系。

客 观 题

自学自测　扫描此码

问 答 题

（1）确定公共关系专题活动的主题时应考虑哪些因素？公共关系专题活动的目的是什么？
（2）新闻发布会的准备工作应从哪些方面考虑？
（3）如何开展赞助活动？
（4）要办好一次庆典活动，应做好哪些工作？
（5）如何做好展览会的组织工作？

案例分析题

印度洋地震海啸时中国及时援助受灾国

2004 年 12 月 26 日发生印度洋海啸后，国际社会立即行动起来进行救援，中国是受灾国的近邻和友邦，在这场世界范围的人道主义大救援中贡献着自己的力量。

12 月 30 日，严寒袭击北京。上午 10 时，首都机场 35 名中国国际救援队成员整装待发，奔赴印度尼西亚苏门答腊重灾区开展国际救援。肩负着中国政府和祖国人民的真情和重托，中国国际救援队全体成员将乘坐中国民航 CA051 专机从首都机场飞向印尼，中国地震局局长陈建民向记者介绍救援情况："26 日，得知印度详发生地震海啸，我们立即行动，当天就组建好队伍，取消了元旦联欢会和述职会。29 日，应印度尼西亚政府请求，我方连夜准备，现在随时可以起飞，我救援队主要任务是开展国际人道主义救助，紧急医疗救护、搜救遇难伤亡人员，还要进行灾害评估，我们带了必需的药品、食品、水、发电机和轻型搜救装备达 7 吨多，物资援助将另行运送。前方困难很大，我们不会给印尼增加任何负担，完全能够自给。印尼气温高，各种困难都可能碰到，我们已做了充分准备，保证圆满完成任务。"

武警总医院副院长，中国国际救援队副总队长兼首席医疗官郑静晨说："昨晚接到命令，早上 7 时半告诉妻子，她很支持，鼓励我不要事负国家和医院的重托。武警总医院作为中国救援队的独家医疗救助队，已是第三次涉外救援。此次 16 名医护人员是优中选优，全部参加过国际救援专业培训，通过了国际 SOS 救援组织认证，达到重型救援标准。救援队有外科和内科医生，还有特级护理人员。不管困难多大，我们都能战胜。"

印度尼西亚驻华大使库斯蒂亚到机场为中国教授队送行："感谢中国政府和人民对我们的援助。"

中国国家救援队即将奔赴印尼苏门答腊受灾最为严重的亚齐省，该省是距离震中最近的陆地，遭受了地震和海啸的双重灾害。80%的房屋倒塌，4 万人死亡，受灾人口在 100 万到 300 万左右，估计今晚 11 时左右才能抵达棉兰机场。机场道路被冲毁，下了飞机救援队要连夜出发，大约还要一整天才能到达救援最前线。

31 日国务院总理温家宝在中南海会见印度洋地震海啸受灾国家驻华使节和部分国际组织驻华代表时表示，中国将在以往援助基础上，再对印度洋地震海啸受灾国家增加 5 亿元人民币的援助，并根据各国需要随时派出救援队。

2005 年 1 月 6 日，出席东盟地震和海啸灾后问题领导人特别会议的中国国务院总理温家宝会见印度尼西亚总统。中国国务院总理温家宝在会上发表了题为《同舟共济重建美好家园》的重要讲话，作出郑重承诺，提出了 7 项建议，并表示中国政府将追加 2000 万元援助。温总理还特别强调："中国一贯说话是算数的。我们做出的承诺一定会办到、办好，过去是这样，现在是这样，将来也是这样。"

（资料来源：李诗佳，常爱玲. 中国将对印度洋地震海啸受灾国增加 5 亿元援助[EB/OL]. 新华网，2004-12-31）

请从公共关系赞助的角度进行评析。

实践训练题

项目 1：观看展览。

实训项目：观看当地大型展览（车展、房展等）。

实训目的：加深对展览会有关知识的认识，提高组织与策划展览会的能力。

实训内容：训练组织参与展览活动的各种技巧。

项目 2：参观访问

实训项目：访问你所在地区开放参观活动办得较成功的企业或其他社会组织。

实训目的：通过访问，加深对举办开放参观活动的筹备工作、一般程序与注意事项的认识。

实训内容：

（1）社会组织举办开放参观活动的筹备工作、一般程序与注意事项。

（2）写一份如何组织与策划开放参观活动的建议书。

第 5 部分　公共关系应用

第11章

组织形象管理

【教学目标】

通过本章的学习了解组织形象的概念、分类及其基本特性；掌握 CI 战略的核心内容以及 CIS 的基本构成；熟悉组织形象调查的一般程序，理解组织形象策划的基本特性、建立有效的组织形象的方法，并能了解 CIS 开发的作业程序、VIS 设计与开发的内容。

【教学要求】

知识要点	能力要求	相关知识
组织形象的内涵、特征	（1）了解组织形象的含义 （2）掌握组织形象的主要内容	塑造组织形象应掌握的公共关系模式
CI、CIS 战略	（1）了解实施 CI 战略的意义 （2）掌握 CIS 的基本构成	CIS 方案设计与公共关系工作的开展
CIS 的作业程序	（1）了解 CIS 开发的作业程序 （2）掌握导入 CI 的时机	（1）商标、品牌、名牌、CIS （2）CIS 战略的实务操作

导入案例

杜邦公司 21 世纪新形象

杜邦公司 1802 年创办于美国的特拉华州。两百多年不断的科技飞跃，使杜邦从创业初期的一种产品——黑色火药及 36 000 美元的资产发展成为如今世界上历史最悠久、业务最多元化的跨国科技企业之一，总营业额达 400 多亿美元，在《财富》全球 500 强大企业中名列前茅，并位居化工行业榜首。如今，杜邦及其附属机构在全球拥有 92 000 名员工，180 余家子公司，生产设施遍布近 70 个国家和地区，服务于全球市场的食物与营养、健康保健、农业、服装和服饰、家居及建筑、电子和运输等领域，为提高人类的生活品质而提供科学的解决之道。

进入 21 世纪，科技在各个方面日益成为人们日常生活的一部分。杜邦在科学研究方面有相当长的历史，调查资料显示，杜邦是为数不多的被公众认为具有科学实力的公司之一，杜邦有意将自己发展成为一个增长更快、知识含量更高的公司。但杜邦目前在人们心中仍是一家以发明伟大的原材料、生产传统化学品为主要业务的"化学公司"。而从 1935 年使用至今的企业口号"生产优质产品，开创美好生活"，专注的主要是杜邦的产品。杜邦意识到，一个能独特地表述公司精髓的新企业定位，对于加快公司发展进程极为重要。因此，杜邦公司特别邀请了四家代理公司为杜邦的新定位进行设计。各相关公司为此作了大量的市场调查，并提出了相应的建议。最后，"创造科学奇迹"这一口号脱颖而出。杜邦公司充分认识到，企业的重新定位不仅仅是一个新的企业口号或一个新的广告运动。"创造科学奇迹"这个新定位是一个长期的努力，它独特地描述了公司进一步发展的方向，是杜邦进行企业改革的一个重要部分。

资料来源：公共关系案例分析题[EB/OL]. 豆丁网，2016-03-24（有改动）.

建立良好的公共关系，争取社会舆论的支持，需要一个良好的组织形象。组织形象的对外传播需要围绕着塑造良好的公众形象这个主题去展开，即运用 CI 战略，通过传播沟通手段协调关系、影响舆论，建立、维护、优化组织形象。追求良好的公众形象是公共关系管理活动的重要目标之一。

11.1　组织形象概论

11.1.1　组织形象的概念

1. 形象的含义

从心理学的角度来看，形象就是知觉，它是人们通过视觉、听觉、触觉、味觉等各种感觉器官在大脑中形成的关于某种事物的整体印象，是人对感觉信息的组织和解释过程。形象是对各种感觉的再现，因此，形象不是事物本身，而是人们对事物的感知。不同的人对同一事物的感知不会完全相同，同一人在不同情况下对事物的感知也可能不同，这在很大程度上受到人的意识和认知过程的影响。由于意识具有主观能动性，因此事物在人们头脑中形成的不同形象会对人的行为产生不同的影响。

公共关系是一种以塑造组织形象为目标的传播管理活动。公共关系所提及的"形象"不局限于个别的、具体的、直观的范畴，而是有着更为深层的意义，公共关系所说的"形象"其本质就是信誉。公共关系将建设和完善组织形象的内涵放在第一位，塑造的是组织的整体形象。公共关系形象是通过组织的传播活动去影响公众的观念和态度而形成的。

2. 组织形象的含义

组织形象是组织内外对组织的整体感觉、印象和认知，是组织状况的综合反映。组织形象一词是指组织的总体特征和实际表现在社会公众中获得的认知和评价。

组织形象是组织在与社会公众（包括组织内员工）通过传播媒体或其他接触的过程中形成的，它包括公众印象、公众态度和公众舆论 3 个层次。

公众印象是由个体印象综合形成。而在公众印象的基础上，加入人们的判断，进而形成具有内在性、倾向性和相对稳定性的公众态度，多数人的肯定或否定的态度才形成公众舆论。公众舆论通过大众传播媒体和其他途径（如人们的交谈、表情等）反复作用于人脑，最后影响人的行为。

组织形象有好与不好之分，当组织在社会公众中具有良好形象时，消费者就愿意购买该组织的产品或接受其提供的服务；反之，消费者将不会购买该组织的产品，也不会接受其提供的服务。组织形象的好与不好不能一概而论，多数人认为某组织很好时，可能另有一些人感到很差，而这种对形象的认知将决定其会不会接受该组织的产品或服务。任何事物都不能追求十全十美，因此，必须把握矛盾的主要方面，从总体上认识和把握组织的形象。

资料 11-1

组织形象的重要性

公共关系不是搞关系，也不是宣传与操纵，基于公共利益进行沟通，才能获得认同与合作，改善组织形象及组织与公众的关系。公共关系不能仅仅局限于为雇主服务，而要在为雇主服务和维护公众利益、公共利益之间保持必要的平衡，才能赢得认同，取得更好的效果。操纵他人的行为不是公共关系，而是策略性行动。以"道"御"术"，才能产生良好的效果，否则，狭隘地只考虑组织的利益，通过虚假报道、欺骗操纵、网络水军、散布谣言等形式进行"公共关系"，效果最终只能适得其反。

资料来源：柳斌杰. 当前中国公共关系的十大主要任务[N]. 中国青年报，2016-12-23（有改动）.

11.1.2 组织形象的基本特性

了解组织形象的基本特性对于正确把握组织形象的内涵、认识组织形象的作用、探索组织形象发展规律是十分必要的。

1. 主客观二重性

主观性是指组织形象作为组织在公众心目中的印象，必然受到公众自身价值观、思维方式、道德标准、审美取向、性格差异等主观因素的影响，因此同一个组织在不同公众心目中会产生有差别的形象。客观性则是指组织形象的存在这一事实，不受组织的规模大小、经营业绩好坏的影响，也不受包括组织领导人在内的任何人承认与否、喜欢与否的左右，也不管组织是否主动去塑造，它与组织本身如影随形。组织形象从组织诞生之日起便开始形成，伴随组织的成长而发展变化，甚至组织由于各种原因不存在了（如倒闭、被兼并），组织形象也还会在一定时间一定范围内存在，其生命力超越了组织本身。当然，承认组织形象的客观性，并不是说组织在自身形象面前无能为力。组织是由具有主观能动性的人组成的社会组织，人们可以通过管理组织、改善经营、公共关系及对外宣传等有意识的实践活动，来主动影响和塑造组织形象，而不是只能被动地接受它。

2. 系统性

组织实态形象本身是由复杂因素组成的，有公众容易感知的产品质量、功能、形状、色彩、包装，有组织的标志（或商标）、服装、旗帜、厂房、店面；有公众不太容易感受到的组织员工素质、行为规范、风俗习惯；还有一些看不见、摸不着，因而公众最不容易感受到的组织目标、宗旨、精神、风气等。这些看似复杂的组成因素之间有着内在的必然的联系，相互依存、互为条件，因此决定了组织实态形象是一个具有很强系统性的整体。主观建立在客观的基础上，因此公众主观形成的组织虚态形象也应该具有很强的系统性。公众形成对一家组织的整体感觉、印象和认知，需要通过多种媒体渠道、多方面信息综合作用。系统性的特点告诉我们，在塑造组织形象时要从整体着手，全盘规划，绝不能只重视其中一个方面或某几点而忽视了其他方面。

 资料 11-2

"上合组织"形象

2017 年 4 月 14 日，上海合作组织秘书长阿利莫夫在北京外国语大学发表演讲，向中国学子介绍了上合组织的历史、现状及发展前景。

"上合组织"的前身要从"上海五国"说起。阿利莫夫讲道，正是在上海这座城市解决了"上海五国"机制的一个重要的问题，即在欧亚地区的心脏地带形成开放、互信和相互尊重的机制。这也就是为什么上海合作组织是唯一一个以城市命名的国际组织。

阿利莫夫秘书长将上合组织形象地比喻为一辆行驶的汽车，支撑车身的四个"车轮"分别为安全、经济合作、文明和共同发展。秘书长强调，其中最重要的车轮就是安全问题，"当前这个'车轮'运行的如同'瑞士钟表'一样精准良好，"他说。正因如此，上合组织覆盖的区域成为世界上最安全的区域之一。

资料来源：徐祥丽. 上合组织秘书长在北外发表演讲[EB/OL]. 人民网，2017-04-14（有改动）.

3. 动态性

由于组织的生产经营情况、构成公众的人群、信息传播所借助的媒体渠道等决定组织形象的因素总是处于发展变化之中，因此组织形象也是运动的，而不是静止不变的，这就是动态性的第一层含义。正面形象和负面形象、主导形象和辅助形象、内部形象和外部形象，以及直接形象和间接形象，它们作为组织形象的组成部分也不是固定不变的，而是相互间处于矛盾运动之中，在一定条件下对立面之间还能相互转化，这是动态性的第二层含义。例如，过去"经久耐用"是构成产品及组织的正面形象，甚至成为主导形象的因素，而随着物质生活水平的提高，人们开始希望丰富多彩、追求时髦，某些产品的"经久耐用"已经变成保守、陈旧、落后的象征，甚至构成了组织的负面形象。把握动态性，对于探索塑造组织形象的科学规律是很重要的。

4. 相对稳定性

组织形象具有动态性、始终处于运动变化之中，并不意味着组织形象神秘莫测、不可认识和把握。组织形象不是凭空想象出来的，其产生、更新和发展是一个连续的过程，在一段时间内它又是相对稳定的、静态的，这是我们可以从客观角度认识、了解、分析和把握其基本规律的重要前提。从相对稳定性出发，我们还可以看到组织形象发展变化离不开原来的基础，即组织形象具有继承性，组织形象策划与塑造中任何割裂历史的做法都是非常危险的。正是因为组织形象有了这种相对稳定性，我们才能够将其划分类别、剖析层次结构并进行评价。

11.1.3 组织形象的主要内容

1. 产品形象

产品形象是为实现企业的总体形象目标的细化，是以产品设计为核心而展开的系统形象设计，也是把产品作为载体，对产品的功能、结构、形态、色彩、材质、人机界面以及依附在产品上的标志、图形、文字等，能客观、准确地传达企业精神及理念的设计。对产品的设计、开发、研究的观念、原理、功能、结构、构造、技术、材料、造型、加工工艺、生产设备、包装、装潢、运输、展示营销手段、产品的推广、广告策略等进行一系列统一策划、统一设计，形成统一的感官形象，也是产品内在的品质形象与产品外在的视觉形象和社会形象形成统一性的结果。

2. 人员形象

人员是组织形象里最为活跃的载体，是通过组织成员所展示出来的形象，包括组织管理群体形象、全体员工形象。具体来说包括人员的品行、素质、作风、行为、能力和仪表等因素。

3. 环境形象

环境形象是指企业物质环境如生活、生产和工作环境给公众的整体印象，它包括企业的建筑物的质量、面积、范围、布局设计、技术设施和环境美化等，它能在短时间内直观地、具体地留给人们一种形象感染力。环境形象是企业形象重要的组成部分，不管是营利性组织还是非营利性组织，不管是大企业还是小企业、国有企业还是私有企业，都需要在客户面前有个好的环境形象。好的形象主要是通过客户的视觉感受产生的，而在企业环境中，影响客户视觉感受的重要因素有：企业的标牌、企业的形象墙、前台接待台等。其中形象墙是影响人第一感觉的重要视觉因素。形象墙不仅有很好的导向系统功能，更重要的是还能强化企业品牌，展示企业形象，通过公众对企业环境的直接感受来强化企业品牌。

4. 管理形象

管理形象是通过组织的管理行为展现的形象，管理形象是全面的、整体的，包括组织的管理体制、方针政策、规章制度、办事程序、工作效率、技术实力、营销能力、参与活动的影响，等等。

5. 文化形象

组织特点的文化制约着组织形象的个性，标志着组织形象的特点风格。企业文化是社会文化体系中的一个有机的重要组成部分。它是民族文化和现代意识在企业内部的反映和表现，是民族文化和现代意识影响下形成的具有企业特点和群体意识以及这种意识产生的行为规范。

组织文化包括：企业环境、价值观、英雄人物、文化仪式和文化网格。企业环境是指企业的性质、企业的经营方向、外部环境、企业的社会形象、与外界的联系等方面，它往往决定企业的行为。价值观是指企业内成员对某个事件或某种行为好与坏、善与恶、正确与错误、是否值得仿效的一致认识。价值观是企业文化的核心，统一的价值观使企业内成员在判断自己行为时具有统一的标准，并以此来选择自己的行为。英雄人物是指企业文化的核心人物或企业文化的人格化，其作用在于作为一种活的样板，给企业中其他员工提供可供仿效的榜样，对企业文化的形成和强化起着极为重要的作用。文化仪式是指企业内的各种表彰、奖励活动、聚会以及文娱活动等，它可以把企业中发生的某些事情戏剧化和形象化，来生动地宣传和体现本企业的价值观，使人们通过这些生动活泼的活动领会企业文化的内涵，使企业文化"寓教于乐"。文化网络是指非正式的信息传递渠道，主要是传播文化信息。它是由某种非正式的组织和人群，以及某一特定场合所组成，它所传递出的信息往往能反映出职工的愿望和心态。

6. 社会责任形象

仍以企业这类社会组织为例，企业社会责任是指企业在创造利润、对股东承担法律责任的同时，还要承担对员工、消费者、社区和环境的责任。企业的社会责任要求企业必须超越把利润作为唯一目标的传统理念，强调在生产过程中对人的价值的关注，强调对消费者、环境、社会的贡献。社会责任形象主要包括：承担明礼诚信确保产品货真价实的责任；承担科学发展与交纳税款的责任；承担可持续发展与节约资源的责任；承担保护环境和维护自然和谐的责任；承担公共产品与文化建设的责任；承担扶贫济困和发展慈善事业的责任；承担保护职工健康和确保职工待遇的责任；承担发展科技和创新自主知识产权的责任等的形象。

企业应该从以下方面着手建立社会责任战略：第一，企业应将社会责任纳入公司战略规划中，从公司总体发展战略出发，将企业的社会责任贯穿到公司整体经营活动中。第二，企业应该设置专门的机构来负责社会责任的推行，并设置相应的社会责任考核指标。第三，培养企业员工的社会责任意识，使企业的每个员工在实际的日常行为中处处履行社会责任。第四，持续定期发放企业社会责任报告，全面真实地展现企业公民形象。

11.1.4　战略塑造组织形象的利器——CI

在信息爆炸、媒体渠道过分拥挤的情况下如何使组织的信息有效地传递出去，并准确地到达自己的公众对象那里，这是实施组织形象管理所面对的一个难题。为了加强形象宣传的一致性、形象宣传的视觉冲击力，可以实施 CI（corporate identity）战略，导入组织识别系统（corporate identity system，CIS），以加强组织整体形象的个性和统一性。

 资料 11-3

CI 的发展

CI 最早源于第一次世界大战之前，当时德国 AEG 电器公司率先采用设计师彼德·贝汉斯所设计的商标，并将其应用在该公司的系列电器产品上，遂成为组织统一视觉形象设计的早期代表。

第二次世界大战以后，市场经济蓬勃发展，企业经营范围日益扩大，逐步迈向多元化、国际化。为适应这种突飞猛进的形势，诸多有远见的企业意识到：必须建立统一的营利性组织识别系统，才能明确传达组织情报，建立有影响力的组织形象。1956 年，IBM 公司在其总经理的全力支持下导入 CI 计划，建立了一套完整的 CIS，树立了"公司制度健全、充满自信、永远走在电脑科技尖端的国际性企业"的良好形象，成为 CI 开发成功的典型范例。1970 年，可口可乐公司以崭新的公司标志为核心，更新企业的 CI 计划，带来视觉形象的强烈冲击，令人耳目一新，CI 很好地提升了组织形象，进一步扩大其市场占有率。20 世纪 60 年代至今，是欧美 CI 运动的全盛时期，众多的大型企业先后导入 CI，形成了组织经营战略与设计形式更新的新高潮。

日本的 CI 引进较之欧美晚了 20 年。1975 年，日本东洋物产株式会社马自达（MAZDA）汽车开发设计 CI，树立了日本第一个开发组织识别系统的典范。其后，大荣百货、伊势丹百货、松屋百货、麒麟啤酒、亚瑟士体育用品等知名企业也纷纷导入 CI 计划。再后，富士胶片、美津浓体育用品、华歌尔内衣、白鹤清酒等的导入 CI 更把这股热潮推向一个新的高峰。

中国台湾最早引入 CI 计划的是企业家王永庆的台塑集团，随后有味全、和成窑业、声宝电器、肯尼思体育用品、普腾电器、台湾电视股份有限公司、统一等一大批企业先后导入 CI 计划，宣告台湾地区 CI 时代的到来。

20 世纪 80 年代后期，作为改革开放前沿的广东，以太阳神集团为代表的一些企业开始导入 CI 计划，随后健力宝集团、今日集团（乐百氏）、白云山制药厂、浪奇化妆品、潘高寿药业、凯达化妆品、富绅衬衫、科龙电器以及以广州白天鹅宾馆为代表的各大宾馆也先后导入 CI 计划，在实施 CI 计划的短短几年中，这些企业以崭新的形象、优质的产品和经营服务昂首阔步地走向市场，鲜明的独具个性的企业形象正是其成功所在，它们向人们展示了 CI 战略的价值，促使越来越多的企业界人士认识到 CI 战略的价值与作用，推动了我国企业界 CI 战略开发与实施的深入发展。

资料来源：赵悦. 公共关系学[M]. 上海：上海财经大学出版社，2016（8）（有改动）.

11.1.5　CIS 的基本构成

CIS 是包括组织经营理念、行为活动、视觉传达等实体性与非实体性的整体传播系统，其中又以标志、标准字、标准色、组织精神口号等基本要素为主要的识别要素。

CIS 的基本构成包括三个子系统：理念识别系统（mind identity system）、行为识别系统（behavior identity system）、视觉识别系统（visual identity system）。

三个子系统相互推衍依存，共同带动组织经营的步伐，塑造组织独特的形象。

1. 理念识别系统

MIS 是组织识别系统的核心与原动力，属于思想文化的意识层面。经营理念是由内向外扩散，经由内涵动力的贯彻，最后达到认知识别的目的，塑造独特的组织形象。MIS 是组织经营战略、生产、市场等环节的总的原则、方针、制度、规划、法规的统一规范。在设计层面上，MIS 具体表现为组织的经营信条、精神标语、座右铭、经营策略等形式。

2. 行为识别系统

BIS 是以明确而完善的经营理念为核心，显现组织内部的制度、管理、教育等行为，并扩散回馈社会的公益活动、公共关系等动态识别形式。BIS 具体包括对内和对外两部分。

对内包括管理者教育、员工教育（服务态度、电话礼貌、服务水准、作业精神）、生产福利、工作环境、内部修缮、生产设备、废弃物处理、研究开发等；对外包括市场调查、产品开发、公共关系、促销活动、流通政策、代理商、金融业、股市对策、公益性及文化性活动等。行为识别是一种动态的识别形式。

3. 视觉识别系统

VIS 是运用系统的、统一的视觉符号系统，对外传达组织的经营理念与情报信息，是组织识别系统中最具传播力与感染力的要素，它接触的层面最广泛，可快速而明确地达到认知与识别的目的。VIS 的基本要素包括组织名称、组织标志、组织标准字体、组织标准色、组织象征图案等，应用要素包括事物用品、办公用具、设备、招牌、旗帜、标志牌、建筑外观、橱窗、服装饰品、交通工具、产品、包装用品、广告传播、展示陈列等。视觉识别是静态的识别符号具体化、视觉化的传达形式，项目最多、层面最广、效果更直接。

综上所述，组织的理念识别系统是实施 CI 的重心，开发完善的组织识别系统，需要组织经营理念的建立与贯彻，并由这一思想体系带动动态的组织行为与静态的视觉传达设计来创造独特的组织形象。在组织识别系统中，视觉识别系统的传播力量最为具体而直接，它能将组织识别的基本精神——差异性充分地表达出来，让社会大众清晰地了解掌握组织的情报信息，从而达到认知识别的目的。

若以 CI 战略的眼光来看待组织文化的对外传播，组织必须统筹设计组织的各种形象要素，全面管理各种信息传播渠道和媒体，综合运用各种传播沟通手段和方法，在市场上进行一体化的形象宣传。在当今全球化的大众传播时代，世界变得越来越小，组织间的竞争日益激烈，因此形象宣传的一致性、形象宣传的视觉冲击力就显得越来越重要。而 CI 战略所强调的整体性和多元性正好适应了时代变化的这一特征。因此，实施 CI 战略是塑造组织形象的有力手段。

11.2　CIS 的设计途径

11.2.1　理念识别系统设计——MI 策划

理念识别（MI）是组织形象独特的文化和价值观，它包括组织的经营思想、组织精神、组织文化、组织价值观和组织目标等内容。它一般以经营宗旨、经营方针、精神标语或者座右铭表现出来。

理念识别系统的开发途径有以下几种。

1. 培育个性化的组织精神

组织精神是组织在长期的生产经营活动中形成的，并经过全体员工认同和信守的理想目标、价值准则、意志品质和风格风尚。因此，组织精神不仅是一种有个性的精神，还是一种团体精神，反映了组织的凝聚力和活力的强度，它一旦植根于员工心中，就会形成默契、共识和觉悟而产生巨大的作用。

组织精神的内容是否具有个性，归根到底是看它对组织发展是否起到特殊的鼓舞和推动作用，可以从以下几方面作出评判：①是否表达了组织员工共同的价值观念；②是否符合组织实际情况，组织的目标与员工的目标是否具有一致性；③能否推动组织的生产、经营和管理，能否在组织活动中体现为员工的自觉行动；④是否唤起员工的认同、让员工感到亲切、实际、可行；⑤是否与员工的岗位意识、职业道德、心理期望相互协调，能否对它们发生统帅作用，能否通过组织文化表现出来；⑥能否包容组织经营中形成的优秀传统，并使其凝结到每个员工身上去；⑦能否把员工的行为趋向提高到具有价值意义的高度，使员工具备崇高、奋发的精神状态。

商务组织精神一般通过简明扼要、明了具体的文字命名，如大庆精神（厂名命名法）、铁人精神（人名命名法）、一团火精神（北京百货大楼——形象比喻命名法）等。

企业理念的来源有以下几方面。

1）民族文化精华

在我国五千年的历史长河中，诞生了孔丘、孟轲、老庄、墨翟、韩非等无数伟大的思家，形成了以儒家思想为核心的具有中华民族特色的传统文化，成为整个人类文明的重要组成部分。

2）先进社会文化

企业文化是社会文化的一个组成部分。企业文化在社会文化的浇灌下成长，社会文化中的积极因素构成的优秀文化同样是企业理念的重要来源。

3）国外先进企业理念

无论什么社会制度，现代化大生产有许多基本的规律是带有共性的。一个国家一切先进的企业管理思想和管理经验，常常被其他国家的企业学习和借鉴，经过改造以后融入它们的企业文化，甚至直接成为它们的企业理念。例如，日本企业"民主管理"的企业法宝就是20世纪50年代学习借鉴我国的"马恒昌小组"，日本企业"劳资一体自主管理"的思想更是从我国的"鞍钢宪法"学习的。

4）我国企业化良传统

企业优良传统是经过企业实践所积累的宝贵经验，是企业理念的又一来源。设计企业理念识别系统，积极继承本企业的优良传统，借鉴其他企业的优良传统，并且在继承和借鉴的基础上加以发扬光大，常常是一种很不错的选择。

纵览我国的企业，企业传统中的"艰苦奋斗""艰苦创业""爱厂如家""厂兴我荣，厂衰我耻"等内容是用得最多的。

2. 确立具有特性的经营理念

经营理念是组织经营价值观强化为一种信念的结果，它是组织精神的集中体现，是组织形象的指南。经营价值观就是组织员工普遍认可的、从组织文化中衍生出来的信仰和理想，它决定组织全体员工共同的行为取向，是一种具有永久性的追求信念，不会随外界环境变化而改变，它赋予员工行为的责任感和使命感，鼓舞他们为了崇高的信念而奋斗。它使组织形成巨大的群体力量，具有强大的向心力和凝聚力，是组织承担风险、克服困难的有利保证。

经营理念是基于员工对组织价值观的认同和强化为信念而形成的，这种共同的信念让员工有了自觉行动的方向，使组织的生产、经营和管理活动达到高效率。坚定性如何，将直接影响到组织经营的成败。美国 IBM 公司的前任董事长兼总经理托马斯·沃森（Thomas Watson）说："我坚定地认为：任何组织要生存和取得成功，必须确定一套健全的信念，作为该组织的一切政策和行动的出发点；公司成功的唯一重要的因素是严守这一信念；一个组织在其生命过程中，为了适应不断变化的世界，必须改变自己的一切，但不能改变自己的信念。"

 资料 11-4

部分企业的经营理念

健力宝：运动、健康、活力

金利来：勤、俭、诚、信

美　的：团结拼搏，创造完美

科　龙：创造市场饱和后仍然畅销的名牌产品

资料来源：陶应虎. 公共关系原理与实务[M]. 北京：清华大学出版社，2015（6）.

经营理念的内容主要包括经营宗旨、经营方针、社会责任感和组织价值观（目的观、质量观、服务观、质量观、人才观、政策观、法律观、财税观，以及效益观念、系统观念、竞争观念和发展观念）等。其中，价值观是人们据以衡量事物的标准，是经营理念中最重要的部分。

CI 的先行者独具特色的组织理念，使他们走上了成功之路。

3. 设计具有感召力的形象口号

形象口号即将组织精神、服务特色、公司的价值取向等用最精练的语言表达或者描述出来。如 IBM 的口号是"IBM 是最佳服务的象征"，通用电器公司的口号是"进步乃是我们最重要的产品"，广州白云山制药厂的口号是"白云山，爱心满人间"。

形象口号是组织精神的外在反映，一方面，能约束、规范组织的经营，并转化为全体员工的精神动力；另一方面，独特的富有创意的组织形象口号，能有效地吸引公众对组织的关注，加深公众对组织的理解和认同，展示组织的风采，是宣传组织形象的有效手段。

11.2.2　行为识别系统设计——BI 策划

行为识别系统是指组织理念的动态表现，它以经营理念为核心，显现为对内对外的一系列活动形式和活动规范。行为识别系统是理念识别系统的外化和表现。行为识别是一种动态的识别形式，它通过各种行为或活动将组织理念观测、执行、实施。对企业组织而言，对内的行为识别包括组织设计与变革、产品的更新与开发、全面质量管理行为系统、干部和员工的教育与培训等；对外的行为识别包括企业创新行为、交易行为、谈判行为、履约行为、竞争行为、服务行为、广告行为、推销行为、公关行为等。由于行为识别的这种独特的作用，决定了企业在导入 CIS 时必须把企业及其员工的行为习惯作为突破口和着力点，通过不断打破旧的不良习惯，建立新的行为模式，从而实现真正的观念转化和水平提升。

企业行为识别系统结构如图 11-1 所示。

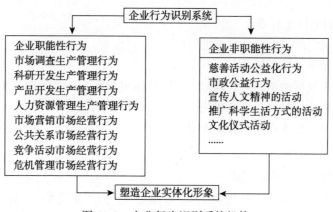

图 11-1 企业行为识别系统机构

行为识别系统的开发设计途径有如下几点。

1. 实行科学的管理

科学管理的特征是通过将组织的各项工作标准化、专门化和简单化，达到生产效率最大化的目的，具体做法有如下几点。

（1）制定科学的管理目标系统，并将总目标层层分解为具体的细目标。

（2）按照目标的要求，设计精简的、职责权限相对应的、适合组织特点的高效的组织机构。

（3）确定各机构中的具体工作岗位和职责，规定每个工作岗位的工作原则、任务标准、工作程序和绩效。

（4）将员工的职务提升、收入和奖励与其工作绩效挂钩。

（5）将程序化的控制与员工的自我管理相结合，充分发挥员工的工作主动性和积极性。

2. 制定严格的行为规范并付诸实施

组织的行为规范，是全体员工必须遵守的行为准则，体现为生产操作规程和各种规章制度，主要有四大类。

（1）各种业务操作规程或规范，如岗位操作规范、业务训练规范、质量管理规范、日常交往行为规范等。

（2）基本制度，如组织领导制度、民主管理制度、监督制度、选举制度、培训制度等。

（3）工作制度，如计划审批、生产管理、技术改造与创新、劳动人事、物资领用、销售、财务管理等制度。

（4）岗位责任制度，即组织根据生产或者分工协作的要求制定的，规定每个岗位的成员应承担的任务、责任及其享受的权力的制度。

3. 加强对员工的教育和培训

对员工的教育和培训，是组织培育人才、选拔人才、统一思想、加强管理和形成强有力的商务组织凝聚力的重要手段。BI 中缺少这一内容，就没有员工的统一认识，实行 CI

就缺乏起码的基础。因此，应该把科学合理的、有目的、有特色的员工教育和培训作为组织的长期战略，才能为组织成功的 CI 提供取之不尽、用之不竭的人才源泉。对员工的教育和培训的主要内容有以下几点。

（1）忠诚于组织的思想和科学的世界观。

（2）职业道德及工作责任心。

（3）适应组织发展的新的经营理念、工作目标和方针、组织新的政策和战略。

（4）对外交往的应酬技巧、礼貌礼节。

（5）工作作风、技术水平和管理能力。

（6）优质服务技巧等。

4. 注重对外行为的整体优化

对外行为的整体优化，是指组织的各个方面工作，如产品质量、工作态度、服务水平、关心社会发展、与公众的情感沟通、良好的协作关系等方面，都要注重高质量、高效益，并通过有效的传播，将上述信息展示给社会公众，让公众了解组织的行为特征，进而对组织及组织形象形成正确的评价。在这里，任何一个部门行为的失误或者与其他部门配合不当，都可能影响到组织对外行为的整体优化而导致 BI 的失败。因此，BI 不仅要求各部门完成自己的工作任务，而且要求各部门都从塑造组织形象的整体利益出发，团结协作，共同完成商务组织行为的整体优化。

5. 做好组织行为的对外传播策划，树立良好的 BI 形象

组织行为的对外传播途径主要有市场营销传播（包括市场调查、广告宣传、销售促进、协调中间商关系以及回馈社会的公益活动等）和公共关系活动。

 资料 11-5

旧改快车道上的"绣花"功夫

看惯欧美历史文化建筑、早已视觉疲劳的美国华侨小刘，今年第二次回乡，面对"修旧如旧"的西关骑楼和永庆坊，竟然像小孩一样兴奋得跳了起来。

今年国庆黄金周，备受关注的永庆坊二期"绣花式"改造示范区（示范段、骑楼段）正式开放，李小龙祖居、八和会馆、金声电影院等一大批具有鲜明岭南文化特征的历史建筑重获新生，传统的文化元素和当代的生活元素相互点缀、共融共生，形成了一道道别样的风景，吸引了大批游客前来打卡。

近年来，广东深入推进"三旧"改造，用"绣花"功夫活化了广州恩宁路（永庆坊）、泮塘五约、黄埔古港和东莞麻涌镇古梅乡韵等一批历史名街、名村。不同于"大拆大建、推倒重建"的做法，微改造的模式，是在保持原来建筑风貌、外观轮廓和空间肌理不变的前提下，进行提质更新和空间打造，让"旧"和"新"充分地有机结合。

资料来源：冯善书. 旧改快车道上的"绣花"功夫[N]. 南方日报，2019-10-29（有改动）.

11.2.3 视觉识别系统设计——VI策划

VIS 是一个严密而完整的视觉识别系统，它的特征在于展示清晰的"视觉力"结构，从而准确地传达独特的组织形象，通过差异性面貌的展现，从而达到公众对组织的认知与识别的目的。

作为兼顾艺术品与识别图形之双重性的特定符号，VIS 具有美学的与社会的规则，这种双重内涵的聚合构成使它具有丰富的表现力，因而在传达信息、达成识别的作用方面往往较之以往的单一标志符号具有更大的优越性与冲击力。因此可以说视觉识别系统是人类传播符号发展中一个标志性产物，它在人类社会生活中占有重要的地位。

视觉识别系统中包括标志、标准字、标准色、组织造型、组织象征图案、组织广告及宣传版面编排模式等基本要素，下面逐一加以论述。

1. 标志

在 VIS 中，标志是应用最广泛、出现频率最多的要素，它启动所有视觉设计要素的主导力量，是统合所有视觉设计要素的核心。更重要的是，在消费者心目中标志与特定组织、特定品牌是同一个事物。

 资料 11-6

大众换新标识"上线"

9月9日傍晚，大众汽车品牌在2019年法兰克福车展开幕前的大众集团之夜活动中，首次正式发布基于"New Volkswagen（新大众）"计划的全新品牌标识与整体企业形象识别系统设计方案。用大众汽车乘用车品牌首席设计师比绍夫的话说，全新品牌设计代表与人们的生活融为一体的出行方式。身处移动出行新时代，大众品牌必须始终贯彻"数字化优先"原则。

表面上看，大众品牌这次更换新标识，似乎是顺应近一两年品牌设计扁平化风潮的回归——不仅宝马、奥迪、丰田、MINI 等汽车品牌的标识相继化繁为简，华为、博世、戴尔等 IT 和科技品牌的标识也回归极简平面化线条。事实上，标识的变化不仅体现在扁平化方面，各品牌标识还取消了艺术字，并以无衬线字体取代衬线字体，变得更为干练、简约。

资料来源：万莹. 大众换新标识"上线"吹响转型信号[EB/OL]. 中国汽车报，2019-09-11（有改动）.

标志在视觉识别系统中具有如下特性。

（1）识别性。这是组织标志在视觉传达中的基本功能，在 VIS 设计开发中通过整体性的规划与精心设计所产生的造型符号，具有个性独特的风貌和强烈的视觉冲击力，因此在组织传达中是最具认知识别机能的设计要素。

（2）领导性。标志作为组织视觉传达要素的核心和主导力量，在视觉识别计划的各个要素展开设计中居于重要的地位，而且是不可少的构成要素，扮演着决定者、领导者的角色，统领着视觉传达的其他要素。

（3）同一性。组织标志是组织经营抽象精神的具体表征，代表着组织的经营理念、经营内容、产品的特质。因此，消费大众对组织标志的认同就等于对组织的认同，形成固定的印象模式。所以标志一经确定为某种标准样式，就不能任意更改或破坏，否则会影响消费大众对组织的信心，更会产生对组织不利的负面印象。即使因为某种特殊原因需要变更组织标志，也应采取慎重的态度，不能草率从事。

（4）时代性。标志是组织同一化的表征，在组织视觉识别系统中居于核心和领导地位，在当今消费意识与审美情趣急剧变化的时代，人们追求流行时尚的心理趋势，使标志面临着时代意识的要求，要吻合时代潮流。为表明组织求新求变、勇于创造，消除落后于时代的陈旧老化的印象，必须在一定时期对原有的组织标志加以改进，增加新颖的造型要素，确定清新明确的表现形式，以设计出兼顾新旧特质的标志，满足时代的需求。

（5）延伸性。标志在运用中要出现于不同的场合，涉及不同的传播媒体，因此它必须有一定的适合度，即具有相对的规范性的弹性变化。为了适应这种需要，标志在 VIS 的设计展开中必须具有延伸性，即除了有标准的设计形态外，还需要有一定的变体设计，产生具有适合度的效果与表现。

（6）系统性。VIS 中标志的设计必须考虑到它与其他视觉传达要素的组合运用，因此必须具备系统化、规格化、标准化的要求，作出必要的应用组合规范，以避免非系统性的分散混乱的负面效果。在集团组织之间，可以采用不同的图案编排组合方式来强化组织系统化的精神。

2. 标准字

从设计层面上来看，标准字是泛指将某种事物、团体的形象或全称整理、组合成一个群体性的特殊字体。

标准字是视觉识别系统中基本设计要素之一，因种类繁多、运用广泛，几乎涵盖了 VIS 系统中各种应用设计要素，因而其重要性不亚于标志。标准字能将组织的经营理念、规模性质等，通过文字的可读性、说明性等明确化的特性，创造个性独特的字体，从而达到组织识别的目的，塑造独特的组织形象。

由于文字具有明确的说明性，可以直接传达组织的名称与性质，通过视觉、听觉的同步运动，可以强化组织形象，补充说明图形标志内涵，因此，字体标志应运而生，并得到很快的发展，日益受到人们的重视。

与一般文字相比较，标准字在字体上的最大差别在于除造型外观不同之外，还具有特定的配置关系，一般文字的设计出发点着重于字体的均衡组合，可依据需要进行上下左右的任意组合。标准字则不相同，其是根据组织品牌名称、活动的主题与内容而精心设计的。在字体的选择、线条的粗细、统一的造型要素等方面均进行过周密的规划和精心设计。与一般文字尤其不同之处是在文字的配置关系上，经过视觉调整的修正，达到了空间的均衡与结构的和谐，具有独特的美感和造型效果。这是一般文字所不能比拟的。

资料 11-7

创维 logo 全新升级

创维作为全球最具规模的一大智能品牌，这些年来不断地被大家认可，更是直接超越了众人的期待，用企业的精神鼓励用户不断追求梦想。在新的时代本身也需要全新的定位，如此才能够和竞争对手有效地形成格局。而此时，创维 logo 也出现了明显变化,和以往的形象完全不同。

创维 logo 由大写的字母组成,经过精准的比例设计之后也有效体现品牌的质感。"SKYWORTH 创维"基础的色彩是由太空蓝和太空灰组合而成,同时又对应着字样,能有效体现出品牌的纯粹和质感,太空蓝则保留了原有的创维集团基因,寓意着拥有无限的价值。广阔的天空,不仅非常深邃,同时也充满吸引力,对应着时尚与想象的品牌调性。在经过一番更改之后,许多人都发现确实也出现明显的变化。

虽说创维 logo 在经过全新改变之后,所有字母全部都改变成大写,但是字体依然还可以看到原先 logo 的切角设计,可是整体的视觉效果偏向于硬朗,拐角的弯度和以往比较更小,同时还减少了字体笔画的厚度。在经过一番对比之后,新版的字体和旧版之间有着明显的调整,在提升辨识度的基础上,尽可能地减少复杂的元素,让人觉得整体更为修长,回归了英文字母的本身,有效体现出更好的一种视觉的效果,也能够在众人眼中留下深刻印象。

资料来源:创维 logo 全新升级:有故事 有形象 设计来源很有意义[EB/OL]. 艾瑞网,2019-06-27（有改动）.

3. 标准色

标准色是指组织为塑造独特的形象而确定的某一特定的色彩或一组色彩系统,运用在所有的视觉传达设计的媒体上,通过色彩特有的知觉刺激与心理反应,表达组织的经营理念和产品服务的特质。

标准色由于具有强烈的识别效应,因而已成为经营策略的有力工具,日益受到人们的重视,在视觉传达中扮演着举足轻重的角色。色彩除了自身具有知觉刺激,引发生理反应外,更由于人类的生活习惯、宗教信仰、自然景观等的影响,人们看到色彩就会产生一定的联想或抽象的感情。如可口可乐的红色洋溢着热情、欢快和健康的气息；柯达胶片的黄色,充分表达色彩饱满、璀璨辉煌的产品特质；美能达相机的蓝色给人以高科技光学技术结晶的联想；七喜汽水的绿色给人以生命活力的感受等,这些都是借助色彩的力量来确立组织、品牌形象的成功范例。

4. 组织造型

为了塑造组织识别的造型符号,给人以强烈的视觉印象,选择特定的人物、动物、植物做成具象化的造型,以其风格夸张、亲切可爱、幽默滑稽的形态捕捉消费大众的视线,以强化组织性格,表达产品或服务的特质,与消费者更贴近。

组织造型的设计题材大致有如下几类。

（1）人物类。如麦当劳快餐的麦当劳叔叔、桂格燕麦片的桂格老人。

（2）动物类。如彪马运动鞋的飞豹、鳄鱼服装的鳄鱼、韩国国民银行的喜鹊、三菱汽车的野狼等。

（3）植物类。如日本劝业银行的玫瑰等。

（4）产品类。如法国米其林的米其林轮胎人、瓦特涅斯的酿酒桶等。

组织造型的基本形态设定后，可依照组织经营内容、宣传媒体、促销活动进行各种变体设计，并赋予其不同的动态、姿势、表情，以加强组织造型的说明性与亲切感，使其在视觉传达中发挥更好的影响力和表现力。

 资料 11-8

中国联合展台发布全球最新形象标识——"熊猫阿璞"

10 月 14 日，一年一度的戛纳秋季电视节在法国南部海滨城市戛纳开幕。由中国国务院新闻办公室、中国国家广播电视总局主办，上海五岸传播有限公司承办的"聚焦中国"系列活动同日开幕，通过主题论坛、节目推介、影片展映等方式展示中国影视行业新亮点，助力更多中国影视作品国际化。内容优质、画面精良、主题多样的中国影视作品，赢得不少海外买家的青睐。

在电视节举办地戛纳节庆宫里，中国元素随处可见。入口处是国际合拍纪录片《中国：自然的古老王国》的巨幅海报，水墨底色搭配憨态可掬的大熊猫，吸引不少观众驻足拍照。在展厅内，总面积超过 500 平方米的中国联合展台宽敞大气、独具匠心，为中外展商展示作品、洽谈业务提供了空间。今年是中国连续第十六年在戛纳电视节设立联合展台，约有 400 名中方代表参与，包括中国国际电视总公司、上海东方传媒集团有限公司、五洲传播中心等在内的 50 余家中国影视机构参展。

国务院新闻办公室对外推广局局长张雁彬、国家广播电视总局国际合作司副司长周继红和戛纳电视节组委会主席保罗·齐尔克出席开幕式，并共同见证中国联合展台发布全球最新形象标识——"熊猫阿璞"。

五洲传播中心"有熊猫"全球青年文化推广计划负责人白帆说，"熊猫阿璞"形象将出现在系列影视及文创作品中，推动影视、科研、环保、艺术等领域的国际合作，将更多中国创意和故事分享给国际同行。

资料来源：刘玲玲. 扬帆出海，中国影视拓展朋友圈[N]. 人民日报，2019-10-16（有改动）.

5. 组织象征图案

在视觉识别系统中，象征图案是作为一种附属与辅助性的要素出现的，配合标志、标准字、标准色、组织造型等基本要素而被广泛灵活地运用，起着不可忽略的功能作用。

象征图案与视觉传达设计系统中的基本要素是一种主从与宾主的关系，以配合设计的展开运用。作为带有一种线或面的视觉特征的设计要素，往往能与具有点的特征的标志、标准字、组织造型等基本要素，在画面上形成主次、强弱、大小等对比呼应关系，丰富与强化画面的视觉传达效果，增强了视觉传达的力度与感召力。

6. 组织广告及宣传版面编排模式

组织广告及宣传版面编排模式是指在平面设计的版面上塑造统一性的设计形式，是一种具有差别化、风格化的编排模式。它不仅能创造引人注目的吸引力，而且对组织形象有强烈的识别性，因此逐渐成为设计家重视的设计要素。

在视觉识别系统中规划一套同一性、系统化并富有延伸性的编排模式，已成为当今各大组织规划视觉识别计划的重点之一。

11.3　CIS 的作业程序

CIS 的设计、开发与管理，实际上是在操作层面上对组织形象战略的具体贯彻与落实。尽管由于组织的性质有所不同，每个组织在拟定 CIS 设计规划的过程中，要解决的问题及其表现的重点也不尽相同，但完整地导入 CIS 是必须遵循共同的作业流程。

11.3.1　CIS 的作业程序

一般来说，CIS 的作业程序大体上可以分为组织实态调查、设计开发、实施管理三个阶段。

1. 组织实态调查阶段

所谓组织实态调查，就是指通过运用定量的和定性的研究方法与手段，准确地了解组织的现状，客观地评价组织形象及组织所面临的竞争态势，详细地审查组织的视觉表达系统的意义及其作用。以企业为例，组织实态调查包括企业内部调查、企业经营环境调查和企业视觉表达系统审查。

1）企业内部调查

企业内部调查的内容包括：企业经营理念是否明确，是否得到了全体员工的积极认同，企业是否具有完整的经营方针与经营战略，企业组织结构是否适应市场竞争的要求；企业的激励体系是否充分反映出企业的经营理念，企业员工对企业持什么样的看法等。

企业内部调查的方法主要有两种：一种是访谈，另一种是问卷调查。

访谈的主要对象是企业的最高主管。企业的最高主管对企业的现状最为了解，对企业的经营运作过程最敏感，对企业的经营理念的理解最深刻，因此，与他们深入地沟通与交流是进行企业实态调查的最重要内容。不仅如此，一个企业导入 CIS 是否成功，在很大程度上取决于企业的最高主管对导入 CIS 的态度。与企业的最高主管深入地沟通与交流，可以起到了解现状、发现问题的作用，而且能够在沟通与交流中使企业的最高主管加深对导入 CIS 的意义的认识和了解，并获得他们的配合与支持。

对企业内部员工的调查可采用问卷调查方法，其调查的重点在于了解员工对企业的看法与态度。因为员工对企业的忠诚度、归属感、向心力都是影响员工生产积极性的重要因素，同时也是决定企业兴衰、经营成败的主要内部因素。对员工进行问卷调查，可以聘请有关管理学、心理学等方面的专家协助企业设计问卷，实施调查。但在调查之前，企业的经营者必须向全体员工详细地说明问卷调查的意义，以求得员工的理解与配合，这是提高问卷调查可信度的重要保证。

2）企业经营环境调查

企业经营环境调查是 CIS 开发作业前期调查的重要内容。从导入 CIS 的目的来看，企业经营环境调查主要包括两项内容：一是消费者市场评估；二是竞争态势分析。

消费者市场评估主要了解消费者对企业的产品及企业本身的认知度和评价，测定企业整体形象的优与劣，并通过调查确认企业改进及提升形象的重点所在。竞争态势分析主要是了解同业竞争对手之间产品、市场、形象定位的不同特点，以准确地确定企业在不同的细分市场中的定位及其应当采取的竞争对策。

一般来说，对企业经营环境的调查大多采取问卷调查方法，有条件的企业可以依靠自己的力量完成这项工作，没有条件的企业可以聘请专业的市场调查公司协助企业做这方面的工作。

3）企业视觉表达系统审查

企业视觉表达系统审查是实态调查一项不可忽视的内容。因为 CIS 的核心在于通过企业的视觉表达系统向社会公众传达企业的理念及经营思想，使企业的信息传达工作达到统一化、效率化、标准化和系统化，形成具有强烈感染力和影响力的企业形象系统，以提高企业的整体竞争能力。

企业导入 CIS，一方面是要确立与市场竞争要求相近应的企业理念和企业行为规范；另一方面是要形成能够充分表达这些理念与规范的视觉传达系统，使公众通过接受统一化的信息，达到对企业的理解和认同。因此，企业在导入 CI 之前，就必须对原有的 VI 系统进行充分的调查，以确定哪些因素是应当保留的、哪些因素是应当改进的。

视觉审查主要是对企业原有的标志、标准字、标准色、公司名称、业务用品、运输工具，信息传播媒体及途径、设计表现的水准等进行全面、系统的重点检查、可以采用心理学的测试方法对企业实态调查的结果进行全面的归纳与分析，发现企业目前存在的问题或企业在未来发展过程中将出现的问题，就可以确定企业导入 CIS 所要达到的具体目标。

 资料 11-9

第 29 次日经企业形象调查

据日媒报道，近日，日本经济新闻社和日经广告研究所发布了"第 29 次日经企业形象调查"。在该国商务人士眼中的企业形象综合排行榜(共调查 21 项，其平均得分为综合得分)上，丰田连续 16 年排在第 1 位。

据报道，调查显示，日本啤酒等饮料企业的排名上升明显。三得利集团居第 5 位(上次为第 7)，排名最高。三得利啤酒社长水谷彻表示，"从入秋开始，我们加强了 The Premium Malt's 等主力商品的促销"，这一活动作出了贡献。

此外，麒麟啤酒和朝日啤酒的排名也有所上升。各企业在"展开了良好的广告活动"和"易于亲近"等项目上获得高分。

按项目来看，在"优秀人才众多"一项上，伊藤忠商事排名从上次的第 3 位上升至第 1 位。"员工感觉工作有价值、各自在社会上承担着重要使命这一点通过广告积极向外传递"，执行董事公共关系部长高田知幸表示。

据了解，该调查于 2016 年 8 月至 10 月实施，走访了东京圈 2 090 家企业，请受访者针对 672 家的企业形象填写调查问卷。回答者为 5 537 人。每年的调查项目有 21 个，包括"积极回应客户需求"等提问，将回答"符合"的比例作为得分。

资料来源：调查：日本机构评企业形象最佳公司丰田再居首[EB/OL]. 中新网，2017-02-28（有改动）.

2. 设计开发阶段

这一阶段的任务是将第一阶段依据内外环境的调查所设定的识别理念转换成具体化的视觉传达形式，以具体、象征性地体现组织的精神与行为。其中可分为三个步骤。

（1）将识别性的抽象概念，转化成象征性的视觉要素。

（2）开发基本设计要素，以奠定整体传播系统的基础。

（3）以基本设计要素为基础，展开应用设计要素的开发作业。

在此阶段，设计人员充分施展其想象力和创造力，其中尤以企业标志、标准字、标准色的设计最为关键，因为整个识别系统的建立是将以这三项为核心展开的。在企业标志、标准字、标准色的设计过程中，要求构想的提案越多越好，同时要调动企业一切人员的创作热情，经过多次探讨、试做、修正，才能最终确定符合企业实态，表现企业精神与行为的视觉符号。当最终的构想方案确定以后，就可以进行应用设计系统的开发作业，从而完成全面导入 CIS 的准备工作。

3. 实施管理阶段

设计系统开发完成后，即全面导入实施 CIS 的阶段，需由最高经营阶层至基层的员工来全面贯彻，内部统一后，方能对外进行传播。

CIS 实施阶段首先要完成的一项任务就是编制 CI 手册。CI 手册是最具指导性和权威性的文献资料。企业在制定了完整的 CI 手册以后，应当组织各主要职能部门的负责人进行学习、领会，并向全体员工进行发布和宣讲，使企业能够按照新的规范与标准统一自己的行为和各项活动。

1）CI 应用手册

CI 手册是一本阐述组织 CI 战略基本观点与具体作业规范的指导书，是 CI 整体内容的导向，能确保 CIS 运行作业的水准。组织可以参照手册中的规则来检查自己的管理体系，可以说 CI 手册是组织极为重要的智慧资产。制定 CI 手册的目的在于统一整体的组织形象，贯彻设计表现的精神，以简明正确的图解来说明 CIS 计划的意图与概念，以及整体设计的传播体系，作为所有设计的最高规则。

CI 手册的编制根据具体组织情况的不同，内容有所差异，但至少应该有以下五方面的内容。

（1）总论部分。

- 组织领导如董事长、总经理的致词
- 组织经营的理念与发展规划展望
- 导入 CIS 的目的、CI 手册使用方法的概论

（2）基本要素。

- 标志、标准字、标准色

- 标志、标准字、标准色的变体设计
- 标志、标准字、标准色的制图法与标准色的标示法
- 附属基本要素

（3）基本要素组合系统。

- 基本要素组合规范
- 基本要素组合系统的变体设计、禁止组合的范例

（4）应用要素。

- 办公系统（信封、信笺、文件夹等）
- 环境系统（建筑物外观、营业环境等）
- 标志系统（路标指示、招牌等）
- 服饰系统（员工服装及饰物等）
- 运输系统（业务用车、手推车等）
- 包装系统（产品外观、大小包装等）
- 广告系统（各种广告媒体设计）

（5）标志、标准字印刷样本及标准色色票。

- 标志、标准字印刷样本
- 标准色色票

2）媒体的选择与开放

CIS 实施管理阶段的另一项内容就是媒体的选择与投放，即对内对外发布，使社会公众，包括企业内部员工充分了解企业导入 CIS 的目的以及认识企业新的视觉系统，使企业以全新的面貌出现在社会大众面前。

媒体的选择要结合企业的特点，媒体的投放要注意投放时机，以使企业能够以最少的费用达到最大的信息传输效果。同时，媒体的投放要结合企业的营销推广来进行，这样就可以使企业的崭新形象逐渐在消费者心目中累积为不可磨灭的真实形象，达到事半功倍的功效。

在 CIS 实施管理阶段要加强对这一过程的管理与督导，对 CIS 运作过程进行全程管理，需要由相应的管理机构执行。一般来说，企业应当成立以最高主管为核心的 CIS 管理委员会，负责规划、执行、管理 CIS 的运作，并定期实施 CIS 进度、品质、成本的核对与检查，并继续聘用担负识别计划开发的设计顾问为组织顾问，从事日常执行情况的处理，协助组织全面推行 CIS 并监督长期实施的效果。

11.3.2　导入 CI 的时机

20 世纪 80 年代中后期，我国有些企业就开始推行 CIS，但因导入时机选择不当，加之当时的特殊经济环境，企业之间缺乏合理竞争，CIS 推行得好的企业反倒有曲高和寡之感。应该说，实施 CIS 的操作本身要求具备比较严格的条件，不是所有的企业都有能力实施的，因此从 CIS 的实施面看有一定的局限性。比如，由于 CIS 一旦定型就不轻易改变，这就要求企业的组织结构、经营理念、产品和业务相对定型、稳定，并且有固定的地盘或势

力范围。又因 CIS 涉及所有的形象因素，需要部分或分段实施，或中间导入，这都会给企业带来设计、控制和管理方面的难度。因此新企业、新产品或产品进入新市场、企业新时期等，导入 CIS 就比较合时宜。此外，CIS 需要高投入，因此财力有限的企业往往难以负担。

总之，CIS 工程上马的条件性、局限性比较强，任何企业在发展、导入 CIS 时，都必须具备一定的条件，选择适当的时机，只要时机利用恰当，就会收到事半功倍的效果。

一般来说，企业导入 CI 的最佳时机包括以下几个。

1. 企业初创或合并时期

目前，越来越多的公司在战略重组中挂牌上市。借着公司成为上市公司的契机，对企业进行全新的"形象包装"，注入现代经营理念，以新的形象、前卫的理念出现在股东和社会公众面前，这无疑是吸引资金、推动企业快速发展的必要手段。因此，公司上市前导入 CI 成为最佳契机之一。

国内许多中小企业面临企业再发展或被市场竞争淘汰的机遇与挑战，这时导入 CI 将会助它们一臂之力。

中小企业由于一次创业成功，已形成一定规模乃至专业化、多元化、集团化发展走势。此时，创业初期的商号、标志、商标等可能出现严重的过时、陈旧、零散、混乱等现象，需要统一规范，系统化对外集中传播。统一公司形象，建立集团形象，增强对子公司、关系企业的号召力，形成整体优势，就成为迫切任务，这时也是导入 CI 的良机之一。

2. 新产品开发与上市时

一个新产品开发成功，需要上市推广之前，导入 CI 对产品进行"形象包装"，提炼产品理念，引入品牌概念，创作全新的广告创意，运用 CI 手段制订周详的上市推广计划，将产品的广告、新闻、公共关系、促销等手段整合传播，既收到促销效果，又迅速建立自己的品牌。许多名牌产品借上市的契机导入 CI，取得了显著效果。但至今仍有许多企业在新产品上市之前，显得匆匆忙忙、不得要领、毫无计划。甚至连产品的商标、公司商号等基本形象识别都顾不上，就匆匆忙忙请广告公司设计包装、创意广告往市场上推。当走了弯路发现问题再来规范时，则为时已晚，最终进退两难，损失惨重。

 资料 11-10

五粮液全新的品牌形象

五粮液进一步坚定战略定力，实施全新的品牌价值定位，大刀阔斧改革，重构核心产品体系，积极传播好五粮液"天地精华、民族精神、世界精彩"的独特文化内涵。实施五粮液品牌"1+3"产品策略，强化 52 度新品五粮液经典大单品地位；积极打造高端五粮液系列、国际版五粮液系列，以及年轻化、时尚化、低度化的五粮液系列。同时，大刀阔斧精简系列酒品牌，实施"4+4"系列酒产品策略，重点打造 4 款全国性战略大单品、4 款区域性重点产品。积极开发推广新生代酒品，构建起等级分明、层次清晰、上下协调的五粮液产品体系。

与此同时，五粮液加强与全国、全球顶级品牌策划机构合作，提升五粮液品牌文化宣传推广能力。进一步创新品牌传播方式，强化以策划为主体、以创意为重心的产品宣传和企业形象宣传。携手故宫博物院、北京电视台出品"上新了·故宫"栏目，借助顶级文化IP，对接五粮液悠久的历史传承和深厚的文化底蕴；积极参与 2018 中国国际酒业博览会、2018 首届中国国际进口博览会、川港澳合作周、博鳌亚洲论坛首尔会议、2018 捷克中国投资论坛等高端活动，成功举办"一带一路"国际名酒联盟高层峰会、第二届中国国际名酒文化节等，全面提升五粮液品牌的辨识度和美誉度。

资料来源：世界名酒五粮液再创辉煌[N]. 四川日报，2019-01-14.

3. 创业周年纪念日

创业周年纪念日往往是推行 CI 的好时机，因为任何一个企业都有它的光辉历程，纪念日活动可以唤起社会公众对企业所做贡献的美好回忆，使他们加深对企业的印象，同时通过纪念日的各项活动，加深对企业的了解和新的认识。

4. 企业国际化经营时期

企业在创业初期，一般都以国内市场为经营服务对象。随着时代的变迁，产业结构改变，交通运输发达，资本、市场、技术等都可能日益转向国际化，使得进军海外市场的机会逐渐增多，企业原有的传递情报的视觉符号系统已不再适应国际市场的经营需要，因此修正原有的标志、标准字等识别符号与开发 CI，就成为开辟国际市场、建立品牌新形象的有效策略。

5. 追求设计系统化、管理效率化时

企业在经营发展过程中，由于产品种类与日俱增，风格样式日益复杂，包装设计规模尺寸不一，广告宣传、情报信息多种多样等，都会造成企业的信息传递无法统一表现企业精神与经营观念，而且会导致企业内部作业的烦琐和纷乱。此时导入 CI，可以使企业产品规格化、统一化、组织化地系统作业，健全内部管理系统的运作程序和统一企业情报信息的传递，提高管理的效率。

当然，企业实施 CIS 的理由、动机很多，除以上方面，还有企业多角化经营，改善企业经营危机，重整企业经营观念，强化宣传、公共关系、促销，导入新的市场战略等。

本 章 小 结

组织形象是指社会组织在运行过程中显示的行为特征，它是一个系统概念，由内在精神品质、外观风貌、行为风格三个方面构成的有机系统。组织形象包括主客观二重性、系统性、动态性、相对稳定性四大特征。组织形象塑造的意义：组织形象是无形资产的重要组成部分，是组织生存发展的精神资源，是外在扩张的市场铺垫。

CIS 战略是组织根据实际需要有目的地进行形象塑造和宣传的系统工程，是通过组织

的理念识别、行为识别和视觉识别三组识别，设计规划和凸现企业总体形象的战略。在 CIS 战略中，最为核心的是 MI，它是组织的灵魂。BI 是 CI 的动态识别，而 VI 是 CI 静态识别符号，是具体化、视觉化的传达形式。组织理念识别，简称 MI，是指组织的经营信条、价值观、精神口号组织风格组织文化和方针策略等。组织理念识别主要包括经营宗旨、经营方针价值观念等方面。行为识别是组织所有员工行为表现的综合和组织管理制度的再现。它以组织的宗旨和精神为内涵动力，通过管理方法、组织建设、公共关系、教育培训等对内、外创新活动来塑造良好的组织形象。视觉识别是组织形象的静态表现，它借助具体的符号来传递企业理念、企业精神、文化特质、服务内容等抽象概念。VI 是 CI 中最具传播力、感染力和覆盖面最大的要素，组织视觉识别包括组织的产品品牌、商标、标志、字体、颜色、广告等。组织行为识别可以通过全体员工的行为活动得以表现，如组织环境与教育培训、产品开发、广告宣传、促销活动、公共关系专题活动等。

　　CIS 的设计、开发与管理，实际上是在操作层面上对组织形象战略的具体贯彻与落实。尽管由于组织的性质有所不同，每个组织在拟定 CIS 设计规划的过程中，要解决的问题及其表现的重点也不尽相同，但完整地导入 CIS 时必须遵循共同的作业流程。一般来说，CIS 的作业程序大体上可以分为组织实态调查、设计开发、实施管理三个阶段。同时，在导入 CIS 时，必须具备一定的条件，选择适当的时机。

客 观 题

自学自测　　扫描此码

问 答 题

（1）联系实际谈谈组织形象的基本特性。

（2）CIS 包含哪些内容？

（3）CIS 的设计途径有哪些？

（4）简要说明导入 CI 的最佳时机。

案例分析题

红色冲击波——杭州中萃食品有限公司的 CIS 导入

杭州中萃食品有限公司（以下简称"中萃"）主要生产美国可口可乐公司的系列产品。销量以每年平均 38% 的速度增长，在杭州市场上产品覆盖率达 93%，产品质量又连获美国可口可乐公司的质量大奖，可谓连创佳绩。

开业仅 5 年多的中萃，其产品形象和组织形象塑造的成功，主要借助 CIS 的战略思想。

第一，理念个性。中萃将其理解成一种组织理念和组织精神，中萃在开业初就制定了自己"开创一流组织，培养一流人才，提供一流服务"的经营宗旨，提倡"追求卓越，创造最佳"的组织精神。

第二，行为个性。中萃围绕着提高工作效率、培养一流人才这一观念，在尊重员工人生价值的基础上实行制度化管理。组织机构设置严谨，共设 4 个大部，其中经理、主任只设正职，没有副职，每个人都有明确的岗位责任，并在制度上鼓励充分发挥各自的聪明才智和主观能动性，鼓励创新。在对外交往中，对客户、消费者等公众有礼貌、热诚、负责，使人们直接感受到中萃优质的服务及良好的风范，中萃的每一位新员工，上岗前均需经严格培训，其中，待人接物、言谈举止等方面的文明规范是一个重要内容，最简单的例子是：无论何人何时，只要一接通中萃的电话听到的必定是一句亲切的语言"您好! 中萃"，内部电话之间也是"您好"，而不是"喂"。积极关心和参与社会公益活动是中萃在行为个性方面的一大特色。中萃赞助教育、艺术、文化、体育及各种社会公益事业达 500 余万元，如对杭州青年教师奖、希望工程、京昆艺术剧院等，公司在人力和财力上给予了鼎力相助，"开放式工厂"也是中萃形象塑造的一大特点，公司专门设有一条透过大玻璃窗能看见生产流水线全过程的"参观走廊"，并有专人接待讲解，主动邀请消费者前来参观，并为学生提供社会实践课堂，几年来已接待参观者 35 000 次。

第三，视觉个性。统一的标志、色彩、字体不仅给人以整体、系统、集团化的感觉，同时对人的视觉又是重复强化的刺激，起到增强记忆的效果。如何实现组织视觉形象与产品视觉形象的有机统一？中萃几年来进行了实践和探索。

可口可乐至今已有 100 年历史，全世界 187 个国家都有可口可乐装瓶厂，可口可乐公司创造了一个全球统一的包装系统设计，品牌标志的核心基本元素为红底白字及一条穿越字体的动力弧线，在尽力保持传统风格的基础上，融入了现代审美的观念，公司最新设计了"coke"标志，新的"coke"和"cocacola"标志更加和谐配合，迎合潮流。由于可口可乐公司已经有了统一的标志，并明确规定了它在各种不同场合的使用方法，所以中萃所要做的就是如何最大限度地使这一统一标志的效果发挥得淋漓尽致及设计确定"杭州中萃食品有限公司"这一组织标志，并使二者统一起来，中萃取意于"best of china"，确定了公司的标志为"BC"。中萃的 70 余辆送货车几乎都是红色的，因为红色是可口可乐的基本色，也是中萃的基本色。车上的图案、字形、大小、位置等都有明确规定，哪怕是不识字的小孩也能一眼认出这是中萃的车辆。中萃的购物场所布置也是红色的，红色的冰柜、水柜、空调机，红色的遮阳伞、立体模型，直至在市区主要街道的会员商店整个店面的红色布置，犹如一道红色冲击波。

思考：

（1）对于一个企业来说，组织形象的塑造有何重要作用？

（2）杭州中萃食品有限公司在 CIS 导入方面做了哪些工作？

（3）你对 CIS 战略有哪些新的认识？如果请你为某个企业策划 CIS 战略，你将如何实施？

实践训练题

实训项目：组织（学校或其他企事业单位）形象调查。

实训目的：通过对组织形象进行的调查活动，掌握组织形象的状态、构成，学会对如何改善组织形象提供有效的建议。

实训内容：

（1）以学生分组（10 人左右）形式，对组织现象状态、组织员工形象、组织的外部（顾客、媒体、社区等，根据重要性排序可选择一两个）形象、产品形象、组织内部环境形象、组织标志形象等。

（2）对组织进行调查和资料汇总，得出调查报告。

第12章

公共关系危机管理

【教学目标】

通过本章的学习，了解危机的含义，理解危机前、危机中和危机后的不同管理步骤、原则和方法，掌握危机中的媒体应对方法。

【教学要求】

知识要点	能力要求	相关知识
公共关系危机	（1）准确理解公共关系危机的含义及特点 （2）了解公共关系危机的类型	危机与风险，危机公共关系与公共关系危机的区别
公共关系危机管理	（1）了解危机前的管理 （2）了解危机中的管理 （3）了解危机后的管理	（1）公共关系危机各阶段的处理方法 （2）公共关系危机预警机制的建立

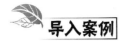 导入案例

"四环变五环"是一次成功的形象公共关系

北京时间 2014 年 2 月 24 日凌晨，索契冬奥会闭幕式上，俄罗斯人用自嘲的方式弥补了遗憾：开场舞蹈最后，由舞蹈演员先还原了开幕式时的"故障五环"，再慢慢展开形成了一个完整的五环！这一幕，让现场观众会心一笑，也得到舆论的广泛好评。正如央视官微在评点中所说："一次失误让所有人记住索契，'小插曲'却展示了强大的自信。"

人们也许还记得，两周前那次"乌龙"过后，"五环变四环"引起各界热议甚至争相调侃，主办方面临着不小的形象危机。对此，就连俄罗斯副总理科扎克也专门承诺将在闭幕式上修复故障。此次上演的"四环变五环"兑现了诺言，成功消除了此前的负面影响，俄罗斯人的国际形象还因之加分不少。这一展示"软实力""巧实力"的补救之举，也留给了人们诸多思考空间：众目睽睽之下，该如何进行形象公共关系？

在全世界范围内，"追求完美"都是许多人的自我期许，尤其是在重大事件、重要时刻，人们就更是小心谨慎，力求完美。但是，世上并没有十全十美的事情，"完美"只能是一种主观追求而非客观常态。许多时候，人们越是努力追求"完美"，就越是容易出现"心态拘谨，动作变形"，导致各种意外和失误。这样的情形，不仅体育赛场常见，在其他领域也很普遍。面对突发而至的"不完美"，如何恰当应对就显得尤为重要。

所谓"形象公共关系"，说白了，就是把类似"五环变四环"这样掉链子、丢面子的事收拾停当，最大限度减少损失。当然，如能通过形象公共关系，把坏事变好事甚至化腐朽

为神奇，那更是求之不得。在形象公共关系中，有个现象比较常见：以"硬要面子"来挽回面子，往往事倍功半甚至雪上加霜；以"抛下面子"来修复面子，往往能兼得面子和里子。"四环变五环"的成功补救正说明，面对公共形象受损，最不可缺的是坦诚和自信。有坦诚，方能正面应对；有自信，才能巧手化解。

发生在索契冬奥会上的这个"插曲"，也让人想起作家金庸的一次形象公共关系。十多年前，王朔发表批评长文《我看金庸》，掀起所谓"金王之争"，眼看金庸的"大侠"形象将受重创。面对纷争，金庸写了一篇短文回应："王朔先生的批评，或许要求得太多了些，是我能力所做不到的，限于才力，那是无可奈何的了。'四大俗'之称，闻之深自惭愧。（对我）不称之为'四大寇'或'四大毒'，王朔先生已是笔下留情。我与王朔先生从未见过面。将来如到北京待一段时间，希望能通过朋友介绍而和他相识。"文章发表后，一场风波就此化解，而其间展现的风度和气度、技巧和智慧，不亚于给公众上了一堂公开课、示范课。

资料来源："四环变五环"是一次成功的形象公共关系[EB/OL]. 搜狐网，2014-02-25（有改动）.

公共关系的成长史就是一部危机解决相伴而生的历史，因此公共关系危机解决能力，对公共关系人员来说，是至关重要的一种能力。特别是当今社会，社会危机、国家危机、企业危机、学校危机等，我们随处可见，它已经成为政府、企业及其他社会组织不可忽视的一个工作组成部分。

12.1 公共关系危机概述

12.1.1 与危机相关的概念

1. 危机与风险

"危机"一词在现代汉语中有两种意思：一是潜伏的祸根，如危机四伏；二是指严重困难或生死成败的紧要关头，如经济危机、金融危机、政府危机等。在公共关系活动中，我们可以把危机定义为一种遭受严重损失或面临严重损失威胁的突发事件。这种突发事件在很短时间内波及很广的社会层面，对组织会产生恶劣影响。而且这种突发的紧急事件由于其不确定的前景会给组织造成高度的紧张和压力。简单地说，危机就是风险事故，指组织因内外环境因素所引起的一种对组织生存具有立即且严重威胁性的情境或事件。

危机与风险有密切的关系。所谓风险（risk），就是指发生对组织不利事件的可能性。对风险防范不善，造成的危害达到较大的程度时，危机就会发生。也就是说，风险的存在是导致危机发生的前提。对风险进行有效的评估和管理，可以防范危机的发生。企业如果对各种风险熟视无睹，或者对于已经认识到的各种风险不采取有效的措施，今天的风险就会演变成明天的危机。因此，危机与风险的区别可以概述为两点。

（1）风险是危机的诱因。

（2）并非所有的风险都会引发危机，只有当风险所造成的危害达到一定的程度时，才危机蕴涵着机遇。先哲老子说："祸兮福之所倚，福兮祸之所伏。"在一定条件下，福祸是可以转换的。危机管理的最高境界就是要化危为机。

2. 公共关系危机

公关危机是各种危机中的一种特殊类型，它是由组织内、外的某种非正常因素所引发的公共关系非常事态或失常事态，是一种特殊的公共关系状态，是企业公共关系状态严重失常的反映。它不但影响企业正常运营，甚至危及企业的发展乃至生存。

造成企业公共关系危机的原因，从企业内部环境来看，主要有自身素质低下、管理缺乏规范、经营决策失误、法制观念淡薄和公关行为失策等；从企业外部环境来看，主要有自然环境突变、恶性竞争政策体制不利、科技负面影响、社会公众误解、社会公众自我保护意识增强、新传媒的出现等。而危机公关是危机发生时，组织采取的公关策略。

3. 危机公共关系

危机公共关系实际上就是组织在处理危机时为维护组织形象所采取的手段和策略，是指用来解决组织因外部客观环境或内部主观因素给组织机构带来的各种不利影响，避免损失或是将损失控制在最低限度，及时挽回组织声誉，重新建立起新的形象和信誉的公关活动。危机公关是公共关系的特殊表现形态，是复合型公共关系。

英国公共关系危机处理专家迈克尔·里杰斯特指出："若一个组织不能就其发生的危机与公众进行合适的沟通，不能告诉社会它对灾难局面正在采取什么补救措施，不能很好地表现它对所发生事故的态度，这无疑将会给组织的信誉带来致命的损害，并甚至有可能导致组织的消亡。"所以，处理危机型的公共关系活动是最为迫切、最为关键，又颇有处理技巧的公共关系实务组织。

一旦出现危机事件，只要发挥公共关系的巨大作用，就能对其做出及时、妥善的处理。事实上，不少组织通过危机事件的处理，将危机的不利影响降至最低程度，甚至将不利影响转化为有利影响；反之，在危机事件爆发之后组织不能及时采取有效措施进行处理，则可能给组织带来更大的损失。危机公关是现代公共关系的特殊行动领域，是现代企业必备的应变意识与能力，它处理的是发生紧急情况时的传播问题，目的是使组织机构摆脱危机，重新树立良好的信誉形象。

 资料 12-1

海底捞"老鼠门"事件

2017 年 8 月 25 日，"法制晚报看法新闻"在其新闻客户端"看法新闻"及新浪官方微博"看法新闻"发文爆料称，记者暗访近 4 个月，发现海底捞北京劲松店、太阳宫店老鼠在后厨地上乱窜、打扫卫生的簸箕和餐具同池混洗等现象。随即，新浪网、突袭资讯、中国青年网、新华网进行转载报道，引发网民关注和热议。

当天 14 点 46 分，海底捞在其官方微博和官网发布致歉信（对外）。其内容包含：

1. 首先承认了曝光内容属实。

2. 提供过往处理类似事件的查询通道。

3. 感谢媒体和群众的监督，表示愿意承担相关的经济和法律责任。

4. 承诺已经布置在所有门店进行整改，后续将公开发出整改方案。

8月25日17点16分，海底捞在其官方微博和官方发布处理通报（对内）。内容包括对事件门店的停业整改处理，所有门店开启卫生排查，接受公众、媒体的监督，安抚涉事事件的员工，董事会主动揽责。

8月27日15点04分，海底捞在其官方微博和官方发布《关于积极落实整改，主动接受社会监督的声明》。内容上，海底捞除了表明加强员工培训、落实整改措施，还承诺将在全国门店实现后厨操作可视化。

事实上，在海底捞发布了致歉信和处理通报之后，因为反应迅速、道歉态度诚恳而平息了不少消费者的怒火。致歉信发布之后，大众的关注点集中在海底捞这次"危机公共关系的成功"，不少公众号开始一条条分析"海底捞"危机公共关系的成功之处；也有公众号借海底捞事件强调危机公共关系预案的重要性等。整个事件的角度被成功转移。

根据之后的报道，海底捞在全国门店完成了整改内容，其中全国60多家老店是改造重点，单店平均花5万升级监控。此外，海底捞增加后厨展示区域，北京所有门店后厨实时直播，并且海底捞在门店设置参观卡，消费者可申请参观后厨。

资料来源：海底捞爆出"老鼠门"事件[EB/OL]. 中国网，2018-08-28.

12.1.2 公共关系危机的特征

公共关系危机有很多特征，主要表现在以下几方面。

1. 突发性

危机往往是在意想不到、没有准备的情况下突然爆发的，往往会令组织措手不及，由于组织毫无准备，因此，往往会陷于混乱与惊恐之中。危机何时发生、怎样发生、在什么地方发生等都带有极大的偶然性，难以提前作出预测。当然，有些危机在萌芽状态时是可以察觉并能着手解决的，但如果不被组织所重视，也会酿成大祸大难，如组织与公众关系不协调时，会产生一些不利于组织发展的谣言等，由此而引发祸患的事件是不可预测的，这也体现了危机事件的突发性特点。公共关系组织要处理好此类事件，必须具有很强大的灵活性和随机应变能力，能够随时应对突发危机事件。

2. 紧迫性

危机一旦发生，就有飞速扩张之态势，它就会像一颗突然爆炸的"炸弹"，在社会中迅速扩散开来，对社会造成严重的冲击。同时，它还会像一根牵动社会的"神经"，迅速引起社会各界的不同反应，令社会各界密切关注，若不采取有效的制止措施，就容易使整个组织形象彻底遭到破坏。因此，必须牢记"兵贵神速"这一格言，注重危机公关的时效性。危机发生后，组织应首先想方设法防止事态进一步扩大，然后采取具体而有效的手段修复和提高组织形象。

3. 危害性

危机的危害是严重的，重如世界经济金融危机、地震、海啸等，轻则名誉扫地、市场受挫。如果处理不及时，决策失误往往带来无可估量的损失。而且危机往往具有连带效应，引发一系列的冲击。任何危机事件不仅会给组织的经济利益和声誉造成不利的影响，破坏组织的正常运转或生产经营秩序，带来严重的形象危机和巨大的经济损失，而且会给社会造成严重的危害，给社会公众带来恐慌，甚至造成直接的损失。危机越严重的事件，其危害性越大。因此，组织必须迅速及时地予以处理；否则，其后果不堪设想。

4. 可变性

危机事件是可变的，可以发生，也可以消除。在现代市场经济条件下，处于动态环境系统中的组织面临多变复杂的局面，难免发生危机；即使是处在顺境中的组织，发生危机事件也是可能的。另外，危机事件的发生有一个从准备期到爆发期的变化过程，在这个过程中，矛盾发展到一定程度，达到临界点，外部的任何一个突发因素都可能导致危机爆发。如果组织能居安思危，注意监测环境，积极预防，就能防患于未然，把危机消灭在萌芽状态。再者，危机事件是无规律的，表现为每一次危机事件产生的原因、表现的形式、事件的范围影响的层次、损失的程度都不尽相同，因此，对危机的防范和处理的模式也不应是固定不变的。

资料 12-2

只有一名乘客的航班

英国航空公司所属波音 747 客机 008 号班机，准备从伦敦飞往日本东京时，因故障推迟起飞了 20 小时。为了不使在东京候此班机回伦敦的乘客耽误行程，英国航空公司及时帮助这些乘客换乘其他公司的飞机。共 190 名乘客欣然接受了英航公司的妥当安排，分别改乘别的班机飞往伦敦。但其中有一位日本老太太叫大竹秀子，说什么也不肯换乘其他班机。坚决要乘英航公司的 008 号班机不可。实在无奈，原拟另有飞行安排的 008 号班机只好照旧到达东京后飞回伦敦。

一个罕见的情景出现在人们面前：东京－伦敦，航程达 13 000 公里，可是英国航空公司的 008 号班机上只载着一名旅客，这就是大竹秀子。她一人独享该机的 353 个飞机座席以及 6 位机组人员和 15 位服务人员的周到服务。有人估计说，这次只有一名乘客的国际航班使英国航空公司至少损失约 10 万美元。

从表面上看，的确是个不小的损失。可是，从深一层来理解，它却是一个无法估价的收获，正是由于英国航空公司一切为顾客服务的行为，在世界各国来去匆匆的顾客心目中换取了个用金钱也难以买到的良好公司形象。

资料来源：吴建勋. 公共关系案例与分析教程[M]. 北京：清华大学出版社，2013（有改动）.

12.1.3　公共关系危机的类型

一个组织所面临的可能性危机事件是多方面的，有时甚至是无法想象的。因此，了解和分析公共关系危机的类型，有助于我们科学地解决组织的危机问题。

1. 由不可抗拒的外部力量引起的危机

这包括自发性的自然灾害（如山脉、河流、海洋、气候等形成的灾害）和突发性的全国或世界性商业危机、经济萧条、社会政治动荡、战乱等。这类灾害是不以人们的意志为转移的，它往往给组织带来意想不到的打击，正可谓："人在家中坐，祸从天上来。"自然灾害中的洪涝、干旱、台风、森林大火、火山爆发、泥石流、海啸等，具有突然性、无法回避性、重大损害性等特点，常常使遭受打击的组织面临灭顶之灾。这些灾害的爆发通常与组织的管理责任不直接相关，事态及其后果也是组织无法控制的。对组织的公共关系形象也不会产生巨大的损害。但是，处理事件的方法可能会给组织形象带来有利或不利的影响。

2. 非组织成员有意或无意造成的危机

在现实生活中，一些不法分子蓄意破坏、陷害、诽谤组织；一些不正当竞争者或散布谣言，恣意损害竞争对手的形象；或盗用竞争对手的名义生产假冒伪劣产品；或进行比较性广告宣传，有意贬低竞争对手；或采取恶劣行径严重扰乱竞争对手的经营秩序等。这些事件往往对组织形象有重大的损害，要求组织学会自我保护和自我防御。这些事件虽然不是由组织自身的过错引起的，但或多或少与组织有关，因为它常常起因于组织缺乏自我保护的能力和措施，或者源于组织没有处理好与某些公众的关系。

3. 由公众的误解引发的危机

公众对组织的了解并不是全面的，有的公众会因信息的缺乏或听信一面之词对组织形成误解。尤其是当组织在产品质量、生产工艺、营销方式、竞争策略等方面有了新的进步、新的发展、新的探索时，如果公众一时还不能适应，或一时认识跟不上，用老观念、老眼光主观判断，草率下结论，就易引发一些危机事件。这包括几个方面：一是服务对象公众对组织的误解；二是内部员工对组织的误解；三是传播媒介对组织的误解；四是权威性机构对组织的误解。无论哪一类公众对组织的误解，都有可能引发组织的危机。特别是传播媒介和权威性机构的误解，更可能使误解的范围扩大、程度加深，形成极为不利的舆论环境。

4. 由组织管理方面的责任引起的危机

由于组织管理混乱，往往会导致重大工伤事故、重大生产责任事故、污水排放、废气泄漏、劳资纠纷、罢工、股东丧失信心、内部人员贪污腐化等，这类事件同组织管理直接相关，对组织的形象和声誉会造成巨大的危害。有时，会出现组织内部员工存心破坏、报复或搞恐怖活动等，这类事件尽管同组织的整体管理无直接关系，但由于当事人是组织成员，因此常常跟组织的员工教育和管理联系在一起，从而对组织形象产生较大的危害。

 资料 12-3

波音 737MAX-8 客机空难事故初步分析

2019 年 3 月 10 日，一架埃塞俄比亚航空公司的波音 737MAX 型客机起飞后 6 分钟坠毁，机上的 149 名乘客和 8 名机组人员不幸全部遇难，其中包括 8 名中国乘客。然而这不是首起 737MAX 空难，2018 年 10 月 29 日，印尼狮航一架由波音 737MAX 执飞的飞机，在从雅加达起飞大约 13 分钟之后失联、坠毁，机上 189 人不幸全部罹难。

这两架失事飞机都是波音公司生产的 737MAX-8 客机，均为机龄不超过 1 年的新飞机，而且发生坠毁的时间都是在飞机起飞几分钟后。更为巧合的是，根据 Flightradar24 数据显示，失事埃航客机的飞行数据记录了飞机最后的轨迹，飞机在起飞后，曾经有过突然下降的迹象随后又有拉升，之后消失在追踪画面中，该现象与印尼狮航客机失事前的飞行轨迹颇为相似。

初步调查表明：狮航空难是飞机信号系统接收到一个假信号，信号显示飞机"抬头"，所以飞机自动失速控制系统持续给出了"低头"的指令，机组人员与飞机自动失速控制系统搏斗很长时间，但最终还是发生了坠机悲剧。而埃航空难在飞行过程中也发生了不正常的爬升与下降及飞行速度超速的现象，这表明狮航空难后，虽然波音公司作出了安全复查等措施，但是这些措施可能并没有解决掉 737MAX-8 飞机的安全隐患和设计缺陷，从而造成了埃航客机失事。

目前，埃航空难刚刚发生，其失事原因还在进一步的调查中，但通过波音申请涉及自动失速保护系统的专利和狮航空难的初步调查结果等进行分析，狮航空难的可能原因是：737MAX-8 型飞机新设的自动失速保护系统可能存在设计缺陷，并且该自动失速保护系统在适航认证时，FAA（美国联邦航空局）存在"放水"嫌疑；狮航空难发生后，波音可能没有解决该系统存在的上述问题，所以又造成了埃航 737MAX 飞机失事。

需要说明的是，目前狮航空难的最终调查结果还未公布，埃航空难披露的信息较少，我们的分析仅仅是初步的判断，仅供参考，具体情况以将来的调查结果为准。

资料来源：陆峰. 波音 737MAX-8 客机空难事故初步分析[N]. 中国航空报，2019-03-19（有改动）.

12.1.4 公共关系危机的成因

概括起来讲，组织公关危机的形成主要是由自然环境因素、社会环境因素、组织自身因素等引起的，前两项因素有时防不胜防，这里仅从组织自身因素，即内部管理体制不全和员危机管理意识不强等方面进行分析。

1. 企业缺乏危机管理意识

企业必须要有危机公关的意识，目前很多企业缺乏"忧患意识"，缺乏应对危机的一整套管理体系和方法。在企业平安无事时，企业一般不会有"未雨绸缪"的防范意识和战略考虑，不会注重媒体公关。即便出现了影响企业发展的突发负面事件，也往往是"病急乱投医"，进行无序的媒体危机公关，远远谈不上"有序管理危机和果断采取行动"，或者是想方设法要"置身事外"，使问题演变成一场危机。

2. 组织自身决策违背了"与公众共同发展"的公关理念

很多营利性组织的决策与行为更多地考虑了自身的利益面忽略了社会的利益，违背了"与公众共同发展"的公关理念，就有可能使组织利益目标与社会利益目标相对立，从而引发公众对组织的抵触、排斥和对抗，使企业陷入危机之中。

3. 全员公关意识淡薄、组织与个人言行不当

组织人员包括管理人员和员工两类，员工是对外宣传的"窗口"，尤其是某些服务组织的员工，他们直接与公众对话、他们的素质会反映企业组织的形象，他们对公众的不良态度会引发公共关系危机。

4. 没有建立正常有序的传播沟通渠道

信息的有效传播对于组织的生存发展非常重要，当危机出现时更是如此。律师会告诉当事人让他保持沉默，但对待危机时若保持沉默，后果将不堪设想。许多企业在危机发生后会无限制扩大组织机密范围，追求事事保密、层层设防，唯恐公众知晓组织的决策内容，更有一些组织，甚至不让员工知晓内部有关信息。有些组织虽也对外发布信息，但只知道单向发布，不知道信息的及时反馈，使得危机不能得以有效控制。

12.2　公共关系危机前的预防

公共关系危机的事前预防是日益被人们重视的新课题，是组织主动出击、战胜危机的有效手段。要做好危机的管理与预防，要做许多方面的工作。首先要树立三个意识，并将其灌输到全体员工中去。

12.2.1　树立危机意识

1. 树立居安思危意识

中国有一句话"生于忧患，死于安乐"，没有危机意识是最大的危机。明智的管理者总是能够居安思危、正本清源，建立预警机制，防患于未然。微软之所以能雄霸天下，最重要的一点就是具有强烈的危机意识，比尔·盖茨的一句名言就是"我们离破产永远只有90 天"。海尔集团总裁张瑞敏曾说："我在战战兢兢，如履薄冰般地经营着我的海尔。"闻名于世的波音公司，为了增强员工的危机意识，别出心裁地摄制了一部模拟公司倒闭的电视片。该电视片的主要内容是在一个天空灰暗的日子里，波音公司高挂着"厂房出售"的招牌，振聋发聩的扩音器里传来"今天是波音公司时代的终结，波音公司已关闭了最后一个车间"的通知，员工们一个个垂头丧气地离开了工厂……没想到该电视片在员工中产生了巨大震撼，强烈的危机感使员工们以主人翁的姿态，努力工作，不断创新，使波音公司始终保持了强大的发展后劲。

 资料 12-4

点亮"夜经济"，老字号不能倚老卖老

据近日《新华每日电讯》报道，记者采访发现，部分老字号员工存在"吃大锅饭"的思想，"倚老卖老""服务态度差"成为不少老字号被消费者诟病的地方。北京市民张先生就曾有过这样的经历：在某老字号餐饮门店就餐时，直接被服务员以"需要提前下班"为由，要求结束用餐。

无独有偶，国庆节期间笔者在一家北京的老字号餐厅也有过相似遭遇——晚饭还没吃

到九点，就频频被撵。好说歹说，总算给延长了一段时间，不过还得看服务员脸色，要么找不到人，要么加不了东西。时下许多行业和地方都相继推出鼓励措施打造"不打烊"的夜经济，为何一些餐饮业"老字号"仍不愿意参与夜经济，甚至不愿意多为顾客服务一分钟？

餐饮业老字号多是老招牌、特色店，在许多人心中都承载着一段美好的感情和记忆。然而，在市场经济转型的大潮中，一些老字号，尤其是国字头老字号却在"吃老本""卖招牌"，过度消耗自己的信誉，有店大欺客的现象，服务差。

这种"店大欺客""倚老卖老"的背后，折射出的是"老大思想"：我是国企我怕谁？老字号有其自身优势，老味道、老情怀、老街坊、老邻居。一些老字号占有着丰富的资源，享受着国家的优惠政策，还有着优越的地理位置。按理说，老字号应该把这些优势转化为服务百姓、拉动经济的动力。

点亮"夜经济"，说小了是刺激消费，说大了就是为民服务。餐饮业是服务行业，竞争很激烈。如果一些老字号仍然吃老本，不仅会失去客源，最终可能连牌子都保不住。眼下，信任危机已然影响了老字号的业绩。据有关部门统计，北京的一些老字号客流量明显下降，一些老字号净利润同比下滑高达50%以上。在消费选择多样化的今天，如果仍然一成不变、高高在上，老字号前景堪忧。

资料来源：孙现富. 点亮"夜经济"，老字号不能倚老卖老[N]. 工人日报，2019-10-17（有改动）.

2. 树立自律意识

组织对自身行为应该有自我审查、自我评判的能力，同时还要有自我约束的能力。日本有关统计证明，大的危机事故发生前往往会有300个苗头，关键是能否事先发现并处理好。加强自律意识才能自觉主动地发现本组织是否有违反政策，违反制度、规章和有损于公众的行为，发现后应及时纠正。

3. 具有法律意识

目前，我国法律体系日益完善，法律条文数量增多，如果不加强学习，又没有极强的法律意识，往往会在工作中无意识地违反了法律规定，一旦受到惩处，后悔莫及。如果组织忽视了法律，就会造成意想不到的损失。

12.2.2　建立危机预警系统

一般而言，除了一些自然灾害等非人为危机外，大多数危机都有一个演进过程。先是由失误而形成危机隐患，由隐患而形成危机"苗头"，由"苗头"而发展演变为危机。优秀的管理者和公共关系人员不会坐视危机恶化发展，等危机爆发出来后才着手消除工作，而是着眼于消除隐患，将熄灭危机"苗头"作为危机管理的首选之责。熄灭危机"苗头"需要企业事先发现危机的预警系统。危机预警系统就是运用一定的科学技术方法和手段，对企业生产经营过程中的变数进行分析，并在可能发生危机的警源上取得警情指标，及时捕捉警讯，随时对企业的运行状态进行监测，对危害自身生存、发展的问题进行事先预测和分析，以达到防止和控制危机爆发的目的。

危机预警系统主要包括以下几个方面内容研究。

1. 危机监测

危机监测即对可能引起危机的各种因素和危机的表象进行严密的监测，收集有关企业危机发生的信息，及时掌握企业危机变化的第一手材料。

2. 危机预测和预报

对于组织来说危机的出现虽然是不规则的，但是其中也存在一些有规律性的东西，再加之对监测得到的信息进行鉴别、分类和分析，使其更有条理、更突出地反映出危机的变化，为未来可能发生的危机类型及其危害程度作出估计，并在必要时发出危机警报。

危机预测需要从以下几个方面入手。

1）根据组织的性质进行预测

弄清楚组织是什么性质的，列出这种组织可能发生的各类危机事故。

2）从组织事件中作出预测

找出自己组织历史中曾发生过什么危机，一个发生过的事情很可能再度发生。

3）从同行教训中作出预测

找出自己所属组织的同行、类似组织发生过什么危机，分析危机会对组织造成多大伤害。考虑这种危机发生后，谁会受到影响，范围有多大。

4）危机预控

危机预控指组织应针对引发组织危机的可能性因素，采取应对措施和制定各种危机应急预案，以有效避免危机的发生或尽量使危机的损失降到最低。

危机预警的各个部分是相辅相成的，前一部分的工作是后一部分工作的前提和基础。

12.2.3 制订危机管理计划

在危机发生之前做好准备——制订完善的危机管理计划，以便一旦出现危机，能即刻做出反应，这是减少危害的有效措施。危机管理计划通常以手册形式体现。主要包括以下内容。

1. 说明性内容

（1）封面。计划名称、生效日期、文件编号、文件密级、编制主体。

（2）决策者令、公司总裁函件等。确保文件的权威性。

（3）文件发放的范围。接收人的签收及部门主管对危机管理方案的确认。

（4）相关说明或导言。其包括：启用计划的时机与条件，计划的维护与更新，更新后的审批程序，等等。

2. 计划正文

（1）危机管理的目标系统。其包括总体目标和阶段性目标。

（2）危机管理的任务。根据危机管理的目标，分解为不同对象、不同层次、不同环节的任务。

（3）成立危机管理小组（根据组织的规模来确定，如果组织规模很大，可以交由危机管理委员会处理）。根据危机管理的任务配置必要的人员。

制订各种危机处理预案。一旦危机爆发，可以做到胸有成竹、兵来将挡、水来土掩。

①确定危机管理的第一责任人，赋予其职责和权力，通常由"一把手"担当。

②小组成员的确定，他们各自的责任与权力界定；可以列出小组成员分工表（见表 12-1）。

③外部专家顾问的确定，了解他们的专长，明确其负责的领域。

（4）确定联络方式、名单及资料。

（5）危机风险及潜在损害的评估。

（6）应急处理的行动步骤。

（7）媒介关系。各种媒体的应对预案，事先拟定好的新闻稿件。

（8）财务和物资准备，危机管理预算。预算的批准程序，日常的财务管理和应急的管理模式。

（9）法律事宜。日常的普法教育。危机中可能涉及的法律问题，紧急状态下的法律求助程序与措施。

（10）危机事件记录，必要的证据的采集、保管、使用程序，证人的寻找、确认与联系。

（11）危机的恢复管理。

（12）危机管理的效果评估。

3. 附件

各种工作图表，如任务分工表、通讯录，等等。

1）任务分工表

任务分工表见表 12-1。

表 12-1　危机传播管理小组成员任务分工表（示例）

组内职务	日常职务	责　任	汇报对象
危机传播管理小组组长	核心领导	审批发布口径 签发对外信息	最高领导
危机传播管理小组执行组长	新闻办公室主任	拟定口径即对外信息 参加核心会议 对外新闻发布	组长
危机传播管理小组副组长	各职能部门负责人	提供本部门信息 参与发布信息的核准工作	执行组长
系统协调员	新闻办公室副主任	与上级主管部门交流信息，如撰写报告等与内部各部门交流信息，编写简报、组织工作会议等 与相关机构交流信息，致电说明情况等	执行组长
媒体协调员	新闻办公室工作人员	媒体报道收集及分析 准备发布材料，筹备新闻发布会，安排记者采访等 评估传播效果	执行组长
公众协调员	新闻办公室工作人员	热线咨询电话的管理 组织慰问、座谈等活动	执行组长

2）通讯录

（1）专家学者通讯录。通讯录包括两部分内容，一是你的部门所涉及学科领域的专家学者，他们将在危机传播中参与、协助新闻发布工作；二是新闻传播专家学者，他们将为危机传播提供管理方案、舆情评估、化解思路，成为新闻发布工作的保证。专家学者通讯录见表 12-2。

表 12-2　专家学者通讯录

专家类别	姓名	单位	职务	研究领域	电话	传真	手机	电子邮箱
学科专家								
媒体专家								

（2）媒体记者通讯录。不论在突发情况下还是在日常的新闻发布工作中，通讯录都是十分实用的资料。媒体分类可以按照发行地域划分，也可以按照传播媒介划分，如报纸、杂志、广播、电视、网络。

与媒体记者建立持久的联系，是未雨绸缪的重要工作。这里需要注意的是，除了要记住平时经常和你打交道的、"跑口儿"记者（专职报道你所在领域新闻的记者），也要结交那些媒体中的"机动"记者，这些人往往会成为突发事件的第一报道者。如果这些"机动"记者对你所在领域的情况一无所知的话，就容易在突发事件的报道中出现片面甚至错误的信息，造成难以挽回的后果。媒体记者通讯录见表 12-3。

表 12-3　媒体记者通讯录

媒体分类	媒体名称	记者姓名	职务	电话	传真	手机	电子邮箱	通信地址
全国媒体								
区域媒体								
地方媒体								
境外媒体								

12.2.4　成立危机管理委员会

大中型组织应设危机管理委员会，这是顺利处理危机的组织保证，以避免各部门间的推诿、扯皮及危机出现后互相推卸责任。危机管理委员会的人员应包括组织领导、人事经理、工程管理人员、保安人员、公共关系经理、后勤部门领导以及危机处理专家等。如果组织有分支机构，每个分支机构都应向委员会派一代表，以便发生问题时能迅速在各地协调行动。

委员会成员不是专职的，他们只在出现危机时才投入运转。委员会平时的任务是保持定期的联系，借助会议、电话、电传、互联网不断沟通信息，定时检查危机问题管理计划，预测局势变化趋势，以调整应急措施。

 资料 12-5

用 AI 搜索自杀高风险者

2019 年 2 月 20 日，扬子晚报紫牛新闻曾报道南京某大学学生吕小康（化名）在微博留下一句"再见"，服药割腕自杀。吕小康的留言被一个神秘团队监控到并报警，吕小康由此得救。紫牛新闻记者了解到这个神秘团队叫树洞行动救援团，由人工智能专家和精神科专家以及志愿者组成，是华人科学家、荷兰阿姆斯特丹自由大学教授、东南大学客座教授黄智生发起成立的。他们利用人工智能在社交网络搜寻自杀高风险者并根据危险等级采取行动。从去年成立到现在，该团队有效救援 662 人，几乎每天都在上演着惊心动魄的救援。

资料来源：任国勇. 用 AI 搜索自杀高风险者这群人一年多义务救下 662 人[N]. 扬子晚报，2019-09-06（有改动）.

12.2.5　印制危机管理手册，开展培训

将危机预测、危机情况和相应的措施以通俗易懂的语言编印成小册子，可以配一些示意图，然后将这些小册子发给全体员工。还可以通过多种形式，如录像、卡通片、幻灯片等向员工全面介绍应对危机的方法，让全体员工对出现危机的可能性及应对措施有足够的了解。

由于危机并非经常发生，所以大多数工作人员对处理危机都缺乏经验。可组织短训班对员工进行轮训，内容包括：模拟危机，让员工做出迅速的反应，以锻炼他们面对危机处理问题的能力；向他们提供各种处理危机的案例，让他们从各类事件中吸取经验和教训，帮助他们在心理上做好处理各种危机的准备。要定期展开全面的危机防范工作，进行全面工作检查和演练。

12.2.6　确定组织发言人

发言人是在组织面临危机时，代表组织向内外公众介绍事实真相和组织正在做出的努力的人员。危机一旦突然发生，会带来一定程度的混乱，引起人们心理上的紧张恐慌。此时各种谣言最易流传。发言人可以及时地以恰当的方式公布各种信息，阻止谣言传播，使人们了解事实，以便理智地做出分析、判断，采取适当的应对措施，以维护组织的形象。

对发言人要进行培训，确保他们能全面了解组织各方面的情况，并掌握恰当准确的表达方法。发言人要对组织忠诚，发言时能切实传达领导集团的意见，态度诚恳，还应具备口才好、应变能力强等才能。

12.2.7 事先同传播媒介建立联系

事先同相关的传媒建立并保持良好的信任关系，熟悉相关的人员。危机出现后应准备两套材料：一套用通俗易懂的语言，深入浅出地向大众做介绍，这份材料可供媒介参考使用；另一套材料为技术性、专业性较强的情况介绍，以准确的数据向上级和有关专家、同行提供详情。两种材料都是必要的。

12.2.8 建立处理危机关系网

根据预测到的组织可能发生的危机，与处理危机的有关单位联系，建立合作网络，以便危机到来时能很好合作。这些单位有医院、消防队、公安部门、邻近的驻军、相关的科研单位、同行业兄弟单位、保险公司、银行等。在平时就要经常沟通，使它们了解组织的基本情况以及在危机中组织会向他们寻求哪些帮助等。

12.3　公共关系危机中的处理

公共关系危机的事中处理是危机管理中最为重要的一环，它关系到一个组织的生死存亡和兴衰。因此，把握好公共关系危机中的处理工作就显得至关重要。

12.3.1 危机处理的原则

危机公关有以下五项原则，也称 5S 原则。

1. 承担责任原则（shoulder the matter）

危机发生后，公众会关心两方面的问题：一方面是利益的问题。利益是公众关注的焦点，因此无论谁是谁非，组织应该承担责任。即使受害者在事故发生中有一定责任，组织也不应首先追究其责任，否则会各执己见，加深矛盾，引起公众的反感，不利于问题的解决。另一方面是感情问题。公众很在意组织是否在意自己的感受，因此，组织应该站在受害者的立场表示同情和安慰，并通过新闻媒体向公众致歉，解决深层次的心理、情感关系问题，从而赢得公众的理解和信任。实际上，公众和媒体往往在心目中已经有了一杆秤，对组织有了心理上的预期，即组织应该怎样处理，我才会感到满意。因此，组织绝对不能选择与公众对抗，态度至关重要。

2. 真诚沟通原则（sincerity）

组织处于危机漩涡中时，是公众和媒体的焦点，组织的一举一动都将接受质疑。因此，组织千万不要有侥幸心理企图蒙混过关，而应该主动与新闻媒体联系，尽快与公众沟通，说明事实真相，促使双方互相理解，消除疑虑与不安。真诚沟通是处理危机的基本原则之一。这里的真诚指"三诚"，即诚意、诚恳、诚实。如果做到了这"三诚"，一切问题都迎刃而解。危机管理专家奥古斯丁认为，危机管理的最基本经验就是说真话、立刻说。

1）诚意

在事件发生后的第一时间，公司的高层应向公众说明情况，并致以歉意，从而体现组织勇于承担责任、对公众负责的组织文化，赢得公众的同情和理解。

2）诚恳

一切以公众的利益为重，不回避问题和错误，及时与媒体和公众沟通，向公众说明事情的进展情况，重拾公众的信任和尊重。

3）诚实

诚实是危机处理最关键也是最有效的解决办法。我们会原谅一个人的错误，但不会原谅一个人说谎。

 资料 12-6

联邦快递屡屡"失误"陷入信用危机

2019 年接连发生的华为包裹多次被转运、涉枪事件，让联邦快递被推至聚光灯下，成为媒体报道的焦点，引发全球一片哗然。

对于业绩失速、自顾不暇的联邦快递而言，其面对近期发生的多次"误运"事件而出现的回应前后不一，面对涉枪事件体现出态度的不严谨，甚至多次触及法律底线，让业内咋舌。

"从联邦快递的说辞来看，一直在推卸责任。无论从其已发生的多个事件中体现出的不专业性、不懂法的随意性、内部管理的不严谨性，还是从其业绩失控来看，如今联邦快递多重问题暴露，遭遇信用危机，品牌形象一落千丈，无疑是自毁招牌。"业内专家认为。

近期，国家有关部门依法对联邦快递（中国）公司未按名址投递快件一案实施调查发现，联邦快递关于将涉华为公司快件转至美国系"误操作"的说法与事实不符。另发现联邦快递涉嫌滞留逾百件涉华为公司进境快件。调查期间，还发现联邦快递其他违法违规线索。

而随着事态的发展，相关事件也出现了戏剧性的一幕。在压力之下，美国联邦快递公司对美国商务部提起诉讼，原因是美国商务部的出口管制规定，让联邦快递苦不堪言，联邦快递认为美国不应该指望快递公司实施出口管制规定。

"联邦快递向法院起诉美国商务部，说明该事件并未单纯的'操作失误'，美国政府确实有所干预，出具了一些与制裁相关联的措施。一系列的事件发生的背后，除了外力干预之外，是联邦快递在管理、监控、业绩、公共关系体系的全面'失控'。"业内分析人士认为。

联邦快递曾是全球最大的快递公司，在华为及涉枪事件发生的同时，也遭遇信用危机，业绩持续下滑，在短短的一个月时间内，股票市值蒸发了近 20 亿美元。

资料来源：联邦快递屡屡"失误"陷入信用危机[N]. 证券日报，2019-08-23（有改动）。

3. 速度第一原则（speed）

好事不出门，坏事行千里。在危机出现的最初 12～24 小时内，消息会像病毒一样，以裂变方式高速传播。而这时候，可靠的消息往往不多，到处充斥着谣言和猜测。组织的一举一动将是外界评判组织如何处理这次危机的主要根据。媒体、公众及政府都密切注视组织发出的第一份声明，对于组织在处理危机方面的做法和立场，舆论赞成与否往往都会立刻见于传媒报道。

因此，组织必须当机立断、快速反应、果决行动，与媒体和公众进行及时沟通。只有这样，才能迅速控制事态，否则会扩大突发危机的范围，甚至可能失去对全局的控制。危机发生后，能否首先控制住事态，使其不扩大、不升级、不蔓延，是处理危机的关键。

4. 系统运行原则（system）

在逃避一种危机时，不要忽视另一种危机。在进行危机管理时必须系统运作，绝不可顾此失彼。只有这样才能透过表象看本质，创造性地解决问题，化害为利。危机的系统运作主要是做好以下几点。

1）以冷对热、以静制动

危机会使人处于焦躁或恐惧之中。所以，组织高层应以"冷"对"热"、以"静"制"动"，镇定自若，以减轻组织员工的心理压力。

2）统一观点，稳住阵脚

在组织内部迅速统一观点，对危机有清醒的认识，从而稳住阵，万众一心，同仇敌忾。

3）组建团队，专项负责

一般情况下，危机公关小组的组成由组织的公共关系部成员和组织涉及危机的高层领导直接组成。这样一方面是高效率的保证，另一方面是对外口径一致的保证，使公众对组织处理危机的诚意感到可以信赖。

4）果断决策，迅速实施

由于危机瞬息万变，在危机决策的时效性要求和信息匮乏条件下，任何模糊的决策都会产生严重的后果。所以必须最大限度地集中决策使用资源，迅速做出决策，系统部署，付诸实施。

5）合纵连横，借助外力

当危机来临，应充分和政府部门、行业协会、同行组织及新媒体配合，联手对付危机。在众人拾柴火焰高的同时，增强公信力、影响力。

6）循序新进，标本兼治

要真正彻底地消除危机，需要在控制事态后，及时准确地找到危机的症结，对症下药，谋求治"本"。如果仅仅停留在治标阶段，就会前功尽弃，甚至引发新的危机。

 资料 12-7

阿里员工被爆住"自如"甲醛房去世

2018 年 8 月底，一篇文章《阿里 P7 员工得白血病身故，生前租了自如甲醛房》在朋友圈热议，一时间自如被推上了风口浪尖。

文章大致意思是阿里 P7 员工租住自如房后，因甲醛超标患上急性髓系白血病，随后去世。家属向法院申诉后，赔偿事宜没有得到解决。同样的，自如甲醛房致死致病案例并不止这一个。

甲醛，这个词和租房网站联系，无疑是一记重击，对于企业业务发展是极其不利的。此次事件的爆出，自如也是十分重视，两次发表声明。此外链家董事长左晖和自如总经理熊林两位高管，也都在朋友圈表示："所有的责任，我们都会承担！"不过，自如声明的发布，似乎并没有平息大众的怒火。

随着事件的持续发酵，不少租客申请免费空气质量检测，但发现仅限于 2018 年 6 月 1 日以后的租客，而且如果检测合格费用自理，不合格自如才会承担。

资料来源：程春雨. 甲醛超标？阿里员工租住自如房得白血病去世 自如回应[EB/OL]. 人民网，2018-09-02（有改动）.

5. 权威证实原则（standard）

自己称赞自己是没用的，没有权威的认可只会徒留笑柄。在危机发生后，组织不要整天拿着高音喇叭叫冤，而要"曲线救国"，请重量级的第三方在前台说话，使公众解除对自己的警戒心理，重获他们的信任。

12.3.2　危机处理的程序

各种类型的危机虽有不同的处理方法，但在程序上是基本相同的，一般都会经历如下程序。

1. 深入现场，了解事实

危机事件发生后，组织应立即成立专门处理危机的小组。组织管理者应立即奔赴现场，给公众一种敢于负责，有能力、有诚意解决危机的形象，这对稳定公众情绪起着重要的作用。危机处理人员赶到现场后，应想尽一切办法迅速与当事人或目击者取得联系，了解危机事件发生的时间、地点、原因，了解人员伤亡的程度及财产损失的多少。在全面收集有关信息的基础上将材料分类整理，组织有关危机处理人员进行分析，认真查找事件的真正原因，形成分析报告，并上交有关部门。

2. 分析情况，确立对策

这一步是制订危机处理方案。危机发生后将会触及各类公众的利益，在全面了解有关情况后，应针对不同的公众确定相应对策。这些对策大体上包括以下几个方面：组织内部的对策，对受害者的对策，对新闻媒介的对策，对上级领导部门的对策，对客户的对策，对消费者的对策，对社区的对策。

3. 安抚受众，缓和对抗

危机发生后，组织可能会"四面楚歌"，新闻曝光、公众质疑、政府批评如洪水般袭来，而且此时公众会对组织的态度反应高度敏感，稍有不慎，就会惹起公众的愤怒，严重的还会影响组织的生存。面对危机，组织最明智的做法是与公众进行正确的沟通，及时了解公众的需求和愿望，能解决的尽量及时解决，暂时不能解决的做好解释工作，缓和公众的对抗情绪，真心诚意地取得其谅解，防止因一些细小问题再次引发更为严重的危机。

4. 联络媒介，主导舆论

危机事件发生后，各种传闻、猜测都会发生，作为危机的利益相关者，他们更关注组织对危机的处理态度和采取的行动。公众有关危机的信息来源是各种形式的媒介，媒介在公众心目中有很高的公信力，媒介观点在潜意识上对公众的看法有决定性影响，而媒介对危机报道的内容和态度影响着公众对危机的看法和态度。所以在危机暴发后，组织应主动公开地与新闻媒介沟通，避免被动地接受媒介的狂轰滥炸，导致事态不断扩大。

5. 多方沟通，加速化解

这一步主要是争取其他公众、社团、权威机构的合作，协助解决危机，也是增加组织在公众中的信任度的有效策略和技巧。

6. 积极行动，转危为机

"危机"是"危"和"机"的组合，是组织命运"变好或变坏的转折点"。所以，成功的危机处理不仅能消除危险，而且还能创造机遇、和谐关系。

 资料 12-8

不体面"分手"当当何去何从？

李国庆、俞渝这对互联网圈的著名怨偶今天又刷屏朋友圈了。2019 年 10 月 23 日晚 10 时，俞渝在李国庆的朋友圈下面留言称"李国庆，我要抓破你的脸"，同时曝光了几段火力很猛、尺度很大、信息量很丰富的内容，既宣告了曾经伉俪情深的创业夫妻档的公开决裂，也用"互爆猛料"引爆了舆论场。

李国庆随后在微博回应，对方"虚构事实"抹黑自己、"玩财务玩股权"套走境外股权等，还放狠话称"等着接律师函吧"。

资料显示，李国庆是北大毕业，1996 年赴美考察时认识了在华尔街工作的俞渝，两人相见恨晚。用俞渝的说法，他们两个人相识 3 个月便结婚，结婚 3 个月便怀孕，然后在孩子一岁多也就是 1999 年创办了当当。1999 年正是中国互联网风起云涌之际，同年，马云在杭州创办了阿里巴巴。正所谓"站在风口上，猪都会飞"，抓住了风口的当当网借鉴亚马逊模式，很快成为中国网上第一大书店。2004 年，当当网的图书销售额达到全网零售份额的 40%，而且以每年 180% 的速度增长。高速增长的当当志得意满，拒绝了亚马逊的收购，并在 2010 年以中国 B2C 第一股的身份在美国上市，被称为"中国亚马逊"。上市首日，当当股价暴涨到 29.91 美元，较发行价上涨 86.94%。

然而随后在与京东等对手进行的电商价格战中，当当网元气大伤，资本市场反映的直接结果是，当当的股价在六天内暴跌了 30%。

梳理当当的浮沉史，"夫妻店"模式备受诟病，因为两人平起平坐，俞渝是当当的董事长，李国庆是当当的 CEO，意见有分歧时不知道听谁的，很多决策最终难以实施。这就像一艘船有两个船长，在不同的航向争执之下，这艘船的命运只能是迷失或者分崩离析。

如今，两人已经公开撕破脸，离婚纠纷也闹上了法院，两者就离婚显然没有达成一致。李国庆说俞渝以感情未破裂为由不同意离婚，担心俞渝以此为由拖延时间妄图趁机转移共同资产。而李国庆和俞渝的离婚案如何收场，沉沦的当当何去何从，好戏还在后面。

资料来源：李金磊.李国庆俞渝夫妇"撕破脸" 浮沉的当当何去何从？[N]. 环球时报，2019-10-24（有改动）.

12.3.3　危机处理中的公众对策

在危机处理中，分析所涉及的公众对象及其关系，制定出不同的公众对策，对整个处理过程和处理结果将起到至关重要的作用。

1. 对内部公众

（1）应把事故情况、制定的处理危机事件的基本原则、方针、程序和对策，通告全体员工，以统一的口吻、统一的思想认识，协同行动。

（2）如有人员伤亡，一方面应立即进行救护或善后处理工作；另一方面应立即通知其家属，并提供条件满足家属探视、吊唁的要求，组织周到的医疗和抚恤工作，并由专人负责。如果是设备损失，应及时清理；如果是不合格产品引起的危机事件，应不惜代价立即收回同类产品。

2. 对事故受害者

（1）对受害者应明确表示歉意，慎重地同他们接触，冷静地倾听受害者的意见和他们提出的赔偿要求。这时即使他们的意见并不完全合理，也不要马上与之辩论。即使受害者本身要对事故负有一定责任，也不应马上予以追究或推出门了事，或立刻诉诸法律。

（2）应该同他们坦诚、冷静地交换意见，同时谈话中应避免给他们留下推卸责任、为本组织辩护的印象。还要注意在处理事故的过程中，如果没有特殊情况，不要随便更换负责处理事故的人员和探望受害者的人员，以便保持处理意见的一致性和操作的连续性。

3. 对新闻媒介

新闻媒介是危机事件的主要传播者，拥有传递危机事件信息、发起抨击舆论的权力，具有较高的权威性，能在整个社会产生巨大的影响。为此，制定恰当的针对新闻媒介的对策，在危机处理中具有重要的意义。

（1）向新闻媒介公布危机事件，公布时如何措辞、采用什么形式、有关信息怎样有计划地披露等，应事先达成共识。

（2）成立临时记者接待机构，专人负责发布信息。集中处理与事件有关的新闻采访，向记者提供权威的资料。

（3）为了避免报道失实，向记者提供的资料应尽可能采用书面形式。介绍危机事件的资料简明扼要，避免使用技术术语或难懂的词汇。

（4）主动向新闻媒介提供真实、准确的信息，明确表明组织的立场和态度，以减少新闻媒介的猜测，帮助其作出正确报道。

（5）对新闻媒介表示出合作、主动和相信的态度，不可采取隐瞒、搪塞和对抗的态度。对于实在不便发表的信息，也不要简单地表示"无可奉告"，而应说明理由，求得记者的同情和理解。

（6）必须谨慎传播。事件未完全明了之前，不要对事件的原因、损失及其他方面的任何可能性进行推测性的报道，不要轻易地表示赞成或反对的态度。

（7）除新闻报道外，可在刊登有关事件信息的报刊上发表歉意广告，向公众说明事实真相，并向公众表示道歉和承担责任。

（8）当记者发表了与事实真相不符的报道时，应尽快向该报刊提出更正要求，并指明失实的地方。向该报刊提供全部与事实有关的资料，指派重要发言人接受采访、表明立场、要求公平处理，特别应注意避免产生敌意。

资料 12-9

<h3 style="text-align:center">权健的危机公共关系</h3>

2018 年 12 月 25 日下午，微信公众号"丁香医生"发布了一篇《百亿保健帝国权健，和它阴影下的中国家庭》文章，引发关注。26 日凌晨权健公司声明称："丁香医生"发布不实信息诽谤权健，要求"丁香医生"撤稿并道歉。"丁香医生"随即回应："不会删稿，对每一个字负责，欢迎来告。"

事件持续发酵，今日，权健相关公众号发布《权健危急！面对诽谤我们不能熟视无睹！请为权健正名》，文末发起投票"你是支持权健还是丁香医生"，结果，网友一边倒地将手里宝贵的一票投给了丁香医生，公共关系效果一目了然。

从权健公共关系部门的危机公共关系文，发现此文至少存在三处硬伤，分别如下。

1. 大声质问"你见过哪家非法传销公司老总会给地震灾区个人捐款一亿元、爱心基金5 000 万的吗"。除了炫富，热心公益也是传销组织常用的宣传噱头，目的在于展示"企业"的财大气粗，吸引更多的人来"共襄善举"。

2. 大声质问"你见过哪家非法传销公司老总会堂而皇之登上财富杂志的封面的"。据新华社报道，虚拟货币传销组织"沃克理财"负责人王良妙在出事之前也经常通过开办培训班、在五星级酒店举行酒会、租用高档写字楼和商务会所接待前来考察的会员，投巨资在一些新闻媒体上刊播软文、广告等，铺天盖地宣传，营造"暴富神话"。

3. 直销牌照不是不构成传销犯罪的免死金牌。直销和传销具有一定的相似之处，但实际上是两个不同的概念。在我国，直销确实是合法行为，传销违法，甚至可能涉嫌犯罪。如果企业拿了直销牌照，实际上进行的是传销活动，相关人员也涉嫌组织、领导传销活动罪。

当然，从目前网络披露的信息来看，权健的营销模式尚不明朗，笔者不会贸然地下结论，但权健的这篇危机公共关系文是绝对起不到好的自证效果的。

资料来源：黄佳博. 权健是不是传销不好说，但权健的危机公共关系真的不行！[EB/OL]. 搜狐网，2018-12-29（有改动）.

4. 对上级领导部门

（1）危机事件发生后，应及时向组织的直属上级领导部门汇报情况，不能文过饰非，不允许歪曲真相、混淆视听。

（2）在危机事件的处理过程中，应定期汇报事态发展的状况，争取上级领导部门的指示。

（3）危机事件处理完毕后，应向上级领导部门详细地报告事件的发生原因、处理经过、处理方法等情况，并提出今后的预防计划和措施。

5. 对待社区

（1）如果是火灾、毒物泄漏等确实给当地居民带来了损失的公关危机，组织人员应专门向当地居民道歉，根据事故的性质也可以挨门挨户道歉。

（2）必要时可以在全国性或地方性报纸上刊出致歉广告，直到给以经济赔偿或提供其他补偿。这种致歉广告应该面向有关公众，告知他们急需了解的情况，明确表示出组织勇于承担责任、知错必改、力图补救的态度。

12.4　公共关系危机后的修护

当危机基本得到控制时，组织秩序得以相对平缓。但这并不意味着危机过程已经结束，而是进入一个新阶段：危机的事后修护。危机的事后修护工作主要是消除危机处理后的遗留问题和影响。危机发生后，组织形象受到了影响，公众对组织会非常敏感，要靠一系列危机事后修护工作来挽回影响。

12.4.1　进行危机评估和总结

当组织的公共关系危机基本得到控制后，应对危机管理效果进行评估，包括对预警系统的组织和工作程序、危机处理计划、危机决策等各方面的评估。通过危机评估工作，可以体现出管理者的管理水平和危机判断能力，必要时应邀请危机管理专家等外力进行参与。在危机评估的基础上，组织应对本次危机公共关系活动进行全面总结。危机公共关系的总结主要包括危机事态描述、危机管理过程描述、危机管理效果评估和危机管理制度改善意见。

1. 危机事态描述

详细描述危机的产生时间、空间、危机源、管理漏洞、危害范围、危害强度、人财物损失、危机影响诸情况，遵循客观、公正、准确的原则。特别是管理漏洞的情况要实事求是地说明、回避或推诿管理上的问题可能会使同样的危机再次发生，而使危机的危害加剧。

2. 危机管理过程描述

详细描述危机管理的内容，包括危机管理的责任人、时间、范围、程序、成本和方法，同样遵循客观、公正、准确的原则。对危机管理过程的描述，是为了建立准确详细的危机管理流程，并为危机预演提供参照，同时也为了便于准确查找危机管理中存在的不足，为完善危机管理制度奠定基础。

3. 危机管理效果评估

这部分内容基本遵循危机评估的内容和方法进行，评判整个危机管理中的成效和失误，为完善危机管理制度提供有效的对策。

4. 危机管理制度改善意见

总结危机管理中有效的经验和对策，给危机管理制度提出改善意见，进一步完善危机管理制度，减少危机发生的可能性，提升危机管理效率和恢复力，避免重蹈覆辙。这些经验教训应该列入组织的规章制度和企业文化之中，成为公司的资产和价值。

12.4.2　对问题进行整顿

多数危机的爆发与组织管理不善有关，通过评估总结对危机管理中存在的各种问题综合归类，有针对性地制订出详细的、切实可行的改进方法和措施，并责成有关部门逐项落实。如果在危机事件的处理中敷衍应付，未能从事件中吸取经验教训，则很可能导致同类危机事件重复发生。

组织对危机管理中存在的各种问题进行综合归类后，一般可以从这些方面进行整顿。

1. 反危机意识的教育

危机过后，组织应当总结经验教训，更新组织观念，向组织人员灌输危机概念，强化其危机意识，在以后的工作中将常态管理与危机管理结合起来。做好危机时刻都会发生的思想和心理准备，在组织的反危机管理中，每一个管理环节都要考虑反危机的问题。

2. 危机后的预案治理

危机后的预案治理，一是在危机过后对没有建立危机预案的进行预案建设；二是针对按原定预案实施的危机预防和危机反应等机制，根据在危机发生过程中的实际作用，做出效果分析和利弊评价，根据效果分析和利弊评价对原有的危机预案做进一步的完善。

3. 危机后的组织变革

在常态下，组织通常是稳定的，由于成本和代价较高，很少有人会对组织进行较大程度改变。而危机常常成为一个组织变革的契机，危机的发生表明现有组织存在某方面的较大缺陷，经过各种类型的突发性危机事件后，组织应当综合分析，检讨在技术、管理、组织机构和运作程序上的不足之处，进而提出改进组织机构建设的相关意见和措施，并予以落实。

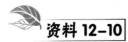

资料 12-10

视觉中国的"自毁式"危机公共关系

"当你凝视黑洞的时候，黑洞也在凝视着你。"一向以"版权卫士"形象示人的视觉中国，因黑洞照片风波变成全民声讨的版权流氓。

视觉中国在意识到这个问题的严峻性之后，做了一件"自毁阵地"的事——关闭网站，以"整改"的名义先把网站关了。以关闭网站，停止提供服务、切断网友"扒坟"路径的方式，来进行危机公共关系，这是一个好办法吗？至少从目前来看，虽然挺鸡贼的，但是还挺有效的，但你的网站能关闭多久呢？在视觉中国 给资本市场的公告中，表示：不能准确预期！

除了术的层面，视觉中国的根本的问题在道，比如商业模式和平台监管，从这个角度，它的危机公共关系才刚开始，也容不得半点"心机"。

资料来源：视觉中国的"自毁式"危机公共关系[EB/OL]. 36氪，2019-04-13（有改动）.

12.4.3　形象修复

组织形象在危机中会受到不同程度的损害，因此危机结束后组织应着手重塑组织形象。组织应充分利用公众对组织注意力减弱之前的宝贵时间，有针对性地开展一系列的形象修复活动，改变公众对组织的印象，并增加对组织未来的信心。

1. 树立重塑组织良好形象的强烈意识

在危机处理中，组织除了平时要有强烈的公共关系意识，还必须有树立重塑良好公共关系形象的强烈意识。要有重整旗鼓的勇气和再造辉煌的决心，而不能破罐子破摔。须知，只有公共关系形象重新得到建立，组织才能谈得上进入了良好的公共关系状态。

2. 修复组织形象的目标

组织在恢复形象的过程中，可以根据调查的结果来策划重塑组织形象的方法。如果是组织的美誉度受到损害，则组织可以采取提高产品和服务质量的方式进行形象的建立；如果是因为组织与媒体的关系导致的危机，可以采取不断与媒介进行沟通的方式进行形象的修复。修复组织形象的目标具体说来分为四个方面：第一，使组织公关危机事件的受害者或其家属得到最大的安慰；第二，使利益受损者重新获得作为支持者的信心；第三，使观望怀疑者重新成为真诚的合作伙伴；第四，更多地获得事业上新的关心者和支持者。

3. 采取建立良好形象的有效措施

组织在确立了修复形象的目标之后，关键是如何采取有效措施，这些措施包括对内和对外两个方面。

1）对内方面

对组织内部，一是要以诚实和坦率的态度来安排各种交流活动，以形成组织与员工之间上情下达、下情上传的双向交流，保证信息畅通无阻，增强组织管理的透明度和员工对组织的信任感；二是要以积极主动的态度，动员组织全体员工参与决策，制订组织在新的环境中的发展计划，让员工形成乌云已经散去、曙光就在前方的新感受；三是进一步完善组织管理的各项制度和措施，有效地规范组织行为。

2）对外方面

对组织外部，一是要同平时与组织息息相关的公众保持联络，及时告诉他们危机后的新局面和新进展；二是要针对组织公共关系形象的受损内容与程度，重点开展某些有益于弥补形象缺损、恢复公共关系形象的公共关系活动，与广大公众全面沟通；三是要设法提高组织的美誉度，争取拿出一些过硬的服务项目和产品在社会上公开亮相，从根本上改变公众对组织的不良印象。

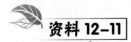 **资料 12-11**

垃圾分类呼唤贴心"指南"

近段时间，许多城市生活垃圾强制分类工作提速，可没想到，这一行动居然催生了一项新业务：代扔垃圾。据报道，不少社区小卖铺老板都做起了"1元代扔垃圾"的生意，支付宝更是上线了"易代扔"功能。一时间"扔垃圾"俨然成了新的商业风口。

说起来，垃圾分类已倡议并推行多年，可对于大多数城市居民来说，过往政策并未给生活带来太多变化。如今，生活垃圾分类驶入"强制"车道，影响不可谓不大。以上海为例，7月1日《生活垃圾管理条例》将正式实施，如果个人混合投放垃圾，最高可罚200元。一时间，"如何扔垃圾"成了网上网下的热议话题，有人费力研究五花八门的"垃圾分类图谱"，也有人嚷着要寻求"代扔"服务。强制分类让市民真正有了危机意识以及参与意识，这无疑是个好的开始，只不过，作为一项全民行动，垃圾分类涉及面广，技术细节很多，光有"强制"恐怕还不够，科学宣传、精准施策等都不可或缺。

习惯养成需要时间，垃圾分类也注定会有个循序渐进的过程。眼下，一些城市的小区要求定时定点分类投放，但时间设置却让早出晚归的上班族叫苦不迭；湿垃圾投放错误要求亲手分拣，也让居民们满腹牢骚……垃圾分类是好事，也势在必行，但"以罚代管"解决不了根本问题。在政策推行过程中，相关部门还是要多一些为民服务的意识。比如多考虑实际，照顾到都市人的生活习惯，在上班族集中的小区适当延长晚间垃圾投放时间。同时，也要多多听取民众建议，共议共治共享，这考验着城市精细化管理水平。

"罗马不会一天建成。"政府要更细心、耐心一些，每位市民也要更自觉几分，莫因畏难抵触逃避。各方共同努力，垃圾分类才能深入人心、蔚然成风。

资料来源：晁星. 垃圾分类呼唤贴心"指南"[N]. 北京日报，2019-06-19.

本 章 小 结

危机管理已从处理偶发事件变成了正常的公共关系工作的内容之一。危机处理不仅时效性强，而且技巧性高，现在世界进入了危机高发时期，危机管理作为公共关系人员的基本功之一就显得更为重要。危机与风险有密切的关系。公共关系危机是是由组织内、外的种种非正常因素所引发的公共关系非常事态或失常事态，是一种特殊的公共关系状态，是企业公共关系状态严重失常的反映，它不但影响企业正常运营，甚至危及企业的发展乃至生存。因此，开展公共关系危机的管理工作显得尤为重要。

公共关系危机具有突发性、危害性、紧迫性、可变性等特征。公共关系危机的形成主要是由自然环境因素、社会环境因素、组织自身因素等引起。

公共关系危机处理的程序应遵循危机事件发生发展的规律和特点。在危机的前期，要做好危机的管理与预防，首先要树立居安思危、法律、自律三个意识，并将其灌输到全体员工中去。除此而外，要做好建立危机预警系统、制订危机管理计划、事先同传播媒介建立联系、印制危机管理手册和开展培训、确定组织发言人、成立危机管理委员会、建立处理危机关系网等工作。在危机发生时，依据一定的危机处理程序，遵循承担责任、真诚沟通、速度第一、系统运行、权威证实的原则，针对不同的公众开展有针对性的危机处理工作。在危机的后期，做好善后工作，总结教训，修复组织形象。

客 观 题

自学自测　　扫描此码

问 答 题

（1）怎样理解当今的危机？
（2）简述公共关系危机处理的原则。
（3）简述危机事前的预防工作。
（4）公共关系危机的成因有哪些？
（5）如何开展危机的善后恢复工作？

案例分析题

家乐福形象危机

2011 年 1 月中旬，经济之声《天天 315》节目连续报道家乐福大玩价签戏法，价签上标低价，结账时却收高价；明明是打折，促销却和原价相同。

1 月 26 日，国家发改委披露，多地消费者举报"家乐福等部分超市价签标低价结账收高价"，恶意坑害消费者。经查实，确有一些城市的部分超市存在价格欺诈行为。紧随其后，央视、新华社、新浪网等国内重要的媒体连续、大篇幅、在显著位置谴责家乐福，各种报道铺天盖地，一时间造成了巨大的社会反响。

针对这一事件，家乐福就价签问题发表声明称："相关问题是由于我公司价签系统不完善造成的，我们正着手进行升级改造。针对目前出现的问题，公司特别加强了内部监督检查工作及检查频率，并将积极与各地的物价等监管部门进行沟通，邀请各地物价检查部门的专业人员对我公司相关负责人及员工加强培训。"

然而，媒体调查显示，公众对以上补救措施并不买账。这一外资零售业巨头挽救诚信问题绝非易事。

问题：分析该危机产生的原因和处理方式。

实践训练题

实训项目：调查某企业的危机管理体系的构成。

实训目的：通过调查企业的公共关系部门，了解企业危机管理体系的现状，发现问题，积累成功经验。

实训内容：

（1）设计一份企业危机管理体系构建现状的访谈调查问卷。

（2）前往企业相关部门进行访谈。

（3）做好访谈记录。

（4）整理调查资料，撰写一份调查报告。

参 考 文 献

[1] 西泰尔. 公共关系实务：第 13 版[M]. 北京：清华大学出版社，2017.

[2] 森特，杰克逊. 公共关系实务：第 8 版[M]. 北京：清华大学出版社，2017.

[3] 管玉梅. 公共关系学[M]. 北京：机械工业出版社，2014.

[4] 范黎明. 公共关系实务教程[M]. 北京：电子工业出版社，2014.

[5] 刘军，李淑华. 公共关系学[M]. 北京：机械工业出版社，2012.

[6] 周安华. 公共关系理论、实务与技巧[M]. 北京：中国人民大学出版社，2016.

[7] 李泓欣. 公共关系理论与实务[M]. 北京：北京大学出版社，2011.

[8] 张岩松. 公共关系案例精选精析[M]. 北京：经济管理出版社，2003.

[9] 吴建勋. 公共关系案例与分析教程[M]. 北京：清华大学出版社，2013.

[10] 熊超群. 公关策划实务[M]. 广州：广东经济出版社，2003.

[11] 陈丽清. 公共关系管理[M]. 北京：电子工业出版社，2015.

[12] 陶应虎. 公共关系原理与实务[M]. 北京：清华大学出版社，2015.

[13] 杨华玲，李宏，祖洁.公共关系学[M]. 北京：北京理工大学出版社，2012.

[14] 蔡炜. 公共关系学[M]. 上海：华东理工大学出版社，2014.

[15] 束亚弟，张敏. 公共关系学[M]. 北京：机械工业出版社，2016.

[16] 薛可，余明阳. 公共关系学[M]. 北京：科学出版社，2010.

[17] 王光娟. 公共关系学[M]. 上海：上海财经大学出版社，2016.

[18] 王忠伟. 公共关系学[M]. 北京：化学工业出版社，2011.

[19] 李兴国. 公共关系实用教程[M]. 北京：高等教育出版社，2011.

[20] 杜岩，黄淑玲. 公共关系学[M]. 北京：高等教育出版社，2010.

[21] 于朝晖，邵喜武. 公共关系学[M]. 北京：北京大学出版社，2008.

[22] 吴柏林. 公共关系原理与实务[M]. 北京：中国人民大学出版社，2013.

[23] 蒋楠. 公共关系原理与实务[M]. 北京：中国人民大学出版社，2010.

[24] 刘崇林，邢淑清. 公共关系学[M]. 北京：北京大学出版社，2012.

[25] 李道平. 公关关系学[M]. 北京：高等教育出版社，2013.

[26] 乜英. 公关关系学[M]. 杭州：浙江大学出版社，2017.

[27] 张亚. 公共关系原理与实务[M]. 北京：北京理工大学出版社，2014.

[28] 周红梅. 公共关系与商务礼仪[M]. 西安：电子科技大学出版社，2018.

[29] 谢楠. 公共关系实训[M]. 北京：中国人民大学出版社，2010.

[30] 吴建勋，丁华. 公共关系案例与分析教程[M]. 北京：清华大学出版社，2013.

[31] 秦勇. 公共关系学：理论、方法与实践[M]. 北京：中国发展出版社，2014.

[32] 谭昆智. 公关原理与案例剖析[M]. 2 版. 北京：清华大学出版社，2015.

教师服务

感谢您选用清华大学出版社的教材！为了更好地服务教学，我们为授课教师提供本书的教学辅助资源，以及本学科重点教材信息。请您扫码获取。

≫ 教辅获取

本书教辅资源，授课教师扫码获取

≫ 样书赠送

公共管理类重点教材，教师扫码获取样书

 清华大学出版社

E-mail: tupfuwu@163.com
电话：010-83470332 / 83470142
地址：北京市海淀区双清路学研大厦 B 座 509

网址：http://www.tup.com.cn/
传真：8610-83470107
邮编：100084